铁路电力专业技师

《铁路电力专业技师》编委会 编

中国铁道出版社有限公司

2025年·北 京

内 容 简 介

本书紧贴当前铁路发展及运输生产实际，涵盖铁路科技前沿知识以及实用技能知识，便于铁路电力专业人员深入学习。全书主要讲解了铁路电力系统、铁路电力负荷及供电能力计算、配电线路、变配电设备、交直流系统、铁路电力继电保护、铁路电力远动系统、电气仪表与测量、电气试验等内容。

本书可作为不同工种铁路电力专业技师知识融合的培训教材或深入提高自学用书。

图书在版编目(CIP)数据

铁路电力专业技师/《铁路电力专业技师》编委会编. —北京：中国铁道出版社有限公司，2024.6(2025.7 重印)

ISBN 978-7-113-31145-2

Ⅰ.①铁… Ⅱ.①铁… Ⅲ.①铁路工程-电力线路-岗位培训-教材 Ⅳ.①U22

中国国家版本馆 CIP 数据核字(2024)第 070375 号

书　　名：铁路电力专业技师
作　　者：《铁路电力专业技师》编委会

责任编辑：魏　娟　朱培杰　　**编辑部电话**：(010)51873116
编辑助理：刘雪庭
封面设计：刘　莎
责任校对：苗　丹
责任印制：高春晓

出版发行：中国铁道出版社有限公司(100054，北京市西城区右安门西街 8 号)
网　　址：http://www.tdpress.com
印　　刷：北京盛通印刷股份有限公司
版　　次：2024 年 6 月第 1 版　2025 年 7 月第 2 次印刷
开　　本：787 mm×1 092 mm 1/16　**印张**：19.25　**字数**：460 千
书　　号：ISBN 978-7-113-31145-2
定　　价：89.00 元

编 委 会

前　言

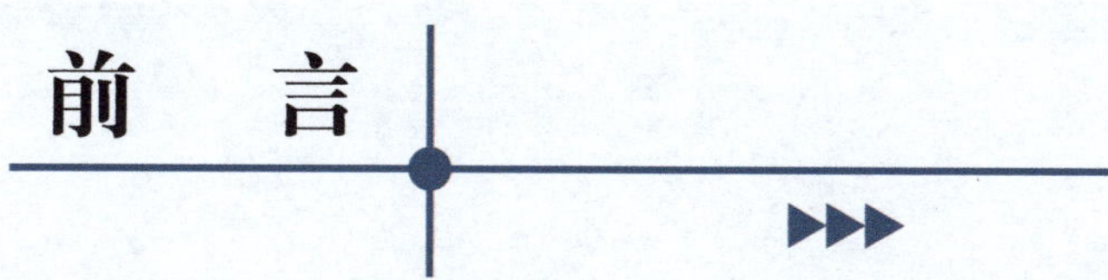

随着当前铁路电力技术装备水平大幅度提升，构建一支素质优良、能力突出的高技能人才队伍尤其重要。为提高铁路电力专业技师综合业务能力，全面提升专业技师业务水平，培养适合铁路现场需要的知识型、技术型、创新型高素质技能人才队伍，由中国铁路北京局集团有限公司供电部、职工培训部和衡水、天津供电段共同完成本书的编写。

本书紧贴当前铁路发展及运输生产实际，涵盖铁路科技前沿知识以及实用技术技能知识，便于深入学习。全书共分为九个部分，主要讲解了铁路电力系统、铁路电力负荷及供电能力计算、配电线路、变配电设备、交直流系统、铁路电力继电保护、铁路电力远动系统、电气仪表与测量和电气试验等内容。本书可作为不同工种铁路电力专业技师知识融合的培训教材或深入提高自学用书。

本书由吕钢、孙久生担任主编。第一章由刘红国编写；第二章由杨学伟编写；第三章由吕钢编写；第四章由王会生、唐朝编写；第五章由腾飞编写；第六章由张诚编写；第七章由郗爱国编写；第八章由王敬编写；第九章由牛治明编写。全书经孙强、田立中、刘明、杜华、焦丽华等集体审定。

书中不妥之处，恳请读者指正。

《铁路电力专业技师》编委会

2023 年 12 月

目 录

第一章　铁路电力系统

第一节　铁路电力系统的概述

电能是一种输送和取用都很方便的能量，被广泛地应用于现代工农业生产和人民生活的各个方面。发电厂把其他形式的能量转换成电能，电能经过变压器和不同电压等级的输电线路输送并被分配给用户，再通过各种用电设备转换成适合用户需要的别种能量。这些生产、输送、分配和消费电能的各种电气设备连接在一起而组成的整体称为电力系统。电力系统的结构比较复杂，一般由一个大区域内的许多发电厂通过高压输电线互联组成，在接近电力负荷的中心区，设置区域变电所，负责一个区域的供电任务。

在交流电力系统中，发电机、变压器、输配电设备都是三相的，这些设备之间的连接状况，可以用电力系统接线图来表示。为简单起见，电力系统接线图一般都是画成单线的，如图 1-1 所示，其各部分功能简述如下：

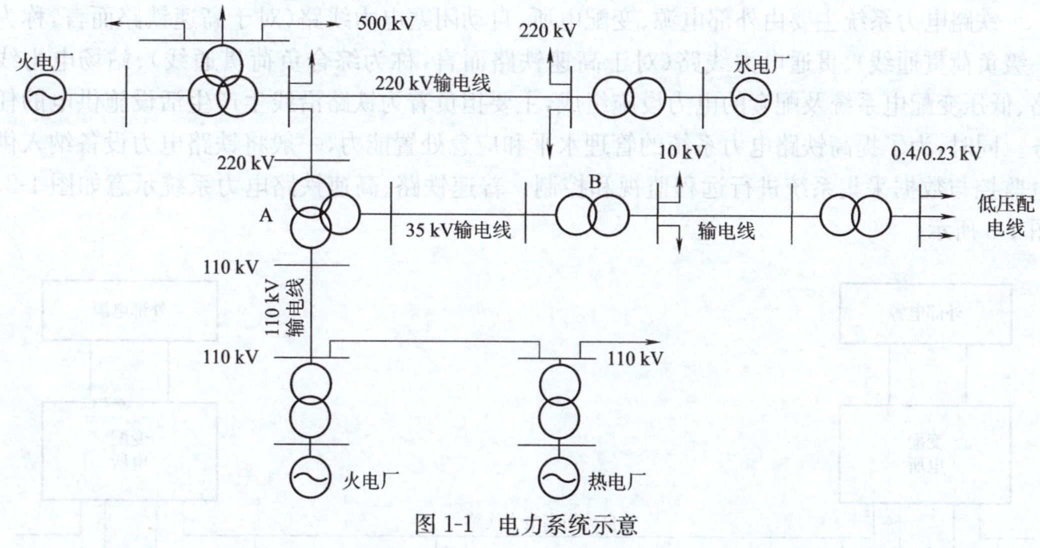

图 1-1　电力系统示意

一、发电厂

发电厂是把其他形式的能量转换成电能的一种特殊工厂。发电厂的种类很多，根据所利用能源的不同分为火力发电厂、水力发电厂、核能发电厂、其他能源发电厂（风力发电厂、太阳能发电厂、地热发电厂、潮汐发电厂等）。

二、变电所

变电所是电力系统中对电能的电压和电流进行变换、集中和分配的场所，它主要由配电装置和电力变压器组成。按照作用分类有升压变电所、降压变电所,按照变电所的容量、位置及重要性分类有枢纽变电所、终端变电所、中间变电所。

三、电力网

电力网是电力系统的重要组成部分,它是由各种不同电压等级和不同类型的线路构成。电力网是把发电厂、变电所和电力用户联系起来的纽带,它的任务是将发电厂生产的电能输送并分配到用户。电力网按照作用分类,可分为输电网和配电网,其中,输电网是将发电厂发出的电能经过升压变压器升压后通过高压输电线路送到邻近负荷中心的枢纽变电所;配电网则是电能经过降压变压器降压后通过配电线路送到用户的电力网络部分。

四、电力用户

电力用户是指通过电网消费电能的单位或个人。电力用户可分为工业用电和居民生活用电。

第二节　铁路电力系统的组成及运行方式

一、铁路电力系统的组成

铁路电力系统主要由外部电源、变配电所、自动闭塞电力线路(对于高速铁路而言,称为一级负荷贯通线)、贯通电力线路(对于高速铁路而言,称为综合负荷贯通线)、站场电力线路、低压变配电系统及配套的电力设施组成,主要担负着为铁路沿线生产生活设施供电的任务。同时,为了提高铁路电力系统的管理水平和应急处置能力,一般将铁路电力设备纳入供电监控与数据采集系统进行远程监视和控制。普速铁路、高速铁路电力系统示意如图 1-2、图 1-3 所示。

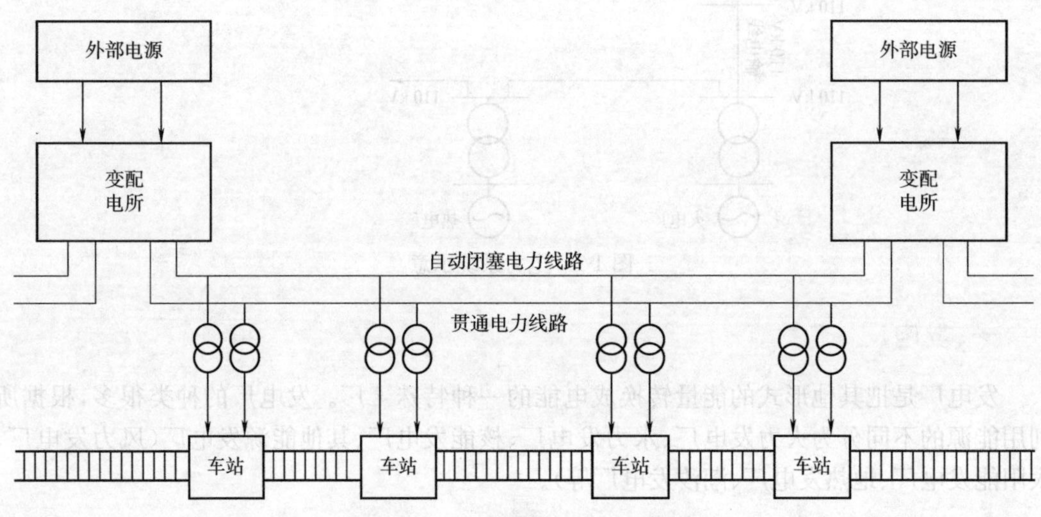

图 1-2　普速铁路电力系统示意

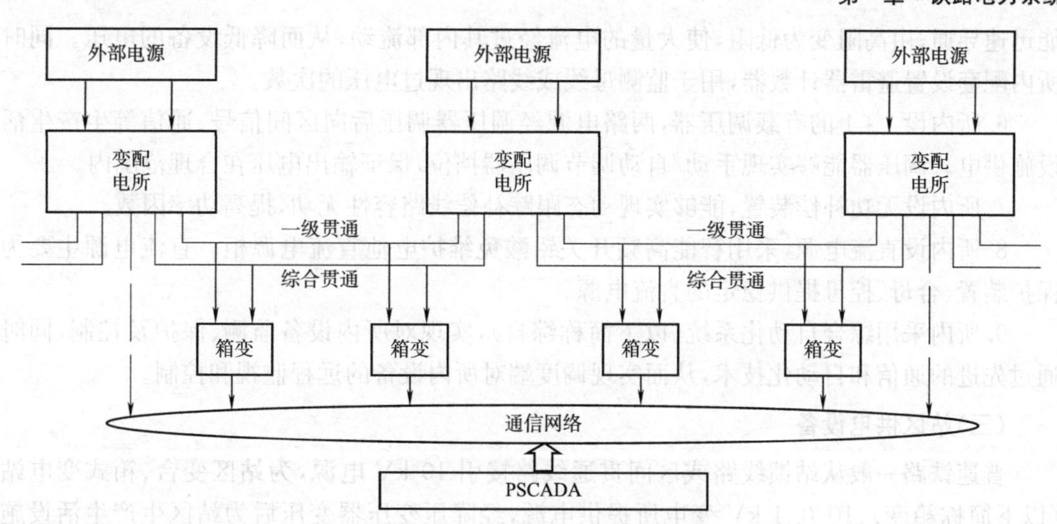

图 1-3　高速铁路电力系统示意

(一)外部电源

一般情况下,铁路配电所从公共电网接引两路 10 kV 外部电源,且外部电源通常采用架空+电缆或全电缆线路的形式,当枢纽地区用电容量较大,10 kV 外部电源无法满足供电需求时,可与当地供电公司协商接引两路相互对立的 110 kV 外部电源,经降压变压器变压后供区间和站区设备供电。受条件限制,部分普速铁路配电所设置单路 10 kV 外部电源。

(二)电力变配电所

根据铁路用电负荷性质和特点,一般每隔 40～60 km 设置一座电力变配电所,向沿线自动闭塞电力线路(对于高速铁路而言,称为一级负荷贯通线)、贯通电力线路(对于高速铁路而言,称为综合负荷贯通线)供电,相邻配电所对供电区间形成互供条件,如作业需要或应急情况且满足条件时,可短时并列运行(对于高速铁路而言,不允许并列运行)或进行跨所供电。

1. 10 kV 配电所一般采用户内成套配电装置,普速铁路配电所常采用 KYN28 型、KYN18 型高压柜,高速铁路配电所常采用免维护、少维修的 SF_6 气体柜(GIS)。

2. 每路电源设一台 10/0.4 kV 的所用变压器,将 10 kV 电源变为 0.4 kV,为交直流屏提供两路电源。所用变压器一般有 5 个挡位,当输出电压偏高或偏低时,需要人工手动改变挡位(即线圈匝数,改变变压器的变比),保证输出电压满足运行要求。

3. 所内设母线电压互感器、线路电压互感器,一是用于监测母线、线路电压;二是用于用电计量;三是用于继电保护,当母线发生欠压或过压时,启动相应的失压或过压保护,作用于断路器跳闸,使故障设备及时切除。

4. 所内设电流互感器,一是用于监测各间隔柜的负荷情况;二是用于用电计量;三是用于继电保护,当馈出线路发生短路时,启动相应的过流保护(一般包括过流一段、二段、三段,过流一段、二段作用于断路器跳闸,过流三段作用于过负荷报警),作用于断路器跳闸,使故障设备及时切除。

5. 所内设氧化锌避雷器,用于防止母线或线路过电压,当电力系统出现过电压,避雷器能迅速导通，由高阻变为低阻，使大量的电流经过其内部流动，从而降低设备的电压。同时所内配套设置避雷器计数器，用于监测母线或线路出现过电压的次数。

6. 所内设 1∶1 的有载调压器，两路电源经调压器调压后向区间信号、通信等生产生活设施供电。调压器能够实现手动/自动调节调压器挡位，保证输出电压在合理范围内。

7. 所内设无功补偿装置，能够实现动态跟踪补偿线路容性无功，提高功率因数。

8. 所内设直流电源，采用智能高频开关铅酸免维护电池直流电源柜。直流电源主要为保护装置、合母、控母提供稳定的直流电源。

9. 所内采用综合自动化系统（以下简称综自），实现对所内设备监测、保护及控制，同时通过先进的通信和自动化技术，从而实现调度端对所内设备的远程监视和控制。

（三）站区供电设备

普速铁路一般从站馈线路或区间贯通线路接引 10 kV 电源，为站区变台、箱式变电站（以下简称箱变）、10/0.4 kV 变电所提供电源，经降压变压器变压后为站区生产生活设施供电。

高速铁路一般在负荷集中的站区设置 10/0.4 kV 变电所，从配电所高压馈出柜或公共电网接引两路 10 kV 电源，为车站生产生活设施供电。低压侧采用单母线分段运行，设置母联开关，互为备用，同时所内设置电容补偿装置。高压柜采用 SF_6 环网柜，变压器采用智能化、低损耗干式变压器、低压柜采用组合式柜型并配置数字化仪表，同时全所纳入集团公司 SCADA 系统，实现调度端对所内设备的远程监视和控制。

（四）区间供电设备

普速铁路相邻配电所间各站设置专用的变台或箱式变电站，从自闭、贯通线路分别接引一路 10 kV 电源，经降压变压器变压后为信号、通信、5T 等重要行车设备提供电源。为加强设备运行管理，提高应急处置能力，各站信号箱变一般设 FTU 或 RTU 装置，负责采集运行数据，并向调度主站传送信息和接收执行调度主站的控制命令，实现远程监控功能。

高速铁路区间平均每 3 km 设置一座箱式变电站，从一级贯通线路、综合贯通线路分别接引一路 10 kV 电源，经降压变压器变压后为区间通信、信号、防灾等重要负荷供电。箱式变电站高压柜采用 SF_6 环网柜，变压器回路采用带熔断器负荷开关保护，低压开关均采用带电动操作机构的塑壳断路器，操作电源采用交流并配置 UPS 作为备用电源。区间 10 kV 电力贯通线上设置箱式电抗器，用于补偿电缆线路的容性电流。箱式变电站设 RTU 装置，负责采集运行数据，并向调度主站传送信息和接收执行调度主站的控制命令，实现远程监控功能。

（五）10 kV 电力贯通线

普速铁路一般设置两回 10 kV 电力线路，一条称为自动闭塞电力线路，另一条称为贯通电力线路，一般采用架空＋电缆的混合线路，线路由于长期暴露在室外，抗击自然灾害的能力较差，设备故障率较高。为提升线路抗自然灾害的能力，提高供电可靠性，近年来开始推行“一线入地”，即将自闭、贯通线路其中一路改为全电缆线路，改造后设备运行可靠性大幅增强。

高速铁路设置两路 10 kV 电力贯通线路，一条称为一级负荷贯通线，另一条称为综合负荷贯通线，电力贯通线一般采用非磁性金属铠装单芯电缆，分别沿铁路两侧预制电缆槽敷设。单芯电缆通过电流时，金属护层会产生感应电压，为防止金属护层感应电压过高和产生持续的环流，单芯电缆金属护层一端采用直接接地，一端采用经护层保护器接地。

（六）电力负荷

1. 铁路电力负荷按照其重要程度，可分为一、二、三级。

(1)一级负荷：中断供电将引起人身伤亡，主要设备损坏，大量减产，造成铁路运输秩序混乱。

①普速铁路：主要包括调度集中、大站电气集中联锁、自动闭塞、驼峰电气集中联锁、驼峰道岔自动集中、机械化驼峰的空压机及驼峰区照明、局通信枢纽及以上的电源室、中心医院的外科和妇科手术室、特等站和国境站的旅客站房、站台、天桥、地道及设有国际换装设备的用电设备、内燃机车电动上油机械（无其他上油设备时）、局电子计算中心站。

②高速铁路：主要包括与行车密切相关的通信、信号、信息、防灾安全监控设备，动车段（所）运用设备，电力及电力牵引供电各所操作电源，大型、特大型公共区照明、应急照明及隧道应急照明，大型及重要建筑物火灾自动报警系统设备，特长隧道消防设备等。

(2)二级负荷：中断供电将引起产品报废，生产过程被打乱，影响铁路运输。

①普速铁路：主要包括机车车辆检修和整备设备、给水所、非自动闭塞区段的小站电气集中联锁和色灯电联锁器联锁、通信枢纽及以下电源室、调度通信机械室、编组站、区段站、洗罐站、大型或中型客（货）运站、隧道通风设备、加冰所、医院、红外线轴温测试装置、道口信号、TIMS、DIMS、ATIS、微机售票系统。

②高速铁路：主要包括为通信、信号主要设备配置的专用空调，接触网远动开关操作电源，动车组检修设备，综合检测、工务机械、综合维修、给排水设施等设备，中间站公共区照明，区间视频监控设备，道岔融雪设备，除以及负荷外的其他信息等负荷。

(3)三级负荷：不属于一、二级负荷者。

2. 电力负荷的认定原则：

(1)一级负荷：首先确定负荷设备在铁路运输生产中不允许间断工作，并提供相应的依据；所有负荷设备均具备不间断工作的条件；经国铁集团审批。

(2)二级负荷：由铁路局集团公司审批。

3. 电力负荷的供电原则：

(1)一级负荷：两路可靠电源供电，确保在一路电源故障情况下也能够不间断供电。

(2)二级负荷：两路电源或一路可靠电源供电，确保除电力设备检修及故障情况外的不间断供电。对于二级负荷中有特殊要求不能间断供电的设备，用电单位应自备应急电源，或向供电部门申请接引两路电源。

二、铁路电力系统的运行方式

（一）配电所供电方式

本节主要介绍两路电源供电的 10 kV 配电所的运行方式，普速铁路、高速铁路配电所一次主接线如图 1-4、图 1-5 所示。

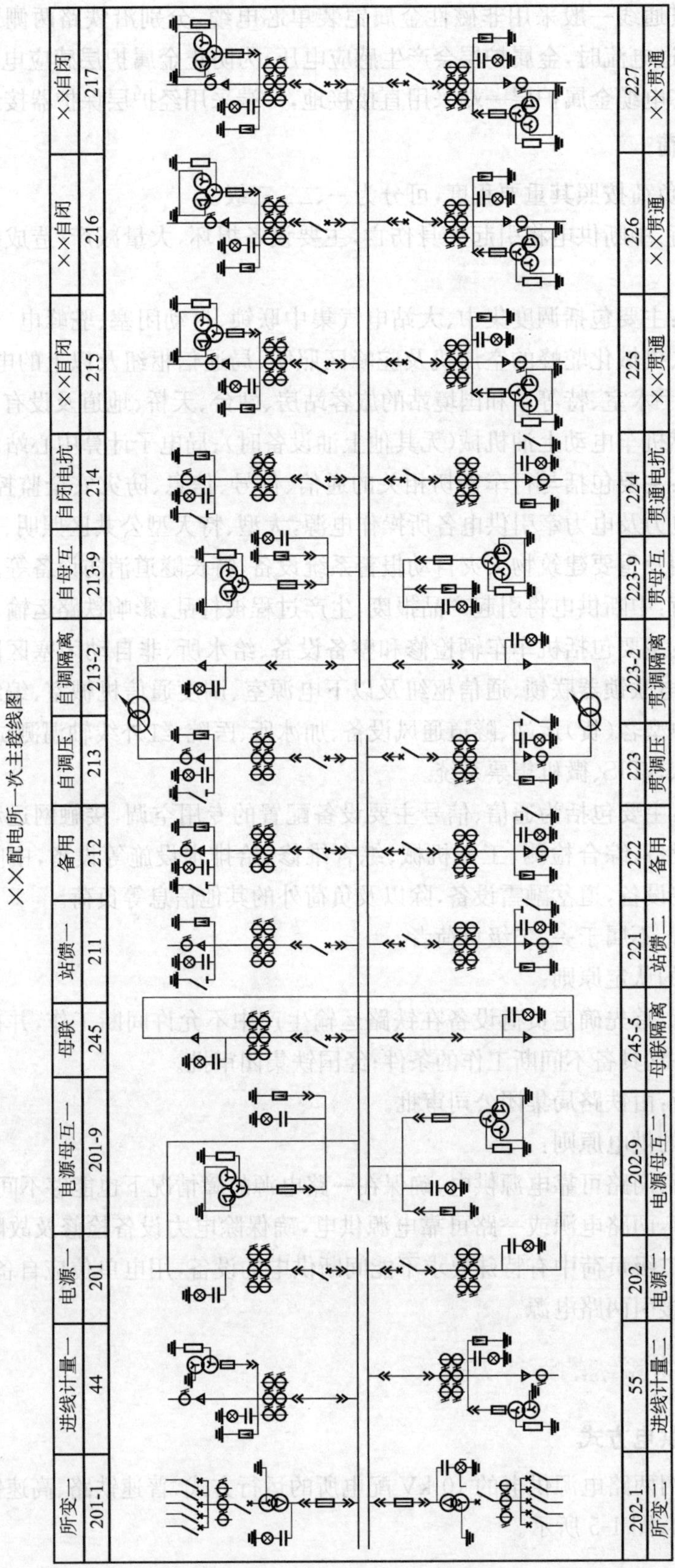

××配电所一次主接线图

所变一	进线计量一	电源一	电源母互一	母联	站馈一	备用	自调压	自调隔离	自母互	自闭电抗	××自闭	××自闭	××自闭
201-1	44	201	201-9	245	211	212	213	213-2	213-9	214	215	216	217
202-1	55	202	202-9	245-5	221	222	223	223-2	223-9	224	225	226	227
所变二	进线计量二	电源二	电源母互二	母联隔离	站馈二	备用	贯调压	贯调隔离	贯母互	贯通电抗	××贯通	××贯通	××贯通

图 1-4　普速铁路配电所单母线分段主接线示意

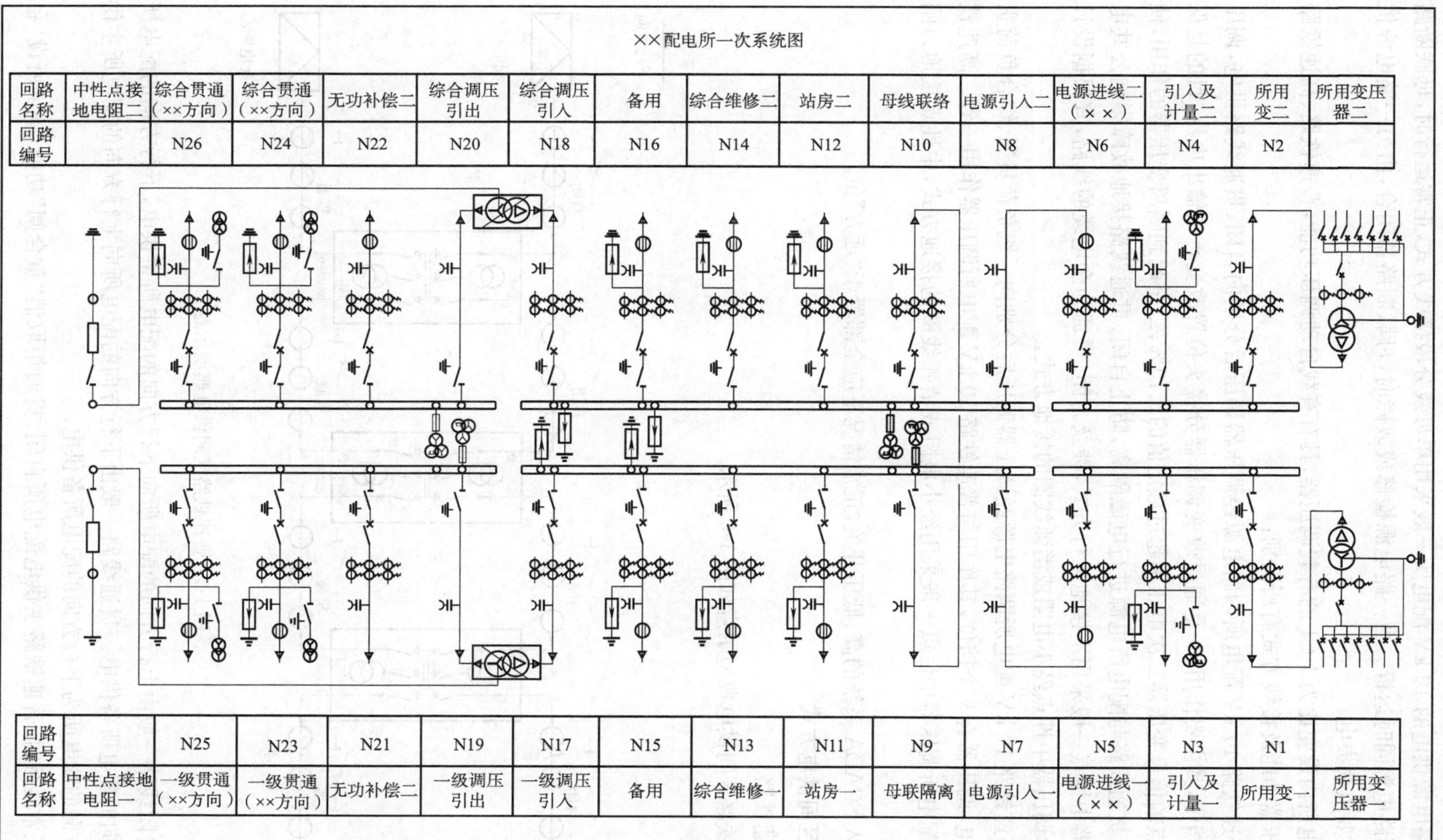

图 1-5　高速铁路配电所单母线分段主接线示意

1.两路电源供电的10 kV配电所一般采用单母线分段接线方式，正常运行时，母联断路器打开，两路电源同时运行。当一路电源检修或故障时，母联断路器闭合，由另一路电源供电，防止重要负荷失电。

2.配电所内设变比为1∶1的有载调压器，具有有载自动调压功能，普速铁路、高速铁路配电所调压器功能及接线方式有所区别：

(1)普速铁路10 kV配电所两路电源经调压器调压后分别向自闭、贯通线路供电，调压器有9个挡位，其主要作用：一是通过改变调压器分接头位置改变首端输出电压，目的是保证各信号点的信号变压器二次电压不超过额定值的±10%；二是起到隔离变压器的作用，使铁路自闭、贯通线路与配电所电源进行电磁隔离，防止自闭、贯通线路接地故障影响公共电网。调压器中性点一般采用不接地运行方式，涉及自闭、贯通为全电缆的线路，宜根据设计要求，改为调压器中性点经小电阻或消弧线圈的接地方式。

(2)高速铁路10 kV配电所两路电源经调压器调压后分别向一级负荷贯通、综合负荷贯通线路供电，调压器有9个挡位，其作用与普速铁路10 kV配电所调压器作用一致。高速铁路10 kV配电所调压器中性点一般采用经小电阻或消弧线圈的接地方式，中性点接地刀闸禁止断开。

3.纳入SCADA系统的高、低压开关，正常情况下应全部置于"远方"位。

(二)区间供电方式

1.普速铁路

普速铁路区间供电典型示意如图1-6所示。

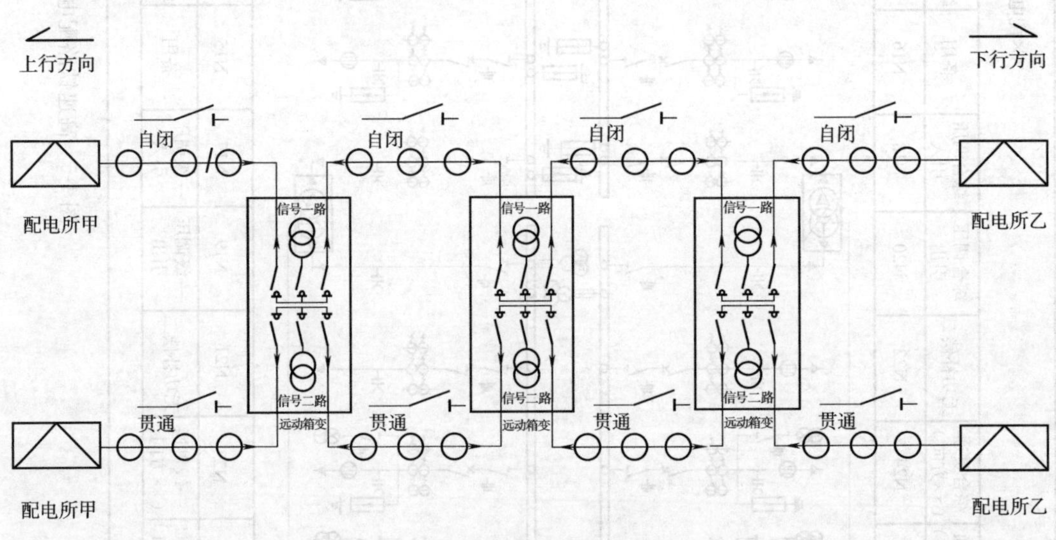

图1-6 普速铁路区间供电典型示意

(1)自闭线路一般由上行方向的配电所向下行方向的配电所主供电，下行方向的配电所为上行方向的配电所备供电。贯通线路一般由下行方向的配电所向上行方向的配电所主供电，上行方向的配电所为下行方向的配电所备供电。

(2)正常运行时，普速铁路主供电配电所自闭、贯通柜取消"重合闸"功能，备供所设"备自投”功能。当主供所自闭、贯通发生故障跳闸，备供所备自投失败后，两所联系，再由主供所手动试送一次，如试送失败，则判定该线路发生永久性故障。

(3)当配电所电源停电时，备供所应备投送出，待备投成功后，备供所相应的自闭、贯通柜投入“重合闸”，改为自供自备运行方式。当停电的配电所电源恢复后，应及时恢复到正常运行方式。

(4)当相邻配电所电源同时停电时，一般由上行方向的前一配电所跨过停电的配电所向无电供电臂临时供电，送电的配电所相应的自闭、贯通柜投入“重合闸”，改为自供自备运行方式。当停电的配电所电源恢复后，应及时恢复到正常运行方式。

2. 高速铁路

高速铁路区间供电典型示意如图 1-7 所示。

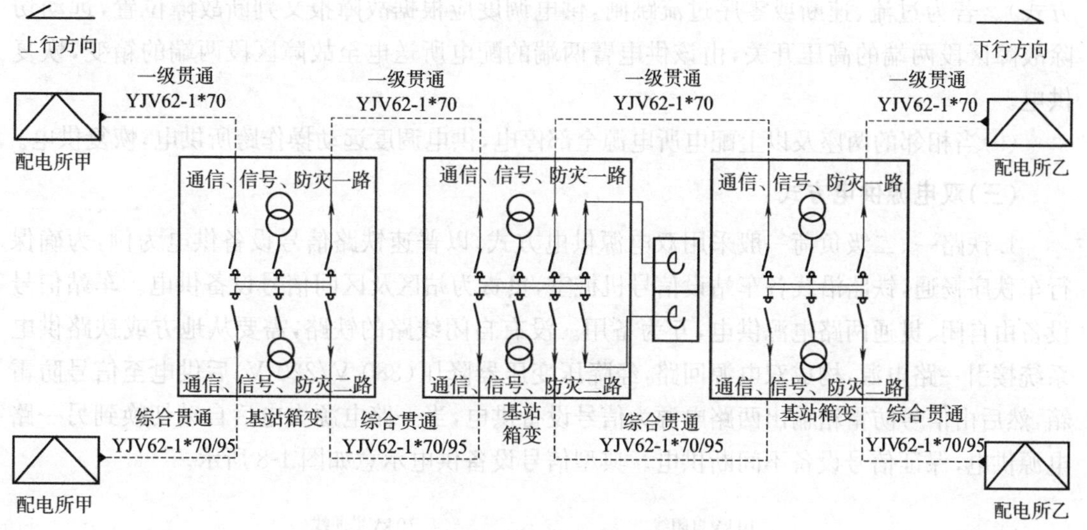

图 1-7 高速铁路区间供电典型示意

(1)一级贯通线路一般由上行方向配电所向下行方向的配电所主供电，下行方向的配电所为上行方向的配电所备供电；综合贯通线路由下行方向的配电所向上行方向的配电所主供电，上行方向的配电所为下行方向的配电所备供电。

(2)配电所一级贯通、综合贯通柜不设“重合闸”和“备自投”功能，区间采用电缆与架空的混合贯通线路，可以根据线路参数投入“重合闸”功能。特殊情况，应按照集团公司公布的运行方式为准。

(3)当配电所一路电源计划停电时，供电调度应将该配电所主供的贯通线路倒由备供所供电(如贯通线路为混合线路，应改为自供自备运行方式)，闭合本所母联断路器，由另一路电源带全所供电，并为相邻的配电所所带的贯通线路备供电。

(4)涉及区间开口作业，供电调度根据工作票内容断开作业处所两侧相邻的变配电所、箱变的开关，远动闭合备供所相应贯通柜的断路器，由作业区段两端的配电所供电(如贯通线路为混合线路，应改为自供自备运行方式)。天窗点内作业时在确保一路贯通线路正常供电的情况下，可以采取整个供电臂停电的方式。

(5)当配电所一路电源故障停电时，该电源主供的贯通线路发生失压跳闸，供电调度远动闭合备供所相应的贯通柜的断路器,由备供所供电(如贯通线路为混合线路,应改为自供自备运行方式),闭合本所母联断路器,由另一路电源带全所供电,并为相邻的配电所所带的贯通线路备供电。

(6)当其中一配电所两路电源同时停电时,该电源主供的贯通线路发生失压跳闸,供电调度远动闭合备供所相应的贯通柜的断路器,由备供所供电(如贯通线路为混合线路,应改为自供自备运行方式)。

(7)当相邻两座配电所的同一侧电源同时跳闸,而另一侧电源供电正常,供电调度远动闭合母联断路器,一级、综合贯通线路按正常运行方式供电。

(8)当贯通线路发生跳闸,供电调度应判断跳闸原因。若为失压跳闸,远动闭合备供所相应的贯通柜的断路器,由备供所供电(如贯通线路为混合线路,应改为自供自备运行方式)。若为过流、速断或零序过流跳闸,供电调度应根据故障报文判断故障位置,远动切除故障区段两端的高压开关,由该供电臂两端的配电所送电至故障区段两端的箱变,恢复供电。

(9)当相邻的两座及以上配电所电源全部停电,供电调度远动操作跨所供电,恢复供电。

(三)双电源供电方式

1. 铁路一、二级负荷一般采用双电源供电方式,以普速铁路信号设备供电为例,为确保行车秩序畅通,铁路沿线各车站设信号机械室,负责为站区及区间信号设备供电。车站信号设备由自闭、贯通两路电源供电,互为备用。没有自闭线路的铁路,需要从地方或铁路供电系统接引一路电源,构成双电源回路,经降压变压器降压(380 V/220 V)后供电至信号防雷箱,然后由信号防雷箱输出两路电源为信号设备供电,当一路电源失电后自动切换到另一路电源供电,保证信号设备不间断供电。典型信号设备供电示意如图 1-8 所示。

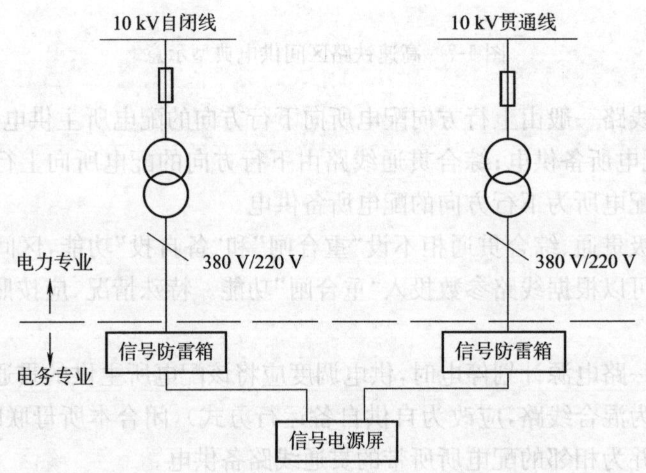

图 1-8　普速铁路典型信号设备供电示意

2. 由于普速铁路电力系统具有供电容量小,供电臂长、负荷呈现状分布、运行环境恶劣、故障多发,供电可靠性要求且易受外部环境影响等特点,为提高应急处置能力,确保信号双路电源故障情况下,及时恢复信号设备供电,大部分车站增设了信号应急发电机,信号应急发电机与贯通电源经双电源切换箱为信号设备供电，当自闭、贯通电源故障的情况下，切换箱切换至发电机侧，为信号设备提供临时电源。典型发电机供电示意如图 1-9 所示。

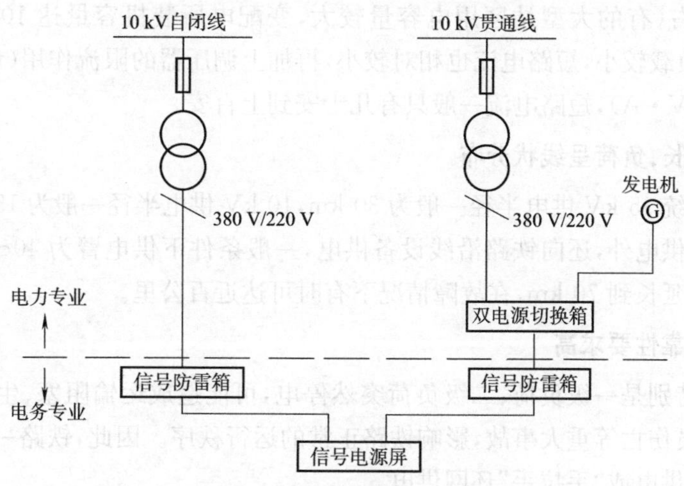

图 1-9　典型发电机供电示意

3. 为进一步提高信号设备供电可靠性，降低停电作业给行车带来的安全风险，各供电段在车站增设信号应急发电机的基础上，从铁路供电系统或地方电源接引三路电源，当 10 kV 自闭线或贯通线停电作业前，提前将计划停电的信号电源转换至三路电源，保证作业期间信号设备双电源供电，为信号设备提供更可靠的电源保障。典型三路电源供电示意如图 1-10 所示。

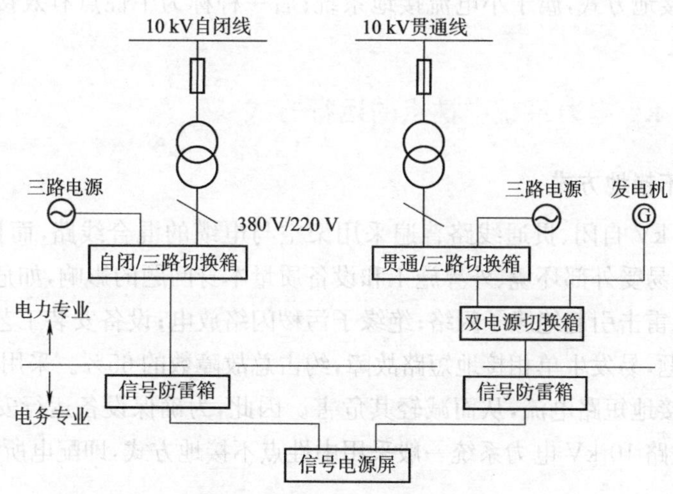

图 1-10　典型三路电源供电示意

三、铁路电力系统的主要特点

铁路电力系统主要为铁路沿线生产生活设施供电，该系统具有电力系统的一般特点，但又有其特殊性，主要表现在以下几个方面：

(一)供电容量小

地方供电局的变配电所容量一般在 10 000 kV·A 及以上，而铁路配电所一般为 2 000 kV·A左右(有的大型站区用电容量较大，变配电所装机容量达 10 000 kV·A 以上)。整个线路负载较小，短路电流也相对较小，再加上调压器的限流作用(调压器容量一般为 180～1 000 kV·A)，短路电流一般只有几十安到上百安。

(二)供电臂长，负荷呈线状分布

地方电力系统 35 kV 供电半径一般为 30 km，10 kV 供电半径一般为 15 km。而铁路供电线路除向站区供电外，还向铁路沿线设备供电，一般条件下供电臂为 40～60 km，当电源条件不允许时可延长到 70 km，在故障情况下有时可达近百公里。

(三)供电可靠性要求高

铁路负荷，特别是一级负荷、二级负荷突然停电，可能造成运输阻塞、生产停止，甚至造成列车颠覆、人员伤亡等重大事故，影响铁路正常的运行秩序。因此，铁路一、二级负荷一般采用双回路电源供电或“手拉手”环网供电。

第三节　铁路电力系统中性点的运行方式

铁路电力系统中性点运行方式即中性点接地方式，在铁路电力系统中是指调压器或变压器的接地方式。铁路电力系统中性点接地方式主要有三种：第一种是中性点不接地方式；第二种是中性点经消弧线圈接地方式；第三种是中性点经小电阻接地方式。前两种可合称为中性点非有效接地方式，属于小电流接地系统；后一种称为中性点有效接地方式，属于大电流接地系统。

一、铁路 10 kV 电力系统中性点的运行方式

(一)中性点不接地方式

普速铁路 10 kV 自闭、贯通线路普遍采用架空与电缆的混合线路，而根据实际运行经验，电力架空线路易受外部环境、外界施工和设备质量本身问题的影响，如危树触及线条；鸟类搭窝触碰线条；雷击引起绝缘子闪络；绝缘子污秽闪络放电；设备安装工艺不符合规范；施工触碰导线等问题，易发生单相接地短路故障，约占总故障数的 65%。采用中性点不接地方式可以减少单相接地短路电流，从而减轻其危害。因此，为确保设备运行安全，提高设备运行可靠性，普速铁路 10 kV 电力系统一般采用中性点不接地方式，即配电所调压器中性点不接地方式。

中性点不接地的三相电力系统如图 1-11 所示，三相导体对地都存在分布电容(各相导体之间的电容较小，忽略不计)，且三相系统是对称的。正常运行时，各相对地电压为相电压 U_A、U_B 和 U_C，三相相量和为零，中性点的电位为零，各相的电流 I_A、I_B、I_C 分别等于各相负载电流 I_{LA}、I_{LB}、I_{LC}点与各相对地电容电流 I_{Ca}、I_{Cb}、I_{Cc}的相量和。由于三相对地的电容电流的相量和为零，所以地中无电容电流流过。

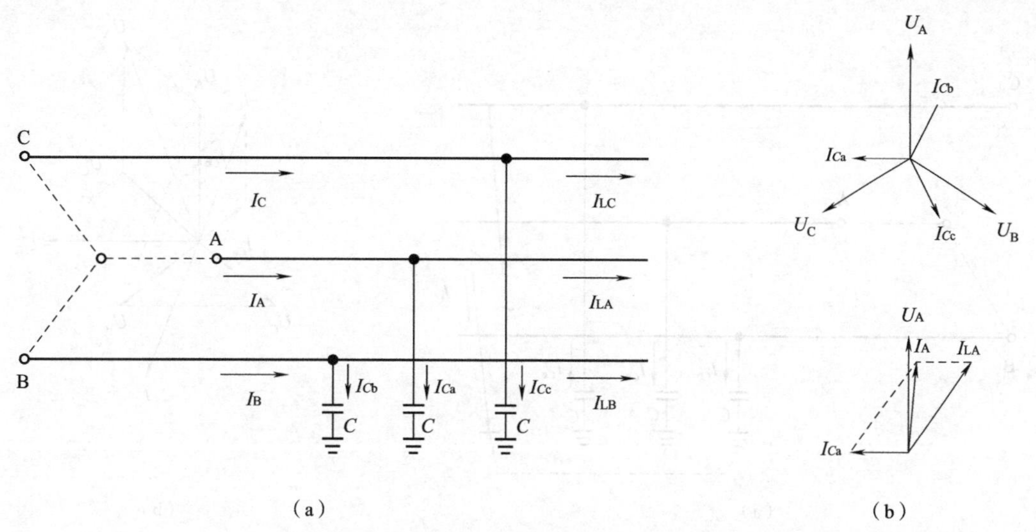

图 1-11 中性点不接地的三相电力系统

当铁路 10 kV 电力系统发生单相接地时，各相对地电容发生变化，对地电压也发生变化。例如 C 相接地，C 相对地电压为零，根据相量图可知，A 相对地电压 $U'_A=U_A+(-U_C)=U_{AC}$，B 相对地电压 $U'_B=U_B+(-U_C)=U_{BC}$，即非故障相的对地电压升高至原来的$\sqrt{3}$倍，变为线电压。A、B 两相对地电压升高至原来的$\sqrt{3}$倍，则 A、B 相对地的电容上所加的电压变为线电压，对地电容电流也相应地升高为原来的$\sqrt{3}$倍，即 $I_{Ca}=I_{Cb}=\sqrt{3}\,I_{C0}$，C 相对地电流 I_C 应为 A、B 两相对地电容电流之和，即 $I_C=-(I_{Ca}+I_{Cb})$，由于 I_{Ca} 与 I_{Cb} 的相位差为 60°，在量值上，$I_C=\sqrt{3}\,I_{Ca}$，而 $I_{Ca}=\sqrt{3}\,I_{C0}$，则 $I_C=3I_{C0}$，由此可知，单相接地时接地电流等于正常相对地电容电流的三倍。如果已知各相对地电容 C，可以计算出接地电容电流，即

$$I_{C0}=\frac{U_N}{X_C}=\omega CU_N\times10^{-3}\,(\mathrm{A}) \tag{1-1}$$

$$I_C=3I_{C0}=3\omega CU_N\times10^{-3}\,(\mathrm{A}) \tag{1-2}$$

式中 U_N——相电压，kV；

C——相对地电容，μF。

由于相对地电容大小不好确定，所以一般不能用上述公式精确计算出接地电流，实际可按式(1-3)近似地求出接地电流。

$$I_C\approx\frac{U(L_1+35L_2)}{350} \tag{1-3}$$

式中 U——线电压，kV；

L_1，L_2——架空线路和电缆线路的长度，km。

从图 1-12(b)相量图中可以得出，在中性点不接地系统中，发生单相接地时，电力系统中相间电压的大小和相位差仍保持不变，即

$$U'_{AB}=U'_A-U'_B=U_{AB} \tag{1-4}$$

$$U'_{BC}=U'_B-U'_C=U'_B=U_{BC} \tag{1-5}$$

$$U'_{CA}=U'_C-U'_A=-U'_A=U_{CA} \tag{1-6}$$

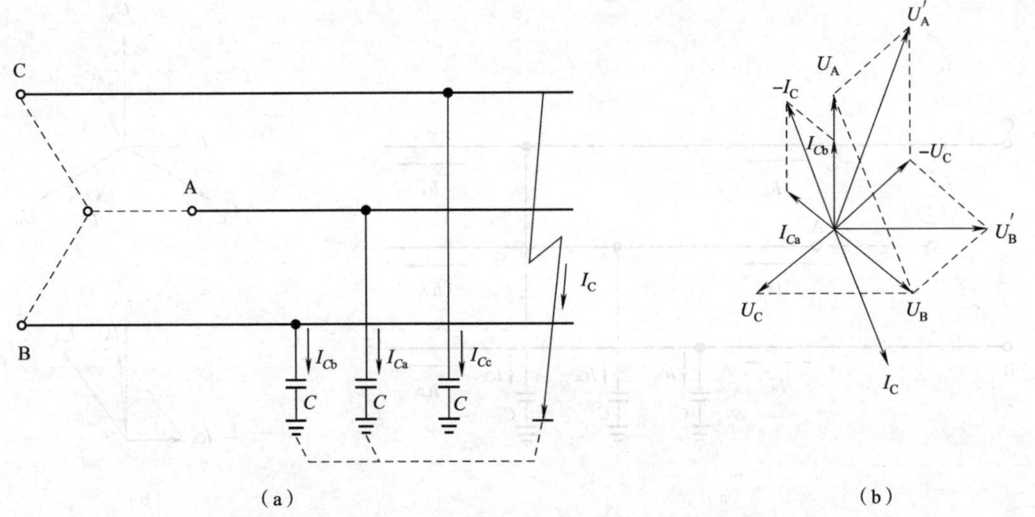

图 1-12　中性点不接地的三相电力系统发生单相接地

可见，当系统发生单相接地时，线电压和相位差不变，不会对用户产生任何影响。因此，中性点不接地系统发生单相接地时仍可短时继续工作，但由于非故障相对地电压升高为线电压，长期运行下去，有可能引起非故障相的绝缘薄弱部位损坏而接地，造成两相接地短路故障，较大的短路电流会进一步造成设备的损坏，同时接地过程中，有可能出现持续电弧和间歇电弧，其中持续电弧的燃烧极易引起相间短路，而间歇电弧，则易引起系统过电压，其电压值可达到额定电压的 2.5～3 倍，此时系统中绝缘薄弱的部位易发生绝缘击穿而造成相间短路。

电压在 6～10 kV 的电力系统中，间歇电流引起的过电压，一般危害性不大，但其接地电容电流不得大于 30 A，否则单相接地产生的持续电弧较大，不容易熄灭，同时易引起绝缘部位击穿而导致相间短路。20 kV 以上的电力系统，要求接地电容电流不大于 10 A，否则易产生间歇电弧且引起的过电压危害较大。因此，在 110 kV 以下接地电容电流≤10 A 或 6～10 kV接地电容电流≤30 A 的电力系统中，常采用中性点不接地系统。

我国普速铁路 10 kV 自闭、贯通线路以架空线路为主，以电缆线路为辅，配电所调压器容量较小，电容电流较小，一般情况下单相接地电容电流≤30 A，根据我国相关规定，中性点不接地系统发生单相接地故障时，允许暂时继续运行 2 h，因此，在 10 kV 自闭、贯通线路发生单相接地时，三相线电压维持不变，能够满足铁路负荷用电要求，因此，普速铁路普遍采用调压器中性点不接地系统。

(二)中性点经消弧线圈接地方式

为降低外部环境、自然灾害等因素对电力线路运行的影响，提高电力线路供电可靠性，近年来，各供电段进行了大量的架空线路改电缆线路改造，使得系统单相接地电容电流不断增大，为防止单相接地时产生间歇电弧，应改变系统中性点的接地方式，以减小单相接地时的接地电流。

根据铁路电力专业相关设计规范，当铁路 10 kV 电力系统单相接地电容电流超过 30 A 且不大于 150 A 时，可采用中性点经消弧线圈的接地方式，即在调压器中性点与地之间接入消弧线圈，如图 1-13 所示。消弧线圈是一个具有铁芯的电感线圈，线圈的电阻很小，感抗很大，其原理就是当系统发生单相接地时，利用消弧线圈的感应电流补偿系统对地的电容电流，可使接地电容电流大大减小。

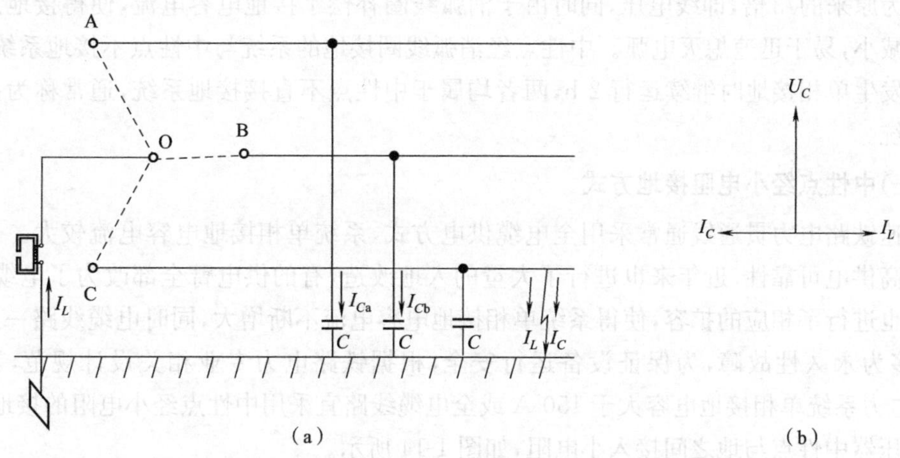

图 1-13 中性点经消弧线圈接地的三相电力系统

正常运行时，中性点对地电压为零，消弧线圈无电流通过。当系统发生单相接地时，如 C 相发生接地，接地点的电容电流 I_C 应为

$$I_C=-(I_{Ca}+I_{Cb})=-j\omega C(U_{AC}+U_{BC})=3j\omega CU_C \tag{1-7}$$

此时，作用于消弧线圈的电压为相电压 U_C，则流过消弧线圈的电感电流为

$$I_L=\frac{U_C}{X_L}=-j\frac{U_C}{\omega L} \tag{1-8}$$

因此，接地点的电流应为接地电容电流 I_C 与消弧线圈电感电流 I_L 的向量和，由于 I_L 滞后 $U_C 90°$，I_C 超前 $U_C 90°$，所以，I_L 和 I_C 的相角差 180°。如果选择合适大小的消弧线圈，可使单相接地时的接地电流变得很小或为零，这样就不会产生电弧且消除了电弧对电力系统造成的影响。根据消弧线圈的补偿程度，可分为三种补偿方式：

1. 完全补偿方式：即当消弧线圈电感电流 I_L 与接地电容电流 I_C 数值相等时，接地点电流为零，称为完全补偿。从消除间歇电弧的角度考虑，完全补偿方式是最理想的。但正常运行时，由于系统三相对地电容不完全相等或操作断路器时三相触头不同时闭合等原因，使在未发生故障的情况下，中性点对地产生一定的不对称电压，而 $X_L=X_C$，从而引起串联谐振，发生串联谐振后会在谐振电路中产生较大的电流和谐振过电压，有可能造成系统绝缘薄弱部位击穿放电，危及系统的运行安全，因此，一般不采用此种方式。

2. 欠补偿方式：即当消弧线圈电感电流 I_L 小于接地电容电流 I_C 数值时，称为欠补偿方式。但在实际运行中，一旦系统中部分线路被切除或者系统的频率降低时，接地电容电流变小，有可能使得消弧线圈电感电流 I_L 与接地电容电流 I_C 数值相等，变为完全补偿方式，因此，一般也不采用此种补偿方式。

3. 过补偿方式：即当消弧线圈电感电流 I_L 大于接地电容电流 I_C 数值时，称为过补偿方式。这种补偿方式可以避免完全补偿、欠补偿造成的谐振过电压问题，因此，通常采用过补偿方式。过补偿方式接地点流过一定数值的电感性电流，应控制这一电流值不超过规定值，否则故障点的电弧电流便不能可靠地自动熄灭。

中性点经消弧线圈接地的系统，当发生单相接地时，接地相电压为零，非故障相对地电压升高为原来的$\sqrt{3}$倍，即线电压，同时由于消弧线圈补偿了接地电容电流，使得接地点的电流大大减小，易于迅速熄灭电弧。中性点经消弧线圈接地的系统与中性点不接地系统一样，允许在发生单相接地时继续运行 2 h，两者均属于中性点不直接接地系统，通常称为小电流接地系统。

(三)中性点经小电阻接地方式

高速铁路电力贯通线通常采用全电缆供电方式，系统单相接地电容电流较大。普速铁路为提高供电可靠性，近年来也进行了大量的入地改造，有的供电臂全部改为了电缆线路，调压器也进行了相应的扩容，使得系统单相接地电容电流不断增大，同时电缆线路一旦发生故障，多为永久性故障，为保证设备运行安全，根据铁路电力专业相关设计规范，当铁路 10 kV电力系统单相接地电容大于 150 A 或全电缆线路宜采用中性点经小电阻的接地方式，即在调压器中性点与地之间接入小电阻，如图 1-14 所示。

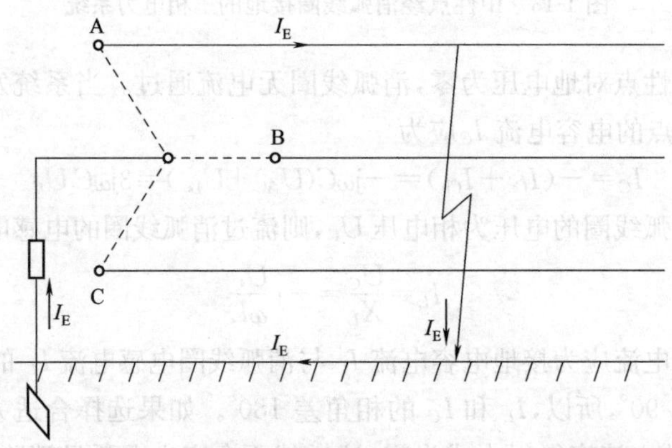

图 1-14　中性点经小电阻接地的三相电力系统

中性点经小电阻接地系统属于中性点直接接地系统，通常称为大电流接地系统。系统中的小电阻属于阻尼元件，一方面当系统发生单相接地时，小电阻与故障线路之间能够形成回路，系统将充分利用小电阻的耗能作用，将单相接地电容电流迅速泄放，能有效抑制谐振过电压和间歇性电弧引起的过电压；另一方面当系统发生单相接地时，故障线电压降低或降为零，非故障相电压升高或升高为线电压，同时回路中的电流将迅速启动零序过流保护，准确地作用于故障线路的断路器跳闸，及时将故障线路从系统中切除，系统迅速恢复到正常状态，从而有效地保证系统的安全运行。

中性点经小电阻接地系统，当系统发生单相接地时，能够产生限流降压的作用，对设备的绝缘要求较低，其耐压水平可以按相电压来选择。中性点经小电阻接地系统的接地电阻宜按照单相接地电流 200～400 A，接地故障瞬间零序过流跳闸的方式进行选择。高速铁路配电所常用的小电阻阻值为 10 Ω，额定电流为 400 A。

二、低压配电系统中性点的运行方式

1. 低压配电系统普遍采用中性点直接接地系统，引出线有中性线(N)、保护线(PE)或保护中性线(PEN)。其各自的功能如下：

中性线(N)：一是用来接单相用电设备；二是用来传导单相电流和三相不平衡电流；三是为了减小负荷中性点的电位偏移。

保护线(PE)：电力系统中所有设备外壳可导电部分通过保护线接地，目的是在设备发生接地故障或漏电的情况下，防止发生人员触电事故，保证人身安全。

保护中性线(PEN)：兼有保护线(PE)和中性线(N)的导体。

低压配电系统的接地形式有三种：IT 系统、TT 系统、TN 系统。其中，TN 系统可分为 TN-S、TN-C、TN-C-S 系统，各字母的含义如下：

(1)第一个字母表示电源端对地的关系：

T 表示电源变压器直接接地。

I 表示电源变压器中性点不接地，所有带电部分与地绝缘，或通过高阻抗接地。

(2)第二个字母表示电气设备的外露可导电部分(如金属外壳、金属构架等)对地的关系：

T 表示电气设备的外露可导电部分与地直接连接，此接地点与电源端的接地点相互独立。

N 表示电气设备的外露可导电部分与电源端的接地点有直接电气连接。

(3)C、S 用于表示保护线与中性线的关系：

C 表示中性线(N)与保护线(PE)是合并设置的，不是单独设置的。

S 表示中性线(N)与保护线(PE)是分开设置的。

2. 低压配电系统的介绍

(1)IT 系统

IT 系统是电源端中性点不接地或经过高阻抗(1 000 Ω)接地，电气设备的外露可导电部分经各自的 PE 线单独接地。其接线如图 1-15 所示。

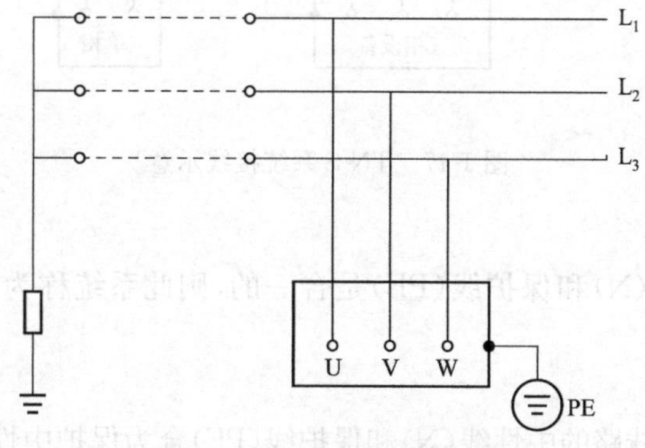

图 1-15　IT 系统接线示意

(2)TT 系统

TT 系统是电源端中性点接地，电气设备的外露可导电部分经各自的 PE 线单独接地。其接线如图 1-16 所示。

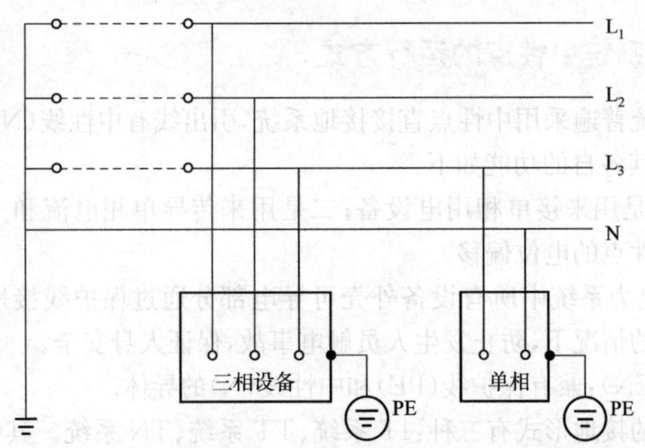

图 1-16　TT 系统接线示意

(3)TN 系统

TN 系统是指所有电气设备的外露可导电部分全部接公共保护线(PE 线)或公共的保护中性线(PEN 线)。这种接公共保护线(PE)或公共保护中性线(PEN)也称为“接零”。根据保护线和保护中性线的关系，TN 系统可划分为：TN-S、TN-C、TN-C-S 系统。具体情况如下：

①TN-S 系统

如果系统中中性线(N)和保护线(PE)全部分开，则此系统称为 TN-S 系统，如图 1-17 所示。

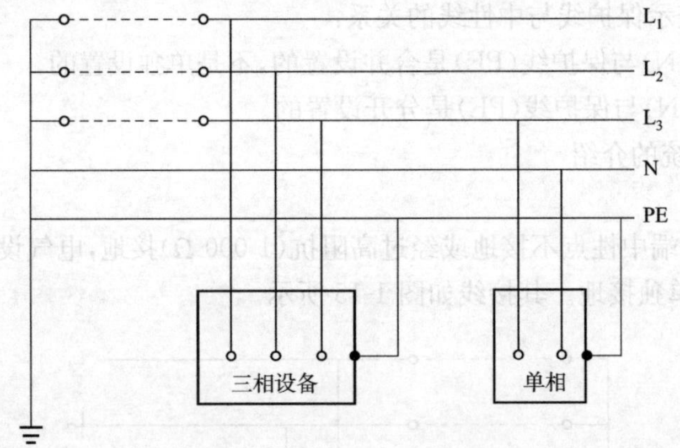

图 1-17　TN-S 系统接线示意

②TN-C 系统

如果系统中中性线(N)和保护线(PE)是合一的，则此系统称为 TN-C 系统，如图 1-18 所示。

③TN-C-S 系统

如果系统中一部分线路的中性线(N)和保护线(PE)合为保护中性线(PEN)，而另一部分中性线(N)和保护线(PE)全部或者部分的分开，则此系统称为 TN-C-S 系统，如图 1-19 所示。

在选择供电系统的接地形式时，应综合考虑系统安全可靠性、成本效益和适用性等方面，具体指导原则如下：

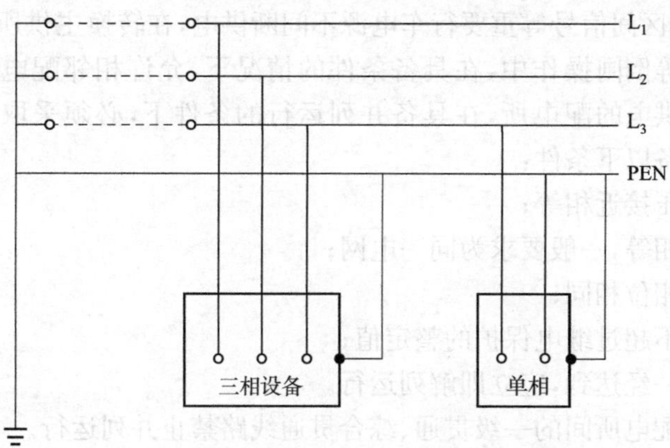

图 1-18　TN-C 系统接线示意

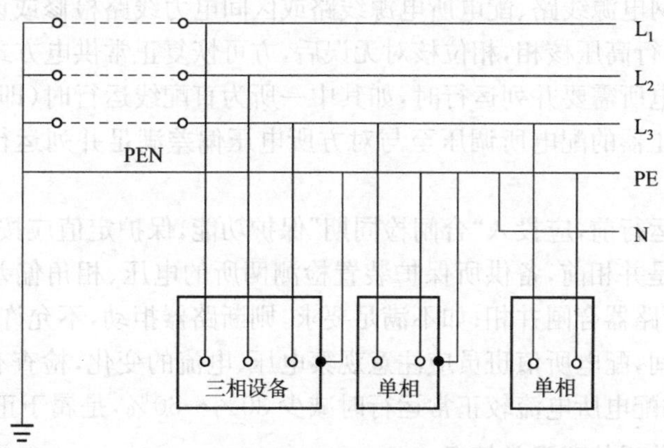

图 1-19　TN-C-S 系统接线示意

a. 铁路低压配电系统一般为中性点直接接地系统且一般采用 TN 系统，TN 系统具有可靠性高，线路设计简单、故障排查容易等特点，但如果用电设备分散且较少时，使用 TN 系统有困难且土壤的电阻率较低时，可以考虑采用 TT 系统，TT 系统能大大降低漏电设备的故障电源，但是不能降低到安全范围内，必须装设能够自动切除接地故障的保护装置。

b. 在选择供电系统时，应优先考虑安全可靠性。由于 IT 系统的电源端中性点不接地或经高阻抗(1 000 Ω)接地，当电气设备发生漏电时，流向大地的电流较小，不会破坏三相电压的平衡，具有很高的安全可靠性。但其只适用于小范围供电。

c. 由同一台变压器、发电机或同一段母线供电的低压配电线路，不宜同时采用 TN 和 TT 两种系统。

第四节　变配电所的并列运行和跨所供电

一、并列运行

(一)并列运行条件

当普速配电所和区间电力线路需要检修、试验、缺陷处置、改变主供所和备供所的区间供电方式时,为保证区间信号等重要行车电源不间断供电,在转换主供所和备供所的供电方式、区间打口、合口等倒闸操作中,在具备条件的情况下,允许相邻配电所进行短时并列运行。尤其是单回路供电的配电所,在具备并列运行的条件下,必须采取并相的方式进行倒闸。并列运行需具备以下条件:

1. 两所母线电压接近相等;

2. 两所的频率相等,一般要求为同一电网;

3. 两所的电压相位相同;

4. 并网的电流不超过继电保护的整定值;

5. 当操作目的一经达到,应立即解列运行。

高速铁路相邻配电所间的一级贯通、综合贯通线路禁止并列运行。

(二)并列运行的注意事项

1. 如果地方电网电源线路、配电所电源线路或区间电力线路检修或设备改造时,恢复正常供电前,要注意进行高压核相,相位核对无误后,方可恢复正常供电方式。

2. 当相邻两配电所需要并列运行时,如其中一所为直配线运行时(即所内未设有载调压器),应由另一带调压器的配电所调压至与对方所电压偏差满足并列运行的条件后,方可进行并列运行。

3. 配电所并列运行前,应投入"合闸检同期"保护功能,保护定值应按照设计院出具的定值进行整定。目的是并相前,备供所保护装置检测两所的电压、相角偏差是否满足要求,如满足要求,才允许断路器合闸并相;如不满足要求,则断路器拒动,不允许并列运行。

4. 并列运行期间,配电所值班员应注意观察电压、电流的变化,检查有无异常情况,一般情况下,并列运行的配电所电流较正常运行时减少 30%~60%,是属于正常情况。

(三)并列运行前后的不正常情况

1. 当区间电力线路发生单相接地故障时,相邻配电所严禁并列运行,防止扩大故障范围。

2. 当配电所并列运行前,其中一所电源突然停电,要立即停止并列运行操作,防止配电所电源反送至地方电网上,引起区间电力线路过负荷跳闸,造成不必要的停电事故。

3. 在执行并列运行倒闸操作时,如发生配电所断路器拒动,则应立即检查是否满足两所的电压是否满足同期合闸的条件,如不满足并列运行条件,禁止执行并相倒闸操作;如满足并列运行条件,应检查控制回路是否存在问题。

4. 并列运行期间,如其中一配电所自闭柜电流表无读数或电流读数很小,说明本所母线电压较对方所高,需将本所母线电压比对方所高,需调整调压器的挡位,将输出电压调低;如另一所自闭柜电流表读数较大或超过额定值,说明本所母线电压比对方所低,需调整调压器的挡位,将输出电压调高。

二、跨所供电

当相邻的两座及以上配电所电源全部停电,应执行跨所供电运行方式。跨所供电主要有两种方式,具体情况如下:

(一)不经主供配电所的跨所供电

1. 普速铁路配电所相邻的自闭线路一般装有室外的联络隔离开关,其供电示意如图 1-20 所示。

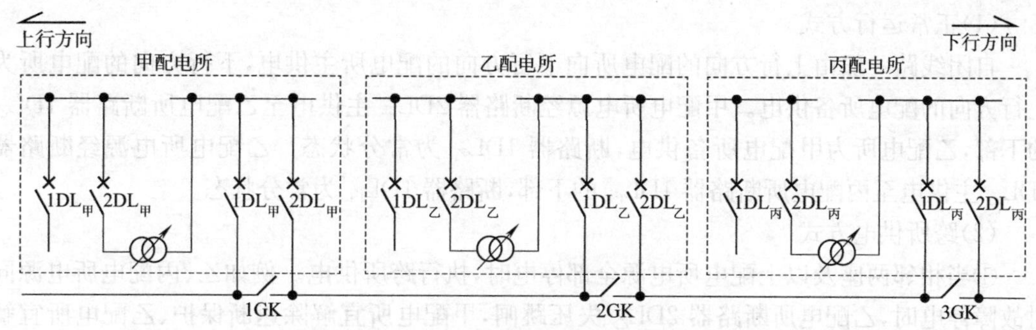

图 1-20 不经主供配电所的跨所供电示意

(1)正常运行方式

自闭线路一般由上行方向的配电所向下行方向的配电所主供电,下行方向的配电所为上行方向的配电所备供电。甲配电所电源经断路器 $2DL_{甲}$ 主供电至乙配电所断路器 $1DL_{乙}$ 的下部,乙配电所为甲配电所备供电,断路器 $1DL_{乙}$ 为常分状态。乙配电所电源经断路器 $2DL_{乙}$ 主供电至丙配电所断路器 $1DL_{丙}$ 的下部,断路器 $1DL_{丙}$ 为常分状态。联络隔离开关 1GK、2GK、3GK 为常分状态。

(2)跨所供电方式

①当相邻两座及以上配电所电源全部停电时,执行跨所供电。例如乙、丙配电所电源同时故障停电时,乙配电所断路器 $2DL_{乙}$ 失压跳闸,甲配电所宜解除速断保护,乙配电所值班员将隔离开关 2GK 合闸,甲配电所经断路器 $2DL_{甲}$、联络隔离开关 2GK 送电至丙配电所 $1DL_{丙}$ 的下部。甲配电所再投入速断保护。跨所供电期间,主供所宜解除“重合闸”保护、备供所宜解除“备自投”功能。

②如乙、丙配电所站馈线路为部分一级负荷供电,在无法通过外部电源(如发电机恢复、三路电源等)恢复供电时,要充分考虑甲配电所的供电能力,有条件的情况下,可考虑反送电至所内,再通过调压器反送电至站馈线路,恢复部分一级负荷供电。

2. 高速铁路配电所相邻的一级贯通、综合贯通线路一般不设室外的联络开关,其跨所供电方式一般采用经主供配电所的跨所供电方式。

(二)经过主供配电所的跨所供电

1. 普速铁路配电所相邻的自闭线路未装设联络隔离开关时,其跨所供电方式如图 1-21 所示。

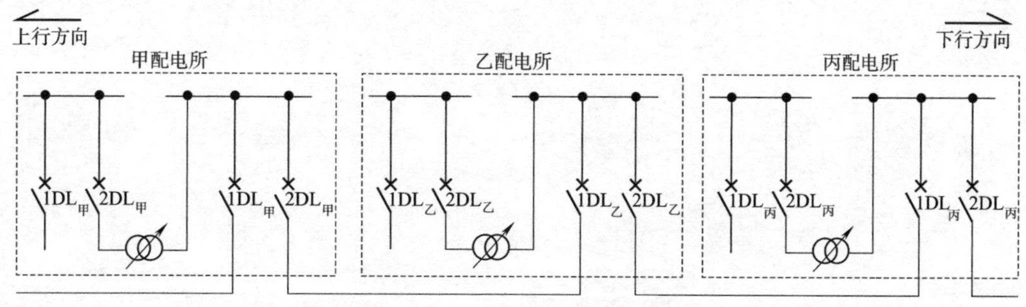

图 1-21 经过主供配电所的跨所供电示意

(1)正常运行方式

自闭线路一般由上行方向的配电所向下行方向的配电所主供电，下行方向的配电所为上行方向的配电所备供电。甲配电所电源经断路器 $2DL_{甲}$ 主供电至乙配电所断路器 $1DL_{乙}$ 的下部，乙配电所为甲配电所备供电，断路器 $1DL_{乙}$ 为常分状态。乙配电所电源经断路器 $2DL_{乙}$ 主供电至丙配电所断路器 $1DL_{丙}$ 的下部，断路器 $1DL_{丙}$ 为常分状态。

(2)跨所供电方式

①当相邻两座及以上配电所电源全部停电时，执行跨所供电。例如乙、丙配电所电源同时故障停电时，乙配电所断路器 $2DL_{乙}$ 失压跳闸，甲配电所宜解除速断保护、乙配电所宜解除速断保护、失压保护，乙配电所值班员手动操作合闸断路器 $1DL_{乙}$、$2DL_{乙}$ 送电至丙配电所 $1DL_{丙}$ 的下部。甲配电所再投入速断保护、乙配电所再投入速断保护、失压保护。于是甲配电所跨越乙配电所向丙乙、乙甲两供电臂供电。跨所供电期间，主供所宜解除“重合闸”保护、备供所宜解除“备自投”功能。

②如乙、丙配电所站馈线路为部分一级负荷供电，在无法通过外部电源(如发电机恢复、三路电源等)恢复供电时，要充分考虑甲配电所的供电能力，有条件的情况下，可考虑通过调压器反送电至站馈线路，恢复部分一级负荷供电。

2. 高速铁路相邻配电所电源全部停电时，执行跨所供电，倒闸方式参照此方式，同时高速铁路配电所为站区重要负荷供电，在无法通过外部电源(如发电机恢复、三路电源等)恢复供电时，要充分考虑甲配电所的供电能力，有条件的情况下，可考虑通过调压器反送电至站馈线路，为站房所内一级负荷供电。

第二章　铁路电力负荷及供电能力计算

第一节　概　　述

电力负荷又称“用电负荷”，电能用户的用电设备在某一时刻向电力系统取用的电功率的总和，称为用电负荷。通俗来讲就是用户在某一时刻对电力系统所要求的功率。从电力系统来讲，则是该时刻为满足用户用电所需具备的发电出力，根据电力用户的不同负荷特征，电力负荷可区分为各种工业负荷、农业负荷、交通运输业负荷和人民生活用电负荷等，单位为千瓦，符号：kW。虽然电力负荷的标准单位为 kW，但在实际运行工作中经常用电流来表示负荷。

一、铁路用电负荷的分类

铁路用电负荷根据供电可靠性要求及中断供电对人身安全、经济损失或影响程度，分为一级负荷、二级负荷及三级负荷，并应符合下列要求：

1. 符合下列情况之一时，应为一级负荷：

(1)中断供电将造成人身伤害。

(2)中断供电将在经济上造成重大损失。

(3)中断供电将影响重要的用电单位正常工作、造成铁路运输秩序严重混乱。

2. 符合下列情况之一时，应为二级负荷：

(1)中断供电将在经济上造成较大损失。

(2)中断供电将影响重要用电单位的正常工作、影响铁路正常运输。

3. 不属于一级和二级负荷的为三级负荷。

用电负荷分级的意义，在于正确地反映它对供电可靠性要求的界限，以便恰当地选择符合实际水平的供电方式，提高投资的经济效益，保护人员生命和设施的安全。负荷分级主要是从安全和经济损失两个方面来确定。安全包括了人身生命安全和生产过程、生产装备的安全。

停电一般分为计划停电和事故停电。由于计划检修停电事先通知用电部门，故可采取措施避免损失或将损失减少至最低限度。负荷分级是按事故停电的损失来确定负荷特性的。对于在有关标准中没有明确规定负荷等级的用电设备是否为一级负荷，其主要判据是对停电后果的评估。还有一个可供参考的判断方法是：用电设备本身是否允许停止工作。如果该用电设备是按双套及以上备用配置，或采用冗余备份配置的，部分设备故障后仍能维持基本需求的，结合停电后果的评估，可判定是否为一级负荷。不具备上述参考条件，说明设备本身是可以中断工作的，就不宜轻易判定为一级负荷。

铁路用电负荷中还存在许多系统性的设备，其不同节点的设备对供电可靠性的需求不一定相同。例如,中央处理级设备和一般终端设备停电时,对系统运行的影响程度和造成的后果通常就是不同的。所以属于各类系统组成内容的用电设备,需要根据其在系统中的使用性质、非正常停电的后果等因素分析确定负荷等级。

根据长期的铁路电力工程设计经验,下列典型的用电设备确定为一级负荷:

(1)一是运输调度指挥中心的系统设备,列车调度指挥系统设备,调度集中设备,集中联锁设备,自动闭塞(不含站间闭塞)和列控系统设备,区间信号中继站设备,通信站设备(通常至少是分枢纽级),与列控系统配套的通信设备。

(2)二是特大型客站、国境站的广播设备和公共区照明、应急照明设备。

(3)三是编组站综合自动化系统设备,驼峰信号控制系统设备,机械化驼峰空压机、缓行器液压泵等动力机械,驼峰区照明。

(4)四是无其他上油设备时,内燃机车的电动上油设备。

(5)五是铁路轮渡栈桥动力机械设备。

二、铁路电力负荷的供电要求

(一)一级负荷

1.一级负荷应由双重电源分别供电至用电设备或低压双电源切换装置处。当一路电源发生故障时,另一路电源不应同时受到损坏。

因地区大电力网在主网电压上部是并网的,用电部门无论从电网取几回电源进线,也无法得到严格意义上的两个独立电源。所以这里指的双重电源是指一个负荷的电源是由两个电路提供的,这两个电路就安全供电而言被认为是互相独立的。其可以是分别来自不同电网的电源,或来自同一电网但在运行时电路互相之间联系很弱,或者来自同一个电网但其间的电气距离较远,一个电源系统任意一处出现异常运行时或发生短路故障时,另一个电源仍能不中断供电,这样的电源都可视为双重电源。低压双电源切换装置通常已最大限度地靠近了用电设备。当上级某一路配电线路故障时,通过切换装置仍然能最大限度地避免设备断电,故要求双重电源要供电至低压双电源切换装置处。

铁路低压双电源切换装置通常有两种情况:当用电设备对切换装置没有特殊要求时,由供配电系统设置;当有特殊要求时,一般由用电设备系统自行设置,例如某些通信设备的电源装置就属于这种情况。

2.对中断供电将造成人身伤亡或重大设备损坏等后果,特别重要场所的不允许间断供电的一级负荷,其供电应符合下列规定:

(1)除由双重电源供电外,应增设后备电源。其中用电设备系统自行配置有后备电源且能满足供电时间和切换要求时,供配电系统可不另行配备后备电源。

(2)供电电源的切换时间应满足用电设备允许中断供电的要求。

由于这类负荷中断供电会造成更严重的后果,故增设后备电源。典型的如与行车直接相关的信号和与之配套的通信设备,当中断供电时,可能造成行车事故,进而导致人身伤亡和重大设备损坏等后果。

双重电源应符合下列规定:

(1)来自不同变电站,即两路电源之间无联系,其中一路电源发生故障时,另一路电源应能继续工作。

(2)来自同一变电站的不同母线，即两路电源之间有联系，但发生故障时，两路电源应不致同时收到损坏。

下列电源可作为后备电源：

(1)独立于正常电源的发电机组。

(2)供电网络中独立于正常电源的专用的馈电线路。

(3)蓄电池。

(4)独立于正常电源的其他电源。

(二)二级负荷

二级负荷的供电应符合下列规定之一：

1. 可由具备两回电源线路且其高低压至少一侧设有联络的变电所供电。

2. 可由贯通线路、环网线路以及其他双端供电线路等能构成双回电源线路的变电所供电。

3. 在负荷较小或地区供电条件困难时，可由一回 6 kV 及以上专用的电力线路供电。当专用电力线路采用架空线路时，可由一回架空线路供电；当采用电缆线路时，宜采用主备电缆供电或设置备用电缆通道，其中备用电缆应能负载 100％的二级负荷。

二级负荷供电要求的关键是其 6 kV 及以上系统的线路故障时，能快速恢复供电。基于此，当采用电缆作为电源线路时，要求其具有备用电缆或等效的备用关系，以便能在短时间内重新接通电路。两回及以上电源线路的变电所，并且其高低压至少一侧设置了联络时，显然等于具备了高压线路互备条件；引接在贯通线路、环网线路、其他双端供电线路的变电所，由于均属于双向供电线路，则等效具备双回电源线路条件；架空线路因便于快速修复，故当为专用线路时，可为一回。

(三)三级负荷

三级负荷可由一路电源供电。

第二节　计算负荷的确定

计算负荷是通过统计计算求出的、用来按发热条件选择供电系统中各元件的负荷值。按计算负荷选择的电气设备和导线电缆，如以计算负荷持续运行，其发热温度不致超出允许值，因而也不会影响其使用寿命。

由于导体通过电流达到稳定温升的时间大约为 $3\tau \sim 4\tau$（τ 为发热时间常数），而截面 16 mm^2以上导体的 τ 均在 10 min 以上，也就是说载流导体大约经 30 min 后可达到稳定的温升值，因此通常取半小时平均最大负荷 P_{30}，即年最大负荷 P_{max}，作为计算负荷 P_c。也可以这样理解，一个不变的计算负荷和实际变动的负荷，分别通过变压器或导线时，它们在变压器或导线上产生的温升是相同的。

计算负荷是供电设计计算的基本依据。如果计算负荷确定过大，将使设备和导线选择偏大，造成投资和有色金属的浪费；如果计算负荷确定过小，又将使设备和导线选择偏小，造成设备和导线运行时过热，增加电能损耗和电压损耗，甚至使设备和导线烧毁，造成事故。因此正确确定计算负荷具有重要的意义。但是由于负荷情况复杂，影响计算负荷的因素很多，虽然各类负荷的变化有一定规律可循，但准确计算负荷却十分困难。实际上，负荷也不可能是一成不变的，它与设备的性能、生产的组织以及能源供应的状况等多种因素有关，因此负荷计算也只能力求接近实际。

一、负荷计算的内容及目的

1. 计算负荷又称需要负荷或最大负荷。计算负荷是一个假想的持续性负荷，其热效应与同一时间内实际变动负荷所产生的最大热效应相等。在配电设计中，通常采用 30 min 的最大平均负荷作为按发热条件选择电器或导体的依据。

2. 尖峰电流指单台或多台用电设备持续 1 s 左右的最大负荷电流。一般取启动电流的周期分量作为计算电压损失、电压波动和电压下降以及选择电器和保护元件等的依据。在校验瞬动元件时，还应考虑启动电流的非周期分量。

3. 平均负荷为某段时间内用电设备所消耗的电能与该段时间之比。常选用最大负荷班(即有代表性的一昼夜内电能消耗量最多的一个班)的平均负荷，有时也计算年平均负荷。平均负荷用来计算最大负荷和电能消耗量。

二、常用的负荷计算方法

负荷计算的方法有需要系数法、利用系数法、单位指标法等几种。

1. 需要系数法。用设备功率乘以需要系数和同时系数，直接求出计算负荷。这种方法比较简便，应用广泛，尤其适用于变、配电所的负荷计算。工业、民用建设用电设备的相关数据见附表 1 和附表 2。

2. 利用系数法。采用利用系数求出做的负荷班的平均负荷，再考虑设备台数和功率差异的影响，乘以与有效台数有关的最大系数得出计算负荷。这种方法的理论依据是概率论和数理统计，因而计算结果比较接近实际。适用于工业企业电力负荷计算，但计算过程稍烦琐。

3. 单位面积功率法、单位指标法和单位产品耗电量法。前两者多用于民用建筑，后者适用于某些工业建筑。在用电设备功率和台数无法确定时，或者设计前期，这些方法是确定设备负荷的主要方法。

单位面积功率法、单位指标法和单位产品耗电量法多用于设计的前期计算，如可行性研究和方案设计阶段；需要系数法、利用系数法多用于初步设计和施工图设计。

三、设备功率的确定

由于铁路企业用电设备的种类繁多，工作状态又不尽相同，在负荷计算中首先要从发热的条件出发，将各种用电设备按工作性质进行分类，确定其设备容量，然后再进行统一的负荷计算。

(一)用电设备的额定容量、负载持续率及负荷系数的概念

1. 用电设备的额定容量

用电设备的额定容量是指用电设备在额定电压下，在规定的使用寿命内能连续输出或耗用的最大功率。

对电机、电炉、电灯等设备，额定容量均用有功功率 P_r 表示，单位为瓦(W)或千瓦(kW)。

对变压器和电焊机等设备，额定容量则一般用视在功率 S_r 表示，单位为伏安(V·A)或千伏安(kV·A)。

对电容器类设备，额定容量则用无功功率 Q_c 表示，单位为乏(var)或千乏(kvar)。

对电动机，额定容量指其轴上正常输出的最大功率。因此其耗用的(即从电网吸取的)功率应为其额定容量除以其效率。

对电灯和电炉等，额定容量则是指其在额定电压下耗用的功率，而不是指其输出的功率。

2. 负载持续率

负载持续率 ε 又称暂载率，用一个工作周期内工作时间 t_w 与工作周期 T 的百分比来表示，即

$$\varepsilon=\frac{t_w}{T}\times 100\%=\frac{t_w}{t_w+t_0}\times 100\% \tag{2-1}$$

式中 T——工作周期；

t_w——工作周期内的工作时间；

t_0——工作周期内的停歇时间。

我国规定断续周期工作制的额定负荷持续率有 15%、25%、40%和 60%四种。各种断续周期工作制用电设备的铭牌上所标注的额定功率 P_r，都是指在某一额定负荷持续率下 ε_r 的额定功率。

同一设备，在不同的负荷持续率下工作时，其输出功率是不同的。例如某设备在 ε_1 时的设备容量为 P_{e1} 那么该设备在 ε_2 时的设备容量 P_{e2} 是多少呢？这就需要进行"等效"换算，即按同一周期内相同发热条件来进行换算。

假设设备的内阻为 R，则电流 I 通过设备在 t 时间内产生的热量为 I^2Rt。因此在 R 不变而产生的热量又相等的条件下，I 与$\frac{1}{\sqrt{t}}$成正比；在电压不变情况下，设备容量 P_e 与 I 成正比，因此 P_e 与$\frac{1}{\sqrt{t}}$成正比。而由式(2-1)可知，同一周期的负荷持续率 ε 与 t 正比，由此可得 P_e与$\frac{1}{\sqrt{\varepsilon}}$正比，即设备容量与负荷持续率的平方根成反比关系，因此

$$P_{e2}=P_{e1}\sqrt{\frac{\varepsilon_1}{\varepsilon_2}} \tag{2-2}$$

3. 用电设备的负荷系数

用电设备的负荷系数(负荷率)为设备在最大负荷时输出或耗用的功率 P 与设备额定容量 P_r 的比值，用 β(或 K_L)表示，即

$$\beta=\frac{P}{P_r} \tag{2-3}$$

负荷系数的大小表征了设备容量利用的程度。

(二)设备功率的确定

进行负荷计算时，需将用电设备按其性质分为不同的用电设备组，然后确定设备功率。用电设备的额定功率 P_r 或额定容量 S_r 是指铭牌上的数据，对于不同负载持续率下的额定功率或额定容量，应换算为统一负载持续率下的有功功率，即设备容量 P_S。

1. 连续工作制电动机的设备功率等于额定功率。

2. 短时或周期工作制电动机(如起重机用电动机等)的设备功率是指将额定功率换算为统一负载持续率下的有功功率。

当采用需要系数法计算负荷时,应统一换算到负载持续率 ε 为 25%下的有功功率(kW),即

$$P_e = P_r\sqrt{\frac{\varepsilon_r}{0.25}} = 2P_r\sqrt{\varepsilon_r} \tag{2-4}$$

式中 P_r——电动机额定功率,kW;

ε_r——电动机额定负载持续率。

当采用利用系数法计算负荷时,应统一换算到负载持续率为 ε 为 100%下的有功功率(kW),即

$$P_e = P_r\sqrt{\varepsilon_r} \tag{2-5}$$

3. 电焊机组一般要求设备功率统一换算到 ε=100%。设铭牌的容量为 P_e,其负荷持续率为 ε_r,因此由式(2-2)可得对应于 ε_{100} 的设备容量为

$$P_e = P_r\sqrt{\frac{\varepsilon_r}{\varepsilon_{100}}} = S_r\cos\varphi\sqrt{\frac{\varepsilon_r}{\varepsilon_{100}}} \tag{2-6}$$

即

$$P_e = P_r\sqrt{\varepsilon_r} = S_r\cos\varphi\sqrt{\varepsilon_r} \tag{2-7}$$

式中 P_r,S_r——电焊机的铭牌容量,前者为有功容量,后者为视在容量,电焊机标的容量大多为后者;

$\cos\varphi$——功率因数;

ε_r——铭牌容量对应的负荷持续率。

4. 电炉变压器:

其设备功率是指在额定功率因数下的有功功率,即

$$P_e = S_r\cos\varphi \tag{2-8}$$

5. 整流变压器的额定功率是指额定直流功率。

6. 照明设备:

白炽灯、碘钨灯的设备功率为灯泡额定功率。气体放电灯如荧光灯和高压汞(水银)灯等,还应考虑镇流器的功率损失(荧光灯采用普通型电感镇流器加 25%。采用节能型电感镇流器加 15%~18%,采用电子镇流器加 10%;金属卤化物等、高压钠灯、荧光高压汞灯用普通电感镇流器时加 14%~16%,用节能型电感镇流器时加 9%~10%)。

7. 用电设备组:

设备组的设备功率是指不包括备用设备在内的所有单个用电设备的设备功率之和,即

$$P_{e\Sigma} = \sum P_e \tag{2-9}$$

8. 变电所或建筑物的总设备功率

变电所或建筑物的总设备功率应去所供电的各用电设备组设备功率之和,但应剔除不同时使用的负荷,例如:

(1)消防设备功率一般可不计入总设备功率。

(2)季节性用电设备(如制冷设备和采暖设备)应择其最大者计入总设备功率。

9.柴油发电机的负荷统计

(1)当柴油发电机仅作为消防、保安性质用电设备的应急电源时,用电负荷应计算消防泵(含消火栓泵、喷淋泵、消防加压泵和排水泵)、消防电梯、防排烟设备、消防控制设备、安防设备、电视监控设备、应急照明等设备的功率。

(2)当采用柴油发电机作为备用电源时,除计算保安性质负荷的用电设备外,根据用电负荷的性质和需要,还应计算所带其他负荷的设备功率。

由于发生火灾时,可停掉除保安性质负荷用电设备以外的非消防用电设备的电源,而非消防状态下消防设备又不投入运行,二者不同时使用,所以应取其大者作为确定发电机组容量的依据。

(3)民用建筑设计中,在方案和初步设计阶段可按供电变压器容量的10%～20%估算柴油发电机容量。

四、按需要系数法确定计算负荷

1.用电设备组的计算负荷

需要系数 K_x 是用电设备组(或用电单位)的有功计算负荷 P_e 与其总的设备容量(不计入备用设备容量)P_r 的比值,即

$$K_x=\frac{P_e}{P_r} \tag{2-10}$$

因此,按需要系数法确定三相用电设备组有功计算负荷(kW)的基本公式为

$$P_c=K_xP_e \tag{2-11}$$

确定无功计算负荷(kvar)的基本公式为

$$Q_c=P_c\tan\varphi \tag{2-12}$$

确定视在计算负荷(kV·A)的基本公式为

$$S_c=\frac{P_c}{\cos\varphi} \tag{2-13}$$

确定计算电流(A)的计算公式为

$$I_c=\frac{S_c}{\sqrt{3}U_r} \tag{2-14}$$

式中　U_r——用电设备的额定电压,kV。

需要系数 K_x 是由多年运行经验积累而得,其中考虑了下列的因素:

(1)同组用电设备中不是所有的用电设备都在同时工作;

(2)同时工作的用电设备不可能全部都在满载状态下运行;

(3)电动机等用电设备通常以输出功率为其额定容量,所以应计及用电设备组的平均效率;

(4)供电线路有损耗,应计及线路的效率;

(5)由于加工工件的不同,工人操作熟练程度的不同,工具质量的差异等所造成设备使用率的差异等。

综合上述各因素可用一个系数来概括,反映在式(2-11)之中。

2.配电干线或车间变电所的计算负荷

在确定拥有多组用电设备的配电干线上或车间变电所低压母线上的计算负荷时,应考

虑各组用电设备的最大负荷不同时出现的因素。因此在确定低压干线上或低压母线上的计算负荷时，可结合具体情况对其有功和无功计算负荷计入一个同时系数（又称参差系数或综合系数）K_{Σ}。

总的有功计算负荷（kW）为

$$P_c = K_{\Sigma P}\sum(K_x P_e) \tag{2-15}$$

式中　P_e——用电设备组的功率，kW。

总的无功计算负荷（kvar）为

$$Q_c = K_{\Sigma Q}\sum(K_x Q_e \tan\varphi) \tag{2-16}$$

总的视在计算负荷为

$$S_c=\sqrt{P_c^2+Q_c^2} \tag{2-17}$$

总的计算电流为

$$I_c=\frac{S_c}{\sqrt{3}U_r} \tag{2-18}$$

式中　$K_{\Sigma P}$，$K_{\Sigma Q}$——有功功率、无功功率同时系数，分别取0.8～1.0和0.93～1.0。

3.配电所或总降压变电所的计算负荷，为各车间变电所计算负荷之和再乘以同时系数$K_{\Sigma P}K_{\Sigma Q}$。对配电所的$K_{\Sigma P}$和$K_{\Sigma Q}$，分别取0.85～1.0和0.95～1.0；对总降压变电所的$K_{\Sigma P}$和$K_{\Sigma Q}$分别取0.8～0.9和0.93～0.97。

当简化计算时，同时系数$K_{\Sigma P}$和$K_{\Sigma Q}$可都取$K_{\Sigma P}$值。

4.对于数量较少（4台及以下）的用电设备。3台及2台用电设备的计算负荷，取各设备功率之和；4台用电设备的计算负荷，取设备之和乘以0.9的系数。

5.自备柴油发电机组的计算负荷也可按上述方法进行计算。简化计算时，消防负荷的需要系数可取为1。

五、单位面积功率（或负荷密度）法与单位指标法

（一）单位面积功率（或负荷密度）法

单位面积法计算有功功率P_c的公式为

$$P_c=\frac{P'_e A}{1\,000} \tag{2-19}$$

式中　P'_e——单位面积功率（负荷密度），W/m²；

　　　A——建筑面积，m²。

（二）单位指标法

单位指标法计算有功功率P_c的公式为

$$P_c=\frac{P'_e N}{1\,000} \tag{2-20}$$

式中　P'_e——单位用电指标，如W/户、W/人、W/床；

　　　N——单位数量，如户数、人数、床位数。

应用以上方法计算负荷时，还应结合工程具体情况，乘以不同的同时系数。

(三)单位产品耗电量法

在方案设计阶段,但缺乏准确的用电负荷资料时,也用单位产品耗电量法来估算企业的计算负荷。

六、尖峰电流的确定

对于不同性质的负荷,其尖峰电流的计算公式不同。

1. 单台电动机、电弧炉或电焊变压器的支线,其尖峰电流 I_{jf} 为

$$I_{jf}=KI_r \tag{2-21}$$

式中 I_r——电动机、电弧炉或电焊变压器一次侧额定电流,A;

K——启动电流倍数,即启动电流与额定电流之比,笼型电动机可达 7 倍左右,绕线转子电动机一般不大于 2 倍,直流电动机为 1.5～2,单台电弧炉为 3,弧焊变压器和弧焊整流器为小于或等于 2.1,电阻焊机为 1,闪光对焊机为 2。

2. 接有多台电动机的配电线路,只考虑一台电动机启动时的尖峰电流 I_{jf} 为

$$I_{jf}=(KI_r)_{max}+I'_c \tag{2-22}$$

式中 $(KI_r)_{max}$——启动电流为最大的一台电动机的启动电流,A;

I'_c——除启动电动机以外的配电线路计算电流,A。

两台及以上设备的电动机有可能同时启动时,尖峰电流根据实际情况确定。

3. 对于自启动的一组电动机,其尖峰电流为所有参与自启动的电动机的启动电流之和。

4. 供电给起重机的线路

计算功率和计算电流采用综合系数法确定的计算功率 P_c(kW)和计算电流 I_c(A)为

$$P_c=K_zP_\Sigma \tag{2-23}$$

$$I_c=\frac{P_c\times 1\,000}{\sqrt{3}U_r\cos\varphi} \tag{2-24}$$

或

$$I_c=K'_zP_\Sigma \tag{2-25}$$

其尖峰电流 I_{jf} 为

$$I_{jf}=I_c+(K_{st}-K_z)I_{r,max} \tag{2-26}$$

式中 K_z——综合系数,其值见表 2-1;

K'_z——与综合系数相对应的电流系数(U_r=380 V,$\cos\varphi$=0.5),其值见表 2-1;

P_Σ——连接在滑触线上的电动机,在额定负载持续率下的总功率(不包括副钩电动机功率),kW;

U_r——电动机的额定电压,V;

$\cos\varphi$——功率因数,一般取 0.5;

I_c——计算电流,A;

$I_{r,max}$——最大一台电动机的额定电流,A;

K_{st}——最大一台电动机的启动电流倍数,绕线转子电动机取 2,笼型电动机按产品样本。

表 2-1　综合系数

起重机额定负载持续率 ε	起重机台数 n	综合系数 K_z	电流系数 K_z' ($U_r=380$ V, $\cos\varphi=0.5$)
25%	1	0.4	1.2
	2	0.3	0.9
	3	0.25	0.75
40%	1	0.5	1.5
	2	0.38	1.14
	3	0.2	0.96

七、平均负荷与最大负荷

(一)负荷曲线的绘制及类型

负荷曲线是负荷随时间变化的曲线。它绘在直角坐标上，纵坐标表示负荷功率，横坐标表示负荷变动所对应的时间。负荷曲线按负荷对象分，有工厂的、车间的或某台设备的负荷曲线。按负荷的功率性质分，有有功和无功负荷曲线。按所表示的负荷变动时间分，有年的、月的、日的或工作班的负荷曲线。按绘制的方式分，有依点连成的负荷曲线[图 2-1(a)]和梯形负荷曲线[图 2-1(b)]。

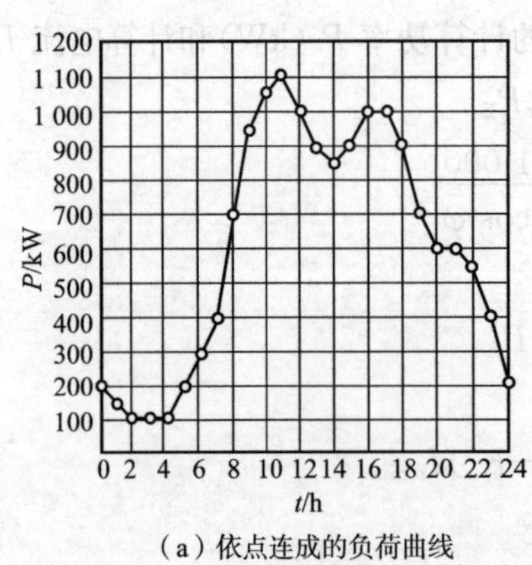

(a) 依点连成的负荷曲线

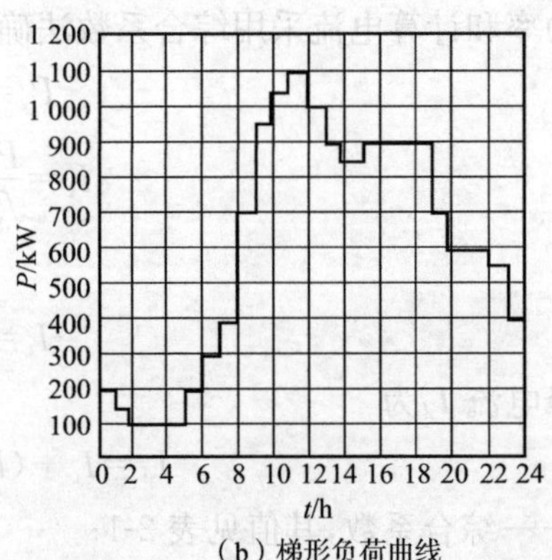

(b) 梯形负荷曲线

图 2-1　日有功负荷曲线

年负荷曲线，通常是根据典型的冬日和夏日负荷曲线来绘制。这种曲线的负荷从大到小依次排列，反映了全年负荷变动与对应的负荷持续时间(全年按 8 760 h 计)的关系。这种年负荷曲线全称为年负荷持续时间曲线，如图 2-2(a)所示。另一种年负荷曲线，是按全年每日的最大半小时平均负荷来绘制的，横坐标以全年十二个月份的日期分格，全称为年每日最大负荷曲线，如图 2-2(b)所示。这种年负荷曲线，主要用来确定经济运行方式，即用来确定何段时间宜多投入变压器台数而另一段时间又宜少投入变压器台数，使供电系统的能耗达到最小，以获得最大的经济效益。

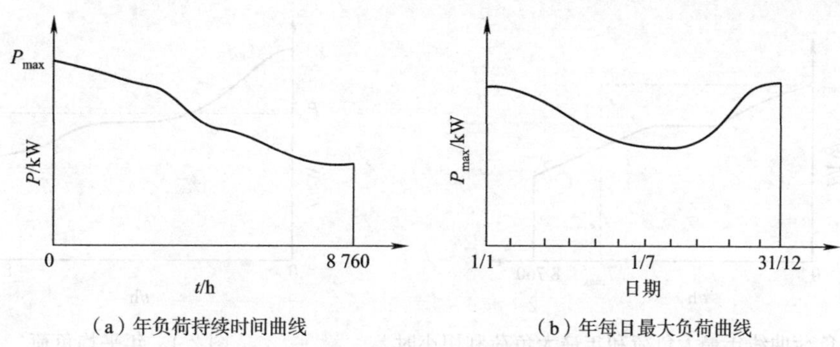

（a）年负荷持续时间曲线　（b）年每日最大负荷曲线

图 2-2　年负荷曲线

从各种负荷曲线上，可以直观地了解电力负荷变动的情况。通过对负荷曲线的分析，可以更深入地掌握负荷变动的规律，并可从中获得一些对设计和运行有用的资料。

（二）与负荷曲线有关的物理量

1. 年最大负荷和年最大负荷利用小时

年最大负荷 P_{max} 就是全年中有代表性的最大负荷班的最大半小时平均负荷 P_c。

年最大负荷利用小时 T_{max} 是假设电力负荷按年最大负荷 P_{max} 持续运行时，在此时间内电力负荷所耗用的电能恰与电力负荷全年实际耗用的电能相同，如图 2-3 所示。因此年最大负荷利用小时是一个假想时间，计算公式为

$$T_{max}=\frac{W_a}{P_{max}} \tag{2-27}$$

式中　W_a——全年实际耗用的电能，kW·h。

年最大负荷利用小时是反映电力负荷时间特征的重要参数，它与工厂的生产班制有关。

例如一班制工厂，T_{max} 为 1 800～2 500 h；两班制工厂，T_{max} 为 3 500～4 500 h；三班制工厂，T_{max} 为 5 000～7 000 h。

2. 平均负荷和负荷曲线填充系数

平均负荷 P_{av} 是电力负荷在一定时间 t 内平均耗用的功率，即

$$P_{av}=\frac{W_t}{t} \tag{2-28}$$

式中　W_t——t 时间内耗用的电能，kW·h。

年平均负荷 P_{av} 是电力负荷全年平均耗用的功率，如图 2-4 所示。负荷曲线填充系数就是将起伏波动的负荷曲线“削峰填谷”，求出平均负荷 P_{av}，此平均负荷 P_{av} 与最大负荷 P_{max} 的比值，亦称负荷率或负荷系数，通常用 β 表示，其定义式为

$$\beta=\frac{P_{av}}{P_{max}} \tag{2-29}$$

负荷曲线填充系数表征了负荷曲线不平坦的程度，亦即负荷变动的程度。从发挥整个电力系统效能来说，应尽量设法提高 β 值，因此企业供电系统在运行中必须实行负荷调整。

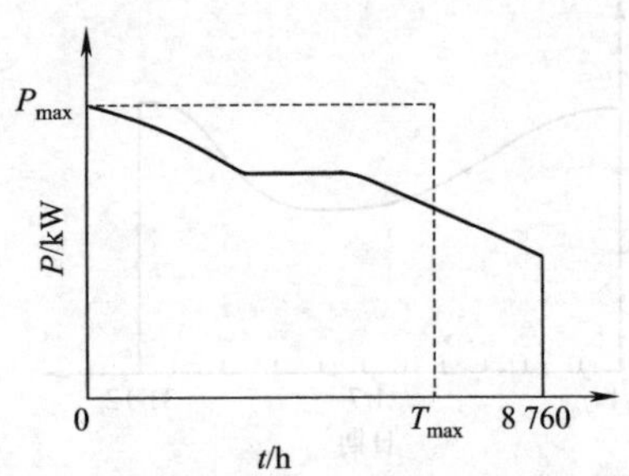

图 2-3　年负荷曲线年最大负荷和年最大负荷利用小时

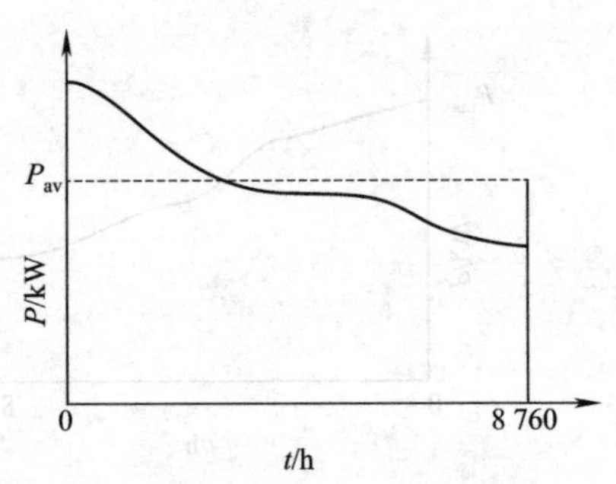

图 2-4　年平均负荷

第三节　供电能力的计算

一、供电能力概述

供电能力是指供电系统在其系统正常运行过程中可以负荷的最大供电能力，针对电力系统的供电能力分析能够帮助电力供应人员在一定限度内合理规划、配电工作做出巨大贡献。定期查定供电能力是为了系统地、全面地掌握电力系统的能力、质量和可靠性，查出供电设备利用情况和薄弱环节，以便通过基建、大修、更新改造和设备调剂等措施加以改善，保证电力设备安全、可靠经济运行，以满足铁路运输生产和生活用电日益增长的需要。

(一)发、变(配)电所额定供电能力计算

1. 发电所。供电能力为正常运行发电机组的额定出力(kV·A)之和。kW 换算为 kV·A时，采用机组额定功率因数。最大运行负荷比上一年度或当年发电所运行日志中查得。最大负荷 kW 值换算为 kV·A 时，采用最大负荷小时的平均功率因数。

2. 变配电所。额定供电能力为正常运行主变压器容量(kV·A)之和。

3. 配电所。额定供电能力按受电柜容量最小元件，一般按电流互感器一次额定电流查定，即

$$S_H=\sqrt{3}U_H \cdot I_H \tag{2-30}$$

式中　U_H——母线额定电压，kV；

I_H——电流互感器一次额定电流，A。

(二)供电能力系数的概念

供电能力系数是用来衡量供电设备满足实际用电的程度，其计算方法如下：

1. 发、变(配)电所供电能力系数

$$K_n=\frac{S_H}{S_m} \tag{2-31}$$

式中　S_H——设备额定能力，kV·A；

S_m——最大运行负荷，kV·A。

2. 电力线路供电能力系数(电压损失法)

$$K_n=\frac{\Delta U_H\%}{\Delta U\%} \tag{2-32}$$

其中

$$\Delta U\%=\frac{U_1-U_2}{U_1}\times 100\% \tag{2-33}$$

式中　$\Delta U_H\%$——额定电压损失百分数；

$\Delta U\%$——实际电压损失百分数；

U_1——最大负荷时首端电压，kV；

U_2——最大负荷时末端电压，kV。

3. 电力线路供电能力系数(负荷力矩法)

$$K_n=\frac{M_H}{M_m} \tag{2-34}$$

式中　M_H——额定负荷力矩，kW·km；

M_m——最大运行负荷力矩，kW·km。

最大运行负荷可以从运行日志中查出或通过实测得出。

二、供电能力的查定方法

铁路电力设备供电能力要对变配电所及贯通(自闭)电线路的可靠性及用电设备容量进行调查。变配电所和自动闭塞、贯通电线路的可靠性，可根据年停电次数、年停电时间、一次最长停电时间、影响行车列数和变配电所事故率、停电系数等数据，经综合分析进行评定。在用电设备容量调查的基础上，以发变配电所为单位计算需要系数，以反映用电设备的利用率。需要系数 K_x 计算公式为

$$K_x=\frac{\text{最大运行负荷(kW)}}{\text{用电设备容量(kW)}} \tag{2-35}$$

自动闭塞变电所调压变压器的供电能力，按向两臂同时供电，并有一臂越所供电的情况查定。采用“电压损失法”查定电力线路能力时，其电压损失规定如下：

(1)35 kV 输电线路自供电变压器二次侧出口至 35/10 kV 变压器一次端子为 5%。

(2)10(6)kV 高压电力线路和 380/220 V 低压电力线路，自供电变压器二次侧出口至用电设备(包括变压器)受电端为 5%。

(3)自动闭塞电力线路自调压变压器的二次端子至信号变压器一次端子为 10%。

非发、变(配)电气所所在的区段站以下的车站、“T”接供电的混合电源线路、自动闭塞变压器和低压联络线、临时供电设备、备用发电机组、备用变压器、发电车等不查定能力，但统计备用容量。属于变配电所第二电源的发电机组亦应查定能力。

查定供电能力时间可在前一年第四季度或当年第一季度中进行，应充分利用技术履历资料，并结合定期负荷测定进行。非查定年度尚应进行年度能力分析，及时解决能力上存在的问题。测定电流和电压时，应使用检验合格的和量程、级别适当的仪表。测量两端电压差时，应使用级别不低于 1 级的电压表，双方应事先校对计时表，同时测量。

(一)用电设备容量调查

1. 调查用电设备的数量、容量和生产规模及其变化情况是查定供电能力的基础，需供用电单位共同做好这一工作。

2. 用电设备调查，可结合供电单位与用电单位修订供用电合同时进行。各用电单位将所属车间或班组的用电设备做好统计并向供电单位提供。

3.职工宿舍和零散用户的用电，由供电单位负责调查和填写用电设备调查表。

(二)发电所能力查定

1.发电所有五台及以下发电机组时，按其中一台为备用机组进行查定，有六台及以上发电机组时，按其中两台为备用机组进行查定，仅有两台运用发电机组(无备用机组)的夜间发电所，还应查定其中一台机组故障时对主要负荷的供电能力。

2.配套发电机组按发电机额定出力查定能力。当发电机组过于陈旧不能恢复出力时，按试验结果确定能力。非配套机组按其中最小机械出力查定能力。

3.发电所主变压器的总容量小于运行发电机组容量之和时，按主变压器容量查定发电所供电能力。

例1:某发电所现有柴油发电机组计192 kW 2台，440 kW 1台，688 kW 1台，发电机组的额定功率因数均为0.8，发电所最大负荷为870 kW，最大负荷时的功率因数为0.92。求发电所的供电能力系数和多余或不足能力数量。

(1)确定1台440 kW发电机组为备用机组，则运行发电机组的总视在功率为

$$S_H=P_1/\cos\varphi_1+P_2/\cos\varphi_2=192\times2/0.8+688/0.8\approx1\ 340(\text{kV}\cdot\text{A})$$

(2)最大负荷时的视在功率为

$$S_m=P_m/\cos\varphi=870/0.92\approx946(\text{kV}\cdot\text{A})$$

(3)发电所的供电能力系数为

$$K_n=S_H/S_m=1\ 340/946\approx1.42$$

$K_n>1$，说明发电所供电能力有余，则多余量为

$$\Delta S_+=S_H-S_m=394(\text{kV}\cdot\text{A})$$

(三)变配电所能力查定

1.两路电源供电的配电所，每一路电源设备按全所负荷查定供电能力。

2.最大运行负荷从上一年度或当年运行日志中查得。最大负荷(取小时有功电度数)换算为kV·A时，采用最大负荷小时的平均功率因数。

3.车间变电所和变压器台有多台高低峰负荷倒换运动的变压器时，根据运行条件确定按变压器最大容量或全容量查定能力。

4.车间变电所和变压器台最大运行负荷可在高峰负荷的测定记录中查得，其测定方法为:有电度表者，于高峰负荷时记录2～3 h的销售电度读数，取最大小时千瓦值;无电度表者，于高峰负荷时利用电流表测定最大负荷电流(三相平均值)，然后算出该变压器最大运行负荷(kV·A)。从照明变压器二次侧测出的最大稳定电流，即为最大负荷电流;从动力变压器二次侧测出的最大稳定电流(除去瞬间尖峰值)乘以0.9，即为最大负荷电流。

例2:某35/10 kV变电所主变压器容量为3台1 800 kV·A，其中一台为备用变压器。变电所最大负荷为1 700 kW，最大负荷时的功率因数为0.8。求变电所的供电能力系数和多余或不足能力数量。

(1)运行变压器额定能力合计为

$$S_H=1\ 800\times2=3\ 600(\text{kV}\cdot\text{A})$$

(2)变电所的最大视在功率为

$$S_m=P_m/\cos\varphi=1\ 700/0.8=2\ 125(\text{kV}\cdot\text{A})$$

(3)变电所的供电能力系数为

$$K_n = S_H/S_m = 3\ 600/2\ 125 \approx 1.69$$

$K_n > 1$,说明变电所供电能力有余,则多余量为

$$\Delta S_+ = S_H - S_m = 3\ 600 - 2\ 125 = 1\ 475(\text{kV}\cdot\text{A})$$

例3:某10 kV配电所电流互感器一次额定电流为300 A,配电所最大负荷为1 992 kW,最大负荷时的功率因数为0.88,求配电所的供电能力系数和多余或不足能力数量。

(1)电流互感器的额定能力为

$$S_H = \sqrt{3}U_H \cdot I_H = \sqrt{3} \times 10 \times 300 \approx 5\ 196(\text{kV}\cdot\text{A})$$

(2)最大负荷时的视在功率为

$$S_m = P_m/\cos\varphi = 1\ 992/0.88 \approx 2\ 264(\text{kV}\cdot\text{A})$$

(3)配电所供电能力系数为

$$K_n = S_H/S_m = 5\ 196/2\ 263 \approx 2.30$$

$K_n > 1$,说明变电所供电能力有余,则多余量为

$$\Delta S_+ = S_H - S_m = 5\ 196 - 2\ 263 = 2\ 960(\text{kV}\cdot\text{A})$$

(四)电力线路能力查定

电力线路供电能力查定测定方法如下:

1. 35 kV、10(6)kV电源专用线路从运行日志中查出最大负荷时送电端(变电所)母线电压与受电端(配电所)母线电压之差。如无完整记录,可于最大负荷时,同时测定两端母线电压,求出电压差。电源线路与配电线路电压损失百分数之和不大于规定值。

2. 两端供电的区间线路和自动闭塞高压线路,按最大负荷力矩运行方式,于最大负荷时,同时测定两端电压,求出电压差。当末端无高压测量设备时,可将变压器二次端子处测得的电压换算为高压,然后求出电压差。

3. 单一负荷或多负荷点供电的高压开式网络,于最大负荷时测定的母线电压与线路末端变压器二次侧电压换算到一次侧电压之差。

4. 单一负荷多负荷点供电的低压开式网络,于最大负荷时同一时间测定首端与末端(引入室内总开关柜处)的电压,求出电压差。

5. 闭式网络,于最大负荷时测定首端与分流点处的电压之差。

6. 自动闭塞和区间高压线路以及环状线路,应测定一端供电时的电压损失。越所供电的区间线路的电压损失,按正常情况的两倍计算。

用电压损失百分数表示的余缺能力换算为负荷力矩(kW·km)时,根据已知条件,可采用下列任意公式计算

$$M = \frac{P_m \cdot L(\Delta U_H\% - \Delta U\%)}{\Delta U\%} \tag{2-36}$$

$$P_m = \sqrt{3}U_1 I_m \cos\varphi \tag{2-37}$$

式中　L——变压器至负荷中心的距离,km;

I_m——最大负荷电流,A;

U_1——变压器二次侧电压,kV。

$$M=M_{\Delta U\%=1}\cdot(\Delta U_{\text{H}}\%-\Delta U\%) \tag{2-38}$$

式中 $M_{\Delta U\%=1}$——电压损失百分数为 1 时的负荷力矩，kW·km(见附表 3)；

$\Delta U_{\text{H}}\%$——额定电压损失百分数；

$\Delta U\%$——实际电压损失百分数。

当测量首末端电压差有困难时，可采用负荷力矩法计算电力线路供电能力。额定负荷力矩根据该线路最大负荷时的平均功率因数(无此数据时，高压取 0.8；低压取 0.7)、电压等级、导线规格、从附表 3 中查得 $\Delta U\%$为 1 时的负荷力矩，再乘以额定电压损失百分数，即得额定负荷力矩。

运行最大负荷力矩为从运行日志中查出的最大负荷(kW)或实测的最大负荷(kW)与线路长度(km)的乘积。

用“负荷力矩法”查定多负荷点的供电能力时，先利用附表 3 求出每一段线路的负荷力矩和电压损失百分数，然后求出总负荷力矩和末端电压损失百分数，即

$$\sum M=M_1+M_2+\cdots+M_n \tag{2-39}$$

$$\Delta U\%=\Delta U_1\%+\Delta U_2\%+\cdots+\Delta U_n\% \tag{2-40}$$

再用式(2-32)求出供电能力系数。最后用式(2-36)计算电力线路多余或不足能力(kW·km)，但此时 $P_{\text{m}}\cdot L$ 值取式(2-39) $\sum M$ 值。

例 4：某 10 kV 配电所电源线路为 95 mm^2 钢芯铝绞线，送电距离 L 为 5 km，配电所的最大负荷 P_{m} 为 950 kW，电源变电所母线电压为 9 800 V，配电所母线电压为 9 530 V，设电压损失百分数 $\Delta U_{\text{H}}\%=2$，求电源线路的供电能力系数和多余或不足能力数量。

方法一：电压损失法

(1)求电压损失百分数

$$\Delta U\%=\frac{U_1-U_2}{U_1}\times 100=\frac{9\ 800-9\ 530}{9\ 800}\times 100\approx 2.76$$

(2)求电源线路的供电能力系数

$$K_{\text{n}}=\frac{\Delta U_{\text{H}}\%}{\Delta U\%}=\frac{2}{2.76}\approx 0.72$$

(3)因 $K_{\text{n}}<1$，故电源线路能力不足，为了求出不足能力数量，先求出实际电压损失百分数超过额定值的数量

$$\Delta U\%-\Delta U_{\text{H}}\%=2.76-2=0.76$$

(4)由附表 3 查得 $\Delta U\%=1$ 时的负荷力矩为 1 721 kW·km，则不足能力为

$$M=M_{\Delta U\%=1}\cdot(\Delta U_{\text{H}}\%-\Delta U\%)=1\ 721\times 0.76\approx 1\ 300(\text{kV}\cdot\text{A})$$

方法二：负荷力矩法

(1)由附表 3 查得 $\Delta U\%=1$ 时的负荷力矩为

$$M_{\text{H1}}=1\ 721(\text{kW}\cdot\text{km})$$

(2)当 $\Delta U\%=2$ 时的负荷力矩为

$$M_{\text{H2}}=1\ 721\times 2=3\ 442(\text{kW}\cdot\text{km})$$

(3)最大运行负荷力矩为

$$M_{\text{m}}=P_{\text{m}}\cdot L=950\times 5=4\ 750(\text{kW}\cdot\text{km})$$

(4)电源线路的供电能力系数为

$$K_n=\frac{M_{H2}}{M_m}=\frac{3\ 442}{4\ 750}\approx 0.73$$

(5)因 $K_n<1$,故电源线路能力不足,不足能力为

$$\Delta M_-=M_m-M_{H2}=4\ 750-3\ 442=1\ 308(\text{kW}\cdot\text{km})$$

例 5:某动力、照明合用低压配电线路,在高峰负荷时从变压器二次侧测得的电压是 390 V,最大稳定电流是 125 A,负荷末端的电压是 367 V,设电压损失百分数 $\Delta U_H\%=5$ 时,求配电线路的供电能力系数和余缺量。

(1)求电压损失百分数

$$\Delta U\%=\frac{U_1-U_2}{U_1}\times 100=\frac{390-367}{390}\times 100\approx 5.9$$

(2)求配电线路最大负荷

$$P_m=\sqrt{3}U_1 I_m\cos\varphi=\sqrt{3}\times 390\times 125\times 0.9\times 0.7\approx 53\ 196\ \text{W}\approx 53(\text{kW})$$

(I_m=最大稳定电流×0.9)

(3)求电源线路的供电能力系数

$$K_n=\frac{\Delta U_H\%}{\Delta U\%}=\frac{5}{5.9}\approx 0.85$$

因 $K_n<1$,故该线路能力不足。

例 6:某 10 kV 高压配电线路各项数据如图 2-5 所示,用电设备总容量 $\sum P_Z=840$ kW,从配电运行日志中查得最大负荷 $P_m=210$ kW,设该馈出线路电压损失百分数 $\Delta U_H\%=3$ 时,求该高压配电线路的供电能力系数和多余或不足能力数量。

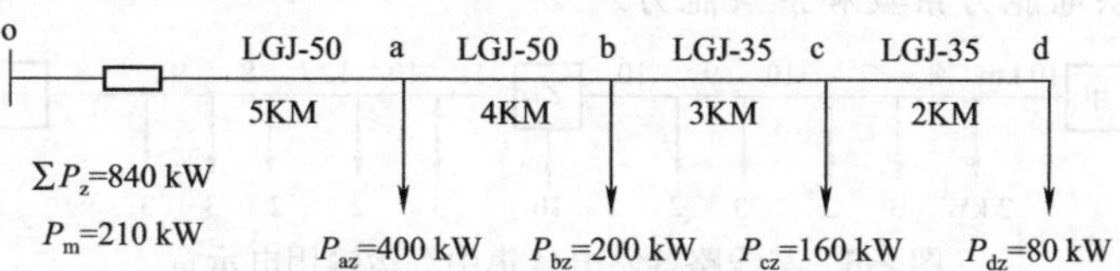

图 2-5 某 10 kV 高压配电线路各项数据

(1)求需要系数

$$K_x=\frac{P_m}{\sum P_z}=\frac{210}{840}=0.25$$

(2)求各点的最大运行负荷

a 点:$P_{am}=P_{az}\cdot K_x=400\times 0.25=100(\text{kW})$

b 点:$P_{bm}=P_{bz}\cdot K_x=200\times 0.25=50(\text{kW})$

c 点:$P_{cm}=P_{cz}\cdot K_x=160\times 0.25=40(\text{kW})$

d 点:$P_{dm}=P_{dz}\cdot K_x=80\times 0.25=20(\text{kW})$

(3)求各段的负荷力矩

o→a 段:$M_1=(P_{am}+P_{bm}+P_{cm}+P_{dm})\cdot L_1=(100+50+40+20)\times 5=1\ 050(\text{kW}\cdot\text{km})$

a→b 段:$M_2=(P_{bm}+P_{cm}+P_{dm})\cdot L_2=(50+40+20)\times 4=440(\text{kW}\cdot\text{km})$

b→c 段:$M_3=(P_{cm}+P_{dm})\cdot L_3=(40+20)\times 3=180(\text{kW}\cdot\text{km})$

c→d 段:$M_4=P_{dm}\cdot L_4=20\times 2=40(\text{kW}\cdot\text{km})$

(4)求各段电压损失百分数(利用附表3查得)

LGJ-50 的导线 $\cos\varphi=0.8$ 时,$M_{50}=1\,091\ \text{kW}\cdot\text{km}$

LGJ-35 的导线 $\cos\varphi=0.8$ 时,$M_{35}=889\ \text{kW}\cdot\text{km}$

o→a 段:$\Delta U_1\%=\dfrac{M_1}{M_{50}}=\dfrac{1\,050}{1\,091}\approx0.96$

a→b 段:$\Delta U_2\%=\dfrac{M_2}{M_{50}}=\dfrac{440}{1\,091}\approx0.4$

b→c 段:$\Delta U_3\%=\dfrac{M_3}{M_{35}}=\dfrac{180}{889}\approx0.2$

c→d 段:$\Delta U_4\%=\dfrac{M_4}{M_{35}}=\dfrac{40}{889}\approx0.05$

总电压损失百分数为

$$\Delta U\%=\Delta U_1\%+\Delta U_2\%+\Delta U_3\%+\Delta U_4\%=1.61$$

(5)求供电能力系数

$$K_n=\frac{\Delta U_H\%}{\Delta U\%}=\frac{3}{1.61}\approx1.86$$

(6)因 $K_n>1$,配电线路能力有余,多余量为

$$\Delta M_{+}=\frac{(\Delta U_H\%-\Delta U\%)}{\Delta U\%}\times\sum M=\frac{3-1.61}{1.61}\times1\,710\approx1\,476\ \text{kW}\cdot\text{km}$$

例7:某铁路线甲、乙自闭配电所间10 kV电力线路为54 km,乙、丙自闭配电所间10 kV电力线路为58 km。已知自闭线路导线为LGJ-25,每两公里设有一台1.2 kV·A信号变压器,其负荷为0.4 kW,沿线各站电气集中等运输用电如图2-6所示,求该自闭线路由甲所向丙所越所供电时供电能力系数和余缺能力。

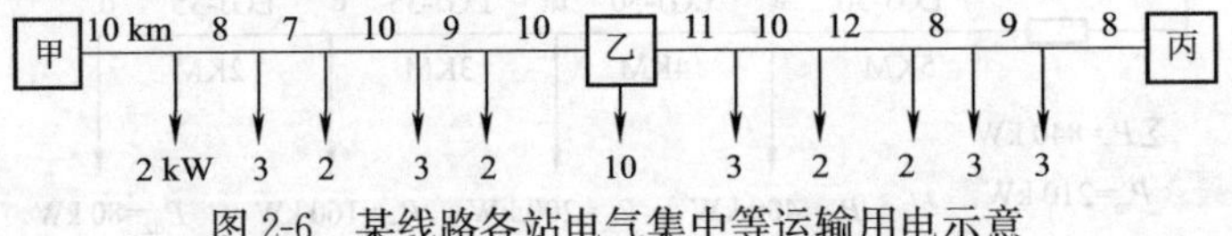

图2-6 某线路各站电气集中等运输用电示意

(1)求区间信号用电负荷合计

$$P_1=0.4\times\frac{54+58}{2}=22.4(\text{kW})$$

(2)求区间信号用电等效距离

$$L_1=\frac{54+58}{2}=56(\text{km})$$

(3)求沿线各站电气集中及运输用电负荷

$$P_2=2+3+2+3+2+10+3+2+2+3+3=35(\text{kW})$$

(4)求沿线各站电气集中及用电等效距离

$$L_2=\frac{\sum PL}{\sum P}$$

$$=\frac{2\times10+3\times18+2\times25+3\times35+2\times44+10\times45+3\times65+2\times75+2\times87+3\times95+3\times104}{2+3+2+3+2+10+3+2+2+3+3}$$

$$=\frac{1\,973}{35}=56.4(\text{km})$$

(5)求总用电负荷

$$P=P_1+P_2=22.4+35=57.4(\text{kW})$$

(6)求总用电负荷的等效距离

$$L_2=\frac{P_1L_1+P_2L_2}{P_1+P_2}=\frac{22.4\times56+35\times56.4}{22.4+35}=\frac{3\ 228.4}{57.4}\approx56.2(\text{km})$$

(7)求负荷力矩

$$M_m=PL=57.4\times56.2\approx3\ 226(\text{kW}\cdot\text{km})$$

(8)求供电能力系数

已知$U=10$ kV,由附表3查得$\Delta U\%=1$时的负荷力矩为:$M=684$ kW·km,故当$\Delta U\%=10$时,$M_H=6\ 840$ kW·km

$$K_n=\frac{M_H}{M_m}=\frac{6\ 840}{3\ 226}\approx2.12$$

(9)因$K_n>1$,配电线路能力有余,多余量为

$$\Delta M_+=M_H-M_m=6\ 840-3\ 226=3\ 614(\text{kW}\cdot\text{km})$$

(五)供电可靠性查定

变配电所电源及自动闭塞、贯通电线路的年停电时间、停电次数、一次最长停电时间和影响行车列数,可从运行日志、调度日志和事故报告中查得,并统计在机电力报9、机电力报10、机电力报11中。年停电次数和年停电时间为全年因事故、检修、限电等所发生的停电次数和停电时间的总和。

单电源变配电所事故率λ,为全年停电次数,停电系数K_d计算公式为

$$K_d=\frac{T_d}{8\ 760} \tag{2-41}$$

独立的双电源变配电所事故率λ和停电系数K_d计算公式为

$$\lambda=\lambda_1\cdot K_{d1}+\lambda_2\cdot K_{d2} \tag{2-42}$$

$$K_d=K_{d1}\cdot K_{d2} \tag{2-43}$$

式中　T——全年累计停电时间;

λ_1——甲电源事故率,即一年的停电次数;

λ_2——乙电源事故率,即一年的停电次数;

K_{d1}——甲电源停电系数;

K_{d2}——乙电源停电系数。

非独立的双电源变配电所的事故率和停电系数,按其中可靠性较好的单电源计算。

3.无变配电所各站的电源可靠性,可根据电力工区或车站日常掌握的停电次数,停电时间或者根据电源性质评定。

第三章　配电线路

第一节　电力线路简介

电力系统中发电厂大部分建在动力资源所在地。如水力发电厂建在水力资源点，火力发电厂大都集中在煤炭、石油等能源产地，而电力负荷中心多集中在工业区和大城市。发电厂与负荷中心往往相距很远，需要利用输电线路进行电能的输送和分配，输送电能的线路通称为电力线路。

一、电力线路的分类

（一）按用途分类

电力线路按用途可分为输电线路和配电线路。

由发电厂向电力负荷中心输送电能的线路及电力系统之间的联络线称为输电线路。输电线路的输送容量及输送距离均与电压有关，输电线电压等级一般在 35 kV 及以上，线路电压越高输送距离越远。在相同的送电电压下，输电容量越小，可输送的距离越长；反之，容量越大，则输电距离越短。另外，输送容量和距离还取决于其他技术条件和是否采用补偿措施。

由电力负荷中心向各个电力用户分配电能的 10 kV 及以下的电力线路称为配电线路。配电线路又分为高压配电线路和低压配电线路，电压在 1 kV 以上的为高压配电线路，电压在 1 kV 以下的为低压配电线路。铁路系统电力线路电压等级多为 10 kV，属高压配电线路，本章后续内容侧重于 10 kV 电力线路。

（二）按结构分类

电力线路按结构可分为架空线路和电缆线路两大类。

架空线路将导线架设在室外的杆塔上，其优点是建设成本较低，便于施工维护和故障的查找修复；缺点是安全可靠性差，易受到气象（风雨、雷电、冰雪等）和外部环境（撞杆、剐线、污秽等）的影响引起故障，同时线路走廊占用土地面积较多，影响市容，易对周边环境造成电磁干扰。

电缆线路一般敷设在电缆沟、隧道或管道中。其优点是安全可靠性高，一般不受气象和环境的影响，并且对廊道占用小，运行维护工作量少；缺点是工程造价较高，发现故障及检修维护不方便。

（三）按电能性质分类

电力线路按电能性质可分为交流输电线路和直流输电线路。

与交流输电线路相比，直流输电线路的主要优点是结构简单、线路造价低、走廊利用率高、运行损耗小、维护便利以及满足大容量、长距离输电要求；主要缺点是直流换流站设备较昂贵，换流装置要消耗大量的无功功率且无过载能力，无适用的直流断路器，利用大地为回路对沿途金属构件和管道有腐蚀作用。

二、电力线路的电压等级

目前我国使用的交流电压等级主要有以下几种：380 V/220 V、6 kV、10 kV、35 kV、110 kV、220 kV、330 kV、500 kV 等。铁路电力线路一般使用的电压等级有 380 V/220 V、10 kV、35 kV 和 110 kV，我国电气化铁路的牵引供电电压为 25 kV。

三、电力线路参数

电力线路等值电路的参数有电阻、电抗、电导和电纳。在同一种材料的导线上，其单位长度的参数是相同的，随导线长度的不同，有不同的电阻、电抗、电导和电纳。

电力线路单位长度的参数：

1. 电阻

(1)导线的直流电阻

$$R=\frac{\rho L}{S} \tag{3-1}$$

式中 R——导线直流电阻，Ω；

ρ——导线材料的电阻率，Ω · m，ρ 与温度有关，温度为 20 ℃时，铜导线 $\rho=1.88\times 10^{-8}$ Ω · m；铝导线 $\rho=3.15\times 10^{-8}$ Ω · m；

L——长度，m；

S——导线的截面积，m^2。

(2)不同温度下的导体电阻

$$r_T=R_{20}[1+\alpha(T-20)] \tag{3-2}$$

式中 r_T——温度为 T 时导体电阻，Ω；

R_{20}——温度为 20 ℃时导体电阻，Ω；

α——ρ 的温度系数，$℃^{-1}$；

T——导体的温度，℃。

2. 电抗

$$x=0.144\,5\lg\frac{D_m}{r}+0.015\,7 \tag{3-3}$$

式中 x——导线单位长度的电抗，Ω/km；

r——导线外半径，mm；

D_m——三根导线间的几何平均距离，简称几何均距，$D_m=\sqrt[3]{D_{ab}D_{bc}D_{ca}}$，mm。

在近似计算中，可以取架空线路的电抗为 0.4 Ω/km。

3. 电纳

电力线路的电纳(容纳)由导线间以及导线与大地间的分布电容所确定，即

$$b=\frac{7.58}{\lg\frac{D_m}{r}}\times 10^{-6} \tag{3-4}$$

式中 b——导线单位长度的电纳，S/km。

架空线路的电纳变化不大，一般为 2.85×10^{-6} S/km。

4. 电导

当线路实际电压高于电晕临电压时，与电晕相对应的电导为

$$g=\frac{\Delta P_g}{U^2}\times10^{-3} \tag{3-5}$$

式中 g——导线单位长度的电导，S/ km；

ΔP_g——实测三相电晕损耗的总功率，kW/km；

U——线路电压，kV。

实际上，在设计线路时，已检验了所选导线的半径是否能满足晴朗天气不发生电晕的要求，一般情况下可设 $g=0$。

第二节 架空配电线路的组成

架空配电线路主要由基础、杆塔、导线、绝缘子、金具、拉线及接地装置等部件组成。

一、导线

导线的作用是传导电流和输送电能。配电架空线路一般都采用架空裸导线，裸导线按材质可分为铜线、铝线、钢芯铝线、镀锌钢绞线等。铜是导电性能很好的金属，能抗腐蚀，但比重大，价格高，且机械强度不能满足大档距的强度要求，现在的架空电力线路一般都不采用。铝的电导率比铜的低，质量轻，价格低，在电阻值相等的条件下，铝线的质量只有铜线的一半左右，但缺点是机械强度较低；钢线的机械强度虽高，但导电性能差。钢芯铝绞线利用铝的导电性能好和钢的机械强度高特点，导线内部是钢线或钢绞线以承受拉力，外部为多股铝绞线以传导电流。由于交流电的集肤效应，电流主要在导体外层通过，这就充分利用了铝的导电能力和钢的机械强度，取长补短，互相配合。目前架空电力线路导线几乎全部使用钢芯铝线，其结构如图 3-1 所示。

图 3-1 钢芯铝绞线结构

裸导线的材料、形状和规格常用字母和数字表示。铜用字母“T”表示；铝用“L”表示；钢用“G”表示；硬型材料用“Y”表示；软型材料用“R”表示；绞合电线用“J”表示；截流部分标称截面用数字表示；单线线径用“Φ”表示。铁路架空配电线路最常用导线型号为 LGJ-50、LGJ-70，其主要技术性能参数见表 3-1。

表 3-1 钢芯铝绞线（LGJ 或 JL/G1A）性能参数

规格型号	标称截面（铝/钢）	钢比（%）	面积（mm²）			单线根数		单线直径（mm）		直径（mm）		单位长度质量（kg/km）	额定抗拉力（kN）	20 ℃直流电阻（Ω/km）
			铝	钢	总和	铝	钢	铝	钢	钢芯	绞线			
LGJ-50/8	50/8	17	48.25	8.04	56.30	6	1	3.20	3.20	3.20	9.60	194.8	16.81	0.594 6
LGJ-70/10	70/10	17	68.05	11.34	79.39	6	1	3.80	3.80	3.80	11.40	274.8	23.36	0.421 7

二、杆塔、基础及横担

杆塔的用途是支持导线，以使导线之间、导线与地面及交叉跨越物之间保持一定的安全距离。杆塔按材料一般可分为水泥电杆(钢筋混凝土杆)和铁塔两种。电杆是由环形断面的钢筋混凝土杆段组成，其特点是结构简单、加工方便，使用的砂、石、水泥等材料便于供应，并且价格便宜。混凝土有一定的耐腐蚀性，故电杆寿命较长，维护量少。与铁塔相比，钢材消耗少，线路造价低，但质量大，运输比较困难。水泥杆有非预应力钢筋混凝土杆和浇制前对钢筋预加一定张力拉伸的预应力钢筋混凝土杆两种。铁塔是用型钢组装成的立体桁架，可根据工程需要做成各种高度和不同形式的铁塔。铁塔有钢管塔和型钢塔。铁塔机械强度大，使用年限长，维修工作量少，但耗钢材量大、价格较贵。水泥杆有等径环形水泥杆和锥形水泥杆两种。等径环形水泥杆的梢径和根径相等，有 300 mm 和 400 mm 两种；锥形水泥杆一般用在配电线路上，锥形水泥杆的梢径有 190 mm 和 230 mm 两种。目前，铁路架空配电线路使用较多的是环形预应力钢筋混凝土锥形电杆。

杆塔按用途分为直线杆、耐张杆、转角杆、终端杆和特种杆五种。特种杆又包括跨越通航河流、铁路等的跨越杆，长距离输电线路的换位杆、分支杆。

(一)直线杆

直线杆又叫中间杆。它分布在耐张杆中间，数量最多，在平坦地区，数量上占绝大部分。正常情况下，直线杆只承受垂直荷重(导线、地线、绝缘子串和覆冰质量)和水平的风压。因此，直线杆一般比较轻便，机械强度较低。

(二)耐张杆

耐张杆也叫承力杆。为了防止线路断线时整条线路的直线杆塔顺线路方向倾倒，必须在一定距离的直线段两端设置能够承受断线时顺线路方向的导线、地线拉力的杆塔，把断线影响限制在一定范围以内。两个耐张杆塔之间的距离叫耐张段。

(三)转角杆

线路转角处的杆塔叫转角杆。正常情况下转角杆除承受导线、地线的垂直荷重和内角平分线方向风力水平荷重外，还要承受内角平分线方向导线、地线全部拉力的合力。转角杆的角度是指原有线路方向风的延长线和转角后线路方向之间的夹角，有转角 30°、60°、90°之分。

(四)终端杆

线路终端处的杆塔叫终端杆。终端杆是装设在线路末端杆塔。终端杆除承受导线、地线垂直荷重和水平风力外，还要承受线路一侧的导线、地线拉力，稳定性和机械强度都应比较高。

(五)特种杆

特种杆主要有换位杆、跨越杆和分支杆等。超过 10 km 以上的输电线路要用换位杆进行导线换位；跨越杆设在通航河流、铁路、主要公路及电线两侧，以保证跨越交叉垂直距离；分支杆也叫“T”型杆或叫“T”接杆，它用在线路的分支处，以便接出分支线。

架空电力线路杆塔的地下装置统称为基础。基础用于稳定杆塔，使杆塔不致因承受垂直荷载、水平荷载、事故断线张力和外力作用而上拔、下沉或倾倒。杆塔基础分为电杆基础和铁塔基础两大类。电杆基础一般采用底盘、卡盘、拉线盘，即“三盘”。“三盘”通常用钢筋混凝土预制而成,也可采用天然石料制作。底盘用于减少杆根底部地基承受的下压力,防止电杆下沉。卡盘用于增加杆塔的抗倾覆力,防止电杆倾斜。拉线盘用于增加拉线的抗拔力,防止拉线上拔。

横担是杆塔中重要的组成部分,用来安装绝缘子及金具,以支承导线,并使之按规定保持一定的安全距离。横担按材料可分为铁横担、瓷横担、合成绝缘横担;10 kV 及以下线路横担按用途又可分为单杆横担、门杆横担、抬担、引线横担等。

三、绝缘子

架空线路的绝缘子是用来支持导线,它同金具组合将导线固定在杆塔上,并使导线同杆塔可靠绝缘,绝缘子在运行时不仅要承受工作电压的作用,同时要承受操作过电压和雷电过电压的作用,加之导线自重、风力、冰雪以及环境温度变化的机械荷载的作用,所以绝缘子不仅要有良好的电气绝缘性能,同时要具有足够的机械强度。

通常,绝缘子表面被做成波纹形的。这是因为:一是可以增加绝缘子的泄漏距离(又称爬电距离),同时每个波纹又能起到阻断电弧的作用;二是当下雨时,从绝缘子上流下的污水不会直接从绝缘子上部流到下部,避免形成污水柱造成短路事故,起到阻断污水水流的作用;三是当空气中的污秽物质落到绝缘子上时,由于绝缘子波绞的凹凸不平,污秽物质将不能均匀地附在绝缘子上,在一定程度上提高了绝缘子的抗污能力。

10 kV 配电线路常用绝缘子按结构形式可分为针式绝缘子、柱式瓷绝缘子、盘形悬式绝缘子、拉线绝缘子等

1. 针式绝缘子,如图 3-2 所示。针式绝缘子主要用于直线杆和角度较小的转角杆支持导线,分为高压、低压两种。针式绝缘子的支持钢脚用混凝土浇装在瓷件内,形成"瓷包铁"内浇装结构。

2. 柱式瓷绝缘子,如图 3-3 所示。柱式瓷绝缘子的用途与针式绝缘子基本相同。柱式瓷绝缘子的绝缘瓷件浇装在底座铁靴内,形成"铁包瓷"外浇装结构。但采用柱式瓷绝缘子时,架设直线转角杆的导线角度不能过大,侧向力不能超过柱式瓷绝缘子允许抗弯强度。

3. 盘形悬式绝缘子,如图 3-4 所示。悬式瓷绝缘子主要用于架空配电线路耐张杆,一般低压线路采用一片悬式绝缘子悬挂导线,10 kV 线路采用两片组成绝缘子串悬挂导线。悬式瓷绝缘子金属附件连接方式,分球窝形和槽形两种。

图 3-2 针式绝缘子

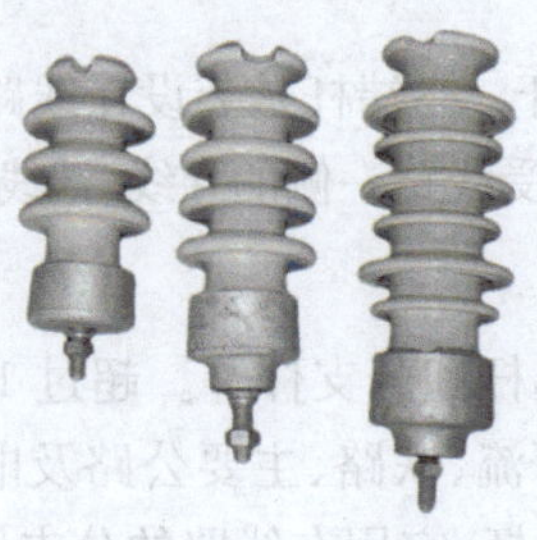

图 3-3 柱式瓷绝缘子

图 3-4 盘形悬式绝缘子

4. 拉线瓷绝缘子,如图 3-5 所示。拉紧瓷绝缘子又称拉线圆瓷,一般用于架空配电线路的终端、转角、耐张杆等穿越导线的拉线上,使下部拉线与上部拉线绝缘。

绝缘子按照材质又可分为瓷绝缘子、玻璃绝缘子和复合绝缘子三种。瓷绝缘子具有良好的绝缘性能，适应气候的变化性能，耐热性能和组装灵活等优点，被广泛用于各种电压等级的线路。瓷绝缘子是属于可击穿型的绝缘子。玻璃绝缘子采用钢化玻璃制成，具有产品尺寸小、质量轻、机电强度高、电容大、热稳定性好、老化较慢寿命长"零值自破"维护方便等特点。复合绝缘子，又称合成绝缘子，如图 3-6 所示，是采用环氧引拔棒支持、硅橡胶伞裙外绝缘的高分子复合材料绝缘子。与传统的陶瓷、玻璃类绝缘子相比，具有质量轻、体积小、强度高、耐污秽少清扫(硅橡胶具有独特强憎水性)、不易破损等显著优点，在电力系统得到了广泛的推广使用。

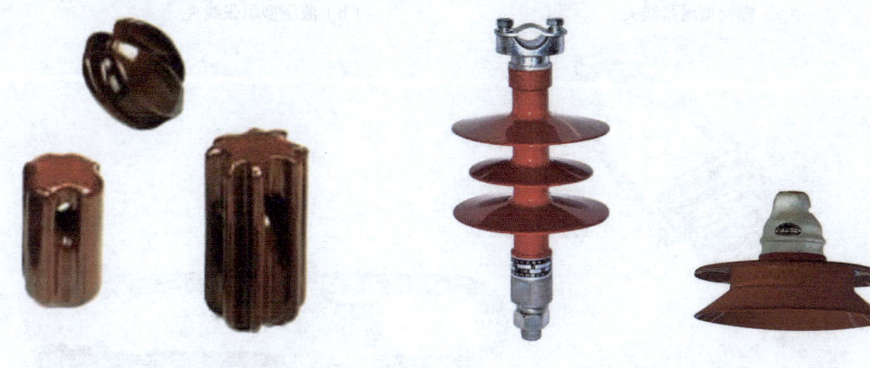

图 3-5　拉线瓷绝缘子　　　　图 3-6　复合绝缘子

四、金具

金具是连接和组合电力系统中的各类装置，起到传递机械负荷、电气负荷及某种防护作用的金属附件。在配电线路中，金具主要用来支持、固定和接续导线、导体及绝缘子连接成串，亦用于保护导线和绝缘子。线路金具在气候复杂、污秽程度不一的环境条件下运行，故要求金具应有足够的机械强度、耐磨和耐腐蚀性。配电线路金具按性能和用途可分为悬垂金具、耐张金具、连接金具、接续金具、防护金具等。

1.悬垂金具：通常称为悬垂线夹，如图 3-7 所示，用于将导线固定在绝缘子串悬挂在直线杆塔上，或用于耐张、转角杆塔固定跳线。

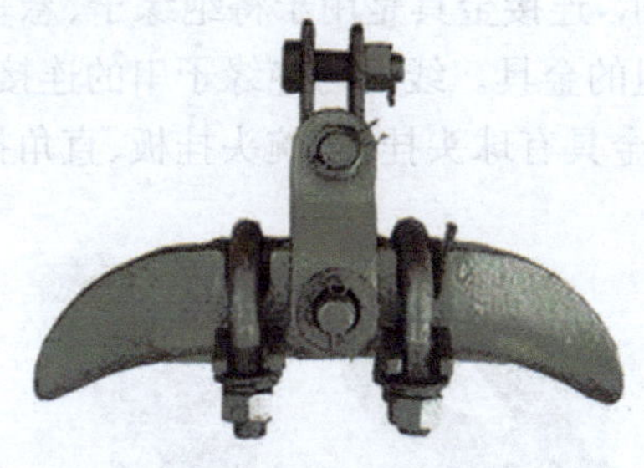

图 3-7　悬垂线夹

2.耐张金具：通常称为耐张线夹，如图 3-8 所示，用于固定导线，以承受导线张力，并将导线挂至耐张绝缘子串上，也用于拉线的锚固。配电架空线路常用的耐张线夹主要有螺栓型耐张线夹、液压型耐张线夹、楔形耐张线夹、楔形"UT"型耐张线夹、预绞丝耐张线夹等。

（a）螺栓型耐张线夹

（b）液压型耐张线夹

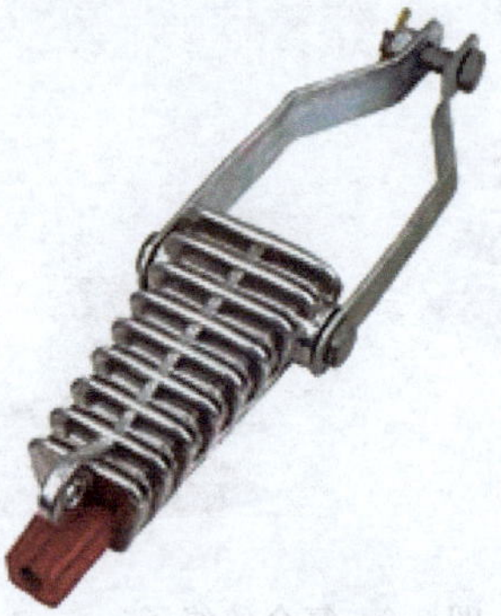

（c）楔形耐张线夹

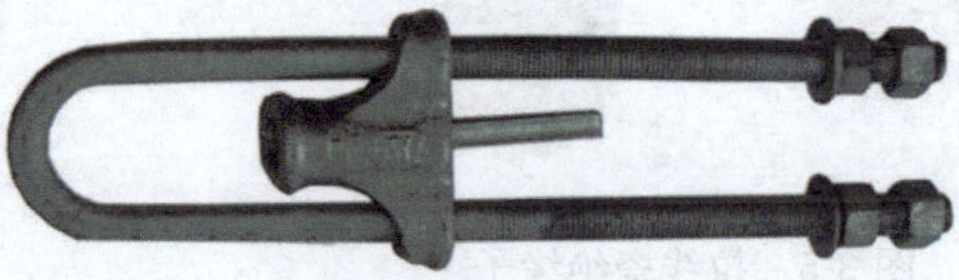

（d）楔形“UT”型耐张线夹

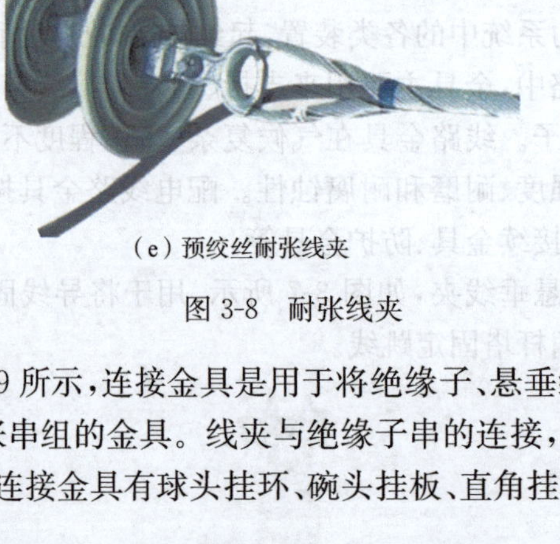

（e）预绞丝耐张线夹

图 3-8　耐张线夹

3. 连接金具：如图 3-9 所示，连接金具是用于将绝缘子、悬垂线夹、耐张线夹及保护金具等连接组合成悬垂或耐张串组的金具。线夹与绝缘子串的连接，拉线金具与杆塔的连接，均要使用连接金具，常用的连接金具有球头挂环、碗头挂板、直角挂板、U 形挂环等。

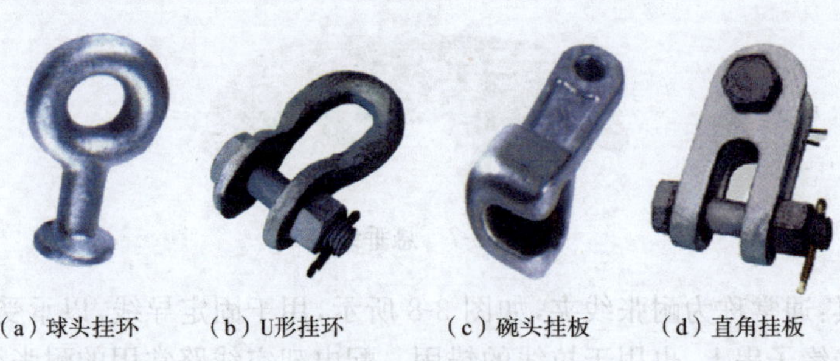

（a）球头挂环　（b）U形挂环　（c）碗头挂板　（d）直角挂板

图 3-9　连接金具

4. 接续金具：如图 3-10 所示，接续金具是用于导线的接续及修复，并能满足导线所具有的机械及电气性能要求的金具。配电线路常用接续金具有钳压接续管、并沟线夹、设备线夹、钢线卡子、导线修补管等。

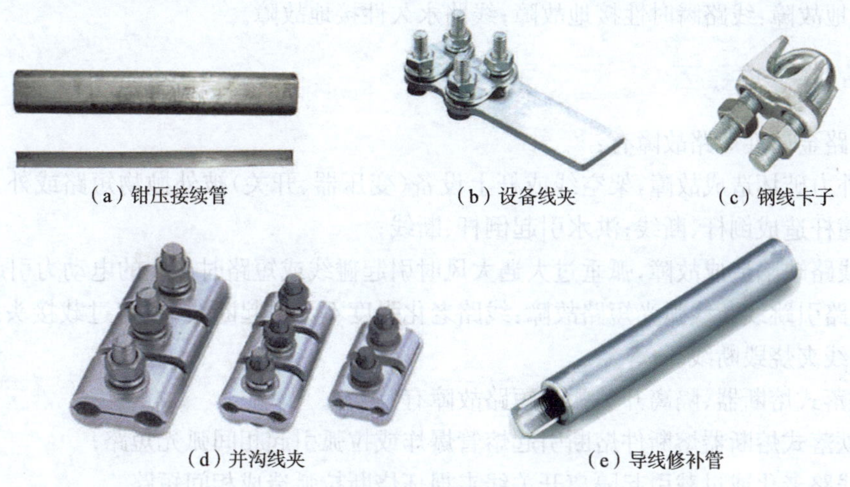

（a）钳压接续管　（b）设备线夹　（c）钢线卡子

（d）并沟线夹　（e）导线修补管

图 3-10　接续金具

5. 防护金具：如图 3-11 所示，防护金具是用于对电气绝缘子或金具本身，起到电气性能或机械性能防护作用的金具。防护金具分为机械和电气两大类，机械类防护金具是为防止导、地线因振动而造成断股，电气类防护金具是为防止绝缘子因电压分布严重不均匀而过早损坏。配电线路中主要使用机械防护类，常用的有铝包带、预绞丝防护条及防振锤。

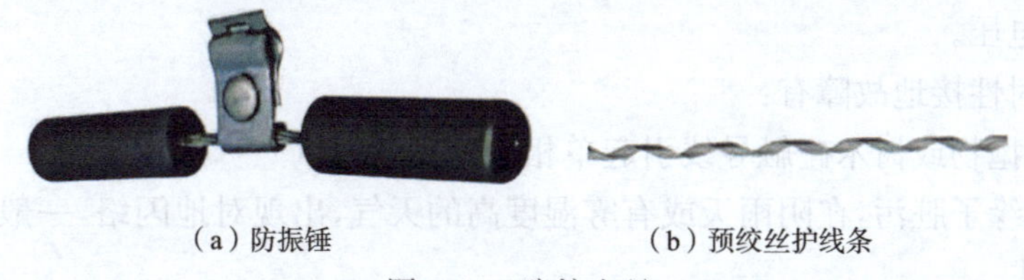

（a）防振锤　（b）预绞丝护线条

图 3-11　防护金具

五、拉线

拉线用来平衡作用于杆塔的横向荷载和导线张力，可减少杆塔材料的消耗量，降低线路造价。一方面提高杆塔的强度，承担外部荷载对杆塔的作用力，以减少杆塔的材料消耗量，降低线路造价；另一方面，连同拉线棒和托线盘一起将杆塔固定在地面上，以保证杆塔不发生倾斜和倒塌。拉线材料一般用镀锌钢绞线。拉线上端是通过拉线抱箍和拉线相连接，下部是通过可调节的拉线金具与埋入地下的拉线棒、拉线盘相连接。

第三节　架空线路常见故障及定位

一、架空线路常见的故障分类

1. 短路故障：一是线路瞬时性短路故障（一般是断路器重合闸成功）；二是线路永久性短

路故障(一般是断路器重合闸不成功)。

2. 常见故障:线路金属性短路故障;线路引跳线断线弧光短路故障;跌落式熔断器、隔离开关弧光短路故障;小动物短路故障;雷电闪络短路故障等。

3. 接地故障:线路瞬时性接地故障;线路永久性接地故障。

二、故障形成原因

1. 线路金属性短路故障有:

(1)外力破坏造成故障,架空线或杆上设备(变压器、开关)被外抛物短路或外力刚碰短路;汽车撞杆造成倒杆、断线;洪水引起倒杆、断线;

(2)线路缺陷造成故障,弧垂过大遇大风时引起碰线或短路时产生的电动力引起碰线。

2. 线路引跳线断线弧光短路故障:线路老化强度不足引起断线;线路过载接头接触不良引起跳线线夹烧毁断线。

3. 跌落式熔断器、隔离开关弧光短路故障有:

(1)跌落式熔断器熔断件熔断引起熔管爆炸或拉弧引起相间弧光短路;

(2)线路老化或过载引起隔离开关线夹损坏烧断拉弧造成相间短路。

4. 小动物短路故障有:

(1)台墩式配电变压器上,跌落式熔断器至变压器的高压引下线采用裸导线,变压器高压接线柱及高压避雷器未加装绝缘防护罩;

(2)高压配电柜母线上,母线未做绝缘化处理,高压配电室防鼠不严;

(3)高压电缆分支箱内,母线未做绝缘化处理,电缆分支箱有漏洞。

5. 雷击过电压。

6. 线路瞬时性接地故障有:

(1)人为外抛物或树木碰触导线引起单相接地;

(2)线路绝缘子脏污,在阴雨天或有雾湿度高的天气,出现对地闪络,一般在天气转好或大雨过后即消失。

7. 线路永久性接地故障有:

(1)外力破坏;

(2)线路隔离开关、跌落式熔断器因绝缘老化击穿引起;

(3)线路避雷器爆炸引起,多发生在雷雨季节;

(4)直击雷导致线路绝缘子炸裂,多发生在雷雨季节;

(5)由于线路绝缘子老化或存在缺陷击穿引起,多发生在污秽较严重的沿海地区。

三、故障判断

不管线路出现的故障是瞬时性或永久性的,断路器重合闸成功与否,都必须对故障线路进行事故巡查,查找出事故发生的原因,特别是对可能发生的故障点的正确判断尤为关键,它是能否快速隔离故障、恢复供电的前提。

(一)短路故障

变电所 10 kV 线路一般是采用二段式或三段式电流保护,即电流速断或限时速断和过电流保护,可以根据变电所熔断器保护动作情况进行初步判断。如果线路发生的是电流速断保护动作,则可以判断故障点一般是线路两相或三相直接短路引起,且故障点在主干线或靠变电所较近的线路可能性较大。因为速断或限时速断保护动作的启动电流较大,它是按最大运行方式(即躲过下一条线路出口短路电流)来整定的,故这种故障对线路及设备的损害较大,如线路金属性短路或雷击短路等。如果线路发生的是过电流保护动作,一般属非金属性短路或线路末端分支线路短路引起。

(二)接地故障

线路永久性接地故障,要采用对线路支线断路器进行分段试拉的方法,来判断故障线路段。如果是瞬时性接地故障,则线路的每一点都有可能发生。

1. 恶劣天气,大风、暴雨、雷阵雨期间,常发生短路、接地故障,如倒杆断线、杆基塌方、树木压导线。

2. 冬季过后的第一场春雨时,常发生接地故障,多发生在粉尘较严重的沿公路、街道两侧架设的线路上,如绝缘子因污垢沉积过多而发生闪络击穿。

四、故障查找

故障查找的总原则是:先主干线,后分支线。对经巡查没有发现故障的线路,可以在断开分支线断路器后,先试送电,尔后逐级查找恢复没有故障的其他线路。

(一)短路故障的查找

一条 10 kV 线路主干线及各分支线一般都装设柱上断路器保护,理论上来讲,如果各级开关时限整定配合得很好,那么故障段就很容易判断查找。在发生变电所断路器跳闸的时候,首先应查看主干线柱上分段断路器及各分支线柱上断路器是否跳闸,尔后对跳闸后的线路,对照上面讲过的可能发生的各种故障进行逐级查找,直到查出故障点。另外,对装有线路短路故障指示器的架空线,还可借助故障指示器的指示来确定故障段线路。此外,当查出故障点后,即认为只要对故障点进行抢修后,线路就可以恢复供电,而中止了线路巡查,这样是非常错误的。因为当线路发生短路故障时,短路电流还要流经故障点上面的线路,所以对线路中的薄弱环节,如线路分段点、断路器 T 接点、引跳线,会造成冲击而引起断线,所以还应对有短路电流通过的线路全面认真巡查一遍。

(二)接地故障的查找

线路永久性接地故障点的查找,可以按照上面所讲的在确定接地故障段后,根据它可能形成的原因和各种环境因素进行查找,而对瞬时性接地故障则只能是对全线进行查找。

在故障巡查过程中对架空线路经过的一些特殊地段,如采石场、重污染区、沿海线路、土地开发区等要特别留意,因为人为造成的原因,如违章爆破损伤导线,违章开发破坏杆基。还有各种环境污染以及自然因素对线路形成的腐蚀,都有可能是引起线路故障的起因,所以在线路故障巡查的时候,就要加倍小心,不放过任何蛛丝马迹。

线路故障的发现除靠自己查找外,还有很多故障信息是来自于广大群众的积极举报,在指挥处理故障的过程中,要与电力抢修服务台联系,收集一切有用的故障信息,采用询问当地居民的方法加以判定。

五、铁路 10 kV 自闭贯通线路故障查找定位

铁路 10 kV 自闭、贯通电力线路承担铁路沿线通信、信号等行车重要负荷供电任务，其供电可靠性直接关系到铁路系统的安全生产和运输秩序。由于铁路 10 kV 自闭、贯通电力线路沿铁路线路建设，具有供电臂长、供电点多、负荷分散、负荷电流小等特点，且线路多处于山区、旷野，外部运行环境复杂，由于树木侵害、外力破坏等外部原因以及受本身材质质量、设备老化等因素影响，不可避免会发生永久性或瞬时短路故障。由于受交通环境等限制，一旦发生故障维护人员难以全面快速排查出故障点。

(一)传统故障定位方法

1. 分段试送法

传统查找故障点的方法都是逐个拉合区间远动开关或隔离开关，通过相邻配电所试送结果，判断确定并隔离故障区段。该方法存在如下弊端：

(1)拉合开关找故障区段有很大的盲目性，非电力远动区段靠人工拉合，费时、费力；远动区段虽然可通过远动系统拉合开关，但仍靠逐段试送判断，故障查找隔离时间较长。

(2)逐段试送使系统电力设备多次受故障大电流冲击，易损伤设备，如大电流冲击可降低调压器使用寿命，严重时造成调压器烧坏。

(3)对于瞬时性不明原因跳闸无法缩小定位隐患区段，故障隐患难以查找排除。

(4)由于线路开关设置数量有限，当需登杆检查隐性故障时，需要停电查找时间长，劳动强度大，效率低。

2. 故障指示器法

20 世纪 90 年代，国内电力线路开始应用故障指示器配合人工查找的方式定位故障区段，大大提高了故障定位效率，缩短了定位时间，减轻了劳动强度。故障指示器外形如图 3-12 所示，由传感器和显示器(指示部分)集成在一个固封的结构内，通过机械方式分相固定在线路导线上。传感器负责探测线路上通过的电流，显示器负责对传感器传送来的电流信息进行判断及做出故障指示动作。

图 3-12　故障指示器外形

(1)常规故障指示器

故障指示器依靠独特的传感器直接在线检测信号，利用故障电流产生的电磁场变化，产生脉冲信号激励电路工作，不影响电网的正常运行工作。正常情况下，故障指示器不动作，窗口为白色显示，如图 3-13 所示。当通过线路上的电流达到故障指示器设定的故障电流值时，如果过电流持续的时间不满足故障指示器设定的电流突变时间，则此电流可能是电机启动等因素引起的瞬间启动过电流，不是故障电流，因此故障指示器不动作。相反，则判断为故障电流，故障指示器翻红牌(或光闪)，如图 3-14 所示。故障指示器动作后再作一次判断，如果 2 s 内线路电流恢复正常，说明线路开关重合闸成功，故障点被排除，恢复正常供电状态，故障指示器恢复正常状态。倘若 2 s 内线路电流消失，说明故障已引发上级开关跳闸而导致线路失压，则确定为故障，故障指示器保持动作，直到达到设定的复归时间自动恢复正常状态。

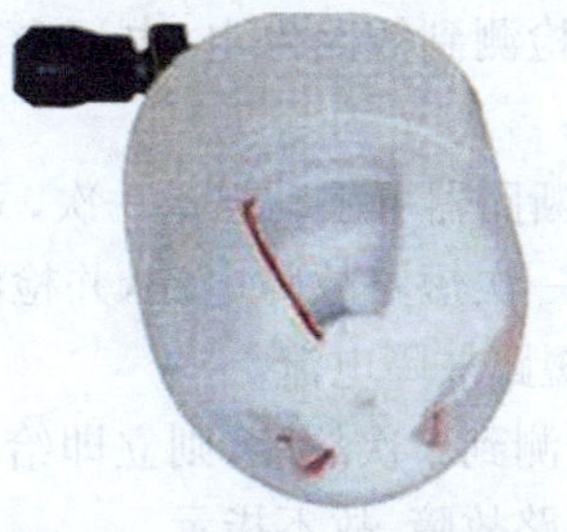
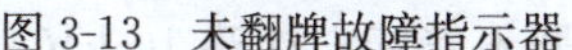

图 3-13 未翻牌故障指示器

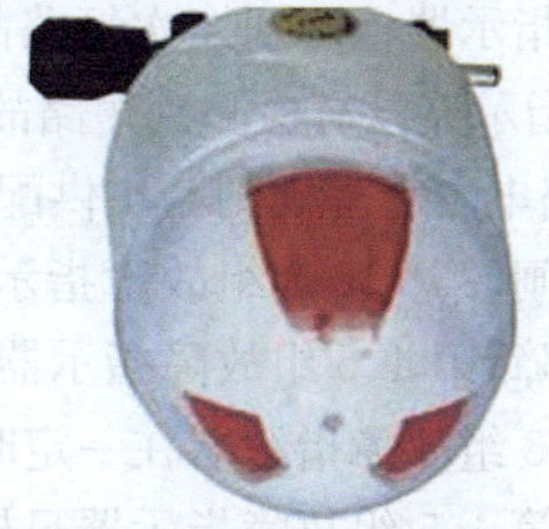

图 3-14 翻牌后故障指示器

在线路上安装上故障指示器后，当线路某点发生故障时，由于从故障点到馈电点的线路都出现了故障电流，导致故障点至馈电点之间线路上所有的故障指示器动作翻牌。此时从馈电点开始，沿着线路查看故障指示器，故障区段最后一个翻牌和第一个翻牌指示器之间线路。

由于铁路 10 kV 自闭贯通线路两端互备特殊的运行方式，如图 3-15 所示，一旦主供配电所 A 因线路 F1 点故障跳闸后，故障点 F1 至主供配电所 A 间故障指示器全部翻牌，在设定时间内备供配电所 B 备投动作合闸到故障点 F1 再次跳闸后，故障点 F1 至备供配电所 B 间故障指示器也全部翻牌，造成线路所有故障指示器全部翻牌，所以常规故障指示器在铁路 10 kV 自闭贯通线路上无法得到应用。

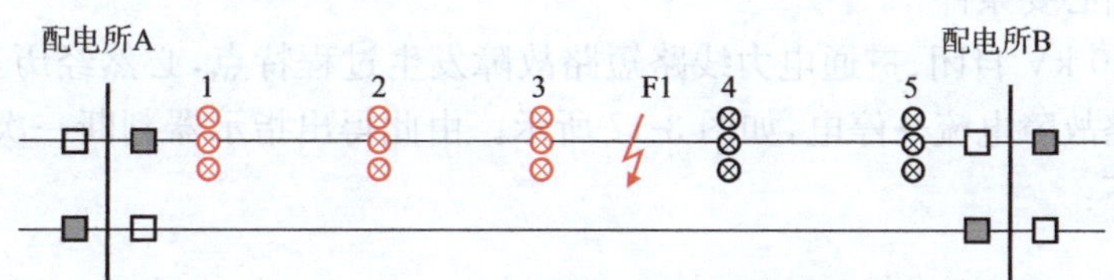

图 3-15 铁路 10 kV 自闭贯通电力线路故障示意

(2)二次故障电流指示器

为解决常规故障指示器无法在铁路 10 kV 自闭贯通线路应用问题，目前多采用二次故障电流的判断原理实现铁路 10 kV 自闭贯通线路运行方式短路故障定位，如图 3-16 所示。

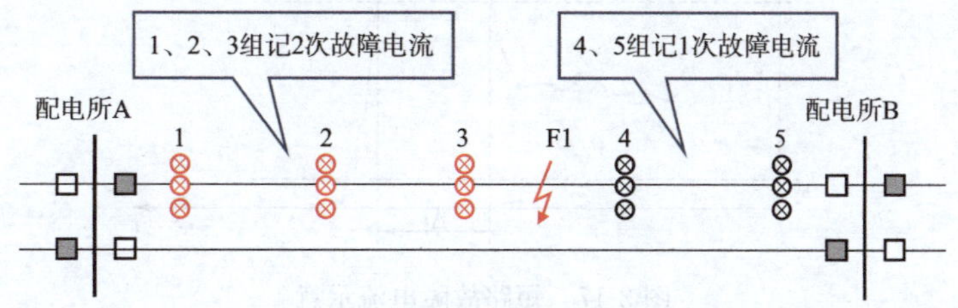

图 3-16 铁路 10 kV 自闭、贯通二次故障电流法故障指示器定位原理

当 F1 点发生短路故障时，主供配电所 A 出口断路器保护跳闸，第 1、2、3 组故障指示器检测到一次短路故障电流，并检测到线路停电，记 1 次过流故障；第 4、5 组故障指示器没有检测到短路故障电流。

当检测到线路掉电信号，备供配电所 B 出口断路器备自投，合到短路故障上立即跳闸，第4、5组故障指示器检测到一次短路故障电流，并检测到线路停电，也记1次过流故障；第1、2、3组故障指示器没有检测到短路故障电流。

依据《铁路电力管理规则》，主供配电所A出口断路器可手动强送一次，又合到短路故障后再次立即跳闸，第1、2、3组故障指示器又检测到一次短路故障电流，并检测到线路停电，记2次过流故障；第4、5组故障指示器没有检测到短路故障电流。

因第1、2、3组故障指示器在一定时间内连续检测到2次故障，则立即给出翻牌动作（或闪灯指示），而第4、5组故障指示器只检测到1次短路故障，故不指示。

由于二次故障电源指示器解决了常规故障指示器不能标定铁路10 kV故障自闭贯通电力线路故障区段的问题，在现场得到了部分应用。但这种应用有着很大的局限性，要求严格按照主供配电所跳闸、备供配电所备投、主供或备供配电所强送一次的方式运行才能确定故障区段，而实际运行中存在多种运行方式的可能。

（二）一次过流定位指示器

在实际的运行过程中，一旦配电系统运行方式有所改变，如在某些特殊的情况下，不投入邻所备投或人工强送操作，二次故障电流的判断方法就不能判断出故障区段，存在着较大的应用局限。为了提高故障电流判断的可靠性和精准度，结合铁路10 kV供电线路的特殊性，本文提出一种利用负荷电流、过流、停电信息的综合判断方法，可实现一次过流判断，适用于所有运行情况的故障判断。

1.故障判断必要条件

分析铁路10 kV自闭、贯通电力线路短路故障发生过程特点，必然经历三个过程：正常负荷电流→短路故障电流→停电，如图3-17所示。由此得出指示器判断一次短路故障的三个必要条件如下：

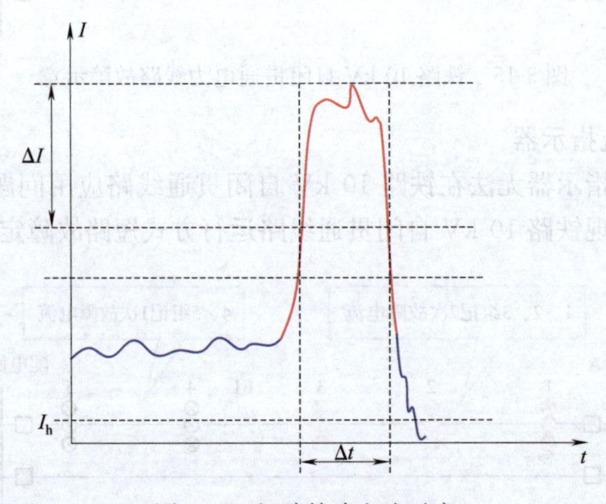

图3-17　短路故障电流示意

（1）线路上电，正常负荷持续30 s以上。

（2）线路上出现短路故障电流。

（3）出现短路故障电流后，有停电信号。

2.一次过流判断法原理

下面以贯通电力线路为例，阐述一次过流判断法故障指示器的工作原理。如图3-18所示，供电线路正常工作状态下，指示器通过电流互感器实时检测，并判定线路上电。假定 F1 点发生三相短路故障，主送配电所 A 出口断路器保护跳闸，则第 1、2、3 组故障指示器能满足故障指示器判断短路的三个条件，即线路上电、故障电流、停电信号，1、2、3 组指示器判定线路故障，立即给出翻牌动作（或闪灯）指示。

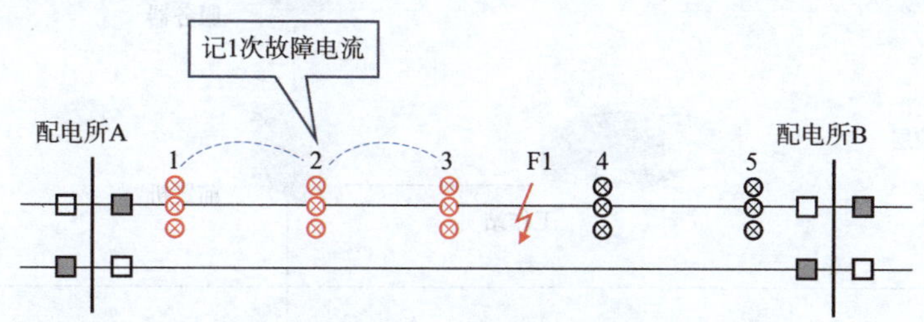

图 3-18　一次过流法故障定位示意

如备送配电所 B 未投入备自投，则第 4、5 组指示器不经过故障电流不翻牌，定位出故障在第 3 与第 4 组指示器之间。

如备送配电所 B 投入备自投，则当配电所 B 检测到线路停电后，配电所 B 出口断路器在整定时间备自投动作，合到短路故障上立即跳闸。此时第 4、5 组故障指示器检测到一次短路故障电流，并检测到线路停电，但是由于上电时间很短再次跳闸失电，第 4、5 组指示器不能满足持续上电的条件，故第 4、5 组指示器依旧不翻牌，仍可定位出故障在第 3 与第 4 组指示器之间。

从以上分析可以得出，除第一次跳闸外，无论是采用任何运行方式，只有第一次故障跳闸电流经过的指示器满足翻牌三要素。所以采用这种原理进行线路短路故障的判断，仅靠第一次故障跳闸即可定位出故障区段，无论是否进行备自投、重合闸的操作，均不影响故障区段定位结果，即使当运行方式改变时，也无须任何修改，适用于多种运行方式。

同时，如果备送配电所备自投（或主送配电所自重合，或任何一方强送）成功，故障指示器可通过检测故障后的上电信息，判断出是永久性故障还是瞬时性故障，解决瞬时性故障查找难题，便于运行维护人员排除设备隐患。

（三）新型故障定位系统

虽然一次过流定位指示器解决了不同运行方式下铁路 10 kV 自闭、贯通电力线路故障定位难题，但现场故障区段信息还离不开人工巡视采集方式，指示器快速定位故障区段的优势得不到充分应用。为进一步提高查找定位效率，实现故障定位信息的实时上报功能，充分利用 GPRS 网络传输稳定、覆盖面广、价格便宜的优势，组建新型铁路 10 kV 自闭、贯通电力线路故障定位系统，实现供电线路故障定位在系统后台的实时图形化输出，并通过短信息及时自动通知相关维护管理人员。新型铁路 10 kV 自闭、贯通电力线路故障定位系统整体解决方案分为三层：监控层、通信层、设备层，如图 3-19 所示。

设备层主要由故障指示器及其配套的通信终端组成，故障指示器分布式安装在配电线路上，通过微功率无线的方式将故障信息、线路运行信息上传至通信终端。

通信层即 GPRS 通信网络，通信终端汇集指示器上报的线路故障信息、线路运行信息，采用 GPRS 的方式上传至监控主站；也可以由主站发送召测命令，读取实时的线路运行状态信息。GPRS 是通用分组无线业务(general packet radio service)的缩写，具有覆盖范围广、频谱效率高、传输速率高、接入时间短、支持 IP 协议及网络安全性高等优点。

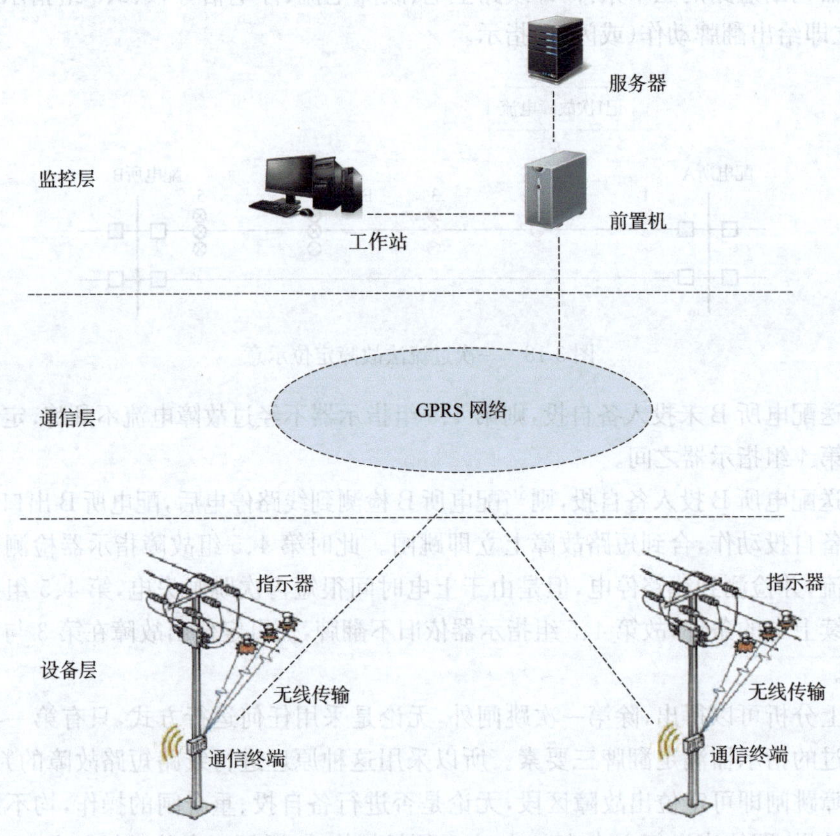

图 3-19　新型铁路 10 kV 自闭、贯通电力线路故障定位系统整体解决方案

监控层由数据库服务器、前置机、图形化展示工作站、短信模块等硬件设备组成，主要功能是由前置机负责通信网络的建立和数据收发的透明中转；数据库服务器对各种数据进行存储、计算、分析，对故障信息进行汇总，自动定位出故障区段；工作站对故障信息进行图形化展示，并支持历史数据的查询、历史故障记录的追溯、线路负荷曲线的查询、生成报表等；短信模块支持告警短信的发送，将故障定位的结果发送到指定的手机号码上，提高故障抢修的及时性。告警短信的内容可以编辑，如某次线路短路故障可以编辑为：××××年××月××日××时××分××秒，××线路发生两相短路故障，故障区域位于××号杆与××号杆之间。

以一次过流法判断原理进行铁路 10 kV 自闭、贯通电力线路故障定位，可以不受铁路 10 kV 自闭、贯通电力线路备自投、重合闸投入、退出等运行方式变化的影响，应用范围更广、适用性更强。同时将通信功能结合到故障指示器，利用 GPRS 网络，建设铁路 10 kV 自闭、贯通电力线路故障定位系统，性价比高，工程改造量小，方案实施简单，对原供电线路无任何不良影响，并且运行过程中无须维护，是一种非常实用的、可靠的自动化方案，对缩短故障排查时间，提高供电可靠性意义重大。

第四节　绝缘导线的应用

随着社会的不断发展，企业在大力发展，绿化面积也在增大，铁路自闭、贯通供电线路区域被树木覆盖、来自化工企业的严重腐蚀、大风等诸多因素的影响，使得供电线路的可靠性面临新的困难。受到自然界对线路构成的各种威胁，从而应用了架空绝缘导线。架空绝缘导线与普通架空裸导线相比，具有许多优点，可解决常规裸导线在运行过程中遇到的一些难题，价格又比地埋电缆便宜得多，因此，在铁路供电自闭、贯通中得到广泛的应用。

一、架空绝缘导线的主要特点

（一）绝缘性能好

架空绝缘导线由于多了一层绝缘层，比裸导线的绝缘性能更加好，可减少线路相间距离，降低对线路的支持件的绝缘要求，提高同杆架设线路的回路数。

（二）防腐蚀性能好

架空绝缘导线由于外层有绝缘层，比裸导线受氧化腐蚀的程度小，抗腐蚀能力较强，可延长线路的使用寿命。

（三）防外力破坏

减少受树木，化工粉尘和灰尘等外在因素的影响，减少相间短路及接地故障。

（四）强度达到要求

绝缘导线虽然少了钢芯，但坚韧，使整个导线的机械强度能达到应力设计的要求。

二、架空绝缘导线的结构

（一）线芯

架空绝缘导线有铝芯和铜芯两种。在自闭、贯通线路中，铝芯应用比较多，主要是铝材比较轻，而且较便宜，对线路连接件和支持件的要求低，加上原有的线路也以钢芯铝绞线为主，选用铝芯线便于原有导线的连接。在实际使用中也多选用铝芯线。铜芯线主要是作为变压器及开关设备的引下线。

（二）绝缘材料

架空绝缘导线的绝缘保护层有厚绝缘（3.4 mm）和薄绝缘（2.5 mm）两种。厚绝缘的运行时允许与树木频繁接触，薄绝缘的只允许与树木短时接触。绝缘保护层又分为交联聚乙烯和轻型聚乙烯，交联聚乙烯的绝缘性能更优良，所以交联聚乙烯绝缘导线应用更广。

三、架空绝缘导线应用区域

（一）适用于多树木地区

裸导线架设的线路，在树木较多的地段，往往线路的架设和维护与绿化和林业产生很大的矛盾。采用架空绝缘导线可减少与绿化、林业等部门的矛盾，而且降低了线路接地故障。

（二）适用于多化工粉尘及多污染的区域

在工业区，由于环保达不到标准，经常有化工金属灰尘随风飘扬。在严重的污染区域，造成架空线路短路、接地故障。采用架空绝缘导线，是防止 10 kV 配电线路短路及接地产生的较好措施。

(三)适用于盐雾地区

盐雾对裸导线腐蚀相当严重，使裸导线抗拉强度大大降低，遇到刮风下雨，引发导线断裂，造成线路短路接地事故，缩短线路使用寿命。采用架空绝缘导线，能较好地防盐雾腐蚀。因为有了一层绝缘层保护，可减少盐雾对导体的腐蚀，延缓线路的老化，延长线路的使用寿命。

(四)适用于旧线路改造

由于架空绝缘导线可承受 15 kV 电压，绝缘导线与建筑物的最小垂直距离为 1 m，水平距离为 0.75 m。因此，将 10 kV 架空绝缘导线代替低压干线，直接送入负荷中心，缩短低压电网供电半径是旧线路改造一种行之有效的方式。

(五)有利于防风

由于架空裸导线线路的抗风能力较差，大风一到，线路跳闸多。采用架空绝缘导线后，导线瞬间相碰不会造成短路，减少了故障，大大提高线路的抗大风能力。

四、架空绝缘导线的设计及施工

(一)绝缘导线

绝缘导线与裸导线在同一个规格内，绝缘导线的载流量比裸导线载流量要小。因为绝缘导线加上绝缘层以后，导线的散热较差，其载流能力大约比裸导线低一个等级。因此，设计选型时，绝缘导线要选大一档。同时，耐张线夹直接夹在导线绝缘子上，为防止导线拉力过大，使绝缘层产生裂纹或脱皮，一般绝缘导线的最大使用应力均取用 41 N/mm^2 左右。

(二)导线排列及档距

架空绝缘线路的导线排列与裸体导线线路基本相同，可分为：三角、垂直、水平以及多回路同杆架设。架空绝缘线路的档距应控制在 50 m 为宜。

(三)绝缘导线的相间距离

由于架空绝缘导线有良好的绝缘性能，因此相间距离比裸导线线路要小，但垂直、三角排列的相间距离不小于 0.3 m；水平排列的相间距离不小于 0.4 m。同杆架设的两回路线路垂直距离及水平距离不小于 0.5 m。跨接搭头、引下线与邻相的过引线及低压线路的净空距离，以及架空绝缘导线与电杆拉线或构架的净空距离不小于 0.2 m。

(四)绝缘导线的连接

绝缘线的连接不允许缠绕，绝缘导线尽可能不要在档距内连接，可在耐张杆跳线时连接。如果确实要在档距内连接，在一个档距内，每根导线不能超过一个承接头。接头距导线的固定点，不应小于 0.5 m。不同金属、不同规格、不同绞向的绝缘线严禁在档距内做承力连接。绝缘导线的连接点应使用绝缘罩或自粘绝缘胶带进行包扎。

(五)绝缘导线的弧垂

导线架设后考虑到塑性伸长率对弧垂的影响，应采用减少弧垂法补偿，弧垂减少的百分数为：铝或铝合金芯绝缘线 20%，铜芯绝缘线 7%～8%。紧线时，绝缘线不宜牵引，线紧好后，同档内各相导线的弛度应力应求一致。

(六)绝缘导线的固定

绝缘导线与绝缘子的固定采用绝缘扎线。针式或棒式绝缘子的绑扎,直线杆采用顶槽绑扎法,转角杆采用边槽绑扎法,绑扎在线路外角侧槽上。螺式绝缘子绑扎于边槽内,绝缘线与绝缘子接触部分应用绝缘自粘带缠绕。

(七)绝缘导线施工架设

绝缘导线的施工架设与架空裸导线不同,它不允许导线在施工过程中对绝缘层的损伤,在施工中要注意对绝缘层的保护,尽量避免导线绝缘层和地面及杆塔附件的接触摩擦。

(八)绝缘导线跨越线及引落线的搭接

绝缘导线的跨接线及引落线的连接与裸导线连接有所不同,因为绝缘导线需要专用的剥线钳,才能将绝缘层剥开,工艺比较复杂,要求比较严格。跨接线连接可采用并沟线夹或接续管进行连接。引落线可采用并沟线夹或T形线夹进行连接。同时要将接口处用绝缘罩或绝缘自黏胶胶带进行包扎。

(九)普通金具与绝缘导线的配合

架空绝缘导线有专用的线路金具配件,可使线路全线绝缘。从线路造价考虑,也可用普通的配件相结合,以降低线路造价。由于绝缘导线多了一层绝缘层,线径比裸导线大,当采用普通金具时,导线固定金具和连接金具要放大型号。耐张线夹要连导线的保护层一起夹紧,防止架空绝缘导线脱皮,影响其机械性能和绝缘性能。

五、铁路10 kV电力架空绝缘线路防雷保护

架空绝缘导线的推广大大地提高了铁路电力供电的可靠性,尤其在跨越林圃区段,穿越棚膜、锡铂纸、风筝等漂浮物集中地区及鸟害重灾区段效果尤为明显。然而随着架空线路绝缘化比例的不断提高,雷击断线事故却明显上升,不仅严重影响列车的安全正点运行,而且对电力运行人员和周围居民、行人的人身安全造成极大威胁。

(一)架空绝缘导线雷击断线的机理

电力架空线路上产生雷电过电压有直击雷过电压和感应雷过电压两种,10 kV架空电力线路绝缘水平低,在设计上“先天不足”的耐雷水平,难以承受直击雷和感应雷的作用。铁路自闭、贯通10 kV电力架空线路通常架设在铁路沿线两侧,大部分线路处于雷电活动频繁的野外开阔地或山区。据统计,电力线路的雷击中约80%是感应雷。同时铁路电力架空线路绝缘导线应采用半导体电屏蔽和交联聚乙烯作为绝缘层,其中使用的半导体材料具有单向导电性能,在雷云对地放电的大气过电压中,更易在绝缘导体中产生感应过电压,所以铁路自闭、贯通10 kV电力架空绝缘线路的雷击概率明显多于一般电力线路。感应雷的放电电流通常小于1 kA,感应过电压的幅值约可达200～300 kV。如此高的过电压幅值对10 kV线路来说是难以承受的。因此,雷击感应过电压是引起铁路10 kV架空电力线路绝缘闪络乃至绝缘导线断线的主要原因。

当雷击作用于绝缘子时,绝缘子的闪络取决于过电压值和线路绝缘水平,电弧产生的概率通常取决于多个参数,即额定线电压U_2、闪络路径L、雷冲击发生的时刻、雷电流的大小和线路参数等。在这些参数中主要决定于沿闪络路径的运行电压平均梯度

$$E = U_2 / (\sqrt{3} \cdot L) \tag{3-6}$$

建弧率是随着 E 的降低而降低的。通过对电弧火花放电过程的数据分析得到结论，$E \leqslant 7 \sim 10$ kV/m 时，建弧率为零。工频短路电流与雷电产生的热量造成电弧熔断绝缘导线的热量与电弧作用时间有关，电弧电流产生的热量 Q 为

$$Q = I^2 Rt \tag{3-7}$$

式中 I——弧电流，A；

R——电弧电阻，Ω；

t——作用时间，s。

假定雷电波波头时间 t 为 2 μs，雷电流幅值为 1 kA；工频短路电流作用时间为 0.2 s，短路电流亦为 1 kA。则按式(3-6)和式(3-7)计算可知工频续流产生的热量将比雷电流产生的热量大 10 000 倍。可见感应过电压是雷击断线的诱因，而工频续流则是造成绝线导线断线的决定因素。

雷击绝缘导线和雷击裸线时的电弧发展过程明显不同，当直击雷或感应雷过电压作用于裸导线引起绝缘子闪络时，由于电动力关系，连续的工频短路电流在电磁力的作用下沿导线向着背离电源的方向快速移动，直至保护动作，切断电弧。电弧的弧根固定在导线上运动，弧腹在随同弧根向前运动的同时，受热应力的作用不断向空中飘浮，根据电弧的温度分布特征，弧根的温度最高，对导体的烧损最严重，弧腹则温度较低，一般不会烧损导体。因为电弧的弧根是沿导线运动的，所以不会集中烧伤导线，引起导线断线的概率更小。

当直击雷或感应雷过电压作用于绝缘导线时则不同，幅值足够高的雷电过电压，将引起导线的绝缘层和绝缘子同时击穿和闪络。瞬间电弧的电流很大但时间很短，被击穿的导线绝缘层呈一针孔状，不会烧断导线。但是，当雷电过电压闪络，特别是在两相或三相(不一定是在同一电杆上)之间闪络而形成金属性短路通道，会引起数千安培工频续流，电弧能量将骤增。此时，由于架空绝缘导线绝缘层阻碍电弧在其表面滑移，高温弧根被固定在绝缘层的击穿点燃烧，即使将继电器跳闸时间整定到最小，导线也将被几千安培的短路电流在断路器动作之前烧断导线，导线的断点一般位于负荷侧离绝缘子附近约 100～400 mm 范围内，这就是绝缘导线雷击断线的机理，此现象被称为：绝缘导线，雷击必断。

(二)常用绝缘导线雷击断线的防治措施

根据绝缘导线雷击断线的机理，防治断线的有效措施一是避免雷击后绝缘子闪络，降低建弧率，尤其降低工频建弧率；二是一旦雷击闪络形成工频电弧，将弧根进行旁路释放，使之不直接烧伤导线。通常习惯上把这两种方式归纳为“堵塞”和“疏导”。

所谓“堵塞”就是通过提高线路绝缘水平或主动降低雷击过电压措施，降低绝缘子雷击闪络的概率，阻止雷击闪络后工频续流起弧。形象理解就是加大水气管道的耐压强度使其不能释放。例如架设架空避雷线，安装氧化锌避雷器，提高绝缘子绝缘性能，绝缘子两侧局部加强导线绝缘，采用过电压保护器等方法。这种方式投资大，过高的过电压必须要释放出来，必然会在耐压水平较低的用户设备处释放，这样就会烧毁用户设备，给用户造成极大损失。所谓“疏导”就是将绝缘子附近的绝缘导线局部裸线化，使工频电弧弧根转移或固定在特制金具上燃烧，从而保护绝缘导线免于烧伤。形象理解就是将水管中突然加大的水气压力通过安装减压阀将其释放出来。例如在绝缘子与导线连接处剥离绝缘层采用闪络保护型

线夹，将绝缘子两侧的绝缘导线剥离一段绝缘层并加装防弧线夹，将绝缘子处的导线绝缘层剥离，采用放电箝位绝缘子。"疏导"的方式操作简单、投资少，但是局部裸露，存在密封和绝缘缺陷；另外，线夹装置经常会存在抗振性能较差的问题，在线路风吹舞动时，常发生故障。表 3-2 为目前国内常用防雷措施的优缺点并加以比较。

表 3-2 电力线路防雷措施比较

防雷措施	优 点	缺 点
架空避雷线	1. 能够有效降低线路雷电感应过电压； 2. 能够有效防止直击雷； 3. 免维护	1. 10 kV 电力线路绝缘水平较低，雷击架空地线后极容易造成反击闪络，仍然会发生工频续流烧断绝缘导线； 2. 投资成本较大
氧化锌避雷器	1. 能够有效限制感应过电压幅值； 2. 雷击闪络后吸收放电能量，限制工频续流，达到保护导线的目的	1. 保护范围较小； 2. 全线中装设，投资成本很大； 3. 必须破开绝缘层，可能引起绝缘导线线芯进水，导致导线弧垂处电化学腐蚀断线； 4. 长期承受工频电压，可能引起氧化锌阀片老化形成故障点，降低可靠性
钳位绝缘子	1. 工频续流在金属线夹与绝缘子间产生电弧燃烧，直至线路开关跳闸切断电源，效的避免了烧断绝缘导线； 2. 免维护	1. 放电电压不稳定； 2. 破开绝缘层可能引起绝缘导线芯进水，导致导线开口处或弧垂处电化学腐蚀而断线等
防弧金具	1. 借助引出金具，将电弧引至专用金具上，防止绝缘导线熔断； 2. 免维护	传统防弧金具须破开绝缘层安装，可能引起绝缘导线芯进水，导致导线开口处或弧垂处电化学腐蚀而断线等
线路过电压保护器	1. 保护器动作时工频续流立即中断，断路器不会动作跳闸，供电不会中断； 2. 不须剥去导线的绝缘层，不会裸露有电部分； 3. 不承受工频电压，免维护	1. 保护范围小； 2. 投资成本大； 3. 需要安装接地装置

(三)铁路 10 kV 架空绝缘线路常用防雷保护

针对铁路 10 kV 自闭、贯通电力线路分支少、线路长、多处于开阔地等特点，结合近年来雷击断线故障分析，本着疏堵配合，经济实用的原则，在适当提高线路绝缘水平的前提下，通过安装氧化锌避雷器和穿刺型防弧金具等方式，解决架空绝缘导线雷击断线问题。

1. 提高线路的绝缘水平

提高线路的绝缘水平，使雷击所产生的工频续流因爬距大不能建弧，可大大降低雷击时的跳闸率。铁路 10 kV 自闭贯通电力线路主要为铁路信号设备供电，提高线路绝缘水平可能导致线路遭受雷击后过高的雷电压不能及时释放，进而烧坏信号设备，所以只能适当提高绝缘水平。

2. 安装带脱离器氧化锌避雷器

随着氧化锌阀片技术性能的提高，氧化锌避雷器的优良保护性能已被人们所接受，近年来已广泛应用于电气设备过电压保护。氧化锌避雷器可以限制感应过电压幅值，在雷击闪络后吸收放电能量，阻止工频续流起弧，达到保护导线的目的。避雷器可减少雷击断线事故,但不能杜绝雷击断线事故,且氧化锌避雷器价格比较高。因此要研究每隔多少距离安装一组,既要安装得最少又能够保护全线是个问题。氧化锌避雷器的保护范围与雷电特性、氧化锌避雷器参数、氧化锌避雷器接地装置的接地电阻数值和线路绝缘水平有关。而其中的雷电特性目前难以收集现场数据,只能是根据研究机构提供的模拟现场试验数据,采用线路避雷器防雷抑制雷害,关键是接地线的接地阻抗,当线路受到感应雷击时,若线路没有避雷器产生的对地电压为U_p,则有避雷器时线路上产生的对地电压U'_p为

$$U'_p=E_a+I_aR_a=U_p-\frac{1}{2}U_pI_aZ_p=\frac{E_aZ_p+2R_aU_p}{Z_p+2R_a} \tag{3-8}$$

式中 U'_p——由避雷器抑制的对地电压,kV;

E_a——避雷器的限制电压,kV;

I_a——避雷器通过的电流,kA;

R_a——避雷器的接地电阻,Ω;

U_p——无避雷器时的对地电压,kV;

Z_p——相导体自冲击阻抗,Ω。

由式(3-8)可知,当避雷器的接地电阻值非常大时,电力线路上产生的对地电压U'_p接近无避雷器时的线路对地电压U_p;而当避雷器的接地电阻值非常小时,U'_p接近E_a,可大大抑制对地电压。

由于缺乏运行经验,绝缘架空线路早期加装避雷器后发生多起腐蚀断线和避雷器自身击穿引发故障,故障原因及解决方案如下:

(1)避雷器安装破坏架空绝缘导线的主绝缘,因密封不良而引起架空绝缘导线线芯进水,在线路弧垂最低点处产生积聚并发生电化学腐蚀,运行一段时间后发生腐蚀断线事故。减少此类事故主要是做好接续部位的防潮密封,选用如图 3-20 所示具有自密封功能的绝缘穿刺线夹接续避雷器引线效果明显,完全消除了这一隐患。

图 3-20 绝缘穿刺线夹

(2)大量地和架空线并联的无间隙氧化锌避雷器,长期承受工频电压的作用加速压敏电阻阀片的劣化击穿引起接地或短路跳闸故障。因氧化锌避雷器击穿外部特征不明显,故障点查找难度大,故障停电时间较长,可靠性降低。由于线路雷击属小概率事件,如果每基电杆安装工程数量大,投资成本也高,参考国内外运行经验同时权衡利弊,可每 3~5 基电杆安装一组避雷器,接地电阻要求不大于 10 Ω。同时为避免故障避雷器影响运行,及时将故障避雷器迅速自动退出,推广应用避雷器脱离器。一般选用新型热爆式脱离器,脱离器与避雷器串联使用,避雷器处于正常工作状态(即正常运行电压、各种冲击电压或与避雷器相同耐受冲击电流)时,脱离器不动作并呈低阻抗(与避雷器相比),不影响系统原工作状态和避雷器的保护特性,一旦避雷器出现劣化或损坏失效,有工频电流通过时,脱离器迅速动作,使接地引线和避雷器底部脱开切断工频续流,将故障避雷器从电力系统中退出,及时消除系统接地或短路故障,并为故障避雷器提供明显标识,便于维护人员查找故障进行检修更换。考虑实际现场情况为避免浪费,目前常用脱离器有两种:既有已安装避雷器的架空绝缘线路补装热爆式脱离器(图 3-21),新建或大修架空绝缘线路采用跌落式避雷器(图 3-22)。

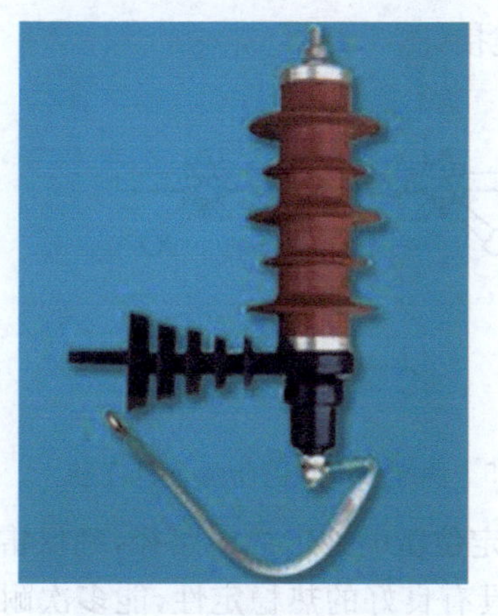

图 3-21　热爆式脱离器

图 3-22　跌落式避雷器

3. 安装穿刺型防弧金具

提高线路绝缘水平、安装带脱离器氧化锌避雷器可以明显降低工频电弧建弧率，属于“堵塞”方式，但一旦起弧还必须“疏导”工频电弧，保护导线免于烧伤，“疏导”工频电弧最简单的措施是加装穿刺型防弧金具，从而做到疏堵配合。

(1)防弧金具防止断线的基本原理

防弧金具由高压电极、低压电极和绝缘罩三部分构成(图 3-23)。高压电极与绝缘导线穿刺接触，引出高电位，低压电极安装于绝缘子底部，高、低压电极构成 G1、G2 两个间隙。G1 为雷电放电间隙，间隙的距离小于绝缘子的干弧放电距离，使雷电冲击放电发生在该间隙上；G2 为工频电弧燃烧间隙，雷电冲击放电后工频电弧弧根在电磁力的作用下由 G1 迅速移动至该间隙上燃烧，从而保护绝缘导线免于烧伤断线。这两个间隙前者可保证放电电压稳定，后者能够耐受工频电弧的烧灼。绝缘罩罩住高压电极，起到绝缘作用，并给工频电弧弧根的运动留有通路。

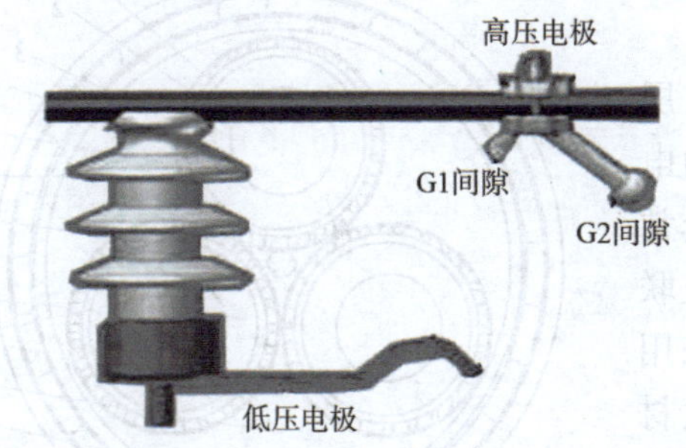

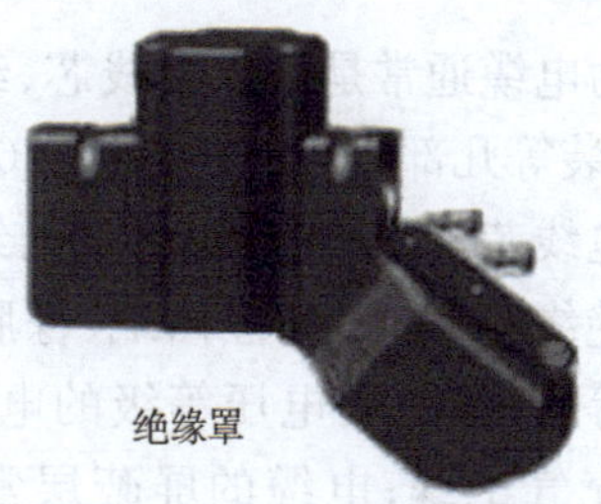

图 3-23　穿刺型防弧金具结构

(2)穿刺型防弧金具的安装

为避免传统防弧金具安装剥切破坏导线绝缘层密封，选用穿刺型防弧金具，并安装绝缘罩解决绝缘问题。对于配电所电源线路、10 kV 动力馈出等辐射型单电端供电线路，防弧金具安装在线路绝缘子的负荷侧距绝缘子轴线处 250 mm 处(图 3-24)；对于自闭、贯通 10 kV 高压线路，运行中存在上行或下行两端供电线路，防弧金具在绝缘子两侧距绝缘子轴线

150 mm处对称安装，且用绝缘铝线将两个高压电极连接(图 3-25)。

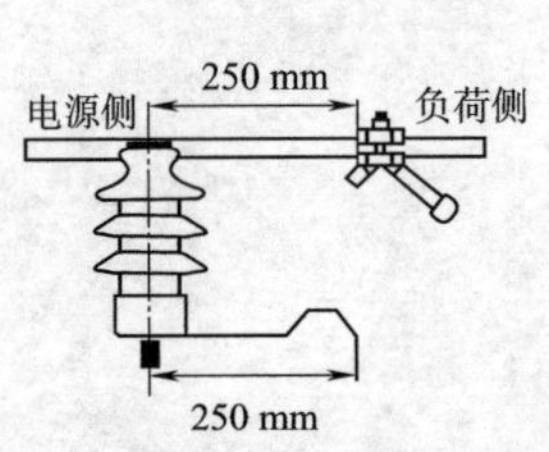

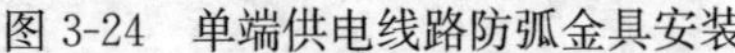

图 3-24　单端供电线路防弧金具安装

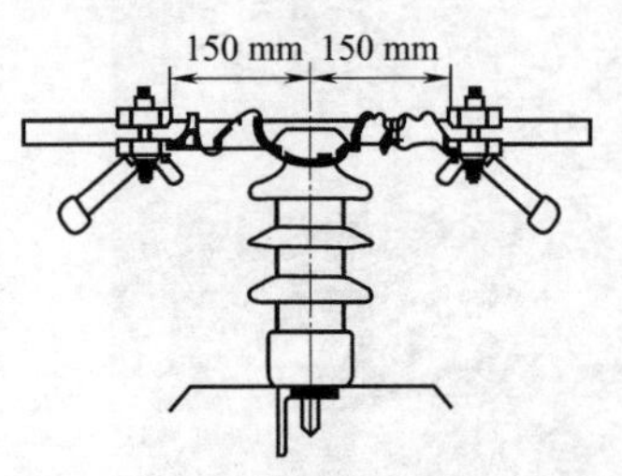

图 3-25　两端供电线路防弧金具安装

穿刺型防弧金具具有稳定的雷电放电电压，能够定位雷电冲击放电路径，确保雷电发生在雷电放电间隙之间，通过与导线紧密可靠的接触，具有良好的热稳定性，能多次耐受电弧烧灼，直接安装，无须剥离外绝缘层，有效防止雷击断线，加装绝缘防护罩，运行安全可靠。该方式安装简便，投资少，运行可靠，维护方便，能防止雷击断线，但在多次雷击后必须更换烧伤的防弧金具。

雷电是一个古老而又复杂的自然现象，10 kV 绝缘架空配电线路雷击断线又是一个世界级难题。到目前为止，线路防雷计算所依据很多参数都还是假定的，不同地区、不同环境对线路参数影响也很大，所以线路防雷更多要还要依靠线路运行和维经验在实践中研发验证。

第五节　铁路电力电缆线路

铁路电力线路在铁路电力系统中用于为沿线行车设备和生产生活设施传输和分配电能，由架空线路和电缆线路组成。电力电缆与架空线路相比，优点是受气候的影响小，安全可靠，隐蔽耐用，但成本较高。

一、电力电缆结构

电力电缆通常是由导电线芯、绝缘、护套、屏蔽层、铠装等几部分组成，如图 3-26 所示，电力电缆的导电线芯常用铜或铝；电缆的绝缘和护套常用有机绝缘材料，如黏性油纸、橡胶、塑料、交联聚乙烯等，对于更高电压等级的电缆，可以采用充油或充气绝缘；电缆的屏蔽层常用半导电材料，在电缆中起到均匀电场的作用；电缆的铠装是为了保护电缆的绝缘免受外力的损伤，常用钢带、钢丝铅套、铝套等作电力电缆的铠装。

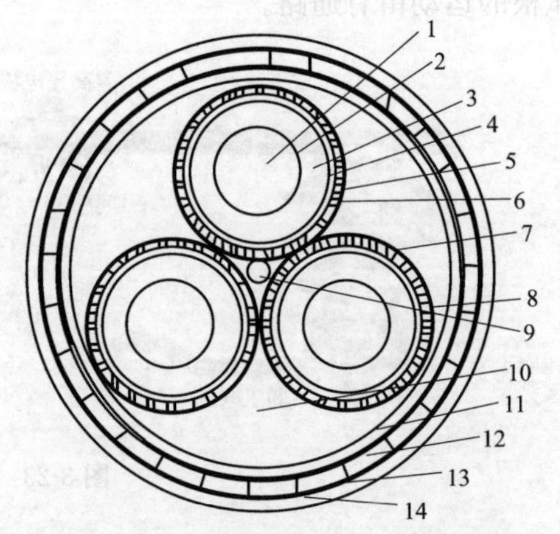

1—导线；2—导线屏蔽层；3—交联乙烯绝缘；4—绝缘屏蔽层；5—保护带；6—铜线屏蔽；7—螺旋铜带；8—塑料带；9—中心填芯；10—填料；11—内护套；12—扁钢带铠装；13—钢带；14—外护套。

图 3-26　电力电缆结构示意

如今油纸绝缘电缆已经逐步退出运行，橡塑绝缘电缆使用量逐年增加，特别是交联聚乙烯电缆，由于其电气性能和耐热性能都很好，传输容量较大，结构轻便，易于弯曲，附件接头简单，安装敷设方便，不受高度落差的限制，特别是没有漏油和引起火灾的危险，因此受到用户的广泛欢迎，在铁路 10 kV 配电系统中普遍使用。

二、电力电缆附件

电力电缆附件是电缆线路中电缆与电力系统中其他电气设备相连接和电缆自身连接不可缺少的组成部分。电缆线路中，电缆附件与电缆处于同等重要的地位。电力电缆附件是电缆线路中各种电缆接头和终端的统称。其中还包括连接管及接线端子、电缆桥架等，这里主要对电缆终端和电缆接头进行介绍。

电缆接头是指电缆与电缆段相互连接的装置，起着使电路畅通，保证相间或相地绝缘，密封和机械保护作用。电缆终端接头是安装到电缆线路末端，用以保证电网或其他用电设备的电气连接，并且提供作为电缆导电线芯绝缘引出的一种装置。

由于电缆使用环境复杂，连接方式要求各不相同，因此，电缆附件的种类繁多。按电缆附件的材料、结构、成型工艺及安装工艺来分，铁路配电线路常用电缆附件主要有如下几种：

1. 绕包式：用制成的橡胶带材（自粘性）现场绕包制作的电缆附件称为绕包式电缆附件，该附件易松脱、耐候性较差、寿命短。

2. 浇注式：用热固性树脂作为主要材料在现场浇注而成，所选的材料有环氧树脂、聚氨酯、丙烯酸酯等，该类附件的致命缺点是固化时容易产生气泡。

3. 冷缩式：用硅橡胶、三元乙丙橡胶等弹性体先在工厂预扩张并加入塑料支撑条而成型。图 3-27 所示为冷缩式电缆终端头。在现场施工时，抽出支撑条使管材在橡胶固有的弹性效应下冷收缩在电缆上而制成电缆附件，冷缩电缆附件最适合于不能用明火加热的施工场所，如矿山、石油化工等。

4. 热缩式：利用高分子材料具有“弹性记忆”的特点，用将橡塑合成材料制成具有形状记忆效应的不同热缩组件制品，在现场加热收缩在电缆上而制成的附件。图 3-28 所示为热缩式电缆终端头。该附件具有质量轻、运行可靠、价格低廉等特点。

5. 预制式：用硅橡胶注射成不同组件，一次硫化成型，仅保留接触界面，在现场施工时插入电缆而制成的附件。图 3-29 所示为预制肘型电缆终端头该施工工艺将环境中不可测的不利因素降低到最低程度，因此该附件具有巨大的潜在使用价值。

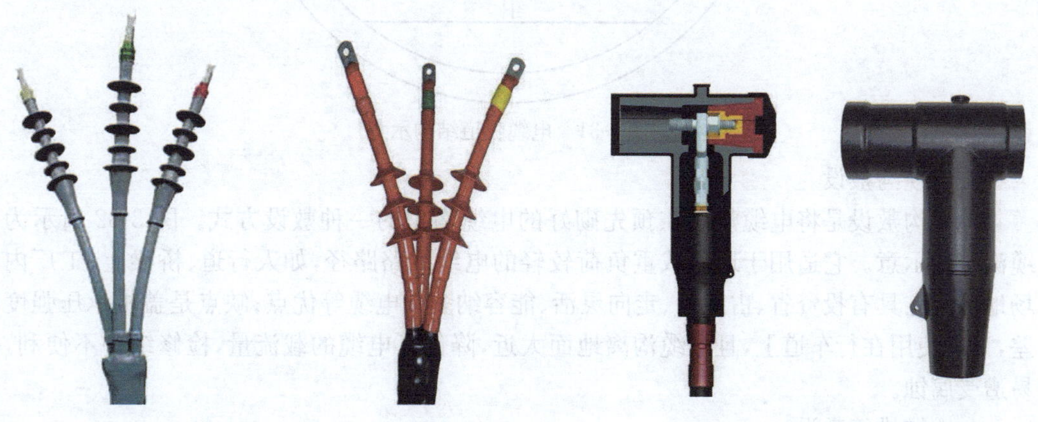

图 3-27　冷缩式电缆终端头　　图 3-28　热缩式电缆终端头　　图 3-29　预制肘型电缆终端头

三、电力电缆敷设

(一)电缆的敷设方式

电缆敷设的常用方式可分为直埋式、隧道式、电缆沟式、排管式、竖井式和桥架式等。

1. 直埋敷设

直埋电缆敷设是沿已确定的电缆路径,挖掘线路沟道,将电缆直接埋入地下,不需要其他设施,如图 3-30 所示。优点是施工简单,造价低,电缆散热性能好;缺点是容易受到机械性外力损坏、更换电缆困难,容易受周围土壤化学或电化学腐蚀。一般电缆根数较少,敷设距离较长时多采用此种敷设方式。

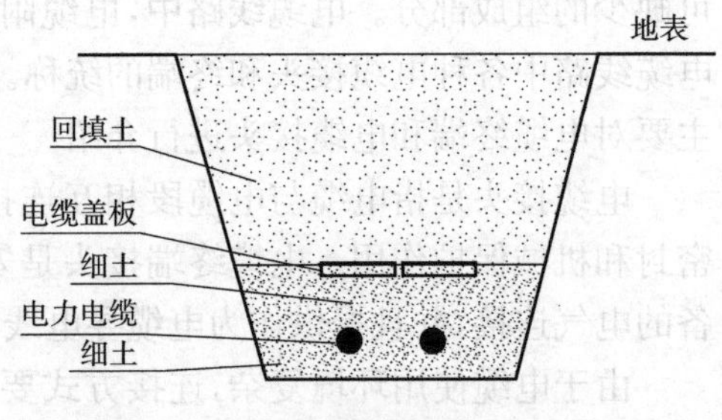

图 3-30　电缆直埋敷设示意

2. 隧道敷设

隧道敷设是将电缆敷设在地下隧道内的敷设方式,图 3-31 所示为电缆隧道结构示意。它主要用于电缆线路较多和电缆线路较短且不易开挖的场所。它具有方便施工、巡视、检修和更换电缆等较多优点,其缺点是前期投资大、隧道施工期长且防火设施要求严格等。

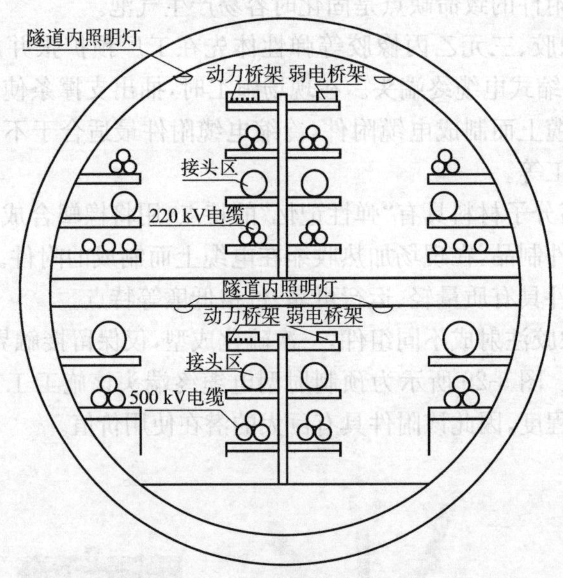

图 3-31　电缆隧道结构示意

3. 电缆沟敷设

电缆沟敷设是将电缆敷设在预先砌好的电缆沟中的一种敷设方式。图 3-32 所示为电缆沟结构示意。它适用于地面载重负荷较轻的电缆线路路径,如人行道、桥梁上、工厂内的场地等。它具有投资省、占地少、走向灵活、能容纳多条电缆等优点;缺点是盖板承压强度较差,不能使用在行车道上,且电缆沟离地面太近,降低了电缆的载流量,检修维护不便利,容易遭受腐蚀。

4. 电缆排管敷设

电缆排管敷设是将电缆敷设在预先埋设于地下的管子中的一种敷设方式。图 3-33 所示为电缆排管敷设现场。通常用于交通频繁、工矿企业地下走廊较为拥挤的地段。其优点是土建工程一次完成,其后在同一途径陆续敷设电缆,不必重复开挖道路,此外不易受到外力损坏;缺点是土建工程投资较大,工期较长,而且因散热不良,易降低电缆载流量,在电缆敷设、检修和更换时不方便。

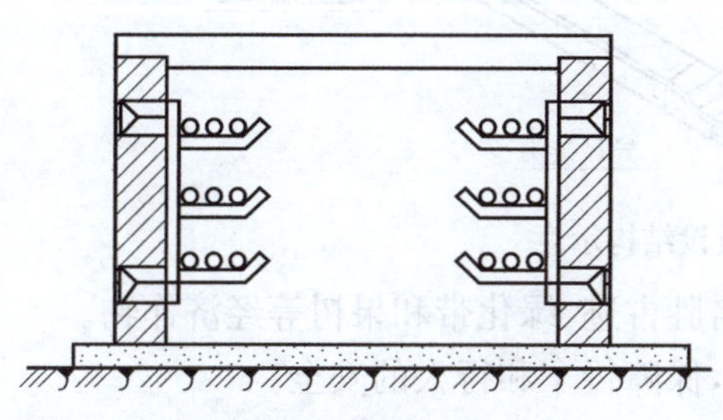

图 3-32 电缆沟结构示意

图 3-33 电缆排管敷设现场

5. 电缆竖井敷设

电缆竖井敷设是将电缆敷设在竖井中的一处敷设方式。主要用于高层建筑水电站及高层室内变电站作为输电线路的竖井中,或者用在较深层电缆隧道的出口竖井中。其优点是节省了土建的大量投资,以利于电缆的敷设;缺点是若发生火灾,易扩大事态,在竖井内要放电缆固定装置。

6. 电缆桥架敷设

电缆桥架敷设是将电缆敷设在专用的电缆桥架上的一种敷设方式,如图 3-34 所示。其优点是简化了地下设施,避免了与地下管道交叉碰撞,易定型生产,外观整齐美观,可密集敷设大量电缆,能够有效利用空间,同时它还有利于防火、防爆、防潮;缺点是施工、检修较困难,与架空管道易交叉,前期投资较大。

(二)电缆路径的选择

1. 选择线路的路径,考虑路径诸多方面,如沿线地形、地质、地貌及城市规划,路径长短,另外还应考虑施工、运行、交通等因素,进行方案综合比较,择优选用,做到安全可靠、经济合理。

2. 路径长度要短,起止点间线路实际路径长度与起止点间的航空直线距离相比,曲折系数愈小愈好,尽量趋向 1。

3. 电力电缆线路在改变线路方向的转弯处,要留有余度。各种电缆线路在安装敷设中,为防电缆扭伤和过度弯曲,要保证最小允许弯曲半径与电缆外径的比值,一般为 $10D$～$20D$,尤其是在城市内狭窄地段,选择线路路径要考虑合适。

4. 对洪水冲刷地段、沼泽地区等,电缆线路应尽量避让,若不能避让时,应有防范措施。

5. 对沿线建筑物和有关障碍物的关系要处理好,并与有关方面取得书面协议。

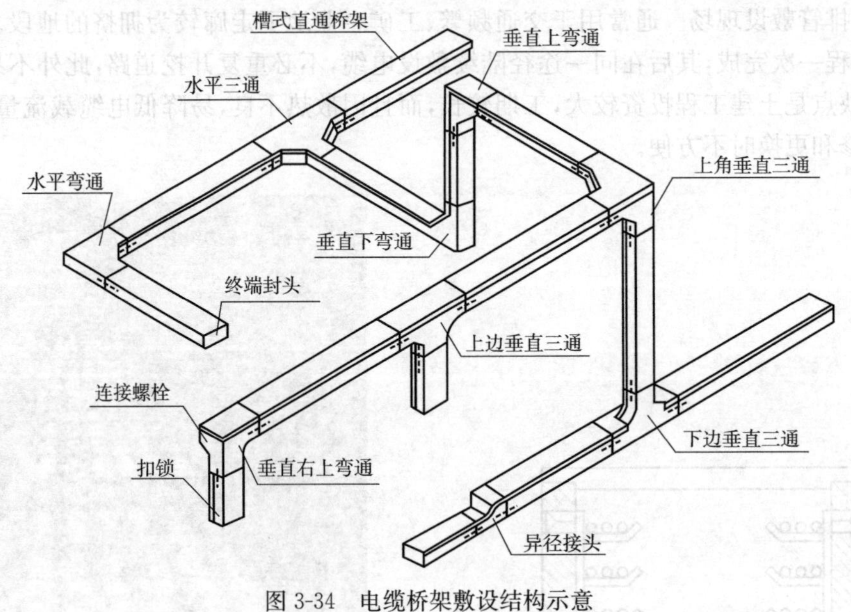

图 3-34　电缆桥架敷设结构示意

6. 少拆房屋，少砍树木，少占农田，注意保护名胜古迹、绿化带和果树等经济作物。

7. 在铁路桥梁和隧道中敷设要满足限界要求，保障行车和行人的安全。

8. 电力电缆路径应避开路基，当必须敷设在路基上时，应采用槽管等防护措施，并填平夯实，确保路基的完整性和稳定性。

第六节　电力电缆绝缘老化与预防性试验

一、电力电缆绝缘老化

(一)电缆绝缘老化原因

绝缘系统在各种因素的长期作用下发生一系列的化学、物理变化，导致绝缘性能和机械性能等不断下降，产生一种不可逆的变化，最终导致电力设备绝缘击穿，这种过程即为老化。绝缘材料的老化原因是多样的、复杂的，最具代表性的主要有热老化、机械老化、电老化等。绝缘材料老化的表现主要有绝缘电阻下降、介质损耗增大等。

1. 电老化

电老化指的是在电场长期作用下，电力设备绝缘系统中发生的老化。电老化机理很复杂，它包含因为绝缘击穿产生的放电引起的一系列物理和化学效应。随着外施电压的增加，绝缘系统中的放电加强，放电量和放电重复率均增加，导致电老化速度加快，绝缘寿命降低。

2. 热老化

热老化是指在热的长期作用下电力设备绝缘系统中发生的老化。有机绝缘材料在热的作用下发生热降解，导致绝缘材料的结构变化，使其电气性能和机械性能劣化。随着温度的上升，绝缘的热老化速度迅速增加，不同的绝缘材料受温度的影响程度不一样。热老化的本质是绝缘材料在热量的影响下发生了化学变化，所以热老化也被称为化学老化。一般情况下，化学反应的速度随着环境温度的升高而加快。

3. 机械老化

机械老化是指固体绝缘系统在运行过程中受到各种机械应力的作用发生的老化。这种老化过程要使绝缘材料在机械应力作用下产生微观的缺陷发生规则运动，形成微小裂缝并逐渐扩大而导致的。机械应力产生的微裂缝在强电场作用下将引发局部放电，从而加速绝缘系统的破坏。

4. 环境老化

环境老化是指在水分、氧气、阳光辐射、化学尘埃等自然环境条件下和在高海拔地理条件下导致的绝缘系统表面老化，特别是当有机高聚物表面沉淀污秽后，在水和强电场的作用下将产生强烈的污秽放电，导致绝缘表面产生破坏。

总之，电缆绝缘老化是电场、热、机械力、环境(水分、阳光等)等众多因素综合作用的结果，是一个非常复杂的过程，在推算绝缘材料使用寿命时应该尽量综合以上因素考虑。

(二)绝缘老化主要表现

近十几年的运行和研究表明，聚乙烯、交联聚乙烯和一些其他聚合物的绝缘破坏主要先经过树枝老化过程。对老化了的绝缘材料进行显微观察，可以发现树枝状结构存在。树枝化是绝缘在老化中，受电场影响，产生介质较弱部位的枝状放电或枝状结集。按“树枝”形成的原因及其所起的绝缘破坏作用，可分为“电树枝”及“水树枝”两种。

1. 电树枝

电树枝是由绝缘体系内部种种缺陷所产生的局部放电所导致。它一般在较高场强下才能产生和发展。电树枝的放电多数从材料的非连续界面(气隙、杂质、内外半导体屏蔽界面等)上开始的，也有从水树枝上导发的。电树枝一般分枝清晰、枝管连续，内无水分，管壁有焦化炭粒痕迹。这种树枝是不可恢复的，发展到一定程度，会在绝缘中形成一条导电通道，造成击穿。电树枝的形成是比较缓慢的过程。

2. 水树枝

水树枝是指水分侵入电缆后，在电场作用下从电场不均匀处和电应力集中处开始形成的树枝状现象，按其产生的起点可将水树分为三种情况：

(1)内导水树：这是以电缆中半导电层处作为起点的水树。当内半导电层是包带式的情况下，在半导电带边缘或有毛刺等的结构不均匀部分容易产生水树。当内半导电层是挤出结构的情况下，此类水树几乎不会发生。但即使是挤出结构，如果绝缘混合物中的杂质浮出至绝缘层的有关界面上时，也会从这里发生水树。

(2)外导水树：以电缆中的外部半导电层作为起点的一种水树。

(3)蝴蝶形水树：以绝缘层中的杂质和气隙为起点的一种水树。

以上三种水树中，成为事故主要原因的是内导水树，而其他水树引起的事故与内导水树引起的事故相比是非常稀少的。

二、电力电缆绝缘预防性试验

电力电缆在运行中不但长期承受电网电压，而且还会经常遇到各种过电压，如操作过电压、雷击过电压、故障过电压等。预防性试验可以提前发现电力电缆的某些缺陷，是保证电缆安全运行的重要措施之一。目前常用铁路电力电缆绝缘预防性试验方法有绝缘电阻测量、直流耐压试验和泄漏电流试验三种。

(一)绝缘电阻测量

测量电力电缆的主绝缘电阻可以检查电缆绝缘是否老化、受潮,以及耐压试验中暴露出来的绝缘缺陷。

橡胶绝缘电力电缆的主绝缘电阻值根据各厂家的规定执行,而外护套的绝缘电阻和内衬层的绝缘电阻规定当采用500 V兆欧表时为0.5 MΩ。当绝缘电阻很低时,应用万用表正、反接线分别测屏蔽层对铠装、铠装层对地的直流电阻,以检查它们是否受潮。当电缆埋于地下后,测量钢铠甲对地的绝缘电阻,可检查出外护套有无损伤;同理,测量铜屏蔽层对钢铠甲间的绝缘电阻也可以检查出内护套有无损伤。通过这两项测量可以判断绝缘是否已经受潮。当电缆敷设在电缆沟、隧道支架上时,其外护套的损伤点不在支点处且又未浸泡在水中或置于特别潮湿的环境中,则外护套的损伤很难通过测量绝缘电阻来发现,此时测量铜屏蔽层对钢铠甲的绝缘电阻则更为重要。

误差分析:电缆终端或套管表面脏污、潮湿对绝缘电阻有较大的影响。除擦拭干净外,还应加屏蔽环,将屏蔽环接到兆欧表的“屏蔽”端子上,当电缆为三芯电缆时,可利用非测量相作为两端屏蔽环的连线。当被测电缆较长时,充电电流很大,因而兆欧表开始指示的数值很小,这并不表示绝缘不良,必须经过较长时间遥测才能得到正确的结果。

(二)直流耐压试验

交流电力电缆之所以用直流来进行耐压试验,主要是由于电力电缆具有很大的电容,现场采用大容量的试验电源难以实现,以显著减小试验电源的容量。直流耐压试验一般都采用半波整流电路,由于电缆电容量较大,故不用加装滤波电容。通常直流试验所带来的剩余破坏也比交流试验小得多。一般电缆缺陷在直流耐压试验持续的5 min内都能暴露出来。

误差分析:直流试验没有交流试验真实、严格,串联介质在交流试验中场强分布与其介电常数成反比,而施加直流时却与其电导率成反比,因此在直流耐压试验时,一要适当提高试验电压,二要延长外施电压的时间。

(三)泄漏电流试验

绝缘良好的电缆泄漏电流很小,一般只有几微安到几十微安。在实际测量中应尽量将微安表接在高电位端的接线,这时对测量微安表、引线及电缆两头,应该严格屏蔽。现场采用两端同时测量的方法,即在非高压电源增加一个测量微安表,同时记录两端的泄漏电流值。这时高压电源端测得的泄漏电流包含电缆绝缘的泄漏电流和表面泄漏电流、杂散电流,而另一端测量的是表面泄漏电流和杂散电流,从而电缆的泄漏电流为两者的差。

误差分析:由于试验设备及高压引线等杂散电流的影响,当将微安表接入低点位端测量时,往往使测量结果不准,有时误差竟达到真实值的几倍到几十倍。

(四)谐振交流耐压试验

交流耐压试验是鉴定电力设备绝缘强度最严格、最有效和最直接的试验方法,它对判断电力设备能否继续参加运行具有决定性的意义,也是保证设备绝缘水平,避免发生绝缘事故的重要手段。由于电缆的电容量较大,采用传统的工频试验变压器很笨重、庞大,且大电流的工作电源在现场不易取得。因此一般都采用串联谐振交流耐压试验设备。其输入电源的容量能显著降低,质量减轻,便于使用和运输。初期多采用调感式串联谐振设备(50 Hz),但存在自动化程度差、噪声大等缺点。因此现在大都采用调频式(30～300 Hz)串联谐振试验设备，可以得到更高的品质因数（Q值），并具有自动调谐、多重保护，以及低噪声、灵活的组合方式（单件质量大为下降）等优点。

1. 谐振交流耐压试验原理

谐振交流试验电压一般用试验变压器产生，也有用谐振回路产生高电压。在串联谐振回路中，电抗器提供的滞后无功功率补偿了容性被试品的超前无功功率，试验变压器和试验电源只需提供有功功率。因此，可以大大减小试验电源和试验变压器的容量。

串联谐振回路主要由电容性被试品和与之串联的电抗器和电源组成，接线原理如图3-35所示。即可调至谐振，同时将有一个幅值远大于电源电压，且波形接近于正弦波的电压加在试品上。

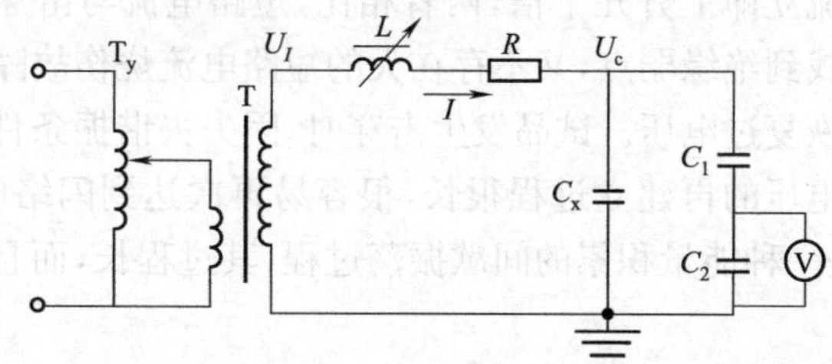

T_y—调压器；T—试验变压器；L—调感电抗器；R—高压回路的等效电阻；C_x—被试品；C_1、C_2—电容分压器高、低压臂；V—电压器。

图3-35　串联谐振回路接线原理

当电源频率f、电感L及被试品电容C_x满足式(3-9)时，回路处于串联谐振状态。

$$f=\frac{1}{2\pi\sqrt{LC_x}} \tag{3-9}$$

此时回路中电流为

$$I=\frac{U_{1x}}{R} \tag{3-10}$$

式中　U_{1x}——励磁电压；

R——高压回路的等效电阻。

被试品上的电压为

$$U_{cx}=\frac{1}{\omega C_x} \tag{3-11}$$

式中　ω——电源角频率；

C_x——被试品电容量。

输出电压C_x与励磁电压U_{1x}之比为试验回路的品质因数Q_s，计算公式为

$$Q_s=\frac{U_{cx}}{U_{1x}}=\frac{\omega L}{R} \tag{3-12}$$

由于试验回路中的R很小，故试验回路的品质因数很大。在大多数正常情况下，Q_s可达15～50，即输出电压是励磁电压的15～50倍，因此这种方法能用电压比较低的试验变压器得到较高的试验电压。

2. 谐振交流耐压的优点

(1)所需电源容量大大减小。串联谐振电源是利用谐振电抗器和被试品电容谐振产生高电压和大电流的，在整个系统中，电源只需要提供系统中有功消耗的部分，因此，试验所需

的电源功率只有试验容量的1/Q。

(2)设备的质量和体积大大减少。串联谐振电源中,不但省去了笨重的大功率调压装置和普通的大功率工频试验变压器,而且,谐振励磁电源只需试验容量的1/Q,使得系统质量和体积大大减少,一般为普通试验装置的1/3～1/5。

(3)改善输出电压的波形。谐振电源是谐振式滤波电路,能改善输出电压的波形畸变,获得很好的正弦波形,有效地防止了谐波峰值对试品的误击穿。

(4)防止大的短路电流烧伤故障点。在串联谐振状态,当试品的绝缘弱点被击穿时,电路立即脱谐,回路电流迅速下降为正常试验电流的1/Q。而并联谐振或者试验变压器方式做耐压试验时,刺穿电流立即上升几十倍,两者相比,短路电流与击穿电流相差数百倍。所以,串联谐振能有效地找到绝缘弱点,又不存在大的短路电流烧伤故障点的忧患。

(5)不会出现任何恢复过电压。试品发生击穿时,因失去谐振条件,高电压也立即消失,电弧即刻熄灭,且恢复电压的再建立过程很长,很容易再次达到闪络电压前断开电源,这种电压的恢复电压过程是一种能量积累的间歇振荡过程,其过程长,而且不会出现任何恢复过电压。

第七节　电力电缆故障与探测技术

为适应铁路飞速发展和满足城市建设的需要,铁路电力架空线路的电缆化改造工程普遍展开,电力电缆数量和比例近几年有了大幅上升。相对于架空线路,电缆线路具有受气候和外界干扰影响小、安全可靠、隐蔽耐用、运行维护简单等诸多优点。但由于铁路电力电缆大多采用直埋的敷设方式,一旦发生故障查找相对比较困难,如若埋设路径不清,测距方法不当,定点位置不准,将会造成长时间停电延时,影响列车安全正点运行。

一、电力电缆故障原因

电缆故障的主要原因大致可归纳为以下几类:

1.机械损伤:这类故障是由于电缆敷设安装时不小心造成的机械损伤(如牵引拉伤、过度弯曲等)或运行中施工挖掘造成外皮损伤引起的。如果损伤轻微,在几个月甚至几年后损伤的部位才发展到绝缘破坏形成故障。随着近几年城市和铁路建设的飞速发展,施工挖掘破坏成了铁路电力电缆故障主要原因,已经占到电缆故障的近60%。

2.工艺不良:敷设安装施工不符合技术工艺要求也是造成故障的一个主要原因。主要是指电缆的中间接头和终端头未在要求的环境条件下制作,封装时混入潮气、灰尘,还有密封防水、电场分布工艺处理不当等原因造成制作质量不合格,运行一段时间后形成闪络性故障。还有敷设时不按要求铺沙,外部尖锐物长期挤压电缆外皮,破损后形成故障。

3.电化学腐蚀:由于铁路电力电缆一般敷设在铁路两侧,牵引供电系统形成的强力电场在埋设电力电缆附近产生杂散电流,长期作用使电缆外皮、铠装层腐蚀破坏,导致潮气侵入。

4.化学腐蚀:电缆埋设在有酸碱作业的地区或其他化学工厂排放区附近,使电缆在长期腐蚀环境中运行,最终造成绝缘损坏。

5.地面下沉:此现象往往发生在电缆穿越公路、铁路及临近高大建筑物时,由于地面的不均匀沉降使电缆垂直受力形变,导致铠装破裂、折断,形成故障。

6. 过载运行：由于负载短路或长期过负荷运行，电缆的温度会随之升高，导致电缆薄弱处或接头绝缘击穿。

7. 振动影响：穿越或靠近铁路轨道运行的电缆，由于长期剧烈的振动导致电缆外皮产生弹性疲劳而破裂，形成故障。

二、故障分析有关参数

研究电力电缆故障测距和定位方法前，必须了解电力电缆的各种参数分布。电力电缆可看成由许多的电阻(R)、电导(G)、电容(C)和电感(L)等效元件相连接组成的。这些元件称为电缆的分布参数。单位长度的 R、G、C 和 L 称为一次参数。一小段电缆的等效电路如图 3-36 所示。

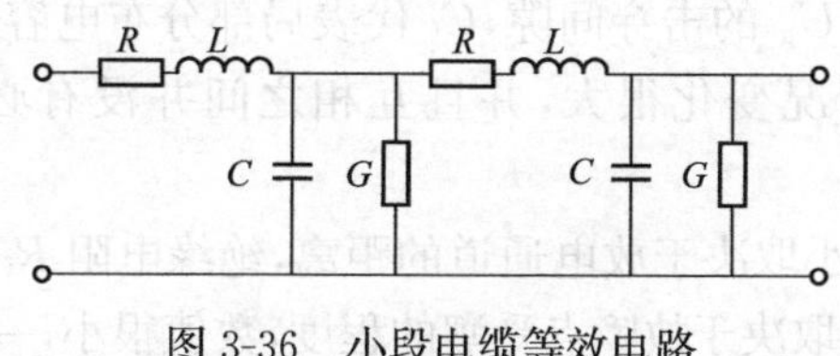

图 3-36　小段电缆等效电路

理论上要求这些参数均匀地分布在整条电缆中，也就是说这些参数与电缆总长要成比例。这些参数不仅适用于两条线芯之间，而且也适用于线芯与屏蔽之间。当电缆发生故障时，初步确定电缆故障位置起决定作用的参数为特性阻抗(Z)和波速度(V)，这些参数称为二次参数。

(一)特性阻抗(Z)

电缆的特性阻抗 Z 可表示为

$$Z=\sqrt{(R+\mathrm{j}\omega L)/(G+\mathrm{j}\omega C)} \tag{3-13}$$

式中　$\omega=2\pi f$，f 为电缆所传输的信号频率。

如果忽略线路的传播损耗，即令 $R=G=0$，则式(3-13)可简化为

$$Z=\sqrt{L/C} \tag{3-14}$$

电缆的特性阻抗 Z 表示导线某一点上特性电压与特性电流之比，因此它不受位置和时间的限制，只与电缆结构、绝缘材料和导体材料有关。

(二)波速度(V)

波速度 V 是指脉冲电压波从电缆一端传到另一端需要一定时间，是电缆长度与传播时间之比。电缆中的波速度可用一次参数表示为

$$V=\frac{1}{\sqrt{(R+\mathrm{j}\omega L)/(G+\mathrm{j}\omega C)}} \tag{3-15}$$

如果忽略线路的传播损耗，则式(3-15)可简化为

$$V=\frac{1}{\sqrt{LC}}=\frac{S}{\sqrt{\mu\varepsilon}} \tag{3-16}$$

式中　$S=3\times10^{8}\ \mathrm{m/s}=300\ \mathrm{m/\mu s}$；

μ——电缆线芯周围介质的相对导磁系数；

ε——电缆线芯周围介质的相对介电系数。

由此可见，波速度可近似认为只与电缆的绝缘介质性质有关，而与导体线芯的材料和截面无关。

综上所述，在确定电缆故障位置时，要考虑特性阻抗 Z 和波速度 V 这两个特性参数。如果在运行和测试状态下的这些电缆特性参数均无变化，即可认为这条电缆无故障，但只要电缆某个位置存在特性阻抗发生变化，电缆的均匀性就会受到影响，电缆就称为有故障电缆。

三、电力电缆故障性质分类

电缆的故障种类很多，有单一的接地故障、短路故障或断线故障，也有混合性的故障。各种故障按其故障处过渡电阻的大小，又可分为高阻故障和低阻故障。电缆故障点可用图 3-37 所示电路来等效。R_f 代表绝缘电阻，G 是击穿电压为 U_g 的击穿间隙，C_f 代表局部分布电容，上述三个数值随不同的故障情况变化很大，并且互相之间并没有必然的联系。

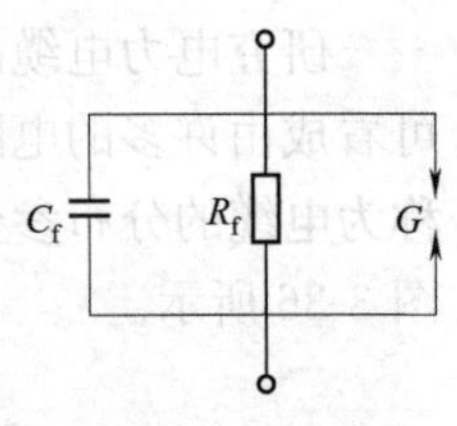

图 3-37　小段电缆等效电路

间隙击穿电压 U_g 的大小取决于放电通道的距离，绝缘电阻 R_f 的大小取决于电缆介质的损伤程度，而电容 C_f 的大小取决于故障点受潮的程度，数值很小，一般可以忽略。根据故障电阻与击穿间隙情况，按故障性质电缆故障可分为开路、低阻、高阻与闪络性故障，见表 3-3。

表 3-3　电缆故障性质的分类

故障性质	绝缘电阻 R_f	间隙的击穿情况
开路	∞	在直流或高压脉冲作用下击穿
低阻	小于 $10Z$	R_f 不太低时，可用高压脉冲击穿
高阻	大于 $10Z$	高压脉冲击穿
闪络	∞	直流或高压脉冲击穿

注：表中 Z 为电缆的特征阻抗（又称波阻抗），电力电缆波阻抗一般在 10～40 Ω 之间。

以上分类的目的是选择测试方法的方便，根据目前流行的故障测距技术，开路与低阻故障可用低压脉冲反射法，高阻故障要用冲击闪络法，而闪络性故障可用直流闪络法测试。以上几种故障都可以用二次脉冲法测试，这是目前世界上主流的故障测试技术。

四、电缆故障探测一般步骤

电力电缆发生故障后，首先要简单分析故障原因，了解高压电缆的敷设情况，查阅电缆安装敷设记录、测试记录及设备巡视记录。着重了解电力电缆导线的截面积、绝缘方式；有无中间接线盒及各个接线盒精确位置；电缆路径的走向；有无反常的敷设深度或者有特别的保护措施，如钢板、穿管和排管等；电缆周边环境变化情况，重点查看电缆路径上有无工程施工动土情况以及电缆上方有无建筑物及时间先后；历次发生故障的地点及排除经过。由于制造缺陷而造成的电缆故障相对较少，这些细节资料的掌握对于快速定位故障是非常有价值的，有助于电缆故障的快速修复。电缆故障的探测一般要经过诊断、测距、定点三个步骤。

（一）电缆故障性质诊断

所谓诊断电缆故障的性质，就是指确定故障电阻是高阻还是低阻；是闪络性还是封闭性;是接地、短路、断线,还是它们的混合;是单相、两相,还是三相故障。通过电缆故障性质的诊断,可以确定故障的类型与严重程度,以便于测试人员对症下药,选择适当的电缆故障测距与定点方法,故障性质的确定对于快速定位故障点意义重大。

铁路 10 kV 自闭贯通电力电缆故障性质的判断一方面要认真分析故障发生时继电保护给出的信息,另一方面要在现场利用技术手段对电缆的故障性质进行确定,通过使用万用表测量排除开路故障,通过绝缘电阻表及万用表测量排除低阻故障,通过耐压试验区分高阻或闪络性故障,并弄清故障点的击穿电压。

(二)电缆故障测距

确定故障性质后,接着才能选择适当的测试方法对故障点进行测距,因为测出的数据仅表示被测故障电缆的地下长度,而地下的预留长度不能精确估计,此长度不能代表地面的距离,只能算是故障点的大致范围,所以只能称为粗测。尽管如此,粗测仍是电缆故障测试过程中最重要的一步,这项工作的优劣,决定着电缆故障测试整个过程的效率和准确性。现场常用的故障测距方法有经典法(电桥法)与行波法(脉冲反射法)。

经典法作为早期电缆故障的诊断技术,包括电阻电桥法、电容电桥法、烧穿降阻法、高压电桥法等。由于经典法灵敏低、不直观,且不能直接适用于高阻与闪络性故障,已逐渐被新技术取代。

行波法(脉冲反射法)应用微波传输(雷达测距)理论,依据微波在"均匀长线(电缆)"传输中,因其某处(故障点)特性阻抗发生变化对电波的影响来微观地分析电波相位、极性及幅度等物理量的变化,通过测得电波传输到故障点的时间再计算出故障点的距离。脉冲反射法具体地分为低压脉冲反射法、脉冲反射电压取样法和脉冲反射电流取样法,以及目前广泛使用的二次脉冲法。

(三)电缆故障定点

电缆故障定点,又叫精测,即按照故障测距结果,根据电缆的路径走向,找出故障点的大体方位来,然后在一个很小的范围内,利用放电声测法或其他方法确定电缆故障点准确的位置。

五、现代常用电缆故障测距法

行波技术应用加快了电缆故障测距的飞速发展,现代电子技术和计算机技术的发展更促进了行理论在电缆故障测距中的深入应用。从最早应用的低压脉冲法,到 20 世纪 60 年代发展起来的脉冲电压法,到 80 年代又开发的脉冲电流法,以及到 90 年代国际上又发明的二次脉冲法,包括近年来的新引进的多次脉冲法,基本原理都离不开行波理论。

(一)行波理论

电波在均匀传输线中传播时,传输线中只存在由电源向负载方向传输的入射波。如果传输线不均匀,即传输线中某一点的特性阻抗 Z 发生变化,那么当电波传输到该点后,电波除了继续向负载传输外,还将产生反方向传输并回到电源端,这一反方向传输的电波叫作反射波,分别用 U^- 和 I^- 表示电压电流反射波。电波产生反方向传输的现象叫作电波的反射现象。所谓行波就是入射波和反射波的总称。

为了表示入射波和反射波的关系,以反映传输线的反射特性,引入反射系数概念,用 P_f 表示。所谓反射系数,是指传输线某一点的反射电压波 U^-(或发射电流波 I^-)与入射电压波 U^+(或入射电流波 I^+)之比,即

$$P_f = U^- / U^+ = -I^- / I^+ \tag{3-17}$$

式(3-17)中负号是假设电流方向一致,但实际方向相反。那么传输线的特性阻抗也可表示为

$$Z = U^+ / I^+ = -U^- / I^- \tag{3-18}$$

如果传输线中某一点特性阻抗发生变化,其等效阻抗为 Z_D,那么这一点的电压及电流应为入射电压、入射电流与反射电压和发射电流之和,即

$$\begin{cases} U_D = U^+ + U^- \\ I_D = I^+ + I^- \end{cases} \tag{3-19}$$

同时符合欧姆定律,即

$$Z_D = U_D / I_D \tag{3-20}$$

联合求解以上公式可得

$$P_f = \frac{Z_D - Z}{Z_D + Z} \tag{3-21}$$

通过分析可以得到以下几点:

若 $Z_D = Z$,即传输线中不存在特异点,该点不存在反射波。

若 $Z_D = 0$,该点短路,$P_f = -1$,称为短路全反射现象,电波传到该点后全部返回电源端,不可能再越过短路点向终端传输。

$Z_D = \infty$,该点传输线断线,$P_f = +1$,$U^+ = U^-$,称为开路全反射现象,电波传到开路点后将全部返回电源端,不可能越过开路点传输。

对传输线的终端点。若负载为电阻 R_L,当 $R_L = Z$ 时,$P_f = 0$,传输线不存在反射,电波全部被负载吸收,这种情况即为终端匹配情况;若 $R_L = 0$,$P_f = -1$,电波在终端产生反极性全反射;若 $R_L = \infty$,类似于传输线断线情况,即终端开路无负载,$P_f = +1$,电波在开路终端产生同极性全反射。

(二)基本测试原理

行波又分为稳态行波和暂态行波。目前国内电缆故障智能测试仪一般采用的是时域反射(TDR)原理,即对电缆发射暂态行波(电脉冲),电脉冲将在电缆中匀速传输,当遇到电缆阻抗发生变化的地方(故障点),电脉冲将产生反射,通过反射波的极性确定故障类型,同时测量往返传播时间确定故障距离。主机显示器将电脉冲的发射和反射的变化以时域形式同时显示出来,利用屏幕可直接显示故障距离和判断故障类型。

(三)常用行波法

目前常用的电缆故障行波测距法有低压脉冲法、脉冲电流法和二次脉冲法三种。其中低压脉冲法主要用于测试电缆的全长、波速度,开路和低阻泄漏性(含短路)故障;而闪络性和高阻泄漏性故障常采用脉冲电流法和二次脉冲法。以下就这三种常用方法的原理及应用进行逐一分析。

1. 低压脉冲法

用低压脉冲法可以直观地反映低阻、短路及断路故障,对于判断结构较为复杂的电缆线路往往具有相当重要的参考价值(如线路上有 T 接头,或中间有环型接头等)。其工作原理如图 3-38 所示,测试时在电缆故障相输入低压脉冲,该脉冲沿电缆传播到阻抗失配的地方

(如中间接头、T 型接头、短路点、断路点和终端头等)时,都会引起电波的反射。反射脉冲回到电缆测试端时被测试仪接收,测试仪可以适时显示这一变化过程。

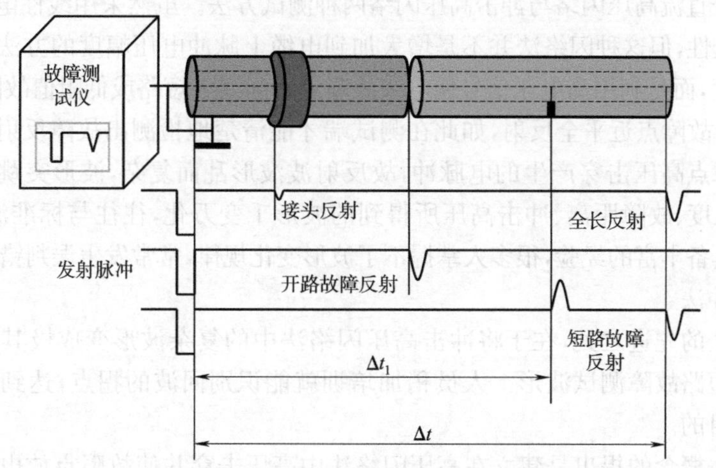

图 3-38 低压脉冲测量时的具有代表性的波形

注:当接头做得比较好时接头无反射;当断路故障时全长无反射;对于高故障时,故障点无反射。

根据测试波形首先可以判断故障的性质,当发射脉冲与反射脉冲同相时,表示是断路故障或终端头开路。当发射脉冲与反射脉冲反相时,则是短路接地或低阻故障。

通过测量发射脉冲与短路故障反射脉冲的时间差 Δt_1(脉冲在测量点与短路点往返一次的时间),如已知脉冲在电缆中的波速度 V,则可计算得出短路点距离 L_x。

$$L_x=\frac{V\cdot\Delta t_1}{2} \tag{3-22}$$

由此可见,脉冲在电缆中的波速度对于准确地计算出故障距离很关键。在不清楚电缆的波速度值的情况下,如已知被测电缆的全长 L(如不知可利用已知长度同型号电缆测试),根据发送脉冲与电缆终端反射脉冲之间的时间 Δt,可推算出电缆中的波速度 V。

$$V=\frac{2L}{\Delta t} \tag{3-23}$$

2. 脉冲电流法

高阻与闪络性故障由于故障点电阻较大(大于 $10Z$),低压脉冲在故障点没有明显的反射,故不能用低压脉冲反射法测距。从介质的电击穿现象出发,只要对此类故障电缆加足够高的电压(低于最高试验电压),故障点就会发生击穿现象。在击穿的瞬间,故障点被放电电弧短路,在故障点放电前后,就会产生电压的跃变。由于介质击穿,其电离过程需要一定的时间,而弧光放电一般要持续数百微秒到几毫秒,因此跃变电压在放电期间就以波的形式在故障点和电缆端头之间来回反射。如果在电缆的端头(始端或终端)把瞬间跃变电压及来回反射的波形记录下来,那么相邻两个波形的第一个突跳的拐点间的时间间隔就是反射波往返时间 Δt_1,同样通过式(3-22)可算出测试端到故障点的距离。这就是早期常用的脉冲电压法。由于脉冲电压法需通过电容电阻分压器分压测量电压脉冲信号,仪器与高压回路有电耦合,安全性较差,很快被脉冲电流法取代。脉冲电流法基本工作原理与脉冲电压法一致,区别在于:脉冲电流法通过一线性电流耦合器测量电缆故障击穿时产生的电流脉冲信号,成功地实现了仪器与高压回路的电耦合并绝缘隔离，取代了电容与电缆之间的串联电阻与电感，简化了接线，提高了安全性。

脉冲电流分直流高压闪络与冲击高压闪络两种测试方法。虽然采用线性电流耦合方式提高了测试的安全性，但这种闪络法并不是增大加到电缆上脉冲电压幅度的方法来提高故障点的反射脉冲幅度，而是利用高电压信号使电缆故障点瞬间变成短路或低阻值故障，使故障点反射系数接近−1，故障点近乎全反射，如此在测试端才能清楚地检测出故障反射波。由于脉冲电流法利用故障点高压击穿产生的电脉冲，故反射波波形乱而复杂，波形突跳拐点选取误差大，不同类型、长度、故障距离、冲击高压所得到的波形千变万化，往往与标准波形相差甚远。需要测试人员具备丰富的经验，很多人掌握不了波形变化规律，常常发生误判错判。

3. 二次脉冲法

二次脉冲法的先进之处，在于将冲击高压闪络法中的复杂波形变成极其简单最易掌握的低压脉冲法短路故障测试波形。人员稍加培训就能识别回波的拐点，达到快速准确测得故障点距离的目的。

二次脉冲法概念的提出是建立在高压闪络法中高压击穿并使故障点放电这一现象基础上的。众所周知，电缆故障点被击穿时会产生燃弧而形成瞬间短路，呈瞬间低阻故障特性。在燃弧稳定阶段（或称瞬间低阻区）再在电缆上加一个低压脉冲信号，则会出现一个和用低压脉冲法测试低阻故障时相同的波形。当故障点短路电弧熄灭后，故障点又呈高阻故障特性时再发射一个低压测试脉冲，可测得电缆的开路全长波形。将前后两次采集到的波形同时显示在一个屏面上。开路全长波形与发射脉冲极性相同；故障反射波形的极性与发射脉冲极性相反，且一定在全长距离以内，所以故障波形极易区别判断。把这种在电缆上同时施加高压脉冲和低压脉冲的方法称为二次脉冲法。

二次脉冲法测试系统主要由一体化高压发生器、二次脉冲产生器、二次脉冲自动触发装置和二次脉冲法电缆故障测试仪。系统构成如图 3-39 所示。

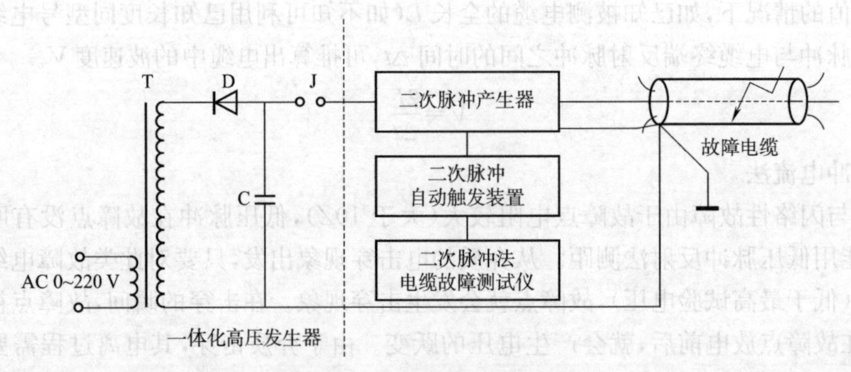

图 3-39　二次脉冲法系统构成

二次脉冲法的工作原理是“二次脉冲产生器”将“一体化高压发生器”产生的瞬时冲击高压脉冲引导到故障电缆的故障相上，保证故障点能充分击穿，并能延长故障点击穿后的电弧持续时间。同时产生一个触发脉冲启动“二次脉冲自动触发装置”和“二次脉冲电缆故障测试仪”。“二次脉冲自动触发装置”立即先后发出两个测试低压脉冲，经“二次脉冲产生器”传送到被测故障电缆上，将先后产生电缆击穿后的反射波和电弧熄灭后的全长反射回波，将这两个完全不同的反射脉冲波形叠加显示在具有自动数据处理功能的电缆故障测试仪液晶屏上，如图 3-40

所示。一个脉冲波形反映电缆的全长，另一个脉冲波形反映电缆的高阻(短路)故障距离，两个波形将有一个清楚的发散点，这个发散点就是故障点的反射波形点。可以看出二次脉冲法大大降低了波形分析的难度，且其操作简单，精度高、安全可靠，很快得到了现场测试人员的认可。

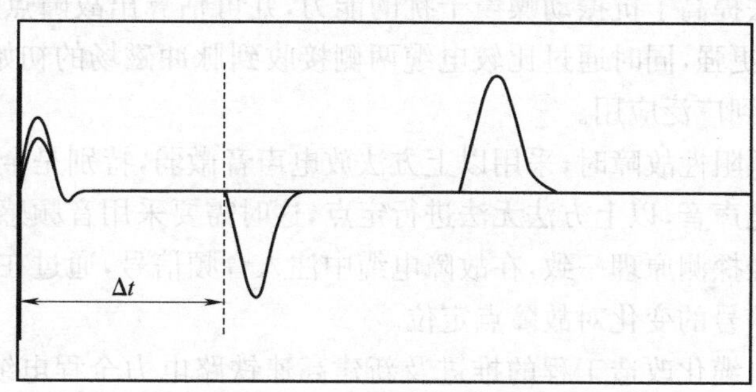

图 3-40　二次脉冲法故障电缆显示波形

六、电缆故障定点

由于故障测距误差、电缆预留、路径误差、故障距离丈量误差等原因，故障测距一般只能初步划定一个故障点范围，要精确定出故障点所在位置，就必须要进行故障的精确定点。

由于目前铁路电力电缆多采用直埋的敷设方式，为提高定点效率，一般在定点前还要对电缆的敷设路径进行探测，目前常用的探测方法是音频感应探测法和脉冲磁场法，就是在电缆的一端注入音频信号或冲击高压脉冲，通过检测地面音频信号或脉冲磁场的强弱或极性来确定电缆的路径。

电缆故障定点仪的基本原理一般都是在电缆的故障相上施加足够高的冲击高压，强迫故障点发生闪络击穿，通过在地面拾取故障点的声波、振动波或磁场波来确定精确的故障点，根据拾取信号的不同分为声测法和声磁同步法。

(一)声测法

声测法是利用电力电缆故障点被击穿放电时，产生的声音信号和振动波进行定点。此声波和振动波会经泥土介质传到地表面，采用高灵敏度的声电传感器拾取此微弱的信号，转换放大处理后由耳机监听，地面拾取的声音最大处即为电缆故障的具体位置。由于铁路电力电缆埋设在轨道或货场附近，环境噪声往往掩盖了地下故障振动波，使其无法进行定点，目前已很少使用。

(二)声磁同步法

为消除环境噪声影响，目前常采用声磁同步法进行定点。我们知道向故障电缆施加冲击高压脉冲信号后，除了故障点击穿放电产生声波、振动波外，电缆本体会同时向周围辐射冲击电磁波，如果在地面上用仪器的探头接收到的这两个信号基本同步，说明电缆故障就在附近，而没有同步电磁波信号的声音信号肯定是环境噪声，这样就有效地排除了环境噪声。同时利用磁场信号传播的极快(光速)，声音信号传播得比较慢(声速)的特点，通过测量声磁时间差 Δt_1 可计算出故障点距离 S，计算公式为

$$S=\Delta t_1\times v \tag{3-24}$$

式中　v——声波传播速度。

由式(3-24)可以看出,声磁信号时间差最小的探头所在的位置就是故障点的位置(由于电缆有一定的埋深,所以时间差不会为0),同时结合信号强度和磁波的极性变化可以较快地找到故障点。

声磁同步检测法提高了抗振动噪声干扰的能力,并可估算出故障点距离探头的相对位置,方向性和目的性更强,同时通过比较电缆两侧接收到脉冲磁场的初始极性,可一并确定电缆路径,在现场得到广泛应用。

然而电缆发生低阻性故障时,采用以上方法放电声音微弱,特别是金属性短路接地故障的故障点根本无放电声音,以上方法无法进行定点,这时需要采用音频感应法进行定点。音频感应法定点与路径探测原理一致,在故障电缆中注入音频信号,通过在地面探测电缆周围产生的同频电磁波信号的变化对故障点定位。

随着架空线路电缆化改造工程的推进及新建高速铁路电力全程电缆的要求,铁路电力系统中电缆线路的数量逐年上升,电力电缆故障率也随之大幅上升,故障后的快速定位处理越来越成为减少故障对运输影响的一个关键。在电缆故障探测领域有个俗语:“三分靠仪器,七分靠经验”。为此,在加快电力电缆故障查找新技术、新仪器研究推广的同时,更要加强对现场测试人员的培养工作,提高现场测试人员的技术水平,全面提升电力电缆故障处理能力,为列车安全正点运行保驾护航。

第八节　单芯电缆在高速铁路电力系统中的应用

随着我国铁路建设的快速发展,电缆线路在铁路电力供电系统中得到了广泛应用。我国普速铁路电力系统中普遍使用三芯交联电缆,在高速铁路电力系统,尤其是一级贯通和综合贯通线路基本采用单芯交联电缆。

一、单芯与三芯电力电缆结构

根据高速铁路运行环境要求,高速铁路 10 kV 一级贯通和综合贯通电力电缆一般结构组成如图 3-41 所示。与普通单芯电力电缆不同,考虑运行环境和高速铁路高可靠性要求,高速铁路 10 kV 单芯电力电缆增加了非磁性不锈钢带铠装。

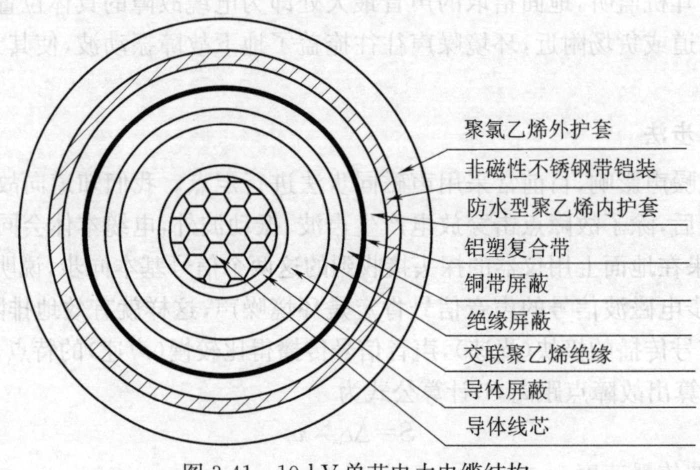

图 3-41　10 kV 单芯电力电缆结构

二、单芯电力电缆优点

高速铁路电力供电系统为除列车牵引供电以外的所有铁路设施供电。沿铁路线路每40～60 km设置一个铁路变配电所,相邻两变配电所分别向区间沿线敷设的10 kV一级贯通和综合贯通线路供电,并互为备用。高速铁路区间每隔3 km左右设一处电力箱变,负责信号、通信、防灾、视频等负荷用电。为提高线路抗外界干扰能力和减小施工难度,目前我国高速铁路电力10 kV一级贯通和综合贯通线路一般采用单芯全电缆线路供电,其优点如下:

1.降低运输与施工难度。我国高速铁路多采用高架桥形式,电力10 kV一级贯通和综合贯通线路分设于高架桥两侧专用电缆槽内。每3 km左右设一处电力箱变,如采用三芯电力电缆,单位质量和体积必然增加很多,单盘电缆长度不可能做得太长,同时单芯电缆弯曲半径要小于三芯电缆,因此为尽量减少电缆中间接头,方便运输和电缆展放、敷设,只能采用单芯电力电缆。

2.截流量高,降低建设成本。由于单芯电力电缆散热条件优于三芯电力电缆,所以同截面条件下,单芯电力电缆截流量要大于三芯电力电缆。在满足设计要求的情况下,可以减小电缆截面,降低建设成本投资。

三、高速铁路单芯电力电缆的应用

(一)10 kV电力贯通线的设置方式

从高速铁路供电可靠性、社会发展对环境美化、维护工作量最小化、减少高压电缆过轨次数以及客运专线整体性要求等角度综合考虑,两路10 kV电力贯通线全部采用单芯铜铠铜芯电缆在高架桥上分别沿铁路两侧预制电缆槽敷设,在路基地段两侧坡角设置电缆沟槽敷。三相单芯电缆采用"品"字形布置。一级负荷电力贯通线设于铁路下行方向左侧、综合电力贯通线于铁路下行方向右侧。

(二)单芯电缆金属护层接地方式的选择

《铁路电力安全工作规程》规定,电缆的铠装层和金属屏蔽层都要接地。通常三芯电缆采用两端接地方式,在正常运行中,流过三个线芯的电流总和为零,在铠装层或金属屏蔽层外基本上没有磁链,这样,在铠装层或金属屏蔽层两端就基本上没有感应电压,所以两端接地后不会有感应电流流过铠装层或金属屏蔽层。

因为对于单芯电缆,缆芯导体与同心套在主绝缘上的金属护套之间,构成1∶1的单匝变压器,电缆线芯通过交流电流时就会有磁力线交链铠装层或金属屏蔽层,使它的两端出现感应电压。感应电压的大小与电缆线路的长度和流过导体的电流成正比,并与电缆排列的中心距离、金属屏蔽层的平均直径有关。当电缆很长时,护套上的感应电压叠加起来可达到危及人身安全的程度,在线路发生短路故障、遭受操作过电压或雷电冲击时,屏蔽上会形成很高的感应电压,甚至可能击穿护套绝缘。同时因高铁一级贯通和综合贯通线路接近接触网线路,牵引供电系统负荷电流和短路电流也会在电缆上产生的感应电流。此时,如果仍将铠装层或金属屏蔽层两端三相互联接地,则铠装层或金属屏蔽层将会出现很大的环流,形成损耗,使铠装层或金属屏蔽层发热,这不仅浪费了大量电能,而且降低了电缆的载流量,并加速了电缆绝缘老化,因此单芯电力电缆一般不应两端接地。

《电力工程电缆设计标准》(GB 50217—2018)规定：交流单相电力电缆的金属护层，必须直接接地，且在金属护层上任一点非接地处的正常感应电压在未采取能有效防止人员任意接触金属护套的安全措施时不大于 50 V；在采取有效绝缘防护措施情况下，不得大于 300 V，并应对地绝缘。为了限制电缆金属护套在正常运行以及线芯短路时的工频感应过电压、雷电作用及操作过电压时电缆护套的过电压，电缆金属护套必须采取一定的措施，即针对以上过电压采用不同的接地方式来防止其对电缆系统产生危害。

目前接地方式应常采取以下四种：

1. 电缆一端直接接地，另一端通过护层电压限制器接地；

2. 线路中央部位单点直接接地，两端通过护层电压限制器接地；

3. 交叉互联接地；

4. 电缆两端直接接地。

我国高速铁路电力贯通线路多采用电缆一端直接接地，另一端通过护层电压限制器接地方式。此时，在电力电缆铠装层和金属屏蔽层产生感觉电压主要由两部分组成：

1. 电力供电系统内部感应电压

贯通电力电缆负荷电流一般为 10～20 A，电缆短路电流一般为 100～600 A。按单回贯通电力电缆最长 3 km、电缆呈“品”字形布置、金属护层单端接地，经计算，电缆负荷电流产生的最大感应电压为 3.6 V，短路电流产生的最大感应电压为 104 V(0.1 s)。

2. 牵引供电系统感应电压

牵引供电系统在电缆金属护层产生的感应电压与电力系统自身参数以及牵引供电系统运行状态有密切关系。牵引供电系统负荷电流产生的最大感应电压可达几百伏，牵引网短路电流产生的最大感应电压最大可达几千伏。

根据高速铁路供电系统特点，比较可靠、经济的方案是将系统的单芯电力电缆通过电缆分支箱或箱式变压器分成若干段（A_1、A_2、…、A_n），每段采用护套单端接地方式，如图 3-42 所示。在电缆分支箱或箱式变压器内，进线电缆的护套（包括铠装层和金属屏蔽层）通过绝缘电缆连接全绝缘、全密封的组合式护层保护器（即护层电压限制器）上，出线电缆护套直接接地。其中“可分离连接器 1、可分离连接器 2、…、可分离连接器 n”是电缆分支箱或箱式变压器设备的电缆连接终端。其中护层保护器一方面可以限制电缆线路铠装层和金属屏蔽层中的工频感应电压；另一方面可以迅速减小电缆线路铠装层和金属屏蔽层中的工频过电压和冲击过电压。在电缆线路正常工作时，高压电缆护层保护器呈高电阻状态，截断单芯电缆铠装层和金属屏蔽层中的工频感应电流和牵引回流的回路；当电缆线路出现接地故障或过电压时，护层保护器呈低电阻导通状态，使得故障电流经保护器迅速泄入大地。

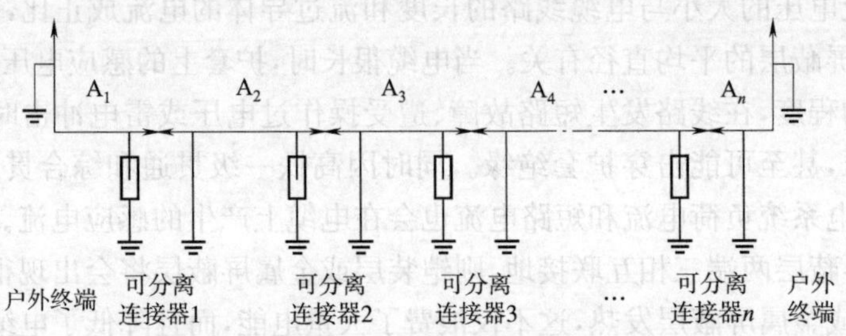

图 3-42　电缆分段、护套单端接地方式

(三)全电缆贯通线路末端电压抬高

在由电感组成的线路中，当容抗值大于感抗值时，回路中通过的容性电流流过电感时，容抗上的压降被抬高，这种效应被称为法拉第电容效应，或者称为电容效应。

由于高速铁路贯通线路采用全单芯电缆，其工作电容远大于架空线路工作电容。高速铁路电力线路具有线路长负荷小特点，所以线路中电缆容性充电电流大于负载感性电流，完全符合电容效应，所以在电缆末端会产生电压抬高的现象。

为保证贯通线路的电压质量，目前常采用电抗器补偿方式补偿过多的容性电流，一方面解决线路末端电压抬升问题，另一方面改善系统功率因数，提高供电经济性。目前我国高速铁路电力系统常采用的电抗器补偿方式有如下两种：

1.区间地设置并联电抗器

一般说来补偿级数(即补偿装置的分组数量)越高补偿的精度越高，但随着补偿级数的增加装置的成本会大幅度提高，综合考虑补偿精度、成本、箱体体积等因素，同时补偿装置不集中设置更便于线路分段停电或检修时都能得到恰当的补偿；而且高速铁路区间每隔 3 km 左右有一处负荷点，每处负荷点设电力远动箱变一座便于在箱式变电站中设置补偿装置。故通常做法是沿线每隔 15～20 km 根据各段电缆长度在箱式变电站高压侧设一组固定容量电抗器，进行容性无功补偿。

2.电力配电所集中设置动态无功补偿装置

普速铁路配电所一般采用静止补偿电容器，但是对于全电缆线路的高速铁路只在配电所设置静止补偿电容器或静止补偿电抗器都是不适合的。因为设置静止补偿器无法避免会出现过补偿或欠补偿状态，过补偿会引起电压升高、欠补偿是感性负荷引起电压降低；铁路变配电所从地方变电站接引外电源，规范要求高压侧功率因数应补偿至 0.9～1。区间贯通线上设置的固定电抗器补偿部分容性无功，但固定电抗器容量不可调，无法满足功率因数的补偿精度要求。故在全电缆线路的高速铁路通常还在配电所综合贯通、一级贯通调压器的原边母线上设置动态无功补偿装置，根据负荷状况动态地投入运行，大大提高铁路系统的电压稳定性和配电电网电能质量的综合指标，改善系统的动态和静态品质。

另外，在铁路供电系统负荷不大而电缆线路分布电容较大时，导致沿线电压升高和功率因数降低，可能使功率因数角超前由正变负，造成正常运行时无功向电网倒送，影响送电经济性，区间箱式变电站设置固定数量电抗器和车站配电所设置动态无功补偿装置可以补偿线路电容电流，吸收容性无功，起到很好的改善作用。

10 kV 单芯交联聚乙烯绝缘电力电缆在我国客运专线和高速铁路电力系统中得到了广泛应用，区别于普速铁路电力系统供电线路多采用架空电力线路，单芯交联聚乙烯绝缘电力电缆在应用中明显表现出安全可靠、抗自然因素干扰能力强等优点。针对运用中可能产生感应电压、末端电压抬高等问题，通过采用接地保护和电抗器补偿等有效的手段都得到了完善的解决，为高速铁路电力系统安全运行提供了保障。

第四章　变配电设备

第一节　变　压　器

变压器是铁路电力系统中重要的电气设备。它将铁路接引自外电网的 110 kV、35 kV、10 kV 等级别的电压转换成 0.38 kV、0.22 kV，供铁路车站、行车等设备使用。变压器的主要功能是变换电压和传输电能，将一次侧的电能通过电磁能量转换的方式传输到二次侧，同时根据需要将电压升高或降低，完成电能的输送和分配。为了远距离送电和减少线路损耗，用升压变压器将电压升高，送到用户后再用降压变压器降压。变压器在传输电能的过程中会有损耗，但目前变压器在设计、结构和工艺方面都有较成熟的技术，所以工作效率有较大提高，中小型变压器的效率一般不低于 95%，大型变压器的效率更可达 98%以上。

一、变压器原理

变压器是利用电磁感应的原理来改变交流电压的装置，主要构件是初级线圈、次级线圈和铁芯(磁芯)。在闭合的铁芯上绕有两个互相绝缘的绕组，接入电源的一侧叫一次侧绕组，输出电能的一侧叫二次侧绕组。当交流电源电压 U_1 加到一次侧绕组后，就有交流电流 I_1 流过该绕组，在铁芯中产生交变磁通 Φ。这个交变磁通不仅穿过一次侧绕组，同时也穿过二次侧绕组，两个绕组中分别产生感应电动势 E_1 和 E_2，二次侧绕组与外电路的负载接通时，有电流 I_2 流过负载，即二次侧绕组有电能输出。变压器一、二次侧感应电动势之比等于一、二次侧绕组匝数之比，由于变压器一、二次侧的漏电抗和电阻都比较小，可以忽略不计。变压器一、二次侧绕组匝数不同，导致一、二次侧绕组的电压高低不等，匝数多的一侧电压高，匝数少的一侧电压低，这就是变压器改变电压的基本原理。变压器一、二次电流之比与一、二次侧绕组的匝数成反比，即变压器匝数多的一侧电流小，匝数少的一侧电流大，也就是电压高的一侧电流小，电压低的一侧电流大，这是变压器的变流作用，原理如图 4-1 所示。

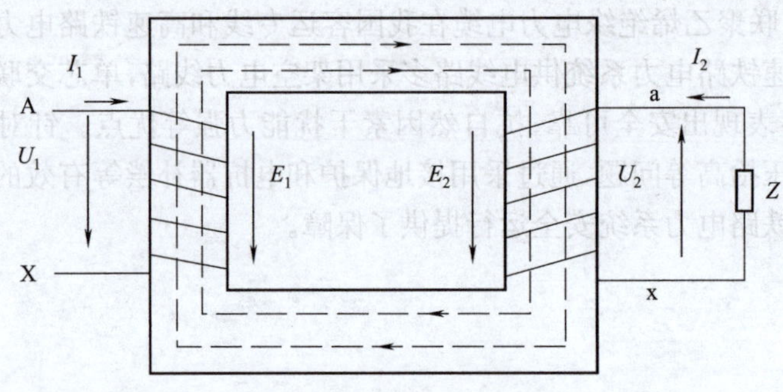

图 4-1　变压器原理示意

二、变压器分类

电力变压器的分类方式很多，如按相数、按用途、按冷却方式、按绕组材质等等，常用的分类方式如下：

（一）按相数分类

单相变压器和三相变压器。

（二）按用途分类

普通用途的变压器可分为升压变压器和降压变压器两大类。升压变压器主要用于输送端，降压变压器主要用于负荷端。此类变压器的工作目的是升压或降压后传输电能。

（三）按铁芯结构分类

芯式变压器和壳式变压器。芯式变压器是绕组包围铁芯，而壳式变压器是铁芯包围绕组。

（四）按绕组数目分类

单绕组变压器（自耦变压器）、双绕组变压器、三绕组变压器和多绕组变压器。

（五）按绕组材质分类

铝绕组变压器、铜绕组变压器。

（六）按冷却介质和冷却方式分类

油浸式变压器和干式变压器。

（七）按调压方式分类

有载调压变压器和无载调压变压器。调压的目的是保证用户电压的质量要求，例如：为了保证铁路企业的自动闭塞信号电源电压，在变配电所必须采用调压变压器对信号电源电压进行调节。

（八）其他变压器

其他特殊变压器是指特殊电源、控制系统、电信装置中使用的用途特殊、性能特殊、结构特殊的变压器。

1. 工矿企业中使用的整流变压器、电炉变压器、中频变压器。
2. 检测高电压、大电流使用的电压互感器和电流互感器。
3. 做试验时使用的试验变压器和调压变压器。
4. 自动控制系统及自动装置中使用的控制变压器、脉冲变压器、音频变压器等。

大容量变压器一般选用油浸式变压器，具有造价低、制造技术成熟的优点，油浸式变压器的冷却方式主要有油浸自冷、油浸风冷、油浸水冷、强迫油循环水冷和强迫油循环风冷。多数变电所的主变压器采用油浸自冷方式，而有的大型变压器则采用强迫油循环水冷或强迫油循环风冷的冷却方式。

中小型变压器可根据使用条件的需要选用干式变压器，它主要采用环氧树脂浇注绝缘或充气绝缘（气体变压器，将绕组置于空气或六氟化硫气体当中），其主要特点是安全，无火灾或爆炸危险，主要用于人口密集区或地下，例如：高层建筑和地下铁道常采用干式变压器。

三、型号及主要技术参数

(一)电力变压器的型号

电力变压器由两部分组成,前一部分由汉语拼音标明,代表变压器类别、结构和用途,后一部分用数字组成,表示变压器的容量(kV·A)和高压绕组的电压(kV)等级。

国产电力变压器产品型号的含义如下:

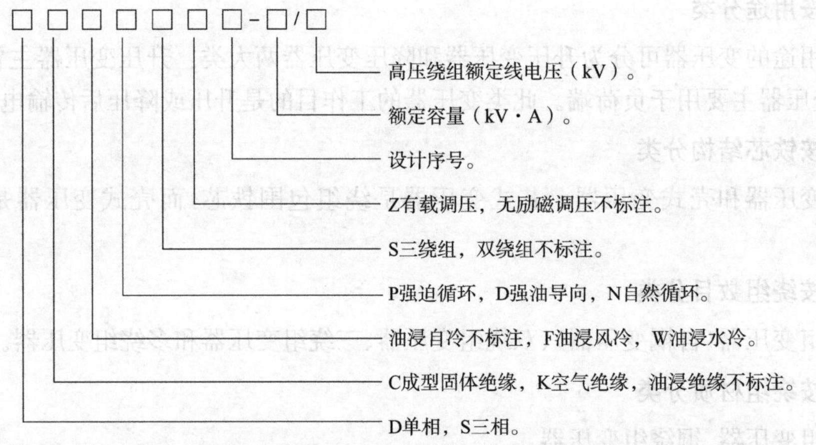

例如:SC_{11}-20000/110 表示额定容量为 20 000 kV·A,高压侧额定电压为 110 kV 的油浸自冷三相双绕组 11 型(设计序号)节能型(7 型以后均为节能型)电力变压器。

通常变压器型号只标出相数、冷却方式、设计序号、容量和高压侧电压等级。旧型号中的变压器也将绕组材质表示出来,"L"表示铝绕组,如 SL_7 系列变压器。

我国常用的节能变压器主要有 S_{11}-10 kV 系列、S_{13}-10 kV 系列和 S_{15}-10 kV 系列。

(二)额定容量 S_n

额定容量是变压器在额定工作状态下连续输出的视在功率,表示变压器传输电能的能力,以千伏安(kV·A)表示。单相变压器的额定容量是额定电压与额定电流的乘积,即

$$S_n = U_n \times I_n \tag{4-1}$$

对三相变压器而言,其容量为

$$S_n = \sqrt{3} \times U_n \times I_n \tag{4-2}$$

(三)额定电压 U_n

在正常运行时规定加在一次侧的端电压,称为一次侧额定电压,以 U_{1n} 表示。当变压器空载时,一次侧加以额定电压后,在二次侧测量到的电压,称为二次侧额定电压,以 U_{2n} 表示。因此,二次侧的额定电压是指它的空载电压。在三相变压器中,额定电压都是指线电压。电压的单位是伏(V)或千伏(kV)。

(四)额定电流 I_n

额定电流是变压器额定工作状态时长期允许通过的线电流,高压侧、低压侧的额定电流单位是安培(A)。

(五)空载损耗 ΔP_b

变压器在空载的情况下(一次侧加额定电压,二次侧开路)吸取电网的有功功率称为空载损耗。空载时电流较小,如果忽略变压器绕组的电阻损耗部分,则空载损耗就是变压器的铁芯损耗,铁芯损耗包括铁芯的磁滞损耗和涡流损耗两部分,单位是瓦(W)或千瓦(kW)。

(六)短路损耗 ΔP_k

将变压器二次侧短接后,在一次侧绕组中通过额定电流时变压器吸取电网的有功功率。此时电压较低,铁芯损耗较小,如果忽略铁芯损耗,则变压器的短路损耗就是变压器的铜耗(电阻损耗),单位是瓦(W)或千瓦(kW)。

(七)阻抗电压百分比 U_k%

阻抗电压百分比是表明变压器阻抗大小的参数,表示变压器通过额定电流在变压器绕组上产生的电压损耗百分值。其主要作用是计算短路电流和衡量多台变压器是否可以并联运行。两台变压器的阻抗电压百分比相差超过 10%则不能并联运行。

(八)联结

联结又称组别,表示变压器一次侧和二次侧绕组连接方法和电压的相位关系。如 YN,d11,表示一次侧是星形接法,中性点直接接地,二次侧是三角形接法,数字 11(用时钟法表示)表示一次侧与二次侧线电压的相位角关系。

(九)冷却方式

冷却方式表示变压器的冷却系统,用变压器冷却介质和循环方式表示。如 ONAF 表示油浸风冷。

(十)能效等级

电力变压器能效等级分为 3 级,其中 1 级能效最高,损耗最低。

四、变压器各部件的作用

(一)铁芯

铁芯是电力变压器最基本的组成部分之一,是"磁"的通路,并且起绕组骨架的作用,变压器一、二次绕组都绕在铁芯上,铁芯上套着绕组的部分称为铁柱,不套绕组而用作连接芯柱,以构成闭合磁路的部分称为铁轭。由于变压器铁芯内的磁路是交变的,故会产生磁滞损耗和涡流损耗。为减少这些损耗,变压器铁芯常用厚度为 0.3～0.5 mm 的硅钢片,在表面涂 0.01～0.13 mm 厚的绝缘漆,烘干后按一定规则叠装而成。

(二)高低压绕组

绕组是变压器最基本组成部分之一,与铁芯合成电力变压器本体,是建立磁场和传输电能的电路部分,是变压器"电"的通路。

按高低压绕组相互排列位置不同,可分为同心式和交叠式两种。

1. 同心式绕组

把一、二次侧绕组分别绕成直径不同的圆筒形线圈,装在铁芯柱上,高低压绕组之间用绝缘材料相互隔开,为方便高压绕组抽引接头,一般将低压绕组放在里面,高压绕组套在外面。但输出电流很大的大容量电力变压器，低压绕组引出线的工艺复杂，往往把低压绕组放在高压绕组外面。

2.交叠式绕组

交叠式绕组又称交错式绕组，在同一铁芯柱上高压绕组、低压绕组交替排列，间隙较多，绝缘复杂，包扎工作量大。其优点是机械性能较好，引出线的布置和焊接比较方便，漏电抗较小。常用于低电压、大电流的变压器(如电炉变压器、电焊变压器等)。

3.分接开关

分接开关又称调压开关，是变压器高压绕组改变抽头位置的装置，调节分接开关位置，可以增加或减少一次侧绕组部分匝数，以改变电压比，使输出电压得到调整，分接开关又分为有载调压和无载调压两种。

(1)无载调压

无载调压又称无励磁调压，是变压器一、二次侧绕组均与网络断开的情况下，变换一、二次侧绕组匝数的方法进行分级调压。小容量变压器分接开关一般有三个位置，Ⅱ位置相当于额定电压，系统电压过高时，将分接开关调到Ⅰ位置，系统电压过低时，将分接开关调到Ⅲ位置，即“高往高调，低往低调”。

(2)有载调压

有载调压是变压器带负载运行中，在负载电流下，变换一次侧或二次侧绕组的分接，改变其匝数，进行分级调压。有载调压分接开关，在变换分接头过程中，可采用电抗和电阻过渡，以限制其过渡时的循环电流。

4.气体继电器

气体继电器又称瓦斯继电器，作为变压器内部故障的一种保护装置，安装在油箱和油枕的连接管中间。气体继电器与控制电路联通，构成瓦斯保护装置。气体继电器上接点与轻瓦斯信号构成一个单独回路，下接点连接外电路构成重瓦斯保护。重瓦斯动作使断路器掉闸并发出重瓦斯动作信号。

根据规定凡容量为 800 kV·A 及以上的油浸式变压器和 400 kV·A 及以上的厂用变压器均应装设气体继电器。

5.防爆管

防爆管是当变压器内部发生故障时，防止变压器变形而装设的一种保护装置，故又称安全气道，装于变压器的大盖上，有一个喇叭形管子与大气相通，管口用薄膜玻璃板或酚醛纸板封住。

6.油枕

油枕是变压器运行中补油及储油的装置，装在油箱的斜上方，通过油管和油箱相通。当变压器油的体积随油温变化而热胀冷缩时，油箱内始终可以充满绝缘油，以减少油与空气的接触面，防止油被过快氧化和受潮。通常油枕的容积为变压器油箱容积的1/10，在油枕一侧装有油位指示器(油标管)，用来监视油位变化，油枕的上方装有注油孔和出气瓣。

7.呼吸器

呼吸器又叫吸潮器，为防止空气中的水分进入油枕，油枕通过一个呼吸器与大气相通。呼吸器内装有硅胶，硅胶内部干燥剂吸收空气中的水分和杂质，以保持变压器内绝缘油的良好绝缘性能。呼吸器内的硅胶一般采用变色硅胶，在干燥的情况下呈浅蓝色，当吸潮达到饱和状态时逐渐变为淡红色，这时可将硅胶取出，在 120～160 ℃的高温下，烘干变成蓝色便可继续使用。

8. 冷却装置

油浸式电力变压器的冷却装置，包括散热器和冷却器，不带强油循环的称为散热器，带强油循环的称为冷却器。

散热器由装在变压器油箱四周的散热管或散热片组成，变压器运行时，上下层油温的温差通过散热器促成油循环，使变压器铁芯周围的高温油，通过散热器冷却后再回到油箱内，起到了降低变压器运行温度的作用。

9. 温度计

温度计是监视变压器运行温度的表计，一般都把测温点放在油的上层。常用的温度计有水银式、气压式和电阻式。

1 000 kV · A 以下的油浸式变压器，只装水银温度计；1 000 kV · A 及以上的油浸变压器须安装带报警信号的温度计，强迫油循环冷却的变压器须安装两个；8 000 kV · A 及以上的油浸式变压器需装设远距离测温用的测温元件，即电阻温度计，强迫油循环冷却的变压器须安装两个。

10. 高低压绝缘套管

高低压绝缘套管是变压器箱外的主要绝缘装置，大部分变压器采用瓷质绝缘套管。干式变压器的绝缘套管采用树脂浇注成型。变压器通过高低压绝缘套管，把变压器高低压绕组的引线从油箱内引至箱外，高低压绝缘套管是变压器绕组对地（外壳和铁芯）的绝缘，并且还是固定引线和外接线路的主要部件。

五、变压器运行

（一）音响正常无杂音

变压器通电后，发出均匀的、连续的"嗡嗡"声，这是因为在铁芯里产生了周期性变化的磁力线，而引起硅钢片振动的结果，此现象属于正常现象。当变压器内部或外部发生故障时，交流电的波形发生变化，除基本波形即正弦波之外，还有其他高次谐波，故会产生杂音。此种现象属于不正常现象，应查明原因，设法消除，以保证变压器的正常运行。

（二）无严重漏油现象，油位及油色应正常

变压器内的油是起冷却线圈和铁芯之用，同时起绝缘作用，因此，油位应正常，油色应清晰透明。

（三）油温不能超过允许值

变压器温度以变压器油的上层油温作为标准。它对变压器的寿命影响很大，变压器的寿命一般是指绝缘材料的寿命，因为变压器线圈的绝缘长期在高温作用下，逐渐变脆而破裂，结果使变压器的绝缘损坏，造成变压器故障。当环境最高气温为 40 ℃时，变压器的顶层油温不能超过 95 ℃，为了防止变压器油劣化过速，顶层油温不宜经常超过 85 ℃。

（四）变压器的外壳必须接地良好

变压器的外壳应装设接地线，接地线应保持完整无腐蚀，且接触良好。其接地电阻值视变压器的容量而定。变压器容量在 100 kV · A 以上者，接地电阻不应大于 4 Ω，容量在

100 kV·A及以下者,接地电阻不应大于10 Ω。

(五)变压器套管应良好

套管应保持完整及清洁,且无裂纹、破损及放电痕迹。当变压器的套管上存在着上述缺陷时,如遇毛毛雨、大雾及雪,瓷套管的泄漏电流会增加,引起绝缘下降,甚至会产生对地闪络故障。所以,当发现有上述缺陷时应及时处理。

六、变压器的允许运行方式

(一)允许温度

变压器运行中会产生铜损和铁损,这两部分损耗最后全部转变为热能,使变压器的铁芯和绕组发热,变压器的温度升高。

我国电力变压器大部分采用A级绝缘。采用A级绝缘的变压器,在正常运行中,当最高周围空气温度为40 ℃时,变压器绕组的极限工作温度为105 ℃,即最高允许温度为105 ℃。由于上层油温比中、下层油温约高10 ℃,同时为了防止油质劣化,所以规定变压器上层油温最高不超过95 ℃,而在正常情况下,为保护绝缘油不致过度氧化,上层油温应不超过85 ℃为宜。对于采用强迫油循环水冷和风冷的变压器,上层油温最高不超过80 ℃,而正常运行时,上层油温不宜经常超过75 ℃。

(二)允许温升

变压器温度与周围介质温度的差值叫作变压器的温升。

因为变压器内部的散热能力不与周围空气温度的变化成正比,当变压器外壳的散热能力大大增加,使外壳温度降低很多时,变压器内部本体的散热能力却提高很少,因此仅监视变压器上层油温不超过允许值是不能保证变压器安全运行的。故为了便于检查和正确反映绕组的温度,不但要规定上层油温的允许值,而且还必须规定上层油温的允许温升,采用A级绝缘的变压器最高允许温度为105 ℃,当最高周围空气温度为40 ℃时,绕组的允许温升为105 ℃－40 ℃＝65 ℃。上层油的允许温升为55 ℃。

这样规定以后,不管周围空气温度如何变化,只要上层油温及其温升不超过规定值就能保证变压器在规定的使用年限内安全运行。

例如:一台油浸自冷式变压器,当周围空气温度为30 ℃时,其上层油温为55 ℃,这时变压器的上层油温未超过95 ℃,上层油的温升55 ℃－30 ℃＝25 ℃也未超过允许值55 ℃,故这样运行是正常的。但若周围空气温度为42 ℃,上层油温为97 ℃时,虽然温升97 ℃－42 ℃＝55 ℃没有超过规定值,但由于上层油温已超过规定值,故仍不允许运行。而若周围空气温度为－20 ℃,上层油温为45 ℃,这时上层油温虽未超过允许值95 ℃,但上层油温的温升45 ℃－(－20 ℃)＝65 ℃超过了55 ℃的规定值,故也不允许运行。即变压器的温度和温升均不超过允许值,才能保证变压器的安全运行。

(三)变压器的过负荷

变压器的额定容量是指在使用期限内所能连续不断输出的容量。变压器的过负荷能力,是指在某一相当短的时间内变压器所能输出的最大功率,而在该时间间隔内不损害其使用寿命和增加绝缘的自然损坏。因此,过负荷的倍数和在过负荷运行时间均有一定的限度。

当变压器过负荷运行时,温升就要增加,因为变压器的允许负荷电流是从温升不超过

65 ℃考虑的，所以过负荷运行会使绝缘老化，缩短变压器的使用年限。但是变压器负荷能力与周围空气温度的变化及是否经常满负荷运行有关，故在不影响变压器寿命的情况下，可以考虑短时的过负荷。对室外变压器而言，过负荷值不应超过额定容量的 30%，对室内变压器而言，过负荷值不应超过额定容量的 20%，在正常情况下，变压器的负荷应经常保持在额定容量的 75%～90%时较适宜。

干式变压器过负荷运行应按照 GB/T 1094.12—2013《电力变压器　第 12 部分：干式电力变压器负载导则》或根据环境温度和初始负载状态，变压器允许短时过负荷。图 4-2 和图 4-3 所示给出在环境温度 20 ℃及 40 ℃时，允许过负荷时间曲线。

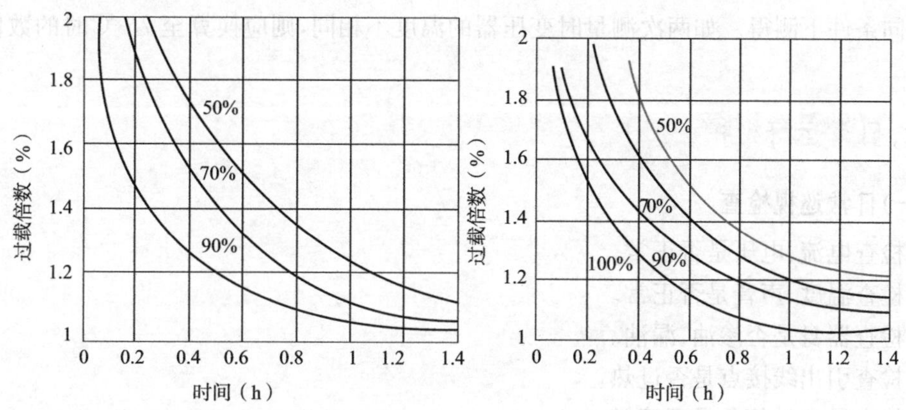

图 4-2　环境 20 ℃时，允许过负荷曲线　　图 4-3　环境 40 ℃时，允许过负荷曲线

(四)允许的不平衡电流和电压变动范围

三相四线式配电变压器，中线电流不得超过低压线圈额定电流的 25%，否则应调整负荷。

变压器在运行中，由于昼夜负荷的变化，电网电压有一定的变动，因而变压器的外加一次电压也有一定变动。若大于其额定电压时，不应超过规定的允许数值。一般不得超过额定电压的 5%。

(五)允许的短路电流

变压器在运行中，由于供电系统发生故障，如过电压造成的绝缘击穿、绝缘的机械损坏、运行人员的误操作等，均会使变压器在事故过程中承受比额定电流大得多的短路电流。在此短路电流作用下，变压器线圈受到巨大电动力的作用可能产生变形，并造成线圈内部温度突然上升，致使绝缘老化加速，这是对变压器极其有害的。为此规定短路电流的稳定值应不超过额定电流的 25 倍，如超过时应采取限制措施，如加装限流电抗器等。

(六)动稳定

变压器线圈的机械力是由交变的漏磁通引起的。高、低压侧的方向相反，作用于线圈上力的方向是要将两个线圈彼此推开，这种力称为径向力或幅向力。变压器的线圈结构必须保证线圈具有足够的机械强度，以保证能承受短路时所产生的电动力。即在变压器运行条件下，任一分接头位置都应承受由于线圈端突然发生的短路而产生的电动力。

(七)热稳定

当变压器发生短路时，线圈除承受很大的电动作用力外，同时温度很快上升，即瞬变过热，这将使线圈绝缘强度和机械强度降低。

按国家标准规定，变压器在运行条件下，任一分接头位置应能承受任何线圈的线端短路所产生的热作用。

(八)绝缘电阻允许值

使用兆欧表测量变压器线圈绝缘电阻是检查变压器线圈状态的最基本、最广泛、最方便的方法，一般使用 1 000～2 500 V 的兆欧表来测量。变压器在投入运行前均应测量线圈绝缘电阻，合格后方可投入运行。如果在运行期间，发现绝缘电阻值较同一油温下的最初值降低 30%时，则应进行处理。在变压器运行中测量绝缘电阻时，应在气温相同、使用兆欧表的电压相同条件下测得。如两次测量时变压器的温度不相同，则应换算至 75 ℃时的数值进行比较。

七、日常运行维护

(一)日常巡视检查

1. 检查电流、电压是否正常。
2. 检查温度、声音是否正常。
3. 检查器身是否渗油、漏油。
4. 检查引出线接点是否过热。
5. 检查导电排相色是否正常。
6. 检查防爆管隔膜是否完整。
7. 检查呼吸器硅胶是否受潮变色。
8. 检查变压器外壳是否接地良好。
9. 检查变压器冷却系统是否正常。
10. 检查油标管油位、油色是否正常，油枕有无渗油、漏油。
11. 检查瓷套管、电排支撑绝缘子是否清洁、有无裂纹和放电痕迹。
12. 检查各种阀门是否正常，瓦斯继电器阀门和散热器阀门是否打开，是否渗油、漏油。
13. 检查室外变压器基础是否完好，变压器室的门窗是否完好，照明是否完好，消防器材是否完好。

(二)特殊巡视检查

1. 变压器负荷侧发生接地、短路或变压器本身故障，跳闸后检查变压器有无位移、变形、炸裂、喷油、焦臭味；变压器内部有无异常声音。
2. 大风时检查引线接头，设备周围不应有易导电的轻质物品。
3. 雾天、雨天检查套管。
4. 气温过高或过低时，检查油位、引线。
5. 过负荷时检查变压器引线、接线线夹、油位及冷却装置。
6. 设备新投运或大修后投运 24 h 内，检查并记录环境温度及变压器本体和绕组温度，检查气体继电器集气情况。
7. 雪天检查冰柱及接头积雪。

八、故障处置

根据统计资料表明，小容量的变压器故障概率要比大容量的变压器大，而变压器中最常发生故障为线圈部分，它的损坏率约占整个故障的 60%～70%。其中因绝缘老化和层间绝缘的损坏占整个故障的 60%～70%。其次是套管的损坏、雨水的侵入油箱、调压开关的失灵、绝缘油的劣化等等，至于铁芯和其他零件事故则占较小的数字。大容量变压器事故之所以较少，主要还是在制造上结构考虑比较周全，所有的绝缘距离较大，材料质量也较好。

(一)线圈绝缘老化

目前，运行中的变压器的绕组都是将铜或铝导线外面包以绝缘绕制而成的。这类绝缘大都属 A 级绝缘，其最高运行温升为 65 ℃，若超过此温度运行，绝缘材料便很快变脆，使之产生裂纹，甚至用手指用力擦时，绝缘会成碳片碎落下来。所以线圈稍受振动或线圈间略有相对摩擦便容易损坏，形成匝间或层间短路。为了防止因绝缘老化而引起事故，必须严格认真地掌握变压器的负荷与温升，不允许随便过负荷，以免发生事故。

(二)绝缘受潮事故

潮湿空气与变压器中的绝缘油相接触，绝缘油容易吸收水分，当变压器油中有水分后，不但降低了绝缘油强度，而且使绝缘材料受潮，使电气性能迅速降低，产生绝缘闪络或击穿的危险，形成事故。

在检修过程中，将变压器的器身吊出油箱时间过长，绝缘材料吸收了空气中水分之后迅速降低绝缘性能，在运行中使绝缘击穿或闪络的概率增加产生事故，所以在变压器运行和检修规程中有规定，变压器器身在空气中停放的时间在 35 kV 及以下的变压器不可超过 24 h，110 kV 及以上的变压器不可超过 16 h，否则必须经过烘干处理。

(三)过电压引起的故障

过电压一般有雷击过电压和操作过电压两类，这两类过电压引起变压器损坏事故大多是线圈的主绝缘、匝间、层间和相间绝缘的击穿。

大气过电压所造成的线圈损坏，对中性点接地的变压器其损坏处大多为进线线圈部分，约为线圈长度 1/5 范围内。对中性点不接地的变压器，为线圈两端和中部均有损坏的概率。为了保护变压器线圈的绝缘，应选择适当避雷器来作保护，要使变压器的冲击水平大于避雷器的剩余电压，一般取变压器冲击水平为剩余电压的 1.1 倍。

系统操作等过电压所引起变压器事故较少，对结构良好的变压器很少有在操作时造成绝缘损坏事故，但对绝缘老化的变压器在系统操作、弧光接地、线路断线、负荷剧变的情况下，常有发生绝缘损坏故障。

(四)系统短路

在变压器的次级回路上发生短路时，各级线圈中将有比额定电流大 10～20 倍的电流流过。由于线圈中大电流的经过与线圈的漏磁场相互作用结果，便产生了很大的机械应力。这个机械应力可以分解成两个不同方向的分力，一个是与线圈的轴平行(亦即是轴向力)，一个是与线圈的轴垂直(亦即是幅向力)。当变压器在制造时未能将线圈很好压紧，则在短路故障发生后常遇到线圈上下两端向上下轭铁伸张，使线圈严重变形而损坏。当导线截面积较小，短路时所产生的幅向力大于线圈的抗张力，则导线会变形和裂断，线圈外层的导线便向四周崩散。

(五)线圈相间短路

事故的形成大多是相间距离太近而又未在相间放置绝缘隔板,当油的绝缘降低或者遇到过电压的袭击,故障便随之发生,但亦有因一相线圈故障而扩大造成相间故障的。

(六)引线连接不良

引线连接处焊得不牢,引线与铜接头处焊得不透彻,或者焊锡未灌满,铜接头上螺栓未拧紧,弹簧垫圈或螺栓帽未放置,均能引起接触不良局部发热而使接触熔毁。应加强大小修时的施工质量和经常性检查,避免上述故障的发生。

(七)套管不合标准和装置不适当

由于套管在箱外和箱内对地距离较短,当遇过电压或瓷瓶积垢时便易于起闪络。有的因油箱内的绝缘下降使瓷瓶暴露在空气中,引线与油箱盖顶距离较近,所以容易闪络引成故障。

(八)电气绝缘的降低

绝缘油在一定时间以后,由于逐渐吸收空气中的水分,油内的水分逐渐增加,直达到一个稳定值为止。愈干燥的油愈能吸收水分,绝缘油内只要含有万分之一的水分,便能使它的电气绝缘强度降低到干燥的1/8,温度高的油容易吸收水分,当温度降低后水分便能析出沉到油的下面,所以绝缘油中所存在的水分有的是溶解在水中呈微小的颗粒分散在各处,有的沉在油的底部,亦有与水结合一起呈乳化状态。

当油中含有微量的水分后便很快地降低了绝缘的性能,使油中各电气部分间的有效绝缘距离大为减少,易形成绝缘间的闪络或击穿造成变压器事故。欲防止这类事故的发生,除了不使各接缝处漏水外,尚需在呼吸器处装置氯化钙或吸水的硅胶,这样可以有效地防止空气中的潮气进入,同时还需要按照规程的规定,定期地放取油样进行电气耐压试验。

(九)油箱和散热器漏油

油箱和散热器漏油是由于焊接质量不高所致。发现漏油时,一般应将油箱内的变压器油放出,吊出器身,再进行补焊,现在有的制造厂和运行单位已采用不放油的补焊方法。

(十)变压器分接开关的损坏

变压器分接开关的损坏大部分是动触头和静触头接触面的烧损,损坏的原因可能是由于结构上的缺陷,接触压力不足以及变换分接头时接触位置不够准确。还有变压器短路状态时,由于过电流热作用和过电流产生的电动力而使分接开关接触间产生电弧等原因损坏分接开关。

第二节 调 压 器

一、调压器原理

调压器原理与变压器原理大致相同,一般一、二次输出电压差别在10%以内,接近于1∶1,一次侧安装有载调压装置进行二次电压调整,确保一次电源侧电压升高或降低后,二次电压稳定在额定范围内。当一次侧发生单相接地故障时，线电压正常，确保二次侧电压仍然稳定，当二次侧发生接地故障时，同样不影响一次侧电压，从而起到故障隔离效果，保证了负荷供电稳定。调压器实物如图 4-4 所示。

图 4-4　10 kV 干式有载调压器

二、调压分类

(一)无励磁调压

无励磁调压是在调压器一、二次侧都脱离电源的情况下，变换调压器的一次侧分接头来改变绕组的匝数比进行调压的，其分接选择器触头无过渡，虽然行程较短，但不具备带载调压条件，如带载调压则会引起瞬间停电、分接开关触头拉弧或短路故障。

(二)有载调压

有载调压分接开关原理与无励磁调压类似，安装电动切换开关带动分接选择器，在各分接挡位并联过渡电阻，在分接开关触头过渡时会利用过渡电阻线路临时供电，当触头到位后，短接过渡电阻两端实现调压过程无拉弧、无瞬间停电现象。

三、有载调压原理

调压器可带载调整，一般分为 9 挡，比例分别为 1.1/1、1.075/1、1.05/1、1.025/1、1/1、0.975/1、0.95/1、0.925/1、0.9/1。

目前铁路电力专业运用技术较多为有载调压，因其不需要停用负荷即可完成电压调整，不影响负荷供电，有载调压器一次侧线圈分段成若干抽头，连接调压柜，通过有载调压控制器输出升挡或降挡信号，使调压箱内部电动机转动，电机通过连杆带动储能传动轴转动，储能弹簧通过磁电后瞬间释放弹簧能量，使切换开关带动分接选择器快速转动，分接选择器动触头瞬时切换，连接不同抽头，改变调压器的一次侧绕组匝数。

(一)自动控制

在调压器控制器选择手动按钮，设定二次电压浮动范围，当检测到二次电压超出浮动范围，调压器有载开关自动动作，维持二次电压在浮动值，一般可选择浮动范围 9 750～10 200 V。

(二)手动控制

在调压器控制器选择手动模式，按下升挡开关为升挡、降挡开关为降挡。

调压器调挡原理为改变一次侧绕组匝数，按照变压器的一、二次侧线圈匝数与电压成正比原则，目前输出电压高，就将调压器升挡，一次侧绕组增加，变比增大；目前输出电压低，就将调压器降挡，一次侧绕组减少，变比减小。因此总结出“高往高调，低往低调”的口诀。

四、故障处置

调压器调压控制核心为切换开关，一般故障多为切换开关故障。

(一)连动

交流接触器剩磁或油污造成失电延时，顺序开关故障或交流接触器动作配合不当，是造成开关连动的原因之一。分接开关的机构箱内的微动开关及交流接触器性能不可靠，或者切换开关固定螺栓止动垫片止动部分不长、螺栓松动等可造成开关连动。

检查交流接触器失电是否延时返回或卡滞，顺序开关触点动作顺序是否正确，将各元件调整到位。或者选用剩余磁通小的交流接触器、在操作回路串入电容、清除交流接触器铁芯油污、调整螺栓、对松动的螺栓进行紧固，必要时予以更换。

(二)拒动

从切换开关过渡触头、工作触头和快速机构等多方面查找原因。首先是快速机构的弹簧拉力不够大或者弹簧拉断；其次是开关没有防爆装置，切换开关软连线松散等原因；此外切换开关油室底盘与中心轴密封太紧，会导致切换开关插不到位，而出现拒动。

对于分接开关与电动机构未连接好，如手动机构中的弹簧片未复位，闭锁开关触头未接通，选择开关动触头与静触头间接触不良等原因所造成的分接开关拒动来说，如果电动机构正、反两个方向分接变换均拒动，则检查是否无操作电源或缺相，手摇闭锁开关触点是否未复位，检查三相电源是否正常，处理手摇闭锁开关触点应接触良好。

切换开关切换时间延长或不切换，应从储能拉簧疲劳，拉力减弱、断裂或机械卡死等方面找原因。应调换拉簧或检修传动机械，更换掉功能失效的部件。

(三)越限

电动机构由于连调使电气限位装置失去作用，机械限位钉生锈失效，不能弹起以阻止传动轴的连续传动，也是造成开关越限的直接原因。机械和电气上的限制失灵，会使电动机不能正常停止运转，直至被扭断。在定位块高度不够的情况下，如果到达极限后，定位块也将不能断开电气限位开关，这是造成开关越限的原因。

用手将定位块推到上、下极限位置，或者在定位块下加垫片进行位置调整。此外还要检查电动机构的分接位置是否与开关顶部的指示一致。如果分接开关位置和电动机构指示相一致，而切换开关切换瞬间到电动机构动作结束之间的时间间隔却不一致，则表明分接开关与电动机构的连接存在问题。如果是电气限位开关接线存在问题，则应将分接头调至中间位置，然后进行电动调压。

(四)其他

1. 调压器在发生速断跳闸后，必须检查接线端子、本体状态是否正常。

2. 调压器调挡应定期进行试验，防止出现拒动、连动、越限等问题，应定期对切换开关机械部分维护保养。

3. 调压器有载调压应避免调到极限位置，即最高挡、最低挡。

第三节 高压开关柜

高压开关柜常用于铁路电力系统中，在铁路电力系统发电、输电、配电、电能转换和消耗中起通断、控制或保护作用。目前，铁路电力行业运用较多的配电开关柜分为 GIS 柜、AIS 柜。

一、GIS 柜介绍

(一)一次系统图

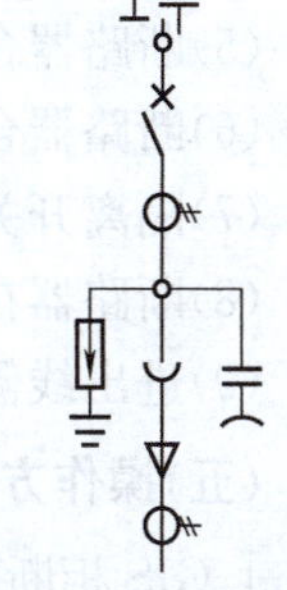

图 4-5　GIS 柜一次系统

GIS 柜全称为气体绝缘金属封闭开关柜，采用的是绝缘性能和灭弧性能优异的六氟化硫(SF_6)气体作为绝缘和灭弧介质，并将所有的高压电气元件密封在接地金属筒中，断路器配合三工位开关使用，实现分断或接地，一次系统如图 4-5 所示。

(二)气体绝缘

GIS 开关柜中断路器采用真空灭弧，气室及一次设备采用 SF_6 气体绝缘，SF_6 基本特性如下：

1. SF_6 气体是一种无色、无臭、无味、无毒、不可燃、不溶于水的惰性气体，是目前世界上最不活泼的气体之一，不侵蚀与它接触的物质。

2. SF_6 是由六个氟原子以共价键的形式和硫原子结合成一个中性分子，分子量大(146.06)，密度也大，比空气重 5 倍多。

3. 纯净的 SF_6 气体热稳定性好，是很强的电负性气体。SF_6 气体是高电气强度的气体介质，绝缘性能好，在均匀电场中，是空气的 3 倍。

(三)柜体结构

单台 GIS 柜整体结构分为开关及母线气室、机构部分、电缆室部分、仪表及二次设备部分。以上下两段式结构为例，如图 4-6 所示。

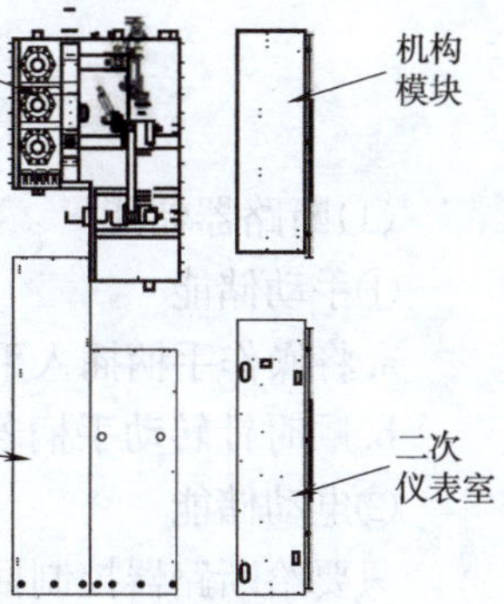

开关及母线气室
机构模块
电缆室
二次仪表室

图 4-6　GIS 柜结构

(四)断路器和三工位开关

1. 断路器用于高压柜关合、承载和开断正常或异常电流，断路器有两种位置状态：合闸位置、跳闸位置，分合闸触头采取真空分断、真空灭弧，设备密封于气室内部。

2. 三工位开关是用于连接母线、隔离及线路接地的开关设备，三工位开关有三种位置状态：工作位置、隔离位置和接地位置，该设备密封于气室内部。

(1)工作位置：是指三工位开关动刀头合至主母线，此时当断路器合闸时可实现送电过程，该状态也可以称三工位隔离开关在合闸位置。

(2)隔离位置：是指三工位开关动刀头既不在母线位置，也不在接地位置，而是在中间位置；此时也可称为三工位隔离开关和接地开关都在分闸位置。

(3)接地位置：是指三工位开关动刀头合至接地位置，此时断路器合闸形成对线路侧接地功能；此位置也可称为三工位接地开关在合闸位置。

3. 断路器、三工位开关闭锁

(1)当隔离开关/接地开关手动操作联锁杆已动作时，另一开关联锁杆被锁定不能动作，断路器禁止操作。

(2)在操作下一开关之前，每一个开关的操作过程必须完全完成。

(3)隔离开关/接地开关操作手柄只有在开关完全操作至分闸位置或合闸位置时才能被移出。

(4)当隔离开关/接地开关操作手柄未取出时,断路器禁止操作,同时另一开关闭锁操作。

(5)断路器合闸或接地开关在合闸位置时不能合隔离开关。

(6)断路器合闸时不能合、分隔离开关。

(7)隔离开关在合闸位置时不能合接地开关。

(8)断路器在合闸状态不能合、分接地开关。

(9)进出线侧电缆带电,接地开关强制闭锁,不能进行合闸操作。

(五)操作方法

1. GIS柜断路器与三工位开关在同一界面,操作简单,手动、电动均可操作,以下举例某品牌气体绝缘高压柜说明,如图4-7所示。

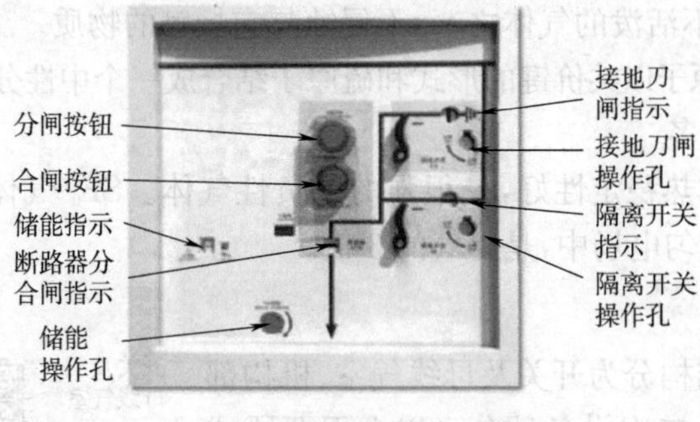

图4-7　GIS柜操作面板

(1)断路器储能

①手动储能

a. 将操作手柄插入手动储能孔中,插入前必须先打开活门;

b. 顺时针转动手柄若干圈,直至储能状态指示显示“已储能”。

②电动储能

只要给断路器控制回路通电,储能机构即会自动储能,储能状态指示显示为“已储能”。

(2)断路器分、合闸

①手动操作

打开手动分、合闸按钮处的塑料盖,按下按钮。

②电动操作

a. 通过断路器控制回路给分、合闸线圈通电(旋动仪表室分合闸按钮);

b. 机构动作,断路器合分位置指示显示“接通”状态,断路器处于“合闸”位置;

c. 机构动作,断路器合分位置指示显示“断开”状态,断路器处于“分闸”位置。

注:只有在“已储能”状态下,才能使断路器合闸成功。

(3)三工位开关操作

三工位开关操作手柄与断路器储能手柄相同;三工位开关的操作机构设计成两个模块:隔离开关和接地开关。

①手动闭合隔离开关

a. 转动隔离开关联锁杆,打开操作孔;

b. 插入操作手柄，顺时针方向转动操作手柄；

c. 转动若干圈后，隔离开关位置指示显示"接通"状态；

d. 隔离开关处于"合闸"位置，拔出操作手柄。

②手动断开隔离开关

a. 转动隔离开关联锁杆，打开操作孔；

b. 插入操作手柄，逆时针方向转动操作手柄；

c. 转动若干圈后，隔离开关位置指示显示"断开"状态；

d. 隔离开关处于"分闸"位置，拔出操作手柄。

③手动闭合接地刀闸

a. 转动接地开关联锁杆，打开操作孔；

b. 插入操作手柄，顺时针转动操作手柄；

c. 转动若干圈后，接地开关位置指示显示"接通"状态；

d. 接地开关处于"合闸"位置，拔出操作手柄。

④手动断开接地刀闸

a. 转动接地开关联锁杆，打开操作孔；

b. 插入操作手柄，逆时针转动操作手柄；

c. 转动若干圈后，接地开关位置指示显示"断开"状态；

d. 接地开关处于"分闸"位置，拔出操作手柄。

⑤电动操作接地刀闸

旋动仪表室中操作旋钮实现三工位开关动作。

注：

a. 只有在断路器分闸的状态下才能进行三工位开关的操作。

b. 开关的所有操作只有到达极限位置后才算完成，不得进行野蛮操作。

c. 手动操作时，需打开断路器、三工位开关控制回路的电源开关，或者把仪表室中的"远方—就地—手动"转换开关转至"手动"位置。

d. 电动操作时，需打开断路器、三工位开关控制回路的电源开关，或者把仪表室中的"远方—就地—手动"转换开关转至"就地"位置。

(六)柜内主要设备

GIS 高压开关柜内部一般采用免维护、插拔式元器件，因占地面积小，电流互感器一般采用穿芯式，电压互感器一般采用半绝缘式，电缆接头采取轴头插拔式后接轴头式避雷器。

二、AIS 柜介绍

(一)一次系统图

AIS 柜全称空气绝缘敞开式开关柜，在我国发展已经处于成熟期，并且具有一定的制造和运行经验。它靠空气和绝缘子使带电部分与地、相与相之间绝缘，其母线裸露，直接与空气接触，断路器可用瓷柱式或罐式，以瓷套作为设备外壳及外绝缘，其特点是外绝缘距离大，占地面积大。一次系统如图 4-8 所示。

(二)柜体结构

开关柜总体结构由主母线室、电缆室、继电器室、手车室组成，如图 4-9 所示。

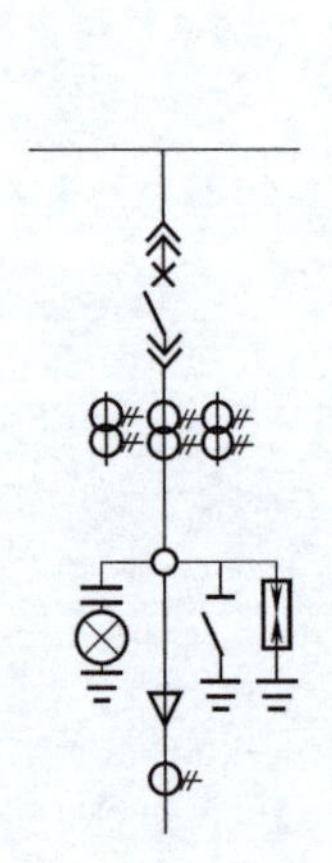
图 4-8　AIS 柜一次系统

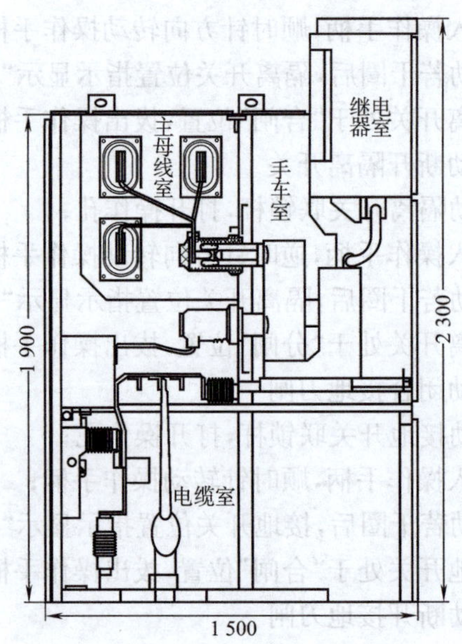

图 4-9　AIS 柜结构(单位:mm)

(三)断路器、接地刀闸

1. AIS 柜不设置三工位开关,断路器采用手车推拉式结构,推拉轨道行程有“工作”位置和“试验/隔离”位置,将手车断路器拉至“试验/隔离”位置等同于拉开三工位开关。较 GIS 开关相比,具有明显可见的断路器断开点。

2. 接地开关操动机构为手动操动机构,并具有关合能力。接地开关可根据需要加装辅助开关来提供接地开关分、合闸状态。

3. 断路器、手车、接地刀闸闭锁

(1)断路器室门打开时,手车无法摇至“运行”位。

(2)手车在“运行”位或“试验”位时,断路器室门无法打开。

(3)电缆室门打开时,接地开关无法操作。

(4)接地刀闸分闸时,电缆室门和后柜门无法打开。

(5)接地刀闸只有在手车试验、隔离或移出开关柜时才能合闸。

(6)接地刀闸合闸时,手车无法从试验、隔离位置摇向“运行”位。

(四)操作方法

AIS 柜主要依靠手车(断路器)摇进摇出实现断路器隔离分断,摇出即在“试验、抽出”位,摇进即在“运行”位,断路器操作均在前面板。以 VS1 断路器为例说明,如图 4-10 所示。

图 4-10　断路器手车操作面板

1. 断路器储能

(1)手动储能:使用储能手柄插入断路器手动储能孔,顺时针旋转若干圈,储能指示显示“已储能”为止。

(2)电动储能:储能回路通电,自动储能。

2. 断路器分闸

(1)手动分闸:按下手动分闸按钮,断路器分闸。

(2)电动分闸:旋转控制分闸旋钮,断路器分闸。

3. 断路器合闸

(1)手动合闸:在已储能基础上,按下手动合闸按钮,断路器合闸。

(2)电动合闸:旋转控制合闸旋钮,断路器分闸。

4. 手车摇进、摇出

(1)手车摇进:手车摇动前应确认断路器已分闸。进柜时需先拉动推进机构锁板到解锁位置,保持锁板位置不变,用人力将手车推到“隔离”位置,松开锁板,确保锁板插入柜体锁孔中,插上二次插头,完成手车进柜。关闭锁定柜门,将操作手柄插入操作孔,顺时针旋手柄直到听见“喀哒”一声,此时手车已在“试验”位置。继续顺时针旋转手柄直到听见“喀哒”一声,此时手车已在工作位置。

(2)手车摇出:手车摇动前应确认断路器已分闸。将操作手柄插入操作孔,逆时针旋手柄直到听见“喀哒”一声,此时手车已在“试验”位置。继续逆时针旋转手柄直到听见“喀哒”一声,此时手车已在“隔离”位置。拔下二次插头并固定在断路器的封板上,拉动推进机构锁板到解锁位置,保持锁板位置不变,用人力将手车拉到转运车上,手车到位后松开锁板,将断路器手车固定在转运车上。

5. 接地刀闸操作

(1)合接地刀闸:使用专用操作把手,进行接地开关合闸操作前应首先确认手车已摇至“试验/隔离”位置或移出开关柜外,查看带电显示器的指示确认电缆不带电。将操作把手插入接地开关的操作轴轴端,顺时针转动操作把手,完成接地开关的合闸操作。

(2)分接地刀闸:使用专用操作把手,进行接地开关分闸操作前应首先确认电缆室门和后柜门关闭,将操作把手插入接地开关的操作轴轴端,逆时针转动操作把手,完成接地开关的分闸操作。

(五)柜内主要设备

AIS 高压开关柜内部一般采用开放式、易观察元器件,因不考虑占地面积,电流互感器一般采用母线式,电压互感器一般采用全绝缘式,电缆接头采取户内电缆终端头形式,避雷器采用外装式。

三、高压柜运行维护

(一)清扫

开关柜应定期进行清扫,以保持绝缘件、导电件表面的清洁。清扫应在开关柜一、二次回路都不带电的情况下进行。对绝缘件表面的清洁,应使用无水乙醇。尤其应注意不易擦拭的地方,应将元件拆除,擦拭干净后安装复位,否则沉积的污垢将降低绝缘水平。安装复位后的元件，如真空接触器应进行参数复查，使其达到真空接触器安装使用说明书规定的参数。

(二)设备润滑

设备的主要润滑部位包括：操动机构在内的断路器手车的各传动部位；手车上和柜体上与手车推进有关的传动部分；与操作接地开关有关的传动部分；手车柜体间联锁的传动部分；活门的运动部分。

(三)主回路及接地回路的维护

一次隔离插头的接触部位应定期清理并涂新的凡士林油，接地触片应定期清理并涂新的凡士林油。

(四)紧固件的检查维护

检查紧固件，特别是与传动部分有关和与主回路连接有关的紧固件，发现松动进行紧固。

四、高压开关柜故障处理

(一)断路器拒动

1. 检查操作电源有无电压。

2. 检查操作回路是否接通。

3. 检查合闸线圈或分闸线圈是否断线，或未接入受电回路。

4. 检查机构上的辅助开关触点是否到位，或接触不良。

5. 未储能或储能回路(电机)故障，储能链条断裂或限位盘损坏。

(二)断路器合不上闸或合闸后立即分断

1. 检查操作电压是否过低。

2. 检查断路器动触杆接触行程是否过大。

3. 辅助开关联锁电气接点断开过早。

4. 保护未退出或合闸时引起保护出口动作。

(三)一次静触头、手车梅花触头故障

更换一次静触头、手车梅花触头。更换后的手车梅花触头要检查触指和环状张力弹簧的配合是否完美。

(四)避雷器故障

1. 避雷器顶盖和下部引线处的密封混合物脱落或龟裂，应将避雷器拆下干燥后再装好。高压用避雷器若密封不良，应进行修理。

2. 摇动避雷器检查有无响声，如有响声表明内部固定不好，应予检修。

3. 出现以下情况时，应更换避雷器：严重烧伤的电极；击穿、局部击穿或闪络的阀片；严重老化龟裂或严重变形、失去弹性的橡胶密封件。

(五)绝缘子、穿墙套管故障

发现绝缘子、穿墙套管上有龟裂的现象，无论从电气性能还是机械性能方面来说都是危险的，必须更换。发现绝缘子、穿墙套管上有爬电痕迹，在更换绝缘子、穿墙套管的同时，必须设法加强对污损及受潮之类的管理，力求防止爬电再次发生。

（六）三工位开关故障

1. 检查三工位控制器指示是否正常，若否，检查二次回路或更换控制器。

2. 三工位机构卡滞，此时应断开操作回路，防止电机烧毁，拆开面板，进一步检查机构润滑状态，对卡滞部位进行调整。

（七）发热或噪声

开关设备在运行时发热是不可避免的。为了设备的安全运行，应定期检测主回路关键部位（一次动静触头、母线搭接点等）温度，如果出现超过限值的温度时，应及时停电维护。

第四节　互　感　器

为监视和控制设备运行情况，确保统计相关电量或生产指标，保证变配电所安全经济运行和电能质量，需装设各类测量仪表、继电保护装置和各种自动装置。这些仪表和设备不能直接接引到高压母线或大电流回路中，需要进行降压或降流，再通过变比计算得出实际数值。

一、电压互感器

电压互感器原理与降压变压器原理相同，它的一次线圈匝数很多，二次线圈匝数很少，一次侧并联接在电网系统中，二次侧可并接仪表、继电器的电压线圈等负载，由于这些负荷的阻抗很大，相对于需要电压互感器容量要求小很多，一般 10 kV 电压互感器容量在 V・A 级，通过电流很小，因此，电压互感器工作状态相当于变压器空载情况。

电压互感器一次侧并联接引在电网母线，与额定电压相同，二次侧一般有两个绕组，一个供保护或测量用，一个通过接线预留开口三角形，供接地保护用。二次侧回路额定电压一般在 100 V，开口三角形电压在 30 V 及以上，一般就认为出现电压质量不稳或接地故障状况。

（一）分类

1. 电压互感器按照用途分类：测量用电压互感器、保护用电压互感器。

2. 电压互感器按绝缘介质分类：干式电压互感器（全绝缘、半绝缘）、浇注绝缘电压互感器、油浸式电压互感器、气体绝缘电压互感器。

3. 电压互感器按电压变换原理分类：电磁式电压互感器、电容式电压互感器、光电式电压互感器。

（二）常用电压互感器区别

1. 铁路电力专业常用的电压互感器分为全绝缘、半绝缘，区别如下：

（1）绕组绝缘水平不同：全绝缘电压互感器一次侧绕组两端绝缘水平相同，密封于绝缘介质中；半绝缘电压互感器一次侧绕组一端绝缘等级高，另一端接地运行。

（2）试验方法不同：全绝缘电压互感器利用交流耐压检测绝缘强度；半绝缘电压互感器因一次侧电压等级较低，常使用 150 Hz 感应耐压试验。

2. 铁路电力专业常用电压互感器接线形式分为三相五柱式接线、VV 接线。接线形式如图 4-11 所示。

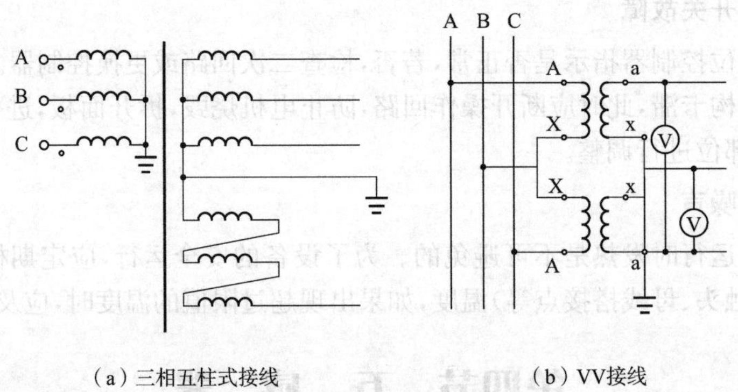

（a）三相五柱式接线　　（b）VV接线

图 4-11　常用电压互感器接线形式

(1)用途不同：VV 接线只能进行线电压测量，相电压通过计算得出；三相五柱式接线既能进行线电压测量也能进行相电压测量，也可通过接线方式进行开口三角形检测。

(2)接地形式不同：VV 接线一次侧不能接地（否则导致 B 相直接接地）；三相五柱式接线一次侧通过星形接线直接接地。

(三)电压互感器保护

1. 一次侧熔断器保护：电压互感器一次侧连接熔断器管，通常额定电流为 0.2 A、0.5 A、1 A，当通过电压互感器电流过大时，引起熔断器管熔断，产生 PT 断线告警，切除电压互感器电气连接。

2. 消谐器保护：电压互感器一次侧中性点经消谐器接地，当线路产生谐振后，电压互感器作为电网对地的唯一通道，消谐器相当于大电阻，抑制电流，维持电压互感器流过正常电流，熔断器管不至于熔断。

(四)精确等级

电压互感器精确等级分为 0.2 级、0.5 级、1 级和 3 级，数字越小精确等级越高。精确等级较高的电压互感器用于精密测量，其他可用于保护或非精密测量。

(五)日常运行维护

1. 设备安装初期，要确保电压互感器二次侧同名端接引，尤其是 VV 接线形式，二次侧如果接成 ax-ax，测量结果则会产生 2 倍的额定电压；在保护或表计接引时，要尤其注意二次侧零线的接引并可靠接地，否则会产生相电压缺失。

2. 确保电压互感器二次侧中性点良好接地，防止因一次侧被击穿高电压窜入二次侧，引起设备、人身安全隐患。

3. 确保电压互感器二次侧不能短路，否则将导致二次侧产生很大的短路电流，烧损设备。

4. 发生谐振过电压时，应时刻关注电压互感器运行状态，发现异常及时退出运行，防止电压互感器损伤。

二、电流互感器

电流互感器原理与升压变压器原理相同，它的一次线圈匝数很少，二次线圈匝数很多，一次侧串联或套接在电网系统中，二次侧可串接仪表、继电器的电流线圈等负载，二次回路始终处于闭合状态，这些负荷阻抗很小，相对于需要电流互感器容量要求小很多，因此，电流互感器工作状态相当于变压器短路情况。

电流互感器一次侧串联在电网系统中，二次侧一般只有一个绕组，供保护或测量使用，常见的二次侧额定电流一般在 5 A、1 A。

(一)分类

1. 电流互感器按照用途分类：测量用电流互感器、保护用电流互感器。

2. 电流互感器按绝缘介质分类：干式电流互感器、浇注式电流互感器、油浸式电流互感器、气体绝缘电流互感器。

3. 电流互感器按变化原理分类：电磁式电流互感器、电子式电流互感器。

4. 电流互感器按安装方式分类：贯穿式电流互感器、支柱式电流互感器、套管式电流互感器、母线式电流互感器。

(二)常用电流互感器区别

铁路电力专业常用电流互感器一般采用电磁式原理，按照高压柜柜型不同，一般气体绝缘金属封闭开关柜因内部空间较小，通常采用母线式电流互感器(也叫穿芯式电流互感器)，空气开关柜因内部空间较大，通常采用支柱式电流互感器，如图 4-12 所示。

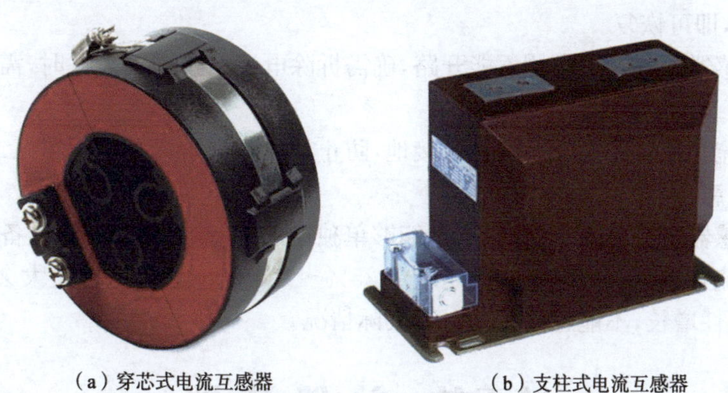

(a) 穿芯式电流互感器　　(b) 支柱式电流互感器

图 4-12　常用电流互感器

1. 接线方式不同：母线式电流互感器为配电设备母线穿过绝缘套作为初级绕组，一般将母线或电缆直接套入卡环中，通过绝缘树脂将初级绕组和次级绕组绝缘；支柱式电流互感器一次绕组兼做导体支柱，直接串接入配电网络，通常易发生动稳定和热稳定问题。

2. 传动方法不同：母线式电流互感器需利用通电导线穿过绝缘套，在二次侧产生电流；支柱式电流互感器需在一次侧两个接线端子通入电流，在二次侧产生电流。

(三)二次额定电流

电流互感器二次额定电流为 1 A、5 A，1 A 衰减慢，5 A 衰减快；1 A 功耗低，5 A 功耗高;1 A 匝数多,5 A 匝数少;1 A 二次截面小,5 A 二次截面大。电流互感器的二次额定电流采用 1 A 或是 5 A,需经技术经济比较确定。采用 1 A 时,电流互感器本身的投资增加,而电流回路的控制电缆投资较少;相反,采用 5 A 时,电流互感器本身的投资降低,而二次电缆的投资会增加。

(四)精确等级

1. 测量等级:电流互感器精度分为 0.1(S)级、0.2(S)级、0.5 级、1.0 级、2.0 级。其中 0.1(S)级误差 0.1%,用于校验计量;0.2(S)级、0.5 级用于计量;0.5 级、1.0 级、2.0 级可用于测量。

2. 保护等级:一般为 10P10、10P20、5P10、5P20。以 10P20 为例,短路电流流过电流互感器 10 倍额定电流时,误差不大于 20%。

(五)零序电流互感器

零序电流互感器又称剩余电流互感器,再用母线式安装方式,较普通电流互感器不同,零序电流互感器穿入三芯高压电缆,用于检测三相不平衡电流,在中性点不接地系统中检测三相电路发生接地故障时动作与保护装置报警或跳闸。

(六)日常运行维护

1. 电流互感器是有方向的,一次侧上有 L1 和 L2,二次侧上有 K1 和 K2。电流互感器上普通标有 L1、L2 字样,L1 就是相线的进线,L2 就是相线的出线,也就是从 L1 到 L2 穿线。电流互感器二次侧上 K1 是出线,K2 是回线,即电流经 K1 引出,经过电流器材(如电流表等)回到 K2 端。如果一次侧或二次侧接反,会引起计量表计反转,当 L1 和 L2 穿反时,可将 K1 和 K2 反接,即可恢复。

2. 电流互感器运行时二次侧不能开路,确需拆除电流回路相关元件时,需进行二次回路短封。

3. 确保电流互感器二次侧一端良好接地,防止一次侧被击穿高电压窜入二次侧,引起设备、人身安全隐患。

4. 电流互感器串接在一次回路中,不能够单独退出运行,必须将对应设备一起退出。

5. 保证电流互感器二次电流在额定电流 25%~100%间运行,电流过大会引起互感器磁饱和,引起非线性增长,不能正确反映电流实际情况。

第五节 补偿装置

电力交流配电网中,存在阻性、容性、感性负荷,容性、感性负荷能够产生无功功率,例如电容器、电抗器、变压器、电动机等。另外,在电力传输过程中,电缆的电容和线路的自感也会引起无功功率的产生。无功功率把电能转换成另一种形式的能量进行储存,周期性进行释放,会在电源至负荷侧产生周而往复的电流流动,会占用电网资源,影响发电端供电质量降低。因此,电网部门会要求用户在负荷附近加装无功功率补偿装置,消耗用户产生的无功功率,容性无功利用电抗器进行电感补偿中和,感性无功利用电容器进行电容补偿中和。安装无功补偿装置后,传输的无功功率减少,在传输的有功功率不变的情况下,功率因数提高,改善电压质量,降低电网的功率损耗,提高设备的供电能力。

一、无功功率

无功功率在日常生活中必不可少，是电网中电场与磁场的交换，用来在电气设备中建立和维持磁场的电功率，它不对外做功，而是转变为其他形式的能量。无功功率的符号用 Q 表示，单位为乏(var)或千乏(kvar)。

二、功率因数

实际供电系统中，负荷不是纯感性或纯容性，是既有电感、电容、电阻的，这种负载的电压和电流向量间存在一定的相位差，相位角余弦值 $\cos\varphi$ 称为功率因数。由计算公式 $\cos\varphi=P/S, S=\sqrt{P^2+Q^2}$ 得知，在有功功率一定时，功率因数越小，无功功率需求越大，电网对于建立无功功率投资就越大，需增大变压器容量，因此要提高经济运行效率，必须人为补偿降低 Q 的数值，也就是无功补偿。

三、电抗补偿

电抗补偿利用电抗器并联于电网，用于补偿线路的电容性电流，限制系统工频电压的升高和操作过电压，从而降低系统的绝缘水平，保证线路的可靠运行。

(一)并联电抗器

并联电抗器较变压器不同，只有一次绕组，线圈缠绕中空，无铁芯，单纯为线圈。

1. 并联电抗器的类型

(1)油浸式铁芯并联电抗器。

(2)空心式并联电抗器(含环氧包封式、开放式、半铁芯式等)。

(3)环氧浇注干式铁芯式并联电抗器。

2. 工作原理

(1)并联电抗器并联于铁路电力系统中，用于吸收无功功率，即补偿线路的电容性充电电流，限制系统工频电压的升高和操作过电压。

(2)并联电抗器可以并联在系统的首端，也可并联在系统的终端，其作用是相同的，但其效果有些不同。图 4-13 所示是空载长线路的电压分布。

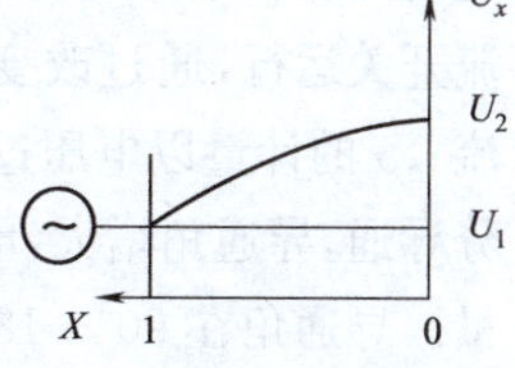

图 4-13　空载长线路的电压分布

从图 4-13 中可看出，从空载线路首端($X=1$)开始，电压逐渐上升，在末端($X=0$)处电压达到最大。

在实际中，只是关心电压升高的倍数，以电压传递系数 K 来表示

$$K=U_2/U_1=1/\cos\varphi \tag{4-3}$$

若把式(4-3)的 φ 作为变量，则它表示无损空载长线末端电压升高与线路长度的关系。随线路长度的增加，这种升高的趋势加剧，当 $\varphi=\pi/2$ 时，即当线路长度为 1/4 工频波长时(工频波长 6 000 km)，末端电压上升为无穷大，如图 4-14 所示。

(3)高压输电线路的充电功率是很大的，通过适当地选择并联电抗器的容量、数量及安装的位置，可降低线路的充电功率，有效地将工频电压升高的数值限制在允许的范围内。线

路不同地点安装的并联电抗器，其限制过电压的机理是不尽相同的。

下面以线路末端接有并联电抗器的例子来说明它的作用，如图 4-15 所示。

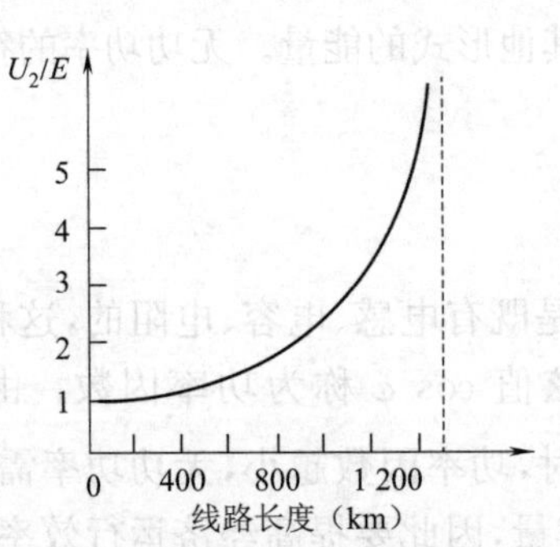

图 4-14　空载无损线路末端电压升高与线路长度关系

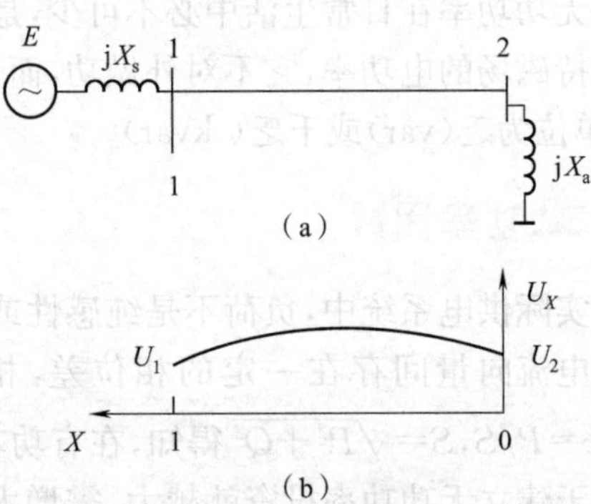

图 4-15　末端并联电抗器电压分布

由图 4-15 可见，线路末端接入电抗器后，线路末端的工频电压升高有所改善。

(4)对于并联电抗器的实际补偿度和安装位置的选择，除了从降低工频电压升高方面考虑外，还涉及无功平衡、潜供电流补偿、自激过电压及非全相状态下可能出现谐振等多方面问题。铁路电力供电臂一般在线路中间或起点并联电抗器，配电所内电抗器一般采取动态补偿，线路中间采取完全补偿形式。

(二)SVC 技术应用

SVC 又称磁控式动态补偿装置，与并联电抗器配合，也可接入固定电容器组，通过调节并联电抗器电流从而控制输出容量达到动态无功补偿效果，目前广泛应用于铁路 10 kV 配电所。

1. 工作原理

SVC 技术采用直流助磁，通过晶闸管导通角调节电抗器输出容量。通过控制与电抗器连接的反并联晶闸管对移相触发脉冲来改变电抗器等效电纳的大小，从而输出连续可变的无功功率。图 4-16 中两个晶闸管分别按照单相半波交流开关运行，通过改变控制角 α 可以改变电感中通过的电流。α 的计量以电压过零点为基准，α 在 90°～180°之间可部分导通，导通角增大，电流增大则增大电抗器的电抗输出容量。导通角在 90°～180°之间连续调节时电流也从额定值到 0 连续变化。

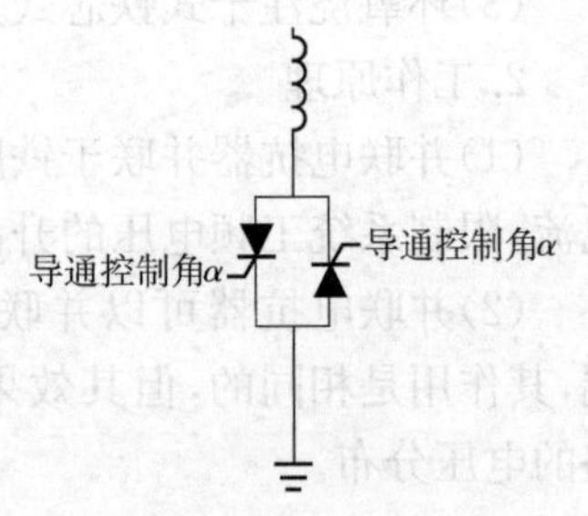

图 4-16　SVC 并联电抗器补偿接线

2. 技术特点

(1)补偿效果好：磁控式动态补偿装置为连续无级调节，快速跟踪负载变化，实现柔性补偿。

(2)可靠性高：磁控电抗器本体类似于变压器，控制晶闸管端电压低，不承受系统高电压。

(3)不容易被击穿。

(4)使用寿命长，运行经济：磁控电抗器使用寿命为 25 年，运行过程中采用自然散热，无附加损耗，免维护，运行经济性高。

(5)运维难度低:磁控电抗器控制简单(且自动控制),日常为免维护产品,运行管理难度低。

(6)布置灵活:可室内、室外布置。

(7)环境适应性好:对现场环境如温度、粉尘等无特殊要求。

(三)SVG 技术应用

1. 工作原理

SVG 又称静止无功发生器,属于 SVC 下一代产品,不同于 SVC 利用低压触发间接控制高压回路导通,SVG 将大功率电子元器件(一般为 IGBT、分压电容)与补偿电抗器串联后并接在电路上,通过调节 IGBT 导通角,在电抗器两端制造电压差,使电抗器能够吸收或发出无功。对于整个网络来说,输出端电压比母线电压低时补偿容性负载(发出感性无功),比母线电压高时补偿感性负载(吸收感性无功),接线如图 4-17 所示。

通过 SVG 核心功率单元对电抗器输出电压,形成与并联母线端电压差,调节功率单元,最高可与并联母线端电压相同,实现电抗器无电流流过,空载运行;最低可为 0,实现电抗器满载运行。因此,可以在 0 至电抗器容量间灵活补偿无功,调节范围较大,步长可到 0.1 kvar。

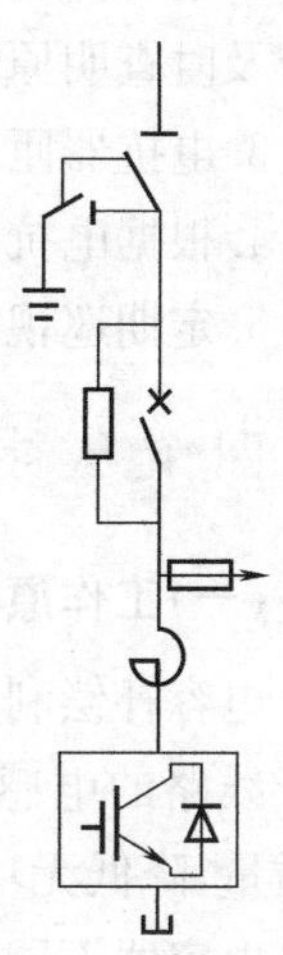

图 4-17　SVG 并联电抗器补偿接线

2. 技术特点

(1)响应时间快,可以达到 5 ms。

(2)可以实现感性—容性双向调节。

(3)占地面积小。

(4)IGBT 采用多级串联,承受 10 kV 系统高电压,容易击穿,可靠性差。

(5)运行成本高:

①SVG 自身发热量大,需要辅助的冷却设备,通常采用风机、空调或水冷系统。

②IGBT 需要采用原装进口器件,在使用 3～5 年后 IGBT 故障率明显提高,配件成本高。

(6)维护量大:SVG 需要定期清扫粉尘。

(7)对环境要求高:SVG 属大功率电力电子产品,对运行现场的温度要求高。

(四)SVC 与 SVG 技术对比

SVG 较 SVC 相比具有响应速度快,微调能力强,抑制谐振性好,受母线电压影响补偿效果小,占地面积小等特点,是今后铁路电力行业补偿发展的方向。但限于目前核心 IGBT 元件依赖于进口,国产 IGBT 元件尚不成熟,一般在低压电容补偿上运用较多,但事故率较高。从稳定性和成本角度考虑,SVC 磁控式动态补偿具有免维护、结实耐用等特点,目前还是具有较高性价比。

但随着可再生能源的不断增长,风电及光伏发电并网也在大量使用桥式整流逆变元件,SVG 补偿装置对电网冲击小,甚至可以帮助平衡不稳定的太阳能和风能产量,确保铁路电力系统的稳定性和可靠性。可见,SVG 将在可再生能源的集成中逐步发挥关键作用。在不久的将来,会打破壁垒,广泛运用于铁路电力行业。

(五)日常运行维护

1. 无论是 SVC 还是 SVG 技术,都需要合适的运行温度,因电抗器补偿持续调整,本体和调节元器件会释放热量,要求对电抗补偿室内进行降温,一般可采取强制风冷加室内排风,有条件的增加制冷空调。

2. 电抗器运行需投入电流保护、过压保护、超温报警、超温跳闸,在发生跳闸或报警故障时应及时查明原因,必要时采取通风措施及绝缘、直阻检测。

3. 电抗器匝间连接中性线、双匝连接线需要定期检查,避免因绝缘不足造成击穿。

4. 根据电抗器运行环境及时调整补偿角度,避免补偿需要系数过高造成电抗器温升。

5. 定期巡视,电抗器正常运行时发出均匀声响,定期测温,发现异常及时退出运行。

四、电容补偿

(一)工作原理

电容补偿利用电容器并联于电网,通过电容分组投入补偿线路的电感性电流,可以有效提高功率因数,改善供电质量,降低无功潮流,减少系统有功损耗。

电容器不同于电抗器,补偿容量不能调整,一般采取分组补偿形式,分组容量比例可按1∶2∶3 或 1∶2∶4,一般采取并联接引形式。接线如图 4-18 所示。

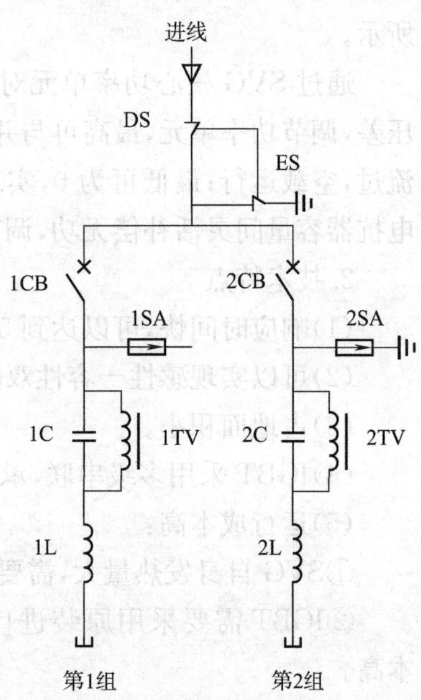

图 4-18　并联电容器补偿接线

(二)串联电抗器作用

串联电抗器在电容器组中承担抑制谐波和合闸涌流的作用,电容器组投切产生的涌流会在电抗器的匝间产生较大过电压,如电容器频繁操作,将影响电抗器的使用寿命。

(三)并联电压互感器作用

在电容器正常运行情况下,精确检测电容两端电压,当过电压时及时作用于保护动作,保证电容器安全,在停电后相当于高阻值电阻,用于消耗电容器中的电荷存量。

(四)日常运行维护

1. 因电容器储存电荷能力较强,退出运行的电容器不要用手接触两个出线端子,以免受到残余电荷的冲击,造成人身伤害。应将其长期短路接地,以免在拆卸、接线时受到残余电荷的冲击。

2. 保护装置动作后,不允许强行试送电,应根据保护动作情况进行分析判断,仔细检查电容器有无熔丝熔断、鼓肚、过热、爆裂或套管放电痕迹,电容器有无明显故障,还应对其配套设备进行检查。查明原因并排除故障后,方可进行投入,原因不明时,装置应试验合格后才能投入。

3. 遇有下列情况，应立即退出电容器：

(1)电容器发生爆炸。

(2)连接处严重发热或红外测温仪检测温度明显升高。

(3)电容器套管发生破裂并有闪络放电。

(4)电容器严重喷油或起火。

(5)电容器外壳严重膨胀。

(6)电容器内部有异常声响。

第六节　小电阻接地装置

对于铁路电力配电系统来说，其所对应的中性点运行方式主要有四种，分别是不接地、直接接地、经消弧线圈接地、经小电阻接地。通常情况下，将在高电阻辅助应用与中性点不接地条件下满足应用效果的系统称之为小电流接地系统；而在小电阻或是直接接地条件下的系统称之为大电流接地系统。

一、小电阻接地原理

近年来，铁路行业尤其是高速铁路大面积利用电力电缆作为贯通线路，因其敷设于桥梁电缆沟，受外界施工或环境影响因素小，所以能够满足高速铁路列车运营安全需求。电缆线路发生故障后，多为永久性故障，一般需要故障电流流过保护装置作用于保护动作，相比较于中性点不接地系统，在发生单相接地故障后故障点流过电容电流，不足以启动保护装置，甚至有时会因电流不平衡造成误动作，所以要使用中性点接地系统，将故障电流快速隔离，避免发展扩大成为绝缘损坏事故，特别是能够降低对同沟敷设电缆的影响。

通过公式 $U=IR$ 得知，当流过故障点电流一定时，R 越小，U 越小，相对于系统中性点对地电压越小，系统中性点能够达到较好的绝缘效果。R 也不能过小，甚至为 0，变为中性点直接接地系统，对故障电流起不到限制效果。

因此，电阻 R 不能过大，也不能为 0，所以选择小电阻接地系统，如图 4-19 所示。

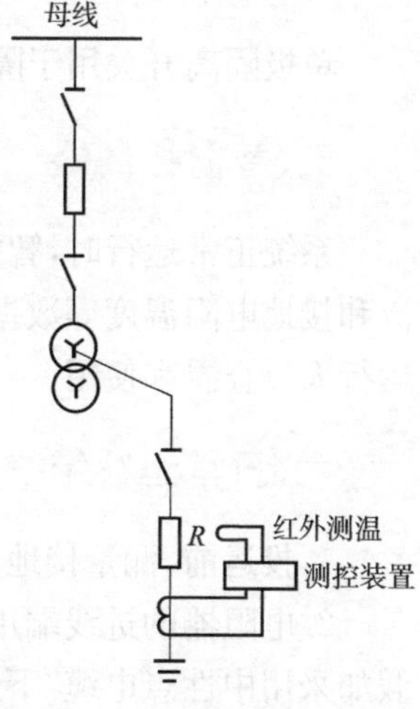

图 4-19　小电阻接地柜接线

二、电阻器的阻值选择

中性点接地电阻器接在变压器的中性点上。电阻值的选择必须根据电网的具体条件，要考虑限制间歇性弧光接地过电压的倍数、继电保护的灵敏度、对通信线路的干扰、接触电压及跨步电压等因素，分析比较，按综合效果最佳的原则进行选择。目前 10 kV 小电阻接地系统常用电阻值在 10 Ω 左右。

小电阻接地装置中使用电阻一般为不锈钢电阻，采用电阻片电极自熔焊接，焊点牢固，无接触电阻，其间隙填充陶瓷、云母，具有耐振动、不氧化、性能强、无电感等特点，如图 4-20 所示。

图 4-20 不锈钢电阻片

三、电流互感器

在小电阻中性点串接电流互感器，用于零序电流采集，提供给监控装置，还用于在10 kV配电所调压器柜保护装置采集，因此对于电流互感器的传动试验尤为重要。

四、单极隔离开关

单极隔离开关用于隔离电阻器，便于停电检修，少数具有电机辅助电动分合功能。

五、智能控制器

系统正常运行时，智能控制器通过红外测温仪、零序电流互感器分别采集中性点零序电流和接地电阻温度等数据，控制器经过分析和计算，将结果在人机界面上进行实时显示，供运行人员查看和使用。

六、日常运行维护

1. 投运前，测量接地电阻器器件的阻值、绝缘电阻，按规定标准进行工频耐压试验。

2. 电阻器的进线端用单芯电缆或铜排与接地变压器或变压器中性点引出端可靠连接。假如采用中性点电缆“下进线”方式，进线电缆连接到柜内电阻器的中性点接线端。

3. 小电阻接地装置隔离开关位置与接地变压器进线断路器形成闭锁，当隔离开关分闸时，断路器不能合闸，当拉开隔离开关时，断路器跳闸。

4. 当系统中性点零序电流增大，接地电阻温度升高时，控制器经过数据采集、计算后，进行故障判定，若监测值超过了预设门限，控制器便进行故障报警。报警信息可现场配合通信远传，运维人员需尽快检查相关线路运行情况，及时判断是否发生接地故障或传感器故障，以保证系统和设备的安全运行。

第七节 低 压 柜

低压开关柜适用于发电厂、石油、化工、冶金、纺织、高层建筑等行业，作为输电、配电及电能转换之用。产品符合 GB/T 7251.1—2023《低压成套开关设备和控制设备　第 1 部分：总则》(IEC 61439-12020)标准规定。低压开关柜属于列入《3C 强制性产品认证目录》的产品。

一、低压柜常见型号

1. MNS 型低压开关柜(ABB)。
2. GCS 型低压开关柜。
3. GCK 型低压开关柜。
4. GGD 固定式开关柜。
5. Blockset 型低压开关柜。
6. SIVACON 8PT 型低压开关柜。

二、主要组成部分

低压柜主要由柜体、操作单元、低压母排、低压开关、支撑构件、电流互感器、各类表计等构成，以 GGD 柜型为例介绍，如图 4-21 所示。

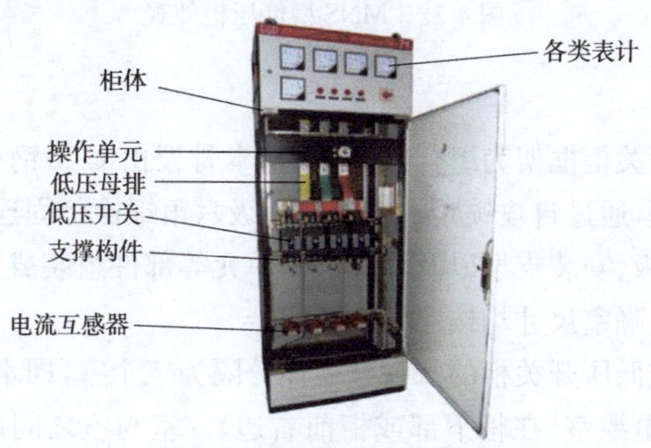

图 4-21　低压柜(GGD)主要组成

三、母线分类

(一)主母线(水平母线)

主母线是连接一条或几条配电母线或进线和出线单元的母线。

(二)配电母线(垂直母线)

配电母线是框架单元内的一条母线，它连接在主母线上，并由它向出线单元供电。

四、低压柜按功能分类的常见柜型

(一)MNS 型低压抽出式开关柜(合资柜型)

1. 柜型介绍

MNS 型低压抽出式开关柜适用于交流 50 Hz，额定绝缘电压和工作电压为 400 V 和 660 V，额定电流为6 300 A及以下三相五线制的电力供电系统，可用于发电厂、变电所、工矿企业、大楼宾馆、机场、码头以及广播电视等通信中心来作为发电、输配电、电能转换及电能消耗设备的控制，并通过电容补偿对其主母线进行无功补偿，如图 4-22 所示。

图 4-22　MNS 型低压柜外观

2. 结构特点

(1)MNS 型低压开关柜框架为组合式结构，基本骨架由 C 型钢材组装而成。柜架的全部结构件经过镀锌处理，通过自攻锁紧螺钉或 8.8 级六角螺栓坚固连接成基本柜架，加上对应于方案变化的门、隔板、安装支架以及母线功能单元等部件组装成完整的开关柜。开关柜内部尺寸、零部件尺寸、隔室尺寸均按照模数变化。

(2)MNS 型组合式低压开关柜的每一个柜体分隔为三个室，即水平母线室(在柜后部)、抽屉小室(在柜前部)、电缆室(在柜下部或柜前右边)。室与室之间用钢板或高强度阻燃塑料功能板相互隔开，上下层抽屉之间有带通风孔的金属板隔离，以有效防止开关元件因故障引起的飞弧与其他线路短路造成的事故。

(3)MNS 型低压开关柜的结构设计可满足各种进出线方案要求：上进上出、上进下出、下进上出、下进下出。

(4)设计紧凑：以较小的空间容纳较多的功能单元。

(5)结构件通用性强、组装灵活，结构及抽出式单元可以任意组合，以满足系统设计的需要。

(6)母线用高强度阻燃型、高绝缘强度的塑料功能板保护，具有抗故障电弧性能，使运行维修安全可靠。

(7)通用化、标准化程度高，装配方便，具有可靠的质量保证。

(二)GCK 型低压抽出式开关柜(国产柜型)

1. 柜型介绍

GCK 型低压抽出式开关柜于 20 世纪 80 年代中期，由天津电气传动研究所牵头，组合国内知名企业研制，是国内铁路电力系统应用较为广泛的产品之一。

开关柜适用于交流 50 Hz，额定绝缘电压和工作电压为 400 V 和 660 V，额定电流为 5 000 A及以下三相五线制的电力供电系统，可用于发电厂、变电所、工矿企业、大楼宾馆、机场、码头以及广播电视等通信中心来作为发电、输配电、电能转换及电能消耗设备的控制，如图 4-23 所示。

图 4-23　GCK 型低压柜外观

2. 结构特点

(1)整柜采用拼装式组合结构，模数孔安装，零部件通用性强，适用性好，标准化程度高。

柜体上部为母线室、前部为电器室、后部为电缆进出线室，各室间有钢板或绝缘板用作隔离，以保证安全。

(2)GCK 抽屉柜小室的门与断路器或隔离开关的操作手柄设有机械联锁，只有手柄在分断位置时门才能开启。

(3)受电开关、联络开关及 GCK 柜抽屉具有三个位置：接通位置、试验位置、断开位置。

(4)开关柜的顶部根据受电需要可装母线桥。

(三)GCS 型低压抽出式开关柜(国产柜型)

1. 柜型介绍

GCS 型低压组合式开关柜是 1996 年由电力工业部、机械工业部及主要成套开关设备生产企业，联合设计并参照国外先进产品研制的，用于更新换代的新型组合式开关柜，符合国际标准，在全国范围内已得到充分肯定和推广选用。

开关柜适用于交流 50 Hz 和 60 Hz，额定电压 660 V 及以下，额定电流 5 000 A 及以下的铁路电力系统中。装置适用于发电厂、变电所、石油化工部门、厂矿企业、高层建筑等低压配电系统。产品有动力、配电、电动机控制中心、电容补偿等不同功能，以满足电能转换、分配与控制的作用。

在大单机容量的发电厂、大规模石化等行业的低压动力控制中心、电动机控制中心等电力使用场合，GCS 型开关柜能满足计算机接口的特殊需要，如图 4-24 所示。

图 4-24　GCS 型低压柜外观

2. 结构特点

(1)框架采用 C 型钢材开口型钢，主构架上安装模数为 20 mm 和 100 mm 的安装孔，使得框架组装灵活方便。

(2)开关柜的各功能室相互隔离，其隔室分为功能单元室、母线室和电缆室。各室的作用相对独立。水平母线采用柜后平置式排列方式，以增强母线抗电动力的能力，是使主电路具备高短路强度能力的基本措施。

(3)电缆隔室的设计使电缆上下进出均十分方便。

(4)抽屉高度的模数为 160 mm。抽屉改变仅在高度尺寸上变化，其宽度、深度尺寸不变。相同功能单元的抽屉具有良好的互换性。单元回路额定电流 400 A 及以下。

(5)抽屉面板具有分、合、试验、抽出等位置的明显标志。抽屉单元设有机械联锁装置。1 抽屉单元为主体，同时具有抽出式和固定性，可以混合组合，任意使用。

(6)柜体的防护等级为 IP30、IP40。

(四)GGD 型低压固定式开关柜(国产柜型)

1. 柜型介绍

GGD 型低压固定式开关柜适用于发电厂、变电所、工矿企业等电力用户，用于交流 50 Hz，额定工作电压 400 V，额定工作电流 5 000 A 及以下的配电系统中，作为动力、照明及配电设备的电能转换、分配及控制之用，如图 4-25 所示。

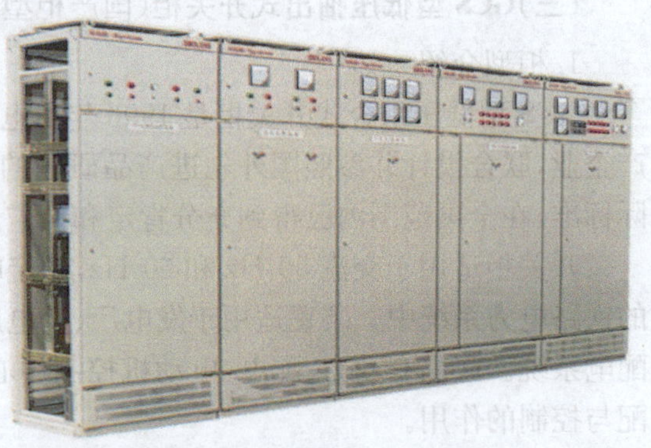

图 4-25　GGD 型低压柜外观

2. 结构特点

(1)GGD 型交流低压配电柜的柜体采用通用柜形式，构架用 8MF 冷弯型钢局部焊接组装而成，并有模数为 20 mm 的安装孔，通用系数高。

(2)GGD 柜充分考虑散热问题。在柜体上下两端均有不同数量的散热槽孔，当柜内电器元件发热后，热量上升，通过上端槽孔排出，而冷风不断地由下端槽孔补充进柜，使密封的柜体自下而上形成一个自然通风道，达到散热的目的。

(3)GGD 柜按照现代化工业产品造型设计的要求，采用黄金分割比的方法设计柜体外形和各部分的分割尺寸，使整柜美观大方，面目一新。

(4)柜体的顶盖在需要时可拆除，便于现场主母线的装配和调整，柜顶的四角装有吊环，用于起吊和装运。

(5)柜体的防护等级为 IP30，用户也可根据环境的要求在 IP20～IP40 之间选择。

(五)Blockset 低压柜

1. 柜型介绍

Blockset 低压柜是施耐德电气公司专门为其低压配电产品而设计，它适用于 400 Hz 以下，额定工作电压 690 V，额定绝缘电压 1 000 V，额定电流 6 300 A 及以下的铁路电力供配电系统，可作为动力配电中心、电动机控制中心、电容补偿及终端配电等电能控制，转换与分配设备使用。适用于发电厂、变电所、工矿企业、民用建筑基础设施等各个领域，如图 4-26 所示。

图 4-26　Blockset 低压柜外观

2. 结构特点

(1)Blockset 低压柜的框架由标准预制构件组装而成，带有预置间隔模数孔，标准模数为 50 mm，可以通过基本框架和扩展框架的组合，构成多种宽度和深度的开关柜。

(2)框架结构可分为母线室、元件室、电缆室。主母线和配电母线布置在母线室中，开关元件如断路器、接触器、变频器、电容器等安装在元件室中，进出线电缆、功能单元之间的连接线及附件可放置于电缆室中。柜内结构区分为元件区、母线区、接线区、仪表区，各区之间采用金属隔板进行隔离。

(3)主母线布置在开关柜的顶部母线室中，不大于 4 000 A 时为单层水平母线，大于 4 000 A时为双层水平母线，上下排布。根据电流大小，每相由 1～5 片母线组成。母线材料为铜，由厚度为 5 mm 的不同规格铜排构成，最大载流量为 7 000 A。配电母线用于向各功能单元传输电能，由 5 mm 或 10 mm 厚的铜排组成。

(六)SIVACON 8PT 低压柜

1. 柜型介绍

SIVACON 8PT 低压柜是由西门子公司设计的新型低压开关柜，采用西门子开关电气元件，具有西门子断路器技术、固定安装式技术、抽出式技术及插入式技术设计，如图 4-27 所示。

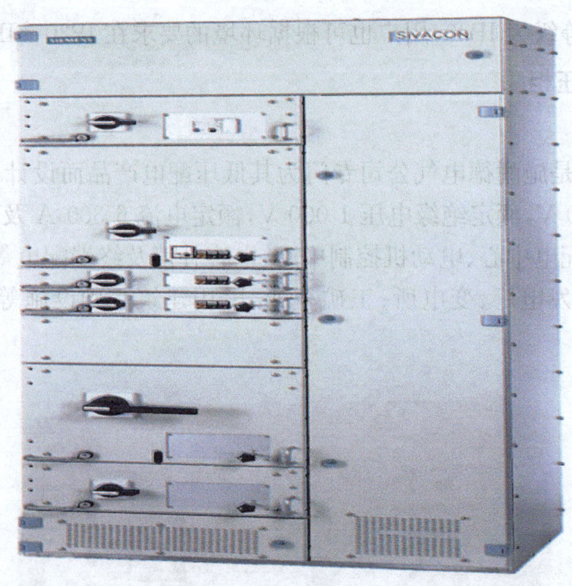

图 4-27　SIVACON 8PT 低压柜外观

2. 结构特点

(1)骨架和外壳尺寸精准、结构牢固，它有两种结构形式，即螺钉连接式或焊接式，柜顶装有释压装置。

(2)灵活多变的水平母线系统满足不同的适用要求；水平母线统一布置在开关柜的上方，断路器结构紧凑、安全可靠。

(3)固定安装式技术经济、安全、适应性好。

(4)7.3 级和 4 级水平母线系统其额定电流可至 7 400 A。

(5)额定峰值耐受电流可至 375 kA。

(6)器件隔室的深度尺寸大，适用于各种安装。

(7)元器件隔室可按模数结构分隔成不同的单元。

(8)开关柜可单面安装，也可背靠背安装。

(9)进线可采用上进线或下进线，出线电缆可在柜体前部连接或后部连接。

五、低压柜操作程序

以两路低压电源进线，带有低压母联分断的无人值守变电站为例(低压进线及母联断路器为框架式)。

(一)电源进线柜或备用进线柜送电操作程序

1.电源进线柜或备用进线柜进线母线或电缆带电后,首先测量并确定进线母线或电缆电压处于正常范围;

2.检查并确定所有出线柜的断路器处于分闸状态;

3.将进线柜或备用进线柜的主断路器用推进摇把推进至工作位置(连接位置);

4.检查仪表室内的控制、合闸、信号、交流及母线电压电源开关(或二次熔断器)处于合闸状态,并测量电源电压属于正常范围后,关闭仪表室门;

5.用远方或就地方式操作电源进线柜或备用进线柜断路器合闸;

6.此时开关柜Ⅰ段或Ⅱ段主母线已处于带电状态,测量或观察电压表显示的母线电压是否处于正常范围。

(二)母联开关柜送电操作程序

1.在电源进线柜或备用进线柜其中的一台送电后;

2.检查并确定所有出线柜(或出线单元)的断路器处于分闸状态;

3.将母联开关柜的主断路器用推进摇把推进至工作位置(连接位置);

4.检查仪表室内的控制、合闸、信号、交流及母线电压电源开关(或二次熔断器)处于合闸状态,并测量电源电压属于正常范围后,关闭仪表室门;

5.用远方或就地方式操作断路器合闸,操作母联断路器合闸;

6.此时开关柜的Ⅰ段和Ⅱ段主母线都已处于带电状态,测量或观察电压表显示的母线电压是否处于正常范围。

注:电源进线柜或备用进线柜同时投入运行时需注意以下几点:

(1)母联开关柜严禁合闸,母联开关应处于分闸隔离状态。

(2)电源进线柜单独为Ⅰ段主母线供电。

(3)备用进线柜单独为Ⅱ段主母线供电。

(4)电源进线柜(或备用进线柜)其中一台单独投入运行时,母联开关柜才能合闸。母联开关柜合闸后,电源进线柜或备用进线柜可同时为Ⅰ段和Ⅱ段主母线供电(如果一次系统只有一个电源进线开关时,没有以上电气联锁)。

六、日常运行维护

1.低压柜不应靠墙安装,必须留有正面操作、双面维修的空间。

2.发生设备更换或维修后必须严格检查各隔室之间、功能单元之间的隔离状态确认已恢复,以确保本装置良好的功能分隔性,防止出现故障扩大。

3.低压柜底电缆孔要封堵严密,防止发生凝露或小动物进入。

4.柜内低压电缆接线应整洁,大容量(截面积较大)的负荷一般设计在下部。

5.应定期对低压柜母排、低压开关、连接端子进行测温,如有条件可采取红外热成像技术查找局部过热缺陷。

6.内部关键元器件及二次端子排要定期检查,防止因振动或开关柜门造成虚接、脱出。

7.低压柜内裸露母排应采取绝缘热缩处理或采取透明绝缘背板,防止人员误入发生触电。

8. 低压柜内所有二次端子一律按照有电设备对待，在作业前必须将控制电源及主回路停电。

七、智能低压柜发展

随着物联网技术的不断发展，各低压柜生产厂商相继推出了智能化配电柜，是在原有传统低压配电柜基础上，通过智能化升级改造实现了场景联动、定时任务、设备预测、运维管理等功能。

较传统配电柜不同，智能化配电柜运用多项监测手段综合监测温度、特性、开关灭弧、二次回路，根据各监测数据综合判断低压开关总体健康指数，能够实现主要元器件的寿命管理。还可将监测数据上传至监控系统，由专业人员进行分析，及时调整设备运行工况，全方位改善配电系统，实现预防性维护。

第八节　箱式变电站

箱式变电站是将高压环网开关柜、变压器、低压开关柜、双电源装置组合在一起。结构紧凑，安全可靠，不受外界干扰，功能扩展空间大。如配合 RTU 装置能够对各低压回路供电状态实时监控和故障分析与切除。

整个箱式变电站建设中一、二次系统集成化、装配模块化、建设过程工厂化、施工简单化，检修集中、简单，占地面积小，不受恶劣环境的侵害。

箱式变电站按照类型分为美式与欧式，美式优点主要是占地面积小，便于安放，缺点主要是供电可靠性低，靠分断开关分合高压限流，因此容量选择较小，无电动操作机构，无法配置自动化装置，不可增设低压电容器；欧式优点主要是可匹配电动操作机构，靠负荷开关分断高压，因此容量选择灵活，可配置自动化装置，增加低压电容器，缺点主要是占地面积过大。欧式箱式变电站外观如图 4-28 所示。

图 4-28　欧式箱式变电站外观

一、箱式变电站结构

箱式变电站主要包含高压部分、变压器部分、低压部分，高压部分主要由高压柜、电压互感器组成，变压器部分主要由变压器组成，低压部分主要由低压柜、双电源切换装置、UPS、各类环控设备组成。以单回路箱式变电站为例，如图 4-29 所示。

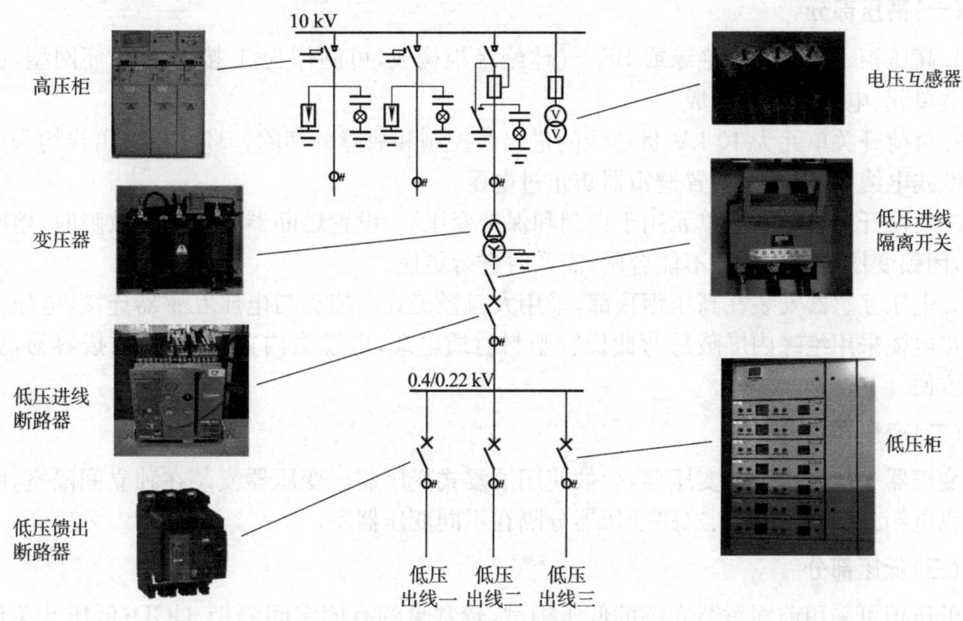

图 4-29 箱式变电站一次系统

箱式变电站总体结构分为一体式和分体式，一体式分为一体式带走廊与不带走廊形式，分体式分为目字形式和一字形式，一体式主要运用较多，分体式主要运用于隧道洞室或其他需要维护通道困难处所，考虑到后期运维方便，便于设备更换，内部结构如图 4-30 所示。

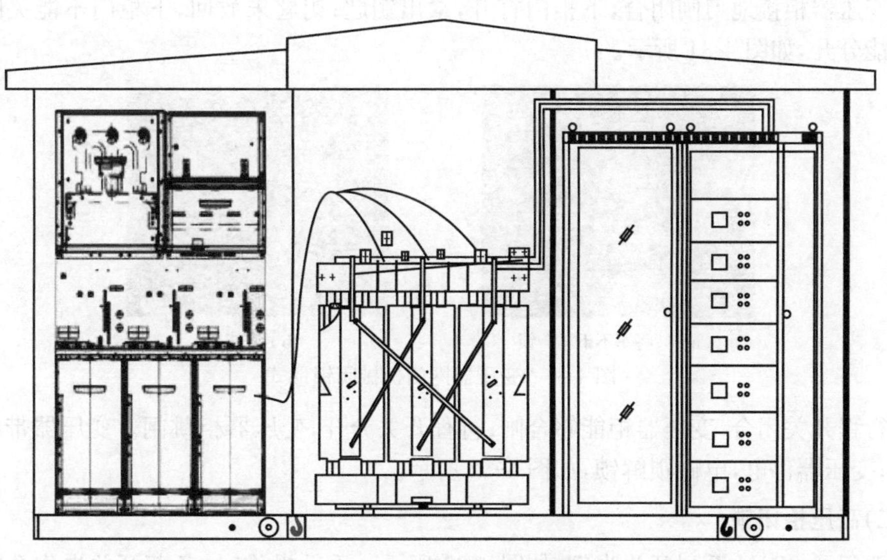

图 4-30 箱式变电站内部结构

二、主要组成部分介绍

(一)高压部分

1.高压柜一般由空气绝缘或 SF_6 气体绝缘柜构成,可制作为 T 接型或 R 环网型,由负荷开关单元、电压互感器组成。

2.负荷开关单元为 10 kV 贯通线的进出线控制和故障的切除。环网柜进出线均采用可触摸欧式电缆头连接,并配置避雷器防止过电压。

3.负荷开关与熔断器单元用于控制和保护变压器,设置熔断器。当发生故障时,熔断器熔断,闭锁变压器高压开关不能合闸,需及时进行更换。

4.电压互感器安装在高压柜顶部,采用大口径美式电缆头与电压互感器连接,电压互感器连接电缆采用绝缘内屏蔽易弯曲橡胶塑料材质电缆,电缆头内置熔断器,插拔容易,更换熔管方便。

(二)变压器部分

变压器一般采用干式变压器,少数使用油浸式变压器。变压器安装在独立间隔室,两路电源供电箱式变电站一路、二路变压器分隔在不同变压器室。

(三)低压部分

低压柜可采用前面章节介绍的低压柜型,较常见的有固定间隔柜、GGD;低压开关包含塑壳断路器、双电源切换;其他辅助元器件包含 UPS 电源、温控、凝控、烟感、空调等。

三、箱式变电站"五防"功能介绍

(一)变压器网门机械闭锁

采用"'将军不下马'锁+直拔锁+行程开关+电磁锁"形式。

1.变压器柜接地刀闸闭合,下柜门打开,拿出钥匙;钥匙未放回,下柜门不能关闭,接地刀闸不能分开,如图 4-31 所示。

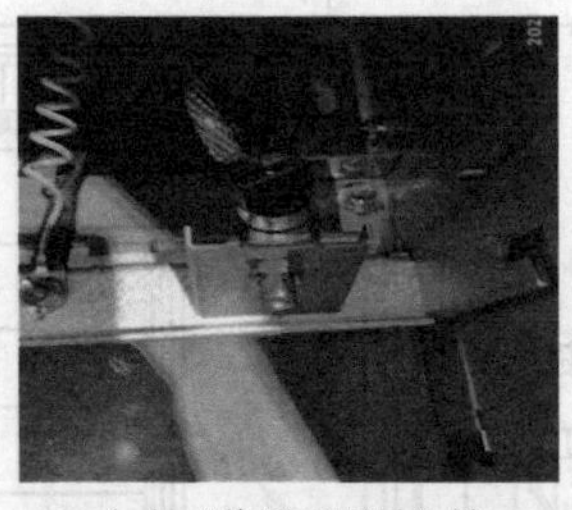

(a)"将军不下马"锁

(b)直拔锁

图 4-31 变压器网门机械闭锁形式

2.行程开关闭合,变压器柜能够合闸;行程开关分开,变压器柜跳闸。变压器带电,电磁锁闭锁;变压器停电,电磁锁解锁,如图 4-32 所示。

(二)高压柜闭锁

以西门子 8DJH 系列开关为例,如图 4-33 所示。手动操作时,负荷开关操作孔打开,接地刀闸操作孔关闭,相反接地刀闸操作孔打开,负荷开关操作孔关闭。操作孔内部存在机械闭锁遮挡片,两开关任一在合闸位,另一开关操作孔遮挡,不能操作。接地刀闸在分位,下柜门锁闭；接地刀闸在合位，下柜门可以打开。

图 4-32　格栅门行程开关、电磁锁

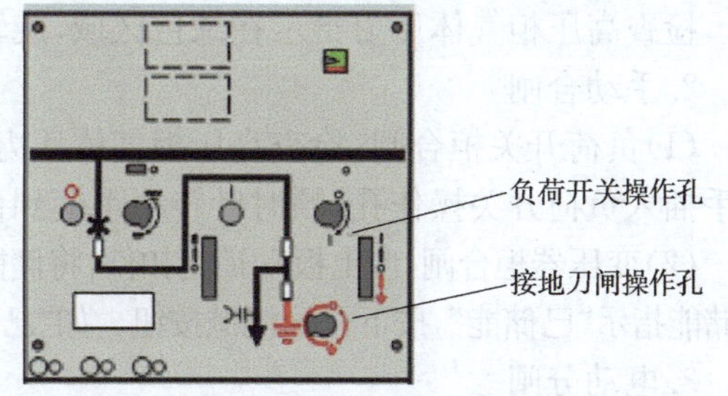

图 4-33　西门子 8DJH 高压柜操作面板（变压器柜）

四、箱式变电站环境控制

1. 箱体密封，各检修门装有密封胶条，检修门设置防尘网，通风孔内部均安装有通风板和无纺布制成的防尘网，起防尘作用。

2. 箱体通风，变压器室门和各设备室顶部安装自动排风装置，利用温度控制器设定启动温度、关停回差，自动控制风扇启停。

3. 变压器底部设置通风窗，当干式变压器强制风冷启动后，吸收基础井内冷空气为变压器降温。

4. 设置自动凝露控制装置，自动启动加热装置进行除潮，防止凝露产生，自动启动排风装置进行换气，防止凝露产生。

5. 低压室、变压器室和高压室均设有烟雾报警装置，一旦有火情发生，通过烟雾报警器发出声响并向后台报警，可及时切除电源，防止事故扩大。

6. 低压室安装工业级制冷空调，具有制冷降温，制热防凝露，高温换气等功能，可设置具体启动条件，停止条件。

五、操作流程

（一）高压开关操作

以西门子 8DJH 系列开关为例，如图 4-34 所示。

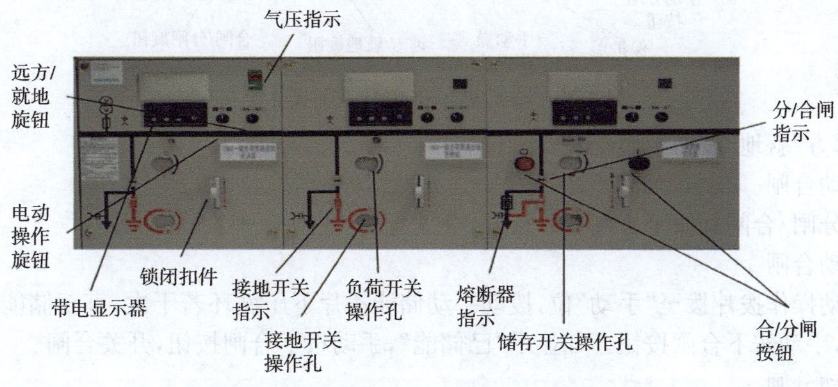

图 4-34　西门子 8DJH 高压柜操作面板（环网柜）

将“远方/就地”旋钮转换至“就地”位。

1. 电动合闸

检查高压柜气体压力指示在绿色区域，旋转电动操作旋钮至合闸后松开，开关合闸。

2. 手动合闸

(1)负荷开关柜合闸：检查高压柜气体压力指示在绿色区域，向上扳动锁闭扣件，将操作把手插入负荷开关操作孔，顺时针转动手柄到位后负荷开关合闸。

(2)变压器柜合闸：向上扳动锁闭扣件，将储能把手插入储能开关操作孔，顺时针旋转若干圈后储能指示“已储能”，按下合闸机械按钮。如“已储能”，直接按下合闸机械按钮，变压器柜合闸。

3. 电动分闸

检查高压柜气体压力指示在绿色区域，旋转电动操作旋钮至分闸后松开，开关分闸。

4. 手动分闸

(1)负荷开关柜分闸：检查高压柜气体压力指示在绿色区域，向上扳动锁闭扣件，将操作把手插入负荷开关操作孔，逆时针转动手柄到位后负荷开关分闸。

(2)变压器柜分闸：检查高压柜气体压力指示在绿色区域，直接按下分闸机械按钮，变压器柜分闸。

5. 接地开关合闸

检查高压柜气体压力指示在绿色区域，确认带电指示器已无电，确认开关在分位，向下扳动锁闭扣件，将操作把手插入接地开关操作孔，顺时针转动手柄到位后接地开关合闸。

6. 接地开关分闸

检查高压柜气体压力指示在绿色区域，向下扳动锁闭扣件，将操作把手插入接地开关操作孔，逆时针转动手柄到位后接地开关分闸。

(二)低压开关操作

以施耐德 NSX 系列开关为例，如图 4-35 所示。

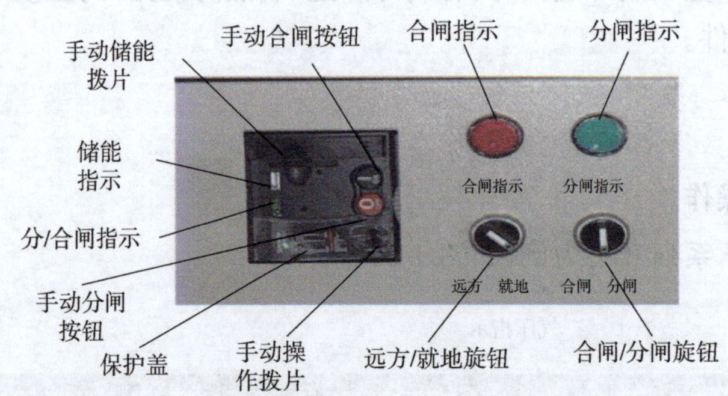

图 4-35　施耐德 NSX 低压开关操作面板

将“远方/就地”旋钮转换至“就地”位。

1. 电动合闸

旋转分闸/合闸旋钮至合闸位后松开，开关合闸，合闸指示(红灯)亮。

2. 手动合闸

将手动操作拨片拨至“手动”位，拨动手动储能拨片下压循环若干次，直至储能指示显示“已储能”，手动按下合闸按钮。如显示“已储能”，手动按下合闸按钮，开关合闸。

3. 电动分闸

旋转分闸/合闸旋钮至分闸位后松开，开关分闸，分闸指示(绿灯)亮。

4. 手动分闸

将手动操作拨片拨至“手动”位，手动按下分闸按钮，开关分闸。

5. 脱扣后合闸

该型号开关可接引脱扣后自动复位功能，直接进行合闸步骤操作，如未接引该功能，重复手动储能再执行合闸操作。

六、故障处置

(一)高压开关拒动

观察气压指示是否在绿区；判断电动操作是否正常，排除控制回路故障；判断机械操作是否正常，排除机械回路故障，进一步查明问题。

(二)高压表计显示不正常

判断二次回路是否虚接，电压互感器熔断器是否熔断，更换步骤如下，如图 4-36 所示。

图 4-36　电压互感器熔断器插拔

1. 将电缆头垂直拔出；
2. 将熔断器从电缆头内取出(逆时针旋出)；
3. 检查或更换熔断器；
4. 将新熔断器进行测量无误后安装到电缆头内(顺时针旋紧)；
5. 做好清洁密封处理，将电缆头重新插到原位。

(三)变压器高压限流熔断器熔断

更换步骤如下：

1. 抽出带有熔断器的高压限流熔断器滑座(所有三相)。
2. 取下高压限流熔断器，将新的高压限流熔断器进行测量，无误后装入接触弹簧中，注意撞针位置，如图 4-37 所示。
3. 通过导向槽将高压限流熔断器滑座推到高压限流熔断器盒中，直到锁紧，如图 4-38 所示。

图 4-37　熔断器安装

图 4-38　熔断器推入熔断盒

4. 关闭变压器出线熔仓门及电缆室下柜门。

(四)低压开关拒动

检查控制回路是否有电，判断电动操作是否正常，排除控制回路故障；判断机械操作是否正常，排除机械回路故障，进一步查明问题。

(五)低压表计显示不正常

测量端口电压,判断是否为表计损坏或接线松动。

(六)UPS 故障

按照说明书核对故障性质,进一步查明原因,必要时更换主机或蓄电池。

(七)其他元器件故障

测量供电回路正常,排除电源问题,更换元器件。

七、日常运行维护

1. 箱式变电站需按照巡视工作要求进行周期巡视,主要检查高低压开关运行状态、机械指示、分合闸(储能)指示,各类表计的指示与实际是否相符。

2. 箱式变电站安装于室外,要定期检查箱式变电站基础是否存在积水,查明积水来源及时进行抽排,防止产生凝露。

3. 低压开关参考各厂家定值整定方式,按照定值整定原则核对,按照负荷及电缆长度测算短时限动作倍数,合理调整定值,实现上下级级差。

4. 箱式变电站要做好高低压电缆进出口封堵工作,防止小动物进入造成设备跳闸。

5. 对 UPS 检查内容包括:

(1)蓄电池连接线及接头是否存在爬碱、氧化腐蚀。

(2)蓄电池是否发生漏液。

(3)应定期检查 UPS 运行状态,按照说明书要求核对报警类型,查找报警原因。

6. 烟雾报警器、温度控制器、湿度控制器、箱式变电站门禁、浪涌保护器、加热板、开关电源盒等易损零件建议 5 年为寿命周期全面更换。

八、在线监测技术

随着箱式变电站技术的不断成熟,越来越多箱式变电站安装了辅助监控系统,少数厂商也在尝试自身生产采集终端,目前较为常见的有:

1. 电缆接地环流在线监测系统,用于精确查找电缆外护套破损点,及时处理以减轻因电缆铠装环流引起的绝缘发热。

2. 能源监控系统,用于监测各用户电量,将数据汇入"智慧大脑",实现对全线"电"能源全面感知,通过"云一机"调控指令,对配电终端设备进行调控,实现智能化管理。

3. 弧光保护告警系统,用于变压器高低压闪络故障判断,及时对故障点进行切除,保障设备运行。

4. 低压谐波治理系统,用于滤除低压谐波,改善供电质量,提高设备使用寿命。

5. 光纤测温系统,对高压电缆头实现温度检测,实时传输检测温度。

6. 电缆故障定位系统,基于故障行波判距,将故障点定位在两箱式变电站间,显示精确距离,判断故障性质。

7. TEV 局部放电检测系统,对高压电缆室实现地电波检测,超过设定阈值后告警。

8. 综合接地网检测系统,对箱式变电站接地网电阻进行检测,超过设定阈值后告警。

随着智能运维系统不断完善,通过统一平台即可将以上辅助监控手段汇集,实现了后台传输加以软件分析,精确指导运维人员掌握设备运行状态,填补了传统巡视盲区。

第五章　交直流系统

第一节　概　　述

铁路变配电所交直流系统一般包含交流电源系统、直流操作电源系统和交流不间断电源系统，其中交流系统为变配电所内动力、照明等交流用电设备提供电源；直流操作电源系统为变配电所内的微机保护、控制、信号、断路器或负荷开关等直流用电设备提供工作电源；交流不间断电源系统为变配电所内的事故照明、微机监控等交流用电设备提供不间断的工作电源。

铁路变配电所交直流系统是变配电所安全运行必不可少的组成部分，特别是直流操作电源系统。当直流操作电源系统断电后，控制、信号、数字式（微机）保护与监控装置等直流用电设备的工作电源断电，变配电所就会在无继电保护情况下运行。此时一旦发生短路事故就会引起越级跳闸，由上一级变电站的继电保护动作跳闸，从而造成全所停电，扩大停电范围，加大了事故停电造成的经济损失。如果发生过电流或过负荷，保护拒动会烧毁变压器或相关设备甚至引起爆炸事故，所以变配电所直流操作电源必须保证高可靠性工作。

一般铁路变配电所都有两路所用电电源，两路所用电电源接入到交流电源系统自动切换开关后输出到母线，再从母线分出多路给所内动力、照明以及直流操作电源系统等供电。直流操作电源系统配置蓄电池组，当交流失电时，直流操作电源系统能继续运行一段时间以保障变配电所一、二次设备的正常工作。交流不间断电源系统通常采用逆变电源，与直流操作电源系统共用蓄电池组，当交流失电时，可以继续为事故照明和微机监控等交流用电设备提供工作电源，如果不能与直流操作电源系统共用蓄电池组，则要采用自带蓄电池的不间断UPS电源系统。

铁路智能型箱式变电站是变配电所的一种紧凑型应用形式，其操作电源为高压开关柜、低压配电柜中的电动操作机构、远动终端控制装置（RTU）、智能测控装置及信号指示等设备提供工作电源。

第二节　变配电所用交流电源系统

一、概　　述

变配电所用交流电源系统本质上是低压交流配电屏，主要是为所内的用电设备提供交流电源，如直流操作电源系统、UPS交流电源、变压器冷却系统、照明、排风扇等。交流电源系统可根据需要设置监控系统监视和控制交流电源系统的运行情况，随着无人值守变配电所的普及，可通过监控系统向上级调度上传系统状态信息以及接受调度端控制。

变配电所用交流电源的接线方式通常采用单母线方式，其系统主要组成有：自动切换开关(ATS)、电源切换控制器、浪涌保护器、表计、馈线及用电气元件等。

二、变配电所交流系统典型方案

交流系统一般在电源输入端配置浪涌保护器，以及相应的电流表、电压表以显示系统运行状态。根据应用需要，输入、输出开关以及自动切换开关需要配置辅助报警节点及电动操作机构。

(一)采用 ATS 电源切换单母线交流系统典型方案

图 5-1 所示为配电所采用 ATS 电源切换单母线交流系统典型方案。

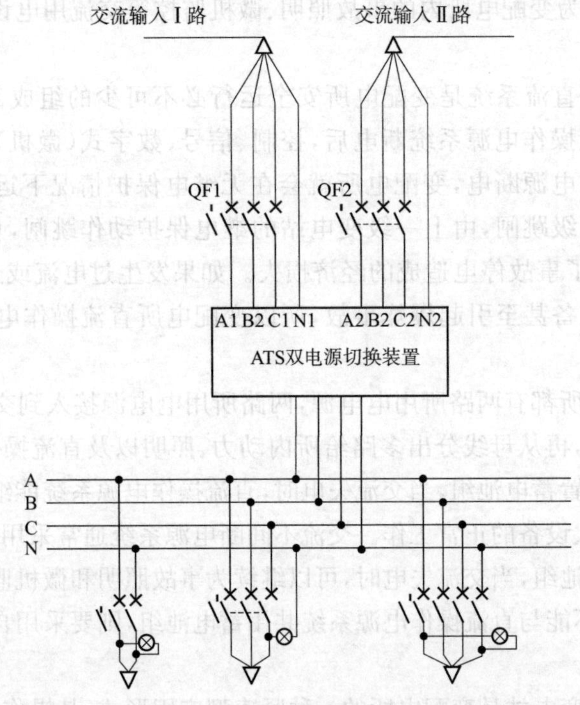

图 5-1　采用 ATS 电源切换单母线交流系统典型方案

两路交流电源经自动切换开关(ATS)后，输出至交流母线，然后馈出多路分别给各种负载供电。

(二)采用单母线分段的交流系统典型方案

如图 5-2 所示，设两段低压母线，正常时，两路交流电源同时分别向所带负荷供电，当任一路电源失电或缺相时，母联自动投入运行，由另一路电源带全部负荷。当失电或缺相的电源恢复正常时，母联自动断开，恢复两路电源同时分别向所带负荷供电。

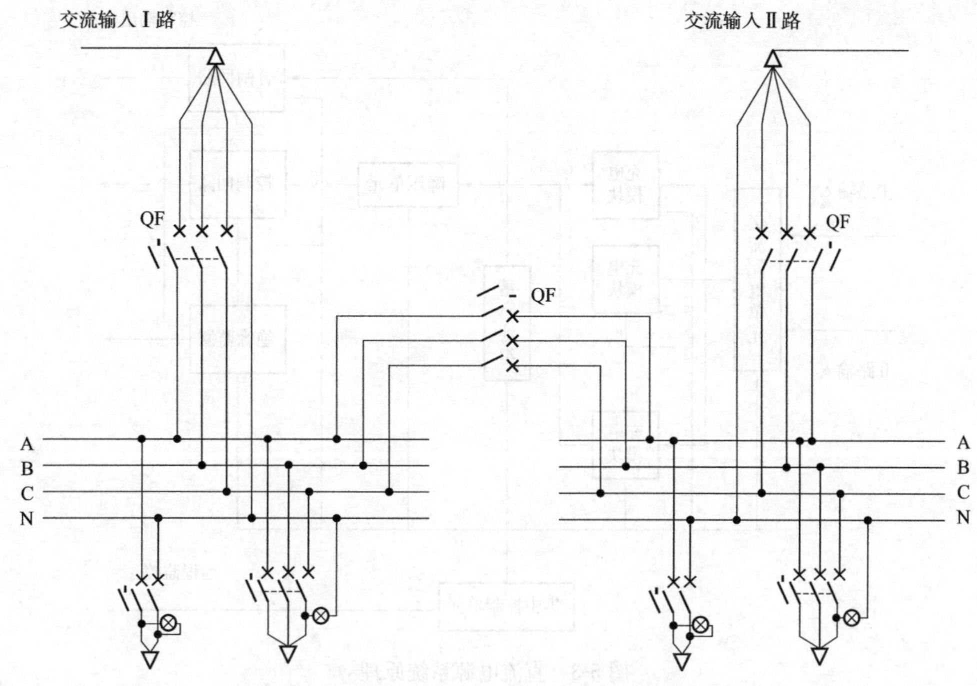

图 5-2　采用单母线分段的交流系统典型方案

第三节　变配电所用直流电源系统

一、基本组成

(一)概述

早期直流操作电源系统有多种技术方案,例如有硅整流电容储能直流电源系统等,经过不断改进和演化,目前变配电所直流操作电源主要为 GZDW 微机控制高频开关直流电源。

GZDW 系列微机控制高频开关直流电源适用于大中小型变配电所,作为高压断路器直流操作机构的分合闸、继电保护、自动装置、信号装置等使用的操作电源和控制用直流电源。

直流电源系统主要由交流配电单元、充电模块、直流馈电、集中监控单元、绝缘监测单元、降压单元和蓄电池组等部分组成。图 5-3 所示为直流电源系统原理。

两路交流输入经交流配电单元选择其中一路交流输入提供给充电模块;充电模块输出稳定的直流,一方面对蓄电池组补充充电和提供合闸输出,另外通过降压单元提供控制输出,为负载提供正常的工作电流;绝缘监测单元可在线监测直流母线和各支路的对地绝缘状况;集中监控单元可实现对交流配电单元、充电模块、直流馈电、绝缘监测单元、直流母线和蓄电池组等运行参数的采集与各单元的控制和管理,并可通过远动接口接受电力远动主站的监控。

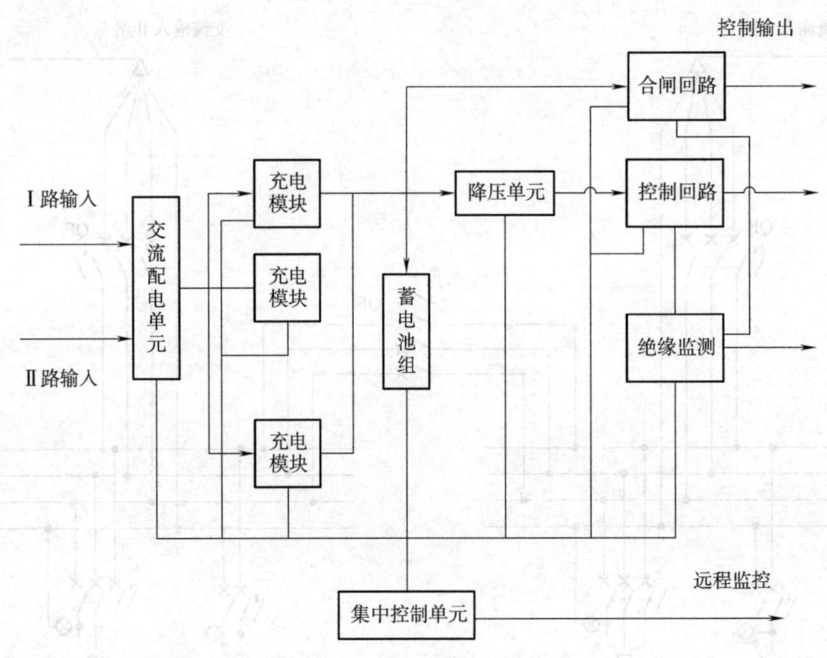

图 5-3　直流电源系统原理

(二)系统接线方式

目前直流操作电源系统接线主要分为以下几种方式:

1. 以母线分段为标准可分为:

单母线接线方式、单母线分段接线方式、双母线接线方式等。

2. 以降压装置为标准可分为:

带降压装置接线方式和不带降压装置接线方式。

3. 以充电机和蓄电池组数为标准可分为:

一组充电机一组蓄电池方式、二组充电机一组蓄电池方式、二组充电机二组蓄电池方式、三组充电机二组蓄电池方式等。

如图 5-4 所示为典型的接线方式,即二组充电机一组蓄电池单母线带降压装置。

(三)高频开关电源模块配置原则

充电/浮充电装置采用多个高频开关电源模块并联,$N+1$ 热备份工作。高频开关电源模块数量可按如下公式选择(即确定 N 的数值)

$$N\times 模块额定电流 \geqslant I_j + I_{C10} \quad (5\text{-}1)$$

式中　I_j——直流系统最大经常性负荷电流,A;

I_{C10}——满足蓄电池要求的充电电流(阀控式铅酸电池为 0.1～0.2C10),A。

例如:直流电源系统电压等级为 DC 220 V,蓄电池容量为 300 A·h,经常性负荷电流为 5 A(最大经常性负荷电流不超过 7 A)。

充电电流(0.1C×300 A·h)+最大经常性负荷电流(约 7 A)=37 A。若选用 20 A 电源模块 2 台即可满足负荷需求($N=2$),再加一个备用模块共 3 个电源模块并联即可构成所需系统。

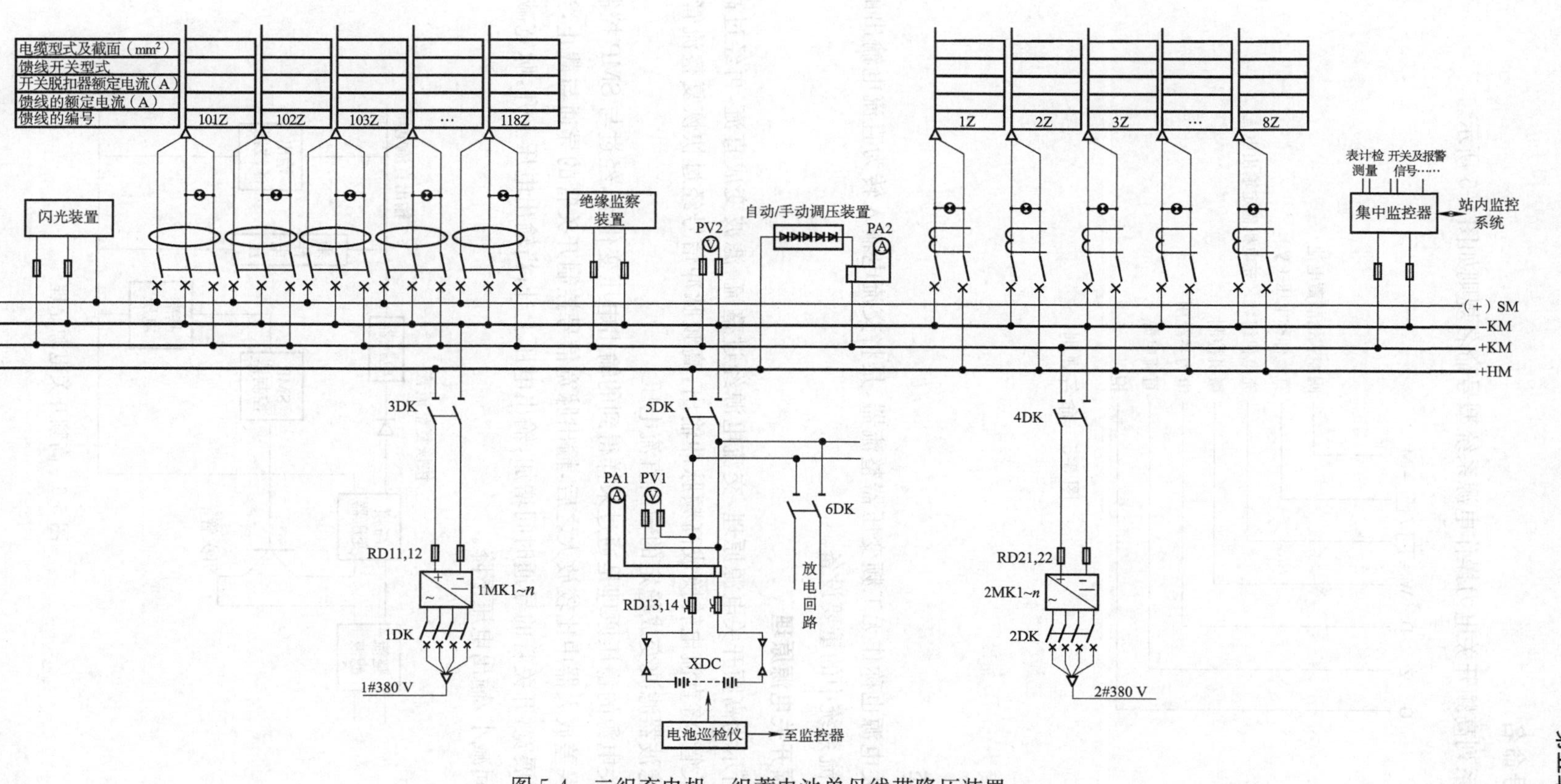

图 5-4 二组充电机一组蓄电池单母线带降压装置

(四)型号命名

GZDW 系列高频开关电力操作电源系统型号命名规则如图 5-5 所示。

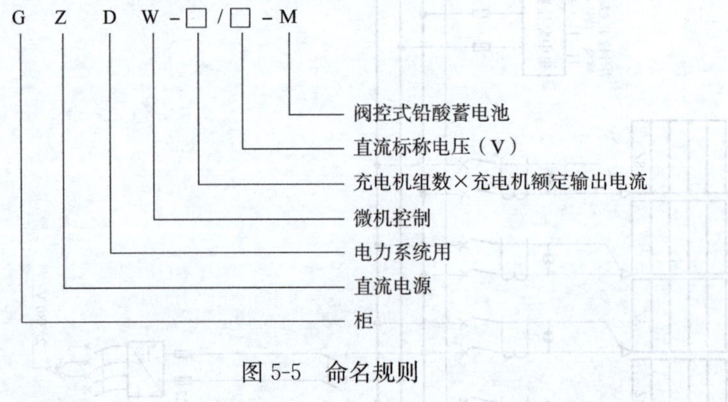

图 5-5　命名规则

二、高频开关电源

(一)概述

高频开关电源也称作无工频变压器整流器，是将交流电输入转为直流电输出的一种电源设备，是直流系统中的重要设备。

(二)高频开关电源原理

图 5-6 所示为高频开关电源原理，交流电源经过整流、滤波变成直流，再经过高频变压器及高频开关管，将直流电转换成高频脉冲输出，高频脉冲信号经过快恢复整流管整流、电抗器及输出滤波器滤波变成稳定的输出直流电压。

高频开关电源的稳压原理是通过采样得到的输出电压变化量，经过与 SMP 控制器的基准电压值在误差放大器中比较放大之后，输出脉宽信号控制开关管的导通与截止，当输出电压下降，脉宽展宽，开关管的导通时间增加，输出电压上升；当输出电压上升，脉宽减小，开关管的导通时间减小，输出电压下降。

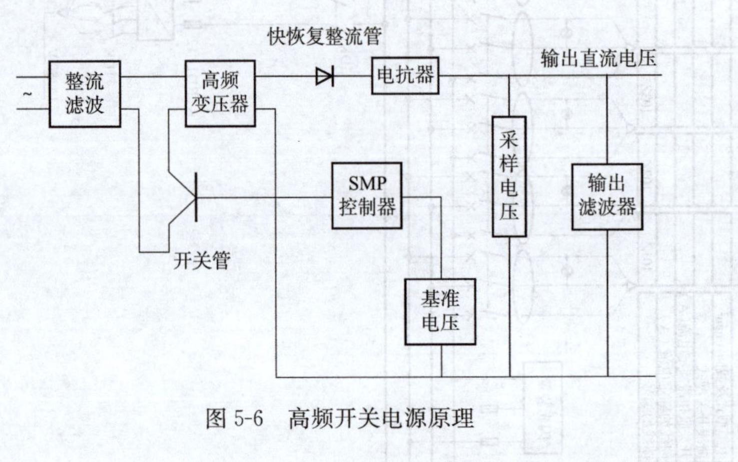

图 5-6　高频开关电源原理

三、监控系统

(一)概述

监控系统是交直流设备的核心控制部分,相当于整个交直流系统的"大脑",其本身性能关系到整个交直流系统的智能化程度及稳定性。

监控系统主要由监控调度中心计算机及安装在直流系统上的监控器组成,监控调度中心可通过远动通信通道对直流系统进行遥测、遥信、遥调、遥控。监控调度人员可在监控调度中心监视各个现场的直流系统的运行情况,一旦发现某个系统出现异常或告警,则可以直接访问该系统的监控器,获取必要的详细信息,实施必要的应急操作。

(二)监控器工作原理

监控器一般装于直流电源屏内,负责对直流系统各单元(如电压电流采集单元、充电模块、绝缘监测、电池巡检等)运行状态与数据的采集、显示;系统单元运行参数的设置,并控制各单元的正常运行;接收监控中心计算机发送来的命令及参数,并将系统运行状态及参数发送给监控中心计算机。图 5-7 所示为集中监控器原理。

监控器一般采用数字总线控制方式,对所监测的模拟量、数字量可进行扩展。当监控器故障时,其本身具有声光报警和接点输出。

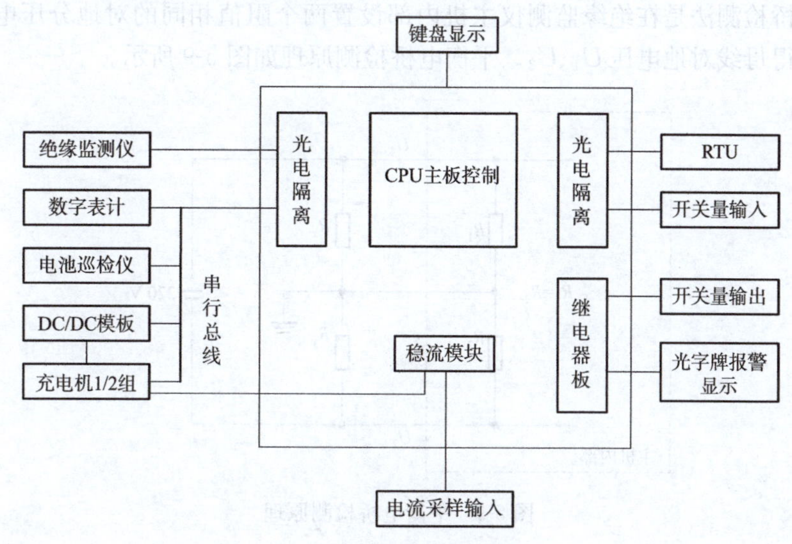

图 5-7 集中监控器原理

四、绝缘监测

直流电源作为主要电气设备的操作电源及控制信号电源,具有多个馈出支路。直流系统接地故障是一种易发生且对铁路电力系统危害性较大的故障。特别是在两点接地的情况下,可能造成继电保护误动或者拒动,危害一次系统正常运行。

绝缘检测仪是一种针对直流电源系统母线及支路的绝缘状态进行在线实时的检测与管理的装置。

(一)工作原理

绝缘监测仪主机检测正负直流母线的对地电压,通过对地电压计算出正负母线对地绝缘电阻。当绝缘电阻低于设定的报警值时,启动直流接地声光报警。绝缘监测仪工作原理如图 5-8 所示。

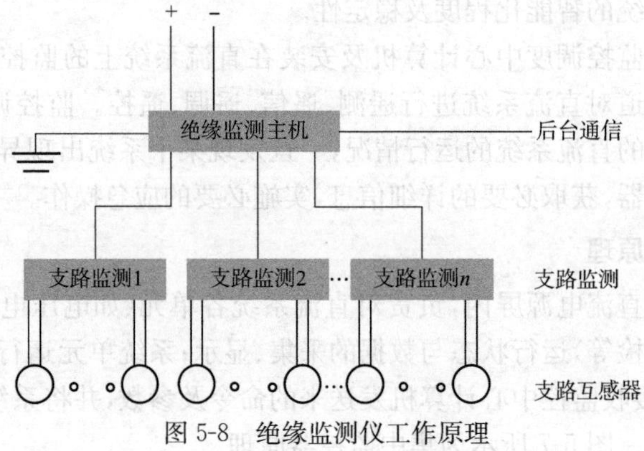

图 5-8　绝缘监测仪工作原理

(二)母线检测方法

1. 平衡电桥检测法

平衡电桥检测法是在绝缘监测仪主机内部设置两个阻值相同的对地分压电阻 R_1、R_2,通过它们测得母线对地电压 U_1、U_2。平衡电桥检测原理如图 5-9 所示。

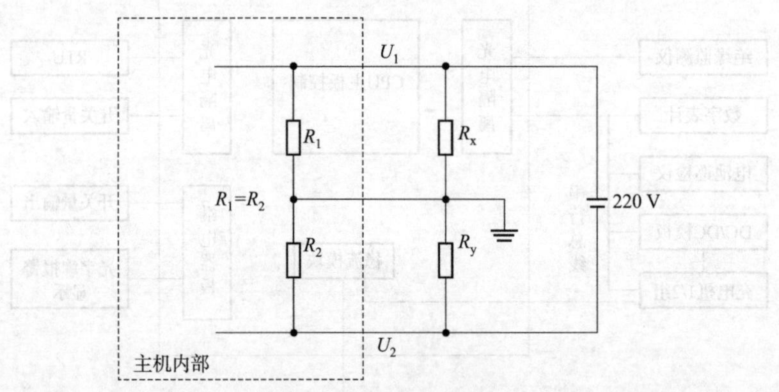

图 5-9　平衡电桥检测原理

当 $R_x=R_y=\infty$ 时,系统无接地,此时,$U_1=U_2=110$ V。当系统单端接地时,得

$$\frac{U_1}{R_1 /\!/ R_x}=\frac{U_2}{R_2} \tag{5-2}$$

通过此方程式可求得单端接地电阻 R_x 或 R_y。当系统出现双端接地时,得

$$\frac{U_1}{R_1 /\!/ R_x}=\frac{U_2}{R_2 /\!/ R_y} \tag{5-3}$$

此时,不能直接求解,处理方法是将 R_x、R_y 中较大的一个视为无穷大,按单端接地的情况求解,所求得的接地电阻值大于实际值。R_x、R_y 的实际值越接近,则测量误差越大,达到 $R_x=R_y$ 时,测量误差∞。

2. 不平衡电桥检测法

不平衡电桥检测法是由主机内部两个阻值相等的对地电阻通过电子开关 K_1、K_2 按照一定的开合顺序接地。不平衡电桥检测原理如图 5-10 所示。

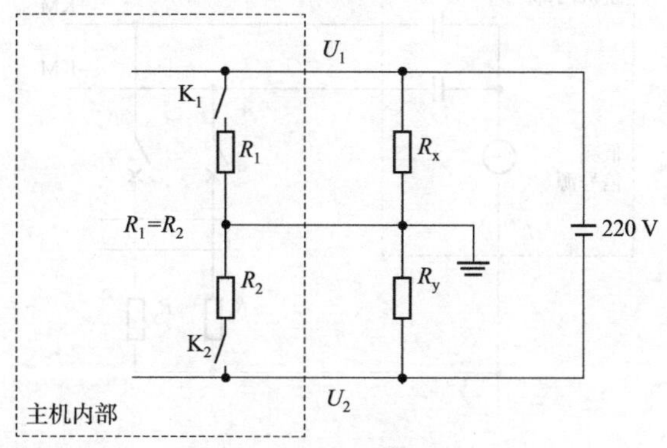

图 5-10　不平衡电桥检测原理

在一个检测周期内，K_1 闭合 K_2 断开，测得 U_1、U_2

$$\frac{U_1}{R_1 /\!/ R_x}=\frac{U_2}{R_y} \tag{5-4}$$

然后 K_1 断开 K_2 闭合，经一定延时后再次测量 U_1、U_2，得

$$\frac{U_1}{R_x}=\frac{U_2}{R_2 /\!/ R_y} \tag{5-5}$$

解联立方程式(5-4)、式(5-5)就可直接求得正负母线接地电阻 R_x、R_y。

3. 两种检测方法性能比较

平衡电桥检测法和不平衡电桥检测法由于本身电路的限制，都有各自的优点及缺点，其比较见表 5-1。

表 5-1　平衡电桥检测法和不平衡电桥检测法对比

	平衡电桥检测法	不平衡电桥检测法
优点	平衡电桥检测法属于静态测量，即测量正负母线对地的静态直流电压，母线对地电容的大小不影响测量精度； 由于不受接地电容的影响，检测速度快	任何接地方式均能准确检测
缺点	双端接地时，测量误差较大； 不能检测平衡接地	在测量过程中，需要正负母线分别对地投入电阻，因此母线对地电压是变化的；为了获得准确的测量结果，每次投入电阻后需要延时，待母线对地电压稳定后，再测量，因此检测速度慢； 受母线对地电容的影响

(三)支路检测原理

1. 交流法

较早的绝缘监测仪对于支路电阻检测基本上都采用了小信号注入法，即当母线检测接地异常时，将一个约 5～10 V，10～20 Hz 的低频信号注入母线，交流 CT 通过锁相技术等方式便可检测到不平衡电流即漏电流，然后再通过数据线将检测信号送至主机做响应处理。图 5-11 所示为交流法支路检测原理。

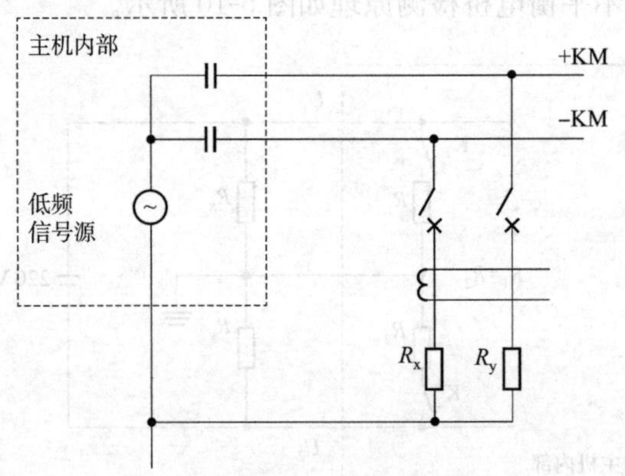

图 5-11　交流法支路检测原理

该方式 CT 结构简单、成本较低。但由于向直流母线注入交流信号，容易引起设备误动或干扰设备，检测精度受接地电容影响，不能识别母线接地极性，已经逐渐被淘汰。

2. 直流法

采用直流有源 CT，不须注入交流信号。当出现接地时，直流 CT 将直流漏电流变换为 0～5 V 或 4～20 mA 的电信号。

该方式的优点是无须向母线注入交流信号，受接地电容的影响小，能识别接地母线的极性，能测量双端接地。缺点是成本高于交流 CT，环境温度和工作电压的波动影响测量精度。

五、电池巡检

(一)概述

蓄电池巡检仪又叫蓄电池监测管理系统，是一种针对电源系统蓄电池进行实时、完善的在线检测与管理的装置。

(二)功能特点

1. 主要是针对电池组安装完成后在线检测，诊断和提前预示电池性能趋势，真正做到准确、快速、可靠。

2. 在线自动监测每节电池电压、电池组组端电压、充放电电流和温度，数据采集快速准确。

3. 多种故障报警功能：电压、电压均差值，温度超限时声光报警，报警值自由设定，报警记录自动存储。

六、直流电源系统的检查及常见故障处理方法

(一)直流系统日常检查内容

1. 高频充电装置巡检内容：

(1)三相交流输入电压是否平衡或缺相；

(2)运行噪声有无异常;

(3)输出电压和电流是否正常;

(4)液晶显示是否正常;

(5)散热器温度是否正常。

2. 微机监控装置巡检内容:

(1)液晶显示是否正常;

(2)键盘是否能灵活操作;

(3)光标是否正常移动;

(4)被监测数据能否正确;

(5)监控装置和高频模块、电池数据采集模块、馈线支路检测绝缘单元及上位机通信是否正常;

(6)是否能正常启动蓄电池组的均充、活化、内阻检测程序。

3. 蓄电池巡检内容:

(1)蓄电池单体电压值是否在正常范围;

(2)整组蓄电池电压值是否在正常范围;

(3)电池连接片有无松动、腐蚀;

(4)壳体有无渗漏、变形;

(5)极柱和安全阀周围是否有酸雾溢出;

(6)蓄电池温度是否过高。

4. 系统巡检内容:

(1)面板是否有报警指示灯亮,监控装置"事件信息"菜单是否曾经有过事件报文信息;

(2)充电电压、电池组电压/电流、母线电压是否在正常范围,面板仪表和微机监控是否正确指示或显示;

(3)母线绝缘是否正常,有无馈线支路绝缘下降报警;

(4)蓄电池开关、斩波器开关是否在"合"位;

(5)母联开关是否在"分"位;

(6)手动硅堆选择开关是否在最低挡位,自动硅堆选择开关是否在"自动"挡位;

(7)监控装置的"高级设定"和"系统组态"菜单"PASSWORD"是否在"关"状态。

(二)常见故障的处理方法

1. 直流失电:

(1)交流进线电源失电,高频开关电源模块发出失去电源信号,待电源恢复正常后,自然消除。

(2)高频开关电源模块直流输出端熔断器熔断,或直流输出端空气开关脱扣,发出信号,更换同规格的熔断器或合上空气开关,故障消除。

(3)交流电源缺相,直流输出电压只能达到额定值的 60%~70%,用万用表测熔断器输入端三相电压即可,查出失相原因,处理后,即可恢复正常。

2. 充电电源失电的处理：

(1)交流电源失电。

(2)高频开关电源模块失电，充电电源只能在高频充电装置工作正常时才能工作，若高频开关电源模块失电或故障，充电电源自动切断蓄电池组由浮充转为放电状态工作，待高频开关电源模块恢复正常，即可启动充电电源。

(3)电池组强充电终止，当蓄电池已充满，充电过电压继电器动作，自动切断充电电源，将强充、浮充选择开关置于“浮充”位置，按下充电启动按钮，即可恢复正常工作。

3. 蓄电池充电回路开路：充电电源无法启动，强按 QA 充电器输出有电压(偏高)，但无电流。

4. 蓄电池组低电压：

(1)电池组放电结束，电池组电压低至 10 V/只，不能继续放电，应立即关断电池组开关。

(2)电池组回路开路，应找出开路点，予以可靠连接。

5. 监控单元的告警现象：监控单元发出告警声，液晶显示屏显示相应告警信息。

(1)交流电压过高/过低告警：用万用表检查交流电压是否正常，正常则检查监控单元的交流电压报警上下限。

(2)交流缺相告警：用万用表检查三相交流是否有缺相，无缺相则检查电压是否低于 100 V。

(3)无交流告警：检查是否真的无交流，看两路交流接触器是否有其中一路吸合，有吸合则检查三相交流是否有缺相。

(4)输出过压/欠压告警：检查系统是否限流，用万用表检查输出电压是否正常，正常则检查监控单元的输出电压报警上下限，不正常则检查监控单元输出电压的设置。

(5)电池过充/过放告警：检查监控单元的电池过充/过放报警上下限，检查监控单元的电池限流设置是否大于充电电流报警上限，负载电流是否大于放电流报警下限。

(6)模块故障告警：模块是否真的故障可通过遥测、遥信等功能对设备进行检查，若正常可遥控关机告警模块。

第四节　UPS 不间断电源

一、UPS 不间断电源的工作原理

UPS 不间断电源是一种含有储能装置，以逆变器为主要元件，稳压、稳频输出的电源保护设备。当市电正常输入时，UPS 就将市电稳压后供给负载使用。同时对机内电池充电，把能量储存在电池中，当市电中断(各种原因停电)或输入故障时，UPS 即将机内电池的能量转换为交流电继续供负载使用，使负载始终处于正常工作状态。

二、UPS 不间断电源的基本分类与特点

目前市场上已经有不同类型的 UPS，按 UPS 的工作方式可分为后备式、双变换在线式、在线互动式三大类。其中双变换在线式 UPS 电源应用较为广泛。

(一)后备式 UPS 电源

后备式 UPS 电源是静止式 UPS 的最初形式，其应用广泛，技术成熟，一般只用小功率范围，电路简单，价格低廉。这种 UPS 对电压的频率不稳、波形畸变以及从电网侵入的干扰等不良影响基本上没有任何改善，如图 5-12 所示。

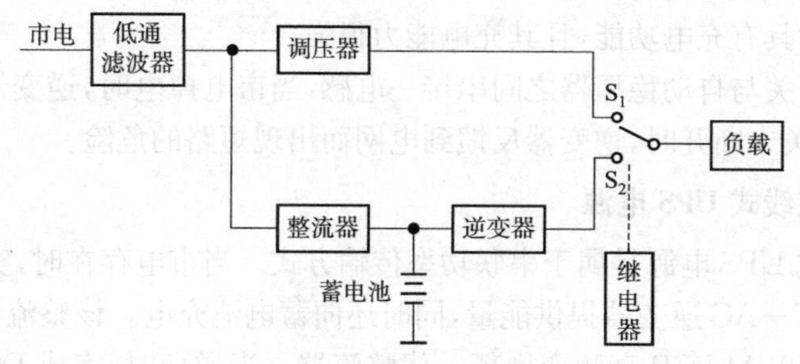

图 5-12 后备式 UPS 原理

后备式 UPS 工作特点：

1. 市电利用率高，可达 96%。

2. 输出能力强，对负载电流波峰因数、浪涌系数、输出功率因数、过载等没有严格的限制。

3. 输出转换开关受切换电流能力和动作时间限制。

4. 输入功率因数和输入电流谐波取决于负载性质。

(二)在线互动式 UPS 电源

在线互动式 UPS 电源也称为三端口式 UPS 电源，市电供电时，交流电经端口 1 流入变压器，在稳压电路的控制下选择合适的变压器抽头拉入，同时在端口 2 的双向变换器的作用下借助蓄电池的能量转换共同调节端口 3 上的输出电压，以此来达到比较好的稳压效果。当市电掉电时，蓄电池通过双向变换器经端口 2 给变压器供电，维持端口 3 上的交流输出。在线互动式 UPS 电源在变压器抽头切换的过程中，双向变换器作为逆变器方式工作，蓄电池供电，因此能实现输出电压的不间断，如图 5-13 所示。

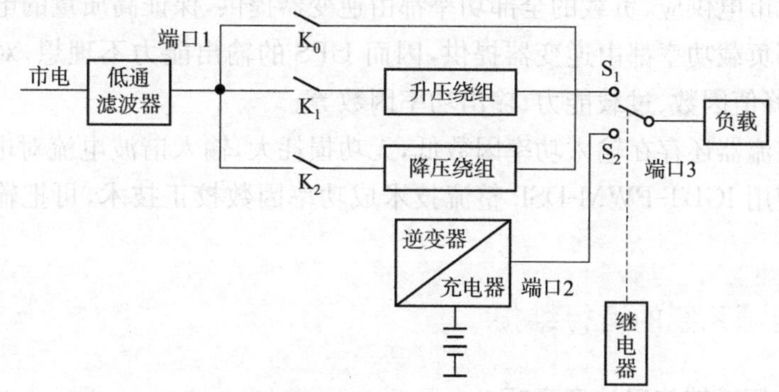

图 5-13 在线互动式 UPS 原理

在线互动式 UPS 特点：

1. 市电利用率高，可达 98%。

2. 输出能力强，对负载电流波峰因数、浪涌系数、输出功率因数、过载等没有严格的限制。

3. 输入功率因数和输入电流谐波取决于负载性质。

4. 变换器直接接在输出端，并处于热备份状态，对输出电压尖峰干扰有抑制作用。

5. 输入开关存在断开时间，致使 UPS 输出仍有转换时间，但比后备式小得多。

6. 变换器同时具有充电功能，且其充电能力很强。

7. 如在输入开关与自动稳压器之间串接一电感，当市电掉电时，逆变器可立即向负载供电，可避免输入开关未断开时，逆变器反馈到电网而出现短路的危险。

(三)双变换在线式 UPS 电源

双变换在线式 UPS 电源是属于串联功率传输方式。当市电存在时，实现 AC→DC 转换功能，一方面向 DC→AC 逆变器提供能量，同时还向蓄电池充电。该整流器多为可控硅整流器，但也有 IGBT-PWM-DSP 高频变换新一代整流器。当逆变时，完成 DC→AC 转换功能，向输出端提供高质量电能，无论由市电供电或转向电池供电，其转换时间为零。当逆变器过载或发生故障时，逆变器停止输出，静态开关自动转换，由市电直接向负载供电。静态开关为智能型大功率无触点开关。其原理如图 5-14 所示。

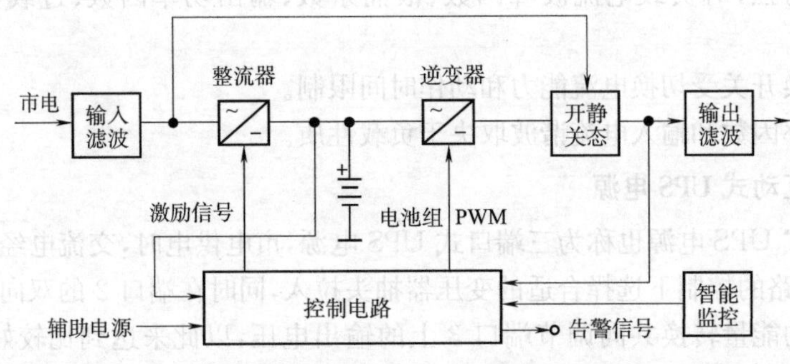

图 5-14　双变换在线式 UPS 原理

双变换在线式 UPS 特点：

1. 不管有无市电供应，负载的全部功率都由逆变器提供，保证高质量的电力输出。

2. 由于全部负载功率都由逆变器提供，因而 UPS 的输出能力不理想，对负载有限制条件，如负载电流峰值因数、过载能力、输出功率因数等。

3. 对可控整流器还存在输入功率因数低，无功损耗大，输入谐波电流对电网产生极大的影响，当然，若使用 IGBT-PWM-DSP 整流技术成功率因数校正技术，可把输入功率因数提高到接近 1。

三、UPS 电源系统的运行维护

(一)UPS 电源系统使用注意事项

UPS 电源系统因其智能化程度高，储能电池采用了免维护蓄电池，这虽给使用带来了许多便利，但在使用过程中还应引起多方面注意，才能保证使用安全。

1. UPS 电源主机对环境温度要求较高，商业级 UPS 只能在 0～40 ℃环境温度下正常工作，同时要求室内清洁、少尘，否则灰尘加上潮湿会引起主机工作紊乱。储能电池则对温度要求较高，标准使用温度为25 ℃，平时不能超过+15～+30 ℃。温度太低，会使储能电池容量下降，温度每下降1 ℃，其容量下降1%。温度升高后容量会增加，但寿命降低。如果在高温下长期使用，温度每高10 ℃，电池寿命约降低一半。

2. 主机中设置的参数在使用中不能随意改变，特别是对电池组的参数，会直接影响其使用寿命，但随着环境温度的改变，对浮充电压要作相应调整。通常以25 ℃为标准，环境温度每升高或降低1 ℃时，浮充电压应增加18 mV（相对于12 V蓄电池）。

3. 在无UPS交流输入电源时，应避免带负载启动UPS电源，应先关断各负载，等UPS电源系统启动后再开启负载。因负载瞬间供电时会有冲击电流，会造成UPS电源瞬间过载，严重时将损坏变换器。

4. UPS电源系统按使用要求功率余量不大，在使用中要避免随意增加大功率的额外设备，也不允许在满负载状态下长期运行。但工作性质决定了UPS电源系统几乎是在不间断状态下运行的，增加大功率负载，即使是在基本满载状态下工作，都会造成主机出故障，严重时将损坏变换器。

5. 自备发电机的输出电压、波形、频率、幅度应满足UPS电源对输入电压的要求，另外发电机的功率要远大于UPS电源的额定功率，否则任一条件不满，将会造成UPS电源工作异常或损坏。

6. 由于组合电池组电压很高，存在电击危险，因此装卸连接条、输出线时应做好安全保障，工具应采用绝缘措施，特别是输出接点应有防触摸措施。

7. 不论是在浮充工作状态还是在充电、放电检修测试状态，都要保证电压、电流符合规定要求。过高的电压或电流可能会造成电池的热失控或失水，电压、电流过小会造成电池亏电，这都会影响电池的使用寿命，前者的影响更大。

8. UPS适合带电容性负载，而不适合带电感性负载。在特殊情况下，在线式UPS可带适当的电感性负载，但要加大UPS的容量。

9. 在任何情况下，都应防止电池短路或深度放电，因为电池的循环寿命和放电深度有关。放电深度越深、循环寿命越短。在容量试验中或是放电检修中，通常放电达到容量的30%～50%即可。

10. 对电池应避免大电流充放电，虽说在充电时可以接受大电流，但在实际操作中应尽量避免，否则会造成电池极板膨胀变形，使得极板活性物质脱落，电池内阻增大，温度升高，严重时将造成容量下降，寿命提前终止。

（二）日常维护与检修

1. UPS电源在正常使用情况下，主机的维护工作很少，主要是防尘和定期除尘。特别是气候干燥的地区，空气中的灰粒较多，机内的风机会将灰尘带入机内沉积，当遇空气潮湿时会引起主机控制紊乱造成主机工作失常，并发生不准确告警，大量灰尘也会造成器件散热不良，一般每季度应彻底清洁一次。

2. 虽说储能电池组目前都采用了免维护电池，但这只是免除了以往的测比、配比、定时添加蒸馏水的工作。但外因工作状态对电池的影响并没有改变，不正常工作状态对电池造成的影响没有变，这部分的维护检修工作仍是非常重要的，UPS电源系统的大量维修检修工作主要在电池部分。

(1)储能电池的工作全部是在浮充状态,在这种情况下至少应每年进行一次放电。放电前应先对电池组进行均衡充电,以达全组电池的均衡。要清楚放电前电池组已存在的落后电池。放电过程中如有一只达到放电终止电压时,应停止放电,继续放电先消除落后电池后再放。

(2)核对性放电,不是首先追求放出容量的百分之多少,而是要关注发现和处理落后电池,经对落后电池处理后再做核对性放电实验。这样可防止事故,以免放电中落后电池恶化为反极电池。

(3)平时每组电池至少应有 8 只电池作标示电池,作为了解全电池组工作情况的参考,对标示电池应定期测量并做好记录。

(4)日常维护中需经常检查的项目有:清洁并检测电池两端电压、温度;连接处有无松动、腐蚀现象,检测连接条压降;电池外观是否完好,有无壳变形和渗漏;极柱、安全阀周围是否有酸雾逸出;主机设备是否正常。

(5)免维护电池要维护,延长使用年限;保证直流母线经常保持合格的电压和电池的放电容量;保证电池运行和人员的安全可靠。这就是电池维护的目的,也是电池运行规程中包括的内容和进行规则。

3. 当 UPS 电池系统出现故障时,应先查明原因,分清是负载还是 UPS 电源系统,是主机还是电池组。虽说 UPS 主机有故障自检功能,但它对面而不对点,对更换配件很方便,但要维修故障点,仍需做大量的分析、检测工作。另外如自检部分发生故障,显示的故障内容则可能有误。

4. 对主机出现击穿,断熔断器或烧毁器件的故障,一定要查明原因并排除故障后才能重新启动,否则会接连发生相同的故障。

5. 当电池组中发现电压反极、压降大、压差大和酸雾泄漏现象的电池时,应及时采用相应的方法恢复和修复,对不能恢复和修复的要更换,不能把不同容量、不同性能、不同厂家的电池连在一起,否则可能会对整组电池带来不利影响。对寿命已过期的电池组要及时更换,以免影响到主机。

四、UPS 在铁路电力中的应用

由于铁路电力在供电可靠性方面的要求,因此在需要有后备电源的各应用场所,均广泛使用了 UPS 不间断电源,尤其是在智能型远动箱式变电站以及变配电所等场合。所以必须选用可靠的后备电源。目前一般选用 UPS 不间断电源作为后备电源。

在 UPS 电源类型上都选择了在线式,这是因为在线式 UPS 电源系统具有对各类供电的零时间切换,自身供电时间的长短可选,并具有稳压、稳频、净化的特点。当 UPS 电源系统本身出现故障时有自动旁路功能,当需要检修时可采用手动/自动旁路,使检修、供电互不影响。

目前已经建成的铁路智能型箱式变电站中的操作电源普遍选用商业级 UPS 电源,由于运行环境和 UPS 本身设计的原因,UPS 电源故障问题频繁发生。分析故障原因,主要为商业级 UPS 不适应智能型箱式变电站恶劣的运行环境以及 UPS 本身的一些固有特性,因此应选用铁路电力远动箱变专用工业级 UPS,其应该具备以下特性:

1. 能适应严酷的室外环境温度,在北方地区最低应能在−40 ℃环境温度下正常工作,在南方地区应能在最高 70 ℃正常工作。

2. 应具备防尘、防潮和防凝露措施，确保在粉尘、潮湿等综合环境下电路板不被腐蚀短路。

3. 应能对输入电源的浪涌谐波具有良好的过滤，而不至于 UPS 被冲击损坏。

4. 为延长蓄电池使用寿命，应能定期自动对蓄电池进行放电活化处理而不需要人工干预。

5. 应具备自动启动功能，当 UPS 交流输入电源异常，进入电池模式供电到截止，UPS 将关机；当 UPS 交流输入电源恢复正常时，UPS 又会自动启动开机而无须用户逐一开机。

6. 配套蓄电池目前广泛使用的是阀控式密封铅酸蓄电池，为能适应恶劣的室外运行环境，北方地区可选用胶体蓄电池作为储能电池，南方地区也可选用磷酸铁锂电池作为储能电池。

第五节 蓄 电 池

蓄电池泛指能储存电能的装置，可区分为化学电池、物理电池和生物电池。常见的铅酸蓄电池为化学电池，超级电容电池则属于物理电池。无论是何种类型的蓄电池，均是实现电能和其他形式能源的循环转换。

蓄电池是变配电所交直流系统的重要组成部分，直流操作电源系统或 UPS 不间断电源要实现市电停电后对负载的继续供电，均必须配置蓄电池。蓄电池的选择、使用和维护的好坏，关系到变配电所的安全运行。

由于铅酸蓄电池具有性能稳定、成本低廉、技术成熟等特点，在多数应用领域上铅酸蓄电池仍然占主导地位，因此本节主要讲述铅酸蓄电池。

一、铅酸蓄电池的工作原理

铅酸蓄电池是一种化学电源，它由正极、负极、电解质、隔离物和容器组成，其中正负两极的活性物质和电解质起电化学反应，对电池产生电流起着主要作用，如图 5-15 所示。

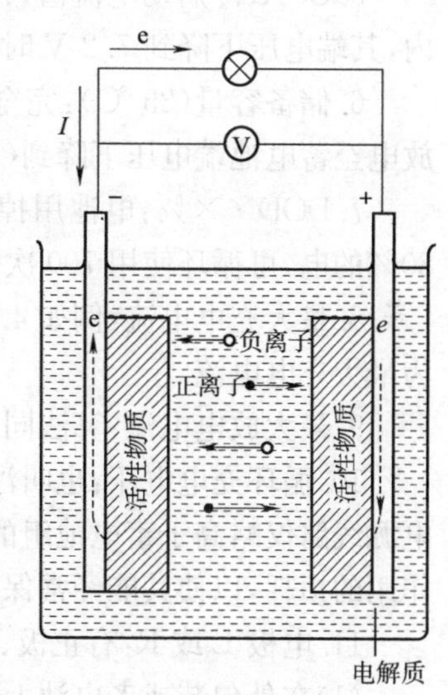

图 5-15 铅酸蓄电池的工作原理

充电是将电能储存起来，而放电是将化学能变为电能释放出去。铅酸蓄电池充电后正极的活性物质为二氧化铅，负极板活性物质为海绵状铅，放电后两极板的活性物质都转变为硫酸铅，充电后又恢复为原来物质。化学反应方程式为

$$PbO_2+2H_2SO_4+Pb \underset{\text{充电}}{\overset{\text{放电}}{\rightleftharpoons}} PbSO_4+2H_2O+PbSO_4 \tag{5-6}$$

（二氧化铅）正极活物质　（硫酸）电解液　（海绵状铅）负极活物质　（硫酸铅）正极活物质　（水）电解液　（硫酸铅）负极活物质

从化学反应的方程式中可以看出，在放电过程中消耗了硫酸，生成了水，因此电解液的浓度越来越小，而充电过程则相反。

二、铅酸蓄电池的结构

蓄电池一般由六个单个的电池串联而成，主要由极板、隔板、电解液、外壳、联条、极桩等组成。如图 5-16 所示。

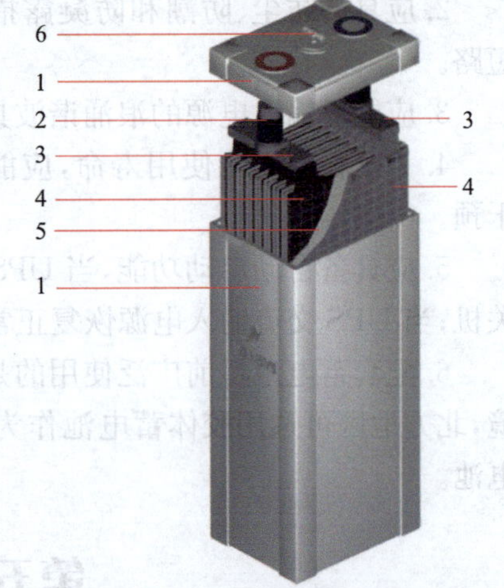

1—电池槽、盖；2—端极柱；3—汇流排；4—正负极群；5—微细玻璃纤维隔板；6—安全阀。

图 5-16　铅酸蓄电池的结构

三、铅酸蓄电池基本参数说明

以 28 A・h 铅酸蓄电池为例。

1. 额定电压：电池正常工作的电压。

2. 额定容量：例如 28 A・h(20 hr，1.75 V/cell，25 ℃)，是指在 25 ℃时，20 h 放电使单个电池电压降到 1.75 V 所放出的容量，折算到 1 h 放电的安培值。

3. 尺寸：长、宽、高、总高。

4. 内阻：例如 4.0 mΩ(25 ℃，充满电)。

5. CCA(冷启动电流值)：在−17.8 ℃和−28.9 ℃条件下，充满电的 12 V 蓄电池在 30 s 内，其端电压下降到 7.2 V 时，蓄电池所能供给的最小电流。

6. 储备容量(25 ℃)：完全充足电的 12 V 蓄电池，在(25±2)℃的条件下，以 25 A 恒流放电至蓄电池端电压下降到(10.5±0.05)V 时的放电时间。

7. DOD××%：电池用掉××%的电。如“DOD80%，700 次”则说明电池每次都用去 80%的电，可循环使用 700 次。

8. 最大充电电流：例如 4.5C_{20}，是指在以 20 h 放电为标准的电池容量数值乘以 4.5 即为最大充电电流。

9. 最大放电电流：算法同上，即为最大放电电流。

10. 循环充电电压：也叫浮充电压，是指将蓄电池组与电源线路并联连接到负载电路上，电源线路仅略高于蓄电池组的断路电压，由电源线路所供的少量电流来补偿蓄电池组局部作用的损耗，以使其能经常保持在充电满足状态而不致过充电。

11. 电极 L 或 R：有正极、反极电池之分。区分方法如下。

(1)在外包装或者电池上，反极电池一般会标注“L”字样，正极电池一般不标注。

(2)面对电池极柱靠近自己一侧，正极电池“+”极柱在电池左侧，反之在右侧。

12. 比能量：

体积能量密度：以 W・h/L 为单位，体现单位体积下电池可以存储的能量大小。

质量能量密度：以 W・h/kg 为单位，体现单位质量下电池可以存储的能量大小。

13. 比功率：以 kW/kg 为单位，体现单位质量下电池可以输出的功率。

四、铅酸蓄电池容量

1. 容量分类

电池在一定放电条件下所能给出的电量称为电池的容量，用符号 C 表示。常用的单位为安培小时,简称安时(A·h)或毫安时(mA·h)。电池的容量可分为理论容量、额定容量、实际容量。

理论容量是活性物质的质量按理论计算而得的最高值。常用比容量的概念,即单位体积或单位质量电池所能给出的理论电量,单位为A·h/kg或A·h/L。

实际容量是电池在一定条件下所能输出的电量,等于放电电流和放电时间的乘积,单位为A·h。

额定容量也叫保证容量,是按国家或有关部门颁布的标准,保证电池在一定的放电条件下应该放出的最低限度的容量。对于固定型通信用电池,通常以10小时率放电即C_{10}来衡量,而电动车电池是以2小时率放电即C_2来衡量。

2.影响实际容量的因素

电池的实际容量主要与电池正、负极活性物质的数量及利用的程度(利用率)有关,而活性物质利用率主要受到下列因素的影响。

(1)放电制度:指放电速率、放电时间、终止电压和温度。高速率即大电流放电和低温条件下放电时,电池输出的容量变小。

(2)电极结构:包括电极高宽比例、厚度、孔隙率以及导电栅网的形式。

(3)制造工艺。

3.蓄电池容量计算公式为

$$Q \geqslant \frac{KIt}{\eta[1+\alpha(T-25)]} \tag{5-7}$$

式中 Q——蓄电池容量,A·h;

K——安全系数,取1.25;

I——负荷电流,A;

t——放电小时数,h;

η——放电容量系数(见表5-2);

T——实际电池所在地最低环境温度值(广东按5℃考虑);

α——电池温度系数,$℃^{-1}$,当放电小时率≥10时,取$\alpha=0.006$;当10>放电小时率≥1时,取$\alpha=0.008$;当放电小时率<1时,取$\alpha=0.01$。

表5-2 铅酸蓄电池放电容量系数(η)

电池放电小时数(h)	0.5		1		2	3	4	6	8	10	≥20
放电终止电压(V)	1.70	1.75	1.75	1.80	1.80	1.80	1.80	1.80	1.80	1.80	≥1.85
放电容量系数η	0.45	0.40	0.55	0.45	0.61	0.75	0.79	0.88	0.94	1.00	1.00

4.铅酸蓄电池容量的选择

20世纪80年代以前蓄电池容量的选择计算基本上是沿用苏联的计算方法。随着国外技术的引进,我国在总结了国内外经验的基础上,提出了用电压控制法和阶梯负荷计算法来选择蓄电池的容量。由于阶梯负荷计算法多适用于大型发电厂,而电压控制法既可用于发电厂也可用于各种类型变电所,故本节只介绍电压控制法用以选择有端电池及无端电池直流系统固定式铅酸蓄电池的容量。电压控制法计算方法如下:

蓄电池容量选择应满足事故全停电状态下的持续放电容量

$$C_c = K_k \frac{C_{SX}}{K_{CB}K_C} \tag{5-8}$$

式中 C_c——蓄电池 10 h 放电率计算容量,A·h;

C_{SX}——持续事故放电容量,A·h;

K_k——可靠系数,取 1.40;

K_C——容量换算系数(根据不同的放电终止电压,对应放电时间 1 h,由相关曲线查出);

K_{CB}——容量比例系数,根据事故放电时间见表 5-3,但事故放电时间,应与 C_{SX} 所取时间相一致,对变电所一般取 1 h,故 $K_{CB}=1$。

表 5-3 铅酸蓄电池放电容量比例系数

放电时间(h)	0.5	1.0	1.5	2.0	3.0	4.0	5.0	6.0	7.0	8.0
容量比例系数 K_{CB}	0.60	1.00	1.30	1.50	1.70	1.90	2.00	2.10	2.20	2.30

根据 C_c 计算值,选择接近该值的蓄电池容量 C_{10}。

5. 铅酸蓄电池三段式充电

(1)恒流段:当电池电压较低时,为了避免充电电流过大损坏电池,应该限制充电电流不能过大,又为了缩短充电时间,应使用最大允许充电电流充电。恒流充电阶段为主充电阶段,电池已经充入约 85%～90%的电量。

(2)恒压段:保持这个恒定的电压对电池充电,在恒压充电过程中,电池电压会越来越高,电流会越来越小,当充电电流下降到 0.5C 时,恒压充电结束。

(3)浮充段:浮充电阶段实际上也是恒压充电,在这个阶段的充电电压一般控制在 13.6～13.8 V 左右,充电电流较自放电电流略大,一般为 0.01～0.03C 左右。通过涓流充电,可以将电池电量充到接近 100%。

五、电池的失效模式

铅酸蓄电池的使用属于循环状态,电池的失效主要表现为失水、硫酸盐化(硫化)、正极板软化、板栅腐蚀、热失控、短路、断路等,其中短路、断路基本是电池在制造过程中引起。

(一)电池的正极板软化

电池的正极板是由板栅和活性物质组成的,其中活性物质的有效成分就是氧化铅。放电的时候氧化铅转换为硫酸铅,充电的时候硫酸铅转换为氧化铅。氧化铅是由 α 氧化铅和 β 氧化铅组成的,其中 α 氧化铅主要起支撑作用;β 氧化铅主要起荷电作用。为了减少 α 氧化铅参与放电,一般控制放电深度为 40%为宜。电池放电深度越深,α 氧化铅损失也越多。在电池反复的充放电循环过程中,随着极板上下不同物质的交替变换,将会使极板空隙率逐渐下降,在外观表现上,则是正极板的表面由开始的坚实逐渐松软直到变成糊状,活性物质容易脱落,形成"黑水",这就是所谓的正极板软化。正极板一旦出现软化,起到支撑作用的多孔结构也被破坏,减少了参与电化学反应的面积,导致电池容量很快下降,电池寿命很快终止。电池经常大电流充放电、过放电都会加剧极板软化。

(二)电池的负极板硫化

1. 电池放电时,在正、负极板上都产生硫酸铅,正极由于氧化作用的存在,硫酸铅极易在充电时转化成二氧化铅，而负极则不同，在长期亏电保存、经常过放电、长期充电不足（充电电压较低）或者不及时充电等因素存在的情况下，会逐渐在负极表面聚积形成一层致密坚硬的白色硫酸铅层，不仅本身溶解度大幅度下降，难以参加反应，同时堵塞了电解液和深层活性物质的接触通道，从而导致了电池容量的下降。采用普通的充电方式是无法恢复的，所以称为"不可逆硫酸盐化"，简称硫化。

2.在冬季环境温度比较低的时候，电池的浮充电压应该相应的提高，否则电池欠充电就会产生，电池硫化也就产生了。

3.失水的电池相当于电解液的硫酸浓度上升，也形成了加速电池硫化的条件。

4.电池一旦出现硫化，靠单纯的浮充和均充是无法解决的，必须采取其他措施。目前消除密封电池硫化的方法有化学法和采用小电流脉冲去硫化法。化学法虽然会较快地消除负极硫化，但是其副作用是增加电池自放电，这样会形成新的失效模式。

（三）失水

电池充电达到单体单格电压 2.35 V(25 ℃)以后，就会进入正极板大量析氧状态，虽然对于密封电池来说，负极板具备了氧复合能力。但如果充电电流过大，负极板的氧复合反应跟不上析氧的速度，气体会顶开排气阀而形成失水。如果充电电压达到 2.42 V(25 ℃)，电池的负极板会析氢，而氢气不能被正极板吸收，只能增加电池气室的气压，最后会排出气室而形成失水。水在电池电化学体系中，起到非常重要的作用，水量的减少会降低参与反应的离子活度，导致电池内阻上升，极化加剧。所以，定期对电池补水是非常重要的。

（四）热失控

电池充电电压达到折合单格 2.4 V，这个电压超过了电压正极板大量析氧的电压，特别是在高温环境中，大量析氧电压会下降，这样产生的析氧量会大幅度地增加。而正极板产生的氧气在负极板会被吸收，吸收氧气是明显的放热反应，电池的温度会升高。而且氧复合反应也要产生电流，增加的电压导致充电器不能转绿灯，一直保持在高压阶段。如果电池已经出现过量失水，玻璃纤维隔板的无酸孔隙大大增加，会加速负极板吸收氧气，产生的热量会更多，或环境温度较高造成散热不畅，都会使电解液温度上升，导致内阻下降，内阻下降进一步导致电流不降反升，电流的增大使电池热量快速上升，大量气体产生，电池进入了失控状态，形成恶性循环，即热失控。在热失控状态下，析氧量增加，电池内的气压增加，当达到塑料电池外壳的玻璃点温度的时候，电池开始鼓胀变形，这种变形除了影响电池内部的机械结构以外，还会形成电池漏气，而导致更加严重的失水漏酸。尽管电池失控现象发生得不多，但是一旦发生热失控，电池的寿命会迅速提前结束。

（五）板栅腐蚀

电池的骨架板栅由合金制作而成，虽然其有很强的抗腐蚀能力，但长期浸泡在酸性电解液中，依然会使其发生金属腐蚀，以至于发生板栅裂隙甚至断裂。

（六）短路

正负极板本来应该由隔板隔开，但如果有焊渣或枝晶穿透，则正负极相连，形成短路；严重的短路可导致单体电压为零，如果导致正负极板相连的物质本身电阻较大，比如枝晶，则不会立即使单格电压变为零，而是发生较快的自放电，俗称软短路或不存电。

(七)断路

一般发生在汇流排焊接以及柱焊接和端子焊接阶段,通常不是完全短路,而是虚焊。在虚焊处会产生很大的内阻,使电池容量下降。电池有可能一开始各方面都正常,在使用一段时间后发生虚焊现象,这通常是由于焊接不良,存在裂隙,使用一段时间后在裂隙处产生尖端腐蚀,致使裂隙以较快的速度加大。

六、铅酸蓄电池的检查、使用及维护

(一)影响铅酸蓄电池寿命的主要因素

铅酸蓄电池全浮充正常使用寿命在 6 年以上,理论上可到 20 年,但在实际使用中,影响蓄电池使用寿命的因素很多,主要有以下几个方面。

1. 环境温度。环境温度过高对蓄电池使用寿命的影响很大。温度升高时,蓄电池的极板腐蚀将加剧,同时将消耗更多的水,从而使电池寿命缩短。阀控式铅酸蓄电池的容量是随着温度的变化而变化的,25 ℃时蓄电池的容量为 100%,在 25 ℃以上时,每升高 10 ℃蓄电池的容量会减少一半;而在 25 ℃以下时,温度与容量的关系见表 5-4。

表 5-4 铅酸蓄电池温度对容量的影响

温度(℃)	25	20	15	10	5	0
当前容量(%)	100	95	90	84	76	71

2. 过度充电。长期过度充电状态下,正极因析氧反应,水被消耗,H 增加,从而导致正极附近酸度增加,板栅腐蚀加速,使板栅变薄加速电池的腐蚀,使电池容量降低。同时因水损耗加剧,将使蓄电池有干涸的危险,从而影响蓄电池寿命。

3. 过度放电。蓄电池过度放电主要发生在交流电源停电后,蓄电池长时间为负载供电。当蓄电池被过度放电到其电压过低甚至为零时,会导致电池内部大量的硫酸铅被吸附到蓄电池的阴极表面,在电池的阴极造成“硫酸盐化”。硫酸铅是一种绝缘体,它的形成必将对蓄电池的充放电性能产生很大的负面影响。在阴极上形成的硫酸盐越多,蓄电池的内阻越大,电池的充放电性能就越差,蓄电池的使用寿命就越短。

4. 长期浮充电。蓄电池在长期浮充电状态下,只充电而不放电,势必会造成蓄电池的阳极极板钝化,使蓄电池内阻增大,容量大幅下降,从而造成蓄电池使用寿命缩短。

(二)铅酸蓄电池检查

蓄电池都有自放电现象,如果长期放置不用,会使能量损失掉,因此需定期进行充放电。工程技术人员可以通过测量电池开路电压来判断电池的好坏。以 12 V 电池为例,若开路电压高于 12.5 V,则表示电池储能还有 80%以上;若开路电压低于 12 V,则表示电池储能不到 20%,电池已处于“弹尽粮绝”的地步。

免维护电池由于采用吸收式电解液系统,在正常使用时不会产生任何气体,此时电池内压就会增大,将电池上方的压力阀顶开,严重的会使电池鼓胀、变形、漏液甚至破裂,这些现象都可以从外观上判断出来,如果发现上述情况应立即更换电池。

(三)使用和维护

阀控式铅酸蓄电池,俗称“免维护”蓄电池,“免维护”仅指无须加水、加酸、换液,这种电池在长期浮充之后，常常会出现活性物质脱落，电解液干涸、极板变形、栅极腐蚀及硫化等现象导致蓄电池容量降低甚至失效，所以日常的检测和其他维护工作仍是不可缺少的，切莫因“密封”“免维护”松懈。

1.电池安装

电池应尽可能安装在清洁、阴凉、通风、干燥的地方，并要避免受到阳光、加热器或其他辐射热源的影响。电池应立正放置，不可倾斜角度。每个电池之间端子的连接要牢固。

2.环境温度

环境温度对电池的影响较大。环境温度过高，会使电池过充电产生气体；环境温度过低，则会使电池充电不足，这都会影响电池的使用寿命。因此一般要求环境温度在 25 ℃左右。

3.充电电流

电池充电电流一般以电池容量 C 的倍数来表示，举例来讲，如果电池容量 $C=100$ A・h，充电电流为 0.1C，即 $0.1\times100=10$ A。铅酸免维护电池的最佳充电电流为 0.1C 左右，充电电流绝不能大于 0.3C。充电电流过大或过小都会影响电池的使用寿命。

4.充电电压

为延长电池的使用寿命，充电器一般采用恒压限流方式，电池充满后即转为浮充状态，额定电压为 12 V 的电池，浮充电压设置为 13.7 V 左右。如果充电电压过高会使用电池充电，反之会使电池充电不足。充电电压异常，可能由电池配置错误引起，或因充电器故障造成，因此在安装电池时，电池的规格和数量必须正确，不能混用不同规格、不同批号的电池，不能使用质量低劣的外加充电器，而且安装时要考虑散热问题。

5.放电深度

放电深度对电池使用寿命的影响也非常大。电池放电深度越深，其循环使用次数就越少，因此在使用时应避免深度放电。虽然电池一般都有低电压保护功能，单节电池放电至 10.5 V 左右时，电源设备就会自动关机，但是如果电源设备处于轻载放电或空载放电的情况下，也会造成电池的深度放电。

6.定期维护

电池在使用一定时间后应进行定期检查，如观察其外观是否异常、测量各电池的电压是否平均等。如果长期不停电，电池会一直处于充电状态，这样会使电池的活性变差，因此即使不停电，也需要定期进行放电试验，以便使电池保持活性。只有通过核对性放电才能准确地测出蓄电池的真实容量，才能及时发现落后电池，及时对其进行活化，激活极板活性物质，恢复蓄电池组容量，延长蓄电池寿命。因此，必须定期对蓄电池组进行核对性放电容量测试。

第六节　交直流系统最新技术

一、智能不间断直流电源

随着科技的进步和节能技术的推广，变配电所高低压开关电动操作机构不断改进，最早的电磁操动机构已经被淘汰，现在广泛采用的是弹簧储能操动机构与永磁操动机构。弹簧储能机构的储能与合分闸操作需要的电流都非常小，一般不超过 10 A，而且都是瞬时工作。

永磁操动机构的储能与合分闸操作需要的电流更小，一般都小于 0.5 A。而微机保护装置、远动控制终端和智能测控装置等变配电所长期负载也随着电力电子技术的发展使功率越来越小，一个有 20 面高压开关柜的变配电所中直流屏的长期带载功率通常都不超过 2 A。高压开关柜数量更少的终端变配电所或箱式变电站中，操作电源的负载功率更小，受限于安装空间和建设成本的考虑，传统 GZDW 微机控制高频开关直流电源系统并不是最优的选择，因此一种可提供与 GZDW 微机控制高频开关直流电源系统功能相同但体积更小、价格更低的新型直流电源就有了真实的需求，这种直流电源就是智能不间断直流电源。

智能不间断直流电源利用 DC/DC 直流升压技术，在输入交流电源停电的情况下只需要采用较少的蓄电池节数就可以满足电力远动箱变内高、低压电动操作机构和二次回路直流 220 V 的电源要求，同时增加电池活化功能。

其工作原理是：当供电电源正常时，由供电电源经整流滤波并稳压后直接为负载供电，同时给蓄电池充电；当供电电源停电时，由蓄电池经直流升压并稳压后为负载供电，并向远端报警；当供电电源正常，整流滤波回路或直流升压回路输出异常情况下，电源经旁路整流电路为负载供电，并向远端报警。其中蓄电池采用 2 节 12 V 铅酸蓄电池。智能不间断直流电源系统如图 5-17 所示。

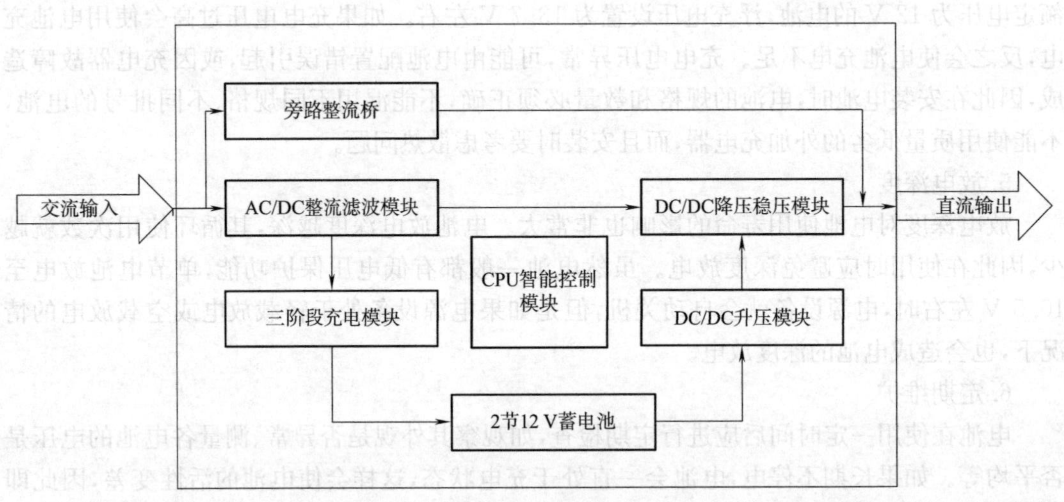

图 5-17　智能不间断直流电源系统示意

智能不间断直流电源目前已经在铁路电力远动箱变中用来替代交流不间断电源（UPS）的应用案例，但其能否在铁路电力领域大规模推广使用还需要进一步应用检验。

二、并联型一体化电源系统

直流操作电源是变配电所安全运行的重要基础设施，需要考虑单点故障问题。铁路电力系统大中型变电站要求配备两套直流电源系统，但目前铁路电力大多数的 10 kV 变配电所只配备一套直流电源系统，其一旦故障且未得到及时修复，将严重危及变配电所安全运行，所以需要考虑冗余设计。

在所用电事故全停情况下，直流操作电源都是依靠系统配置的一组蓄电池组进行直流供电的。目前蓄电池组均是采用串联模式，单体电池为 2 V(12 V 的阀控式密封铅酸蓄电池由 6 节 2 V 的单体电池组成)，依靠多只电池串联获得直流系统的 110 V 或 220 V 电压，如果其中一个蓄电池内阻发生变化加大，就会影响蓄电池的出力，并会因为此蓄电池发热加速内阻变化，造成此蓄电池故障而引起整个操作电源故障，因此如果有方案能够不需串联较多单体蓄电池即可输出 DC 110 V 或 220 V 电压，且多组电源可并联冗余输出，则能较好地解决这个问题。

目前已经出现将单只或多只 12 V 蓄电池经过 DC/DC 升压即可输出 DC 110 V 或 220 V 电压的直流电源模块，并可通过将这些电源模块并联输出的并联型一体化电源系统。

对于单个直流电源模块采用单只或多只 12 V 蓄电池的方案选择上，单只 12 V 蓄电池的一致性最好，但输入输出变压比最高，接近 20，输出功率受到一定限制。18 只 12 V 蓄电池即传统的直流屏也可以认为是其中一个方案，变压比为 1，但蓄电池的串联数量最多，可能的故障点最多。权衡输出功率、成本以及蓄电池一致性等方面的因素，建议选择单个直流电源模块采用两节 12 V 的蓄电池的方案。

并联型一体化电源系统如图 5-18 所示。

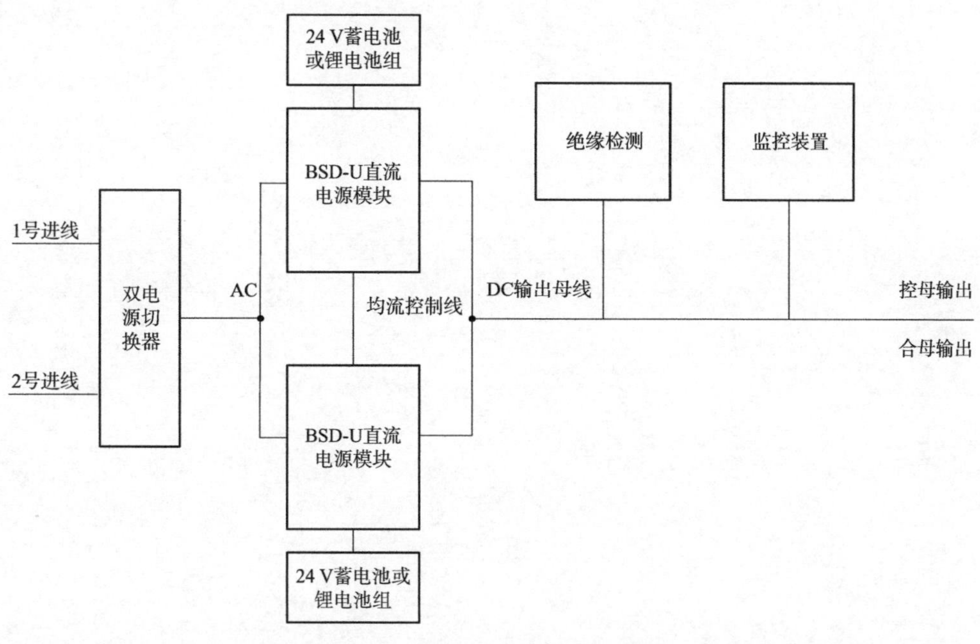

图 5-18 并联型一体化电源系统

系统中每一个直流电源模块连接 2 节 12 V 蓄电池或者 24 V 锂电池组作为储能介质，可输出 110 V、220 V 电源，单个模块可以长期输出 3 A(DC 220 V)，瞬间输出 15 A (DC 220 V)，多个模块通过均流控制，实现并联运行，可以满足绝大多数变电站直流电源需求，而根据变电站负载情况，可以灵活选择确定模块的数量以及配套蓄电池的容量，实现 $N+1$ 冗余备份。

直流电源模块由于只用 2 节 12 V 蓄电池或 24 V 锂电池组串联，相比于串联 18 节 12 V 蓄电池的直流屏减少了串联节数，降低了因单只蓄电池损坏导致整个直流屏故障的风险。由于多个模块并联实现冗余备份，任何一组蓄电池或一个模块损坏，都不影响直流输出，可靠性得到显著提高。同时，当个别蓄电池损坏时可以只更换这个模块连接的两节蓄电池，新旧蓄电池可同时运行。

直流电源模块具有智能充放电管理功能，无人干预也可以自动定期放电维护，可延长蓄电池寿命，降低蓄电池的维护工作量。

并联型一体化电源系统的不足之处在于单个电源模块的输出功率还相对较小，对于需要带动单个大功率直流负载的变配电所还不能满足要求。

并联型一体化电源系统已经在电力系统得到广泛应用，也已经应用于部分铁路，但其能否在铁路电力领域大规模推广使用还需要进一步应用检验。

第六章　铁路电力继电保护

第一节　电力继电保护概述

一、继电保护技术的发展

(一)发展史

铁路电力系统继电保护的四个历史阶段:电磁式继电保护、晶体管继电保护、集成电路继电保护、微机继电保护。

1. 电磁式继电保护装置时代

电磁式继电器的继电保护装置为第一代。这种保护装置经过了长期生产考验,具有一定的灵敏度和可靠性,缺点是容易发生线圈断线、触点抖动、触点氧化、接触不实、钟表机构失灵、灵敏度低、机械部件磨损大、刻度两端精度差、体积大、功耗大、调试复杂耗时长等。

2. 晶体管继电保护装置时代

晶体管继电保护装置为第二代。这种保护装置具有质量轻、体积小、功耗低、灵敏度高等许多优点。但是,存在元件质量差、焊点多、接线复杂、抗干扰能力差等缺点。

3. 集成电路继电保护装置时代

第三阶段继电保护装置是以集成电路为主要保护元件,采用小规模集成元件进行组装。集成电路继电保护装置具有功能完善、通用性强、整定精度高、动作离散值小、有良好的返回系数、焊点少、动作速度快等优点。

4. 微机继电保护装置时代

微机继电保护简称微机保护,在20世纪70年代中期,计算机技术出现了重大突破,随着其价格的大幅度下降和可靠性的提高,20世纪70年代后期,国外已有少数样机在铁路电力系统中试运行,微型计算机保护逐渐趋于实用。

国内对微机保护的研究从20世纪70年代后半期开始,1984年底第一套微机距离保护投入试运行。目前,微机保护技术已经成熟,各厂家的产品各具特色,性能优良、功能齐全、工作可靠。

(二)发展趋势

1. 计算机化

应用高速数据处理芯片,以32位数字信号处理器(DSP)为基础的保护、控制、测量一体化的微机保护综合装置已成为铁路电力系统继电保护的主流,这要求微机保护装置具有相当于一台PC机的功能。

2. 网络化

随着铁路建设的高速发展，铁路电力系统的微机保护不只限于传统的切除故障元件和限制事故影响范围的功能，还要保证全系统的安全稳定运行，这要求每个保护单元都能共享全系统的运行、故障和数据信息，各个保护单元与重合闸装置在分析这些信息和数据的基础上协调动作。要实现这一目标，就要求将全系统各主要设备的保护装置用计算机网络连接起来，实现系统微机保护装置网络化。全球卫星定位系统（GPS或北斗导航系统）和光纤通信技术为网络化的微机保护实现同步测量技术提供了条件。

3. 保护、控制、测量、数据通信一体化

在实现继电保护的计算机化和网络化的条件下，保护装置实际上就是一台高性能、多功能的计算机，是铁路电力系统计算机网络上的一个智能终端。它可以从网上获取铁路电力系统运行和故障的全部信息和数据，也可将它所获得的被保护元件的信息和数据传送给网络控制中心或任一终端。因此每个微机保护装置不仅可以完成继电保护功能，而且在无故障正常运行情况下还可以完成测量、控制、数据通信的功能，即实现保护、控制、测量、数据通信一体化。

将微机保护装置就地安装在被保护设备旁，将被保护设备的电压、电流量在此装置内转换成数字量后，通过计算机网络送到主控室，则可省去大量的控制电缆。并且如果用光纤作为网络的传输介质还可完美解决电磁干扰这一普遍存在的问题。因此，光电流互感器（OCT）和光电压互感器（OPT）必将得到广泛应用。OCT和OPT的光信号输入到一体化保护装置中并转换成电信号后，一方面用作保护的计算判断，另一方面作为测量量，通过网络送到主控室，主控室通过网络对一体化装置发出指令，由此一体化装置控制断路器的位置。

4. 继电保护的智能化

传统的继电保护“事前整定，实时动作，定期检验”的做法将成为历史。系统的实时自检，远方监控，信息同享，动态修改定值等功能正在兴起。人工智能技术在继电保护领域势必会获得越来越普遍的运用，以解决用常规方式难以解决的问题。

5. 自适应继电保护发展展望

所谓的自适应继电保护应能根据铁路电力系统运行方式和故障状态的变化而实时改变保护性能、特性或定值的保护。自适应继电保护的基本思想是使保护尽可能地适应铁路电力系统的各种变化，进一步改善保护的性能。

铁路电力系统由电源进线、互感器、变压器、调压器、高低压线路等组成，其运行状态由于各种原因（如设备检修、试验、克缺等）处于频繁的变化之中，除此之外，铁路电力系统还可能发生各种类型的故障，故障可能是瞬时性、永久性的，也有可能是金属性短路、低阻短路、高阻短路，还有可能是单相接地短路、两相短路、两相接地短路、三相短路等。因此要适应铁路电力系统这些变化是十分困难的工作，急需一种可自适应继电保护来保证铁路电力系统安全、稳定、可靠地运行。

随着计算机技术、人工智能技术的进步，为自适应继电保护的发展，提供了前所未有的良机，可使继电保护在以下方面得到改进。

(1)保护性能最佳化

铁路电力系统继电保护的四个基本要求是选择性、速动性、灵敏性、可靠性，它们之间既矛盾又统一，如何根据实际情况正确处理这四个基本要求之间的辩证统一关系，是目前继电保护的重点和难点。

自适应保护的突出特点之一，就是具有自动识别系统运行状态和故障状态的能力，并针对状态的改变，实时自动地调整保护的性能，其中包括动作原理、动作特性和整定值，从而使其达到最佳效果。

(2)整定计算在线化

继电保护装置整定计算的目的是对铁路电力系统中已经配置安装好的各种保护装置，按照具体铁路电力系统的有关参数和运行要求，通过智能计算分析给出所需要的各项整定值，以使全系统中的保护装置正确协调地工作，有效地发挥其作用。

随着人工智能技术的进步，自适应继电保护技术整定计算在线化已有尝试，国内外已有这方面的研究。随着铁路电力系统继电保护信息网的形成和发展，相信整定计算在线化将会得到全面应用。

(3)保护装置使用简便化

微机保护之所以能替代模拟式保护，是因为它有着传统的模拟式保护不可比拟的优点。微机保护装置现场调试、维护简便深受用户的欢迎。自适应继电保护将使保护装置使用更加简便化。

(4)暂态保护

通过检测故障暂态产生的高频信号来实现输电线路及电力设备的保护，是新一代的铁路电力系统继电保护思想，简称暂态保护。

故障暂态产生的信号中含有大量的信息，其中包括故障的类型、方向、位置、持续时间等。这些信息贯穿于信号的整个频域，从直流、工频到高频。

传统保护方式中，故障产生的高频量被当作干扰滤掉，大量的研究工作用在设计滤掉高频信号的滤波器上。

暂态保护首先通过特殊设计的高频检测装置及算法，从故障暂态中提取所需的高频信号，利用专门设计的快速信号处理算法来判断故障。微处理技术的高速发展使得实现暂态保护成为可能。

铁路电力系统微机保护正以“采样数字化、保护就地化、元件保护网络化、信息共享化”为目标，以微机保护装置各项标准相互统一为原则，提升微机保护的安全性，提高安装检修效率，降本增效。铁路电力系统对微机保护装置标准相互统一的要求正在逐步推进中，微机保护装置菜单格式、报文格式和内容、定值种类、名称、投退和整定范围、保护逻辑、通信规约、识别装置类型的型号要素、安装结构、接线端子布置和定义、端子型号、模拟量输入、开入开出信号等技术指标要求统一标准，最终实现不同厂家产品可直接互换，极大提高运行、检修、维护、应急的可操作性。

二、铁路电力系统的运行状态

铁路电力系统的运行一般用运行状态来描述，主要分为正常状态、不正常状态(异常)、故障状态，正常状态又分为安全状态和警戒状态。

(一)铁路电力系统的正常状态

1. 安全状态

安全状态是指铁路电力系统的频率、各点的电压、各元件的负荷均处于规定的允许值范围，且当系统由于负荷变动或出现故障而引起扰动时，仍不致脱离正常运行状态。安全状态是一种动态平衡状态,必须通过正常的调整控制(如频率、电压、有功、无功调整)才能得以保持。

2. 警戒状态

警戒状态是指系统整体仍处于安全规定的范围,但个别元件或局部网络的运行参数已临近安全范围的阈值。处于警戒状态时,应采取预防控制措施使之返回安全状态。

(二)铁路电力系统的不正常状态

不正常状态是指系统中电气元件的正常工作遭到破坏,但未发展成为故障状态的情况。

不正常运行状态有过负荷、超温报警、不接地系统或经消弧线圈接地的小电流接地系统中发生单相接地、变配电所直流系统接地等。最常见的不正常运行状态是过负荷。

(三)铁路电力系统的故障状态

故障状态是指某一元件的正常运行状态遭到破坏而无法正常供电的一种特殊状态。短路故障是最严重的故障形式,会引起电流的增加和电压的降低,给铁路电力系统带来的后果如下:

1. 短路电流在短路点产生的电弧将造成设备损坏,短路电流越大,通过的时间越长,设备的损坏程度越严重。

2. 短路电流通过非故障设备时,由于发热和电动力的作用,可能引起这些设备的损坏,特别是绝缘的损坏。

3. 电气设备发生短路时,系统电压会降低,使铁路信号的绿灯变为红灯,影响铁路正常运输生产秩序。

4. 铁路电力系统电压过低还可能破坏发电机的同步运行,引起发电机的失步事故,严重时将破坏整个电网的稳定运行。

三、继电保护装置的基本任务及要求

铁路电力系统在运行中,可能发生各种故障和不正常运行状态。继电保护装置就是能反映铁路电力系统中电气元件发生故障或不正常运行状态,并动作于断路器跳闸或发出预告信号的一种自动装置。

(一)继电保护的基本任务

1. 在供电系统运行正常时,应能实时全面地、安全地监视各种设备的运行状况,并能提供可靠的运行依据。

2. 在供电系统发生故障时,应能自动地、快速地、有选择性地切除故障部分,使故障元件免于继续遭受损害,保证非故障部分继续运行。

3. 当被保护元件出现异常运行状态时,根据人身和设备安全的要求,保护装置经一定延时而动作于信号或跳闸。一般不要求保护迅速动作,而是根据对铁路电力系统及其元件的危害程度规定一定的延时,以免发生不必要的动作或由于干扰引起的误动作。

4. 为确保铁路电力系统安全可靠不间断运行,除了继电保护装置外,还应设置如自动重合闸、备用电源自动投入、自动减载、自动调压及其他一些专门的安全自动装置,着重于事故后和系统不正常运行情况下的紧急处理,保证对重要负荷连续供电及恢复铁路电力系统正常运行。

装设继电保护装置的主要目的是通过缩小事故范围或预告事故的发生,从而提高系统运行的可靠性，并最大限度地保证安全可靠和不间断供电。

(二)对继电保护的基本要求

继电保护在技术上应满足四个基本要求，即选择性、速动性、灵敏性和可靠性。充分保证“四性”是从事继电保护方案设计、定值整定、装置制造与使用等各项工作的唯一准则。

1. 选择性

选择性是指保护装置动作时，仅将故障设备从铁路电力系统中切除，使停电范围尽量缩小，以保证系统中的无故障部分仍能继续安全运行；当故障设备或线路的保护或断路器拒动时，应由相邻设备或线路的保护将故障切除。上、下级继电保护之间的整定，应遵循逐级配合的原则，满足选择性的要求，即当下一级线路或元件故障时，故障线路或元件的继电保护整定值必须在灵敏度和动作时间上与上一级线路或元件的继电保护整定值相互配合，以保证发生故障时有选择性地切除故障。

2. 速动性

速动性是指继电保护装置应能尽快地切除故障，以减少设备及用户在大电流、低电压运行的时间，降低设备的损坏程度，提高系统的稳定性。因此，在发生故障时，应力求保护装置能迅速动作切除故障。

铁路电力系统一般必须快速切除的故障有：

(1)母线电压一般低于 0.7 倍额定电压时；

(2)变压器、调压器、电抗器、电容器等主要设备内部故障时；

(3)中、低压线路导线截面过小，为避免过热不允许延时切除的故障；

(4)能危及人身安全、对通信系统造成强烈干扰的故障。

故障切除时间包括保护装置和断路器固有动作时间，目前铁路电力快速保护的固有动作时间为 0.04～0.08 s，最快的可达 0.01～0.04 s，断路器跳闸固有动作时间为 0.06～0.15 s，最快的可达 0.02～0.06 s。无特殊要求时，铁路电力系统速断保护动作时间一般在 0.1 s 以内即可满足运行要求。

对于反应不正常运行状态的继电保护装置，一般不要求快速动作，而是带延时地发出信号。

3. 灵敏性

灵敏性是指继电保护装置对于其保护范围内发生故障或不正常运行状态的反应能力。保护装置应该是在事先规定的保护范围内部故障时，不论短路点的位置、类型以及是否有过渡电阻，都能敏锐、正确地反应，以满足保护装置对灵敏性要求。

保护装置的灵敏度与系统的运行方式有关，在系统的最大运行方式下，因为投入了全部电气设备，此时若发生短路故障，短路电流最大，对于反映故障时参数增加的保护装置(如过电流保护)，此时也最灵敏。在最小运行方式下，因为投入了最少的电气设备，发生短路故障时短路电流最小，此时保护装置的灵敏度最低，通常只检查此种情况下的灵敏度，并用 K_S 表示。K_S 的计算公式为

$$K_S=\frac{\text{被保护区末端金属性短路时故障参数的最小计算值}}{\text{保护装置动作参数的整定值}} \tag{6-1}$$

过电流保护装置的灵敏系数为

$$K_S=I_{k,\min}/I_{op} \tag{6-2}$$

式中　I_{op}——折算到一次侧的电流继电器动作电流；

$I_{k,min}$——被保护线路末端最小短路电流。

对于反映故障时参数降低的保护装置，最大运行方式下的灵敏度最低，故通常只检查此种情况下的灵敏度，其灵敏系数的计算公式为

$$K_S=\frac{\text{保护装置动作参数的整定值}}{\text{保护区末端金属性短路时故障参数的最大计算值}} \tag{6-3}$$

低电压保护装置的灵敏系数为

$$K_S=U_{op}/U_{k,max} \tag{6-4}$$

式中 U_{op}——折算到一次侧的电压继电器动作电压；

$U_{k,max}$——保护区末端短路时，保护装置安装处母线最大残压。

灵敏度应满足以下要求：

(1)在被保护线路末端发生短路时，过流保护的灵敏系数应大于或等于1.5，并应保证被保护线路发生短路时，能可靠动作。

(2)为了使过流保护能起到相邻元件的后备保护作用，当相邻元件端发生短路时，灵敏系数应大于或等于1.2。

4. 可靠性

可靠性是指在该保护装置规定的保护范围内发生了应动作的故障时，保护装置不应拒动，而在任何其他该保护不应动作的情况下，则不应误动，即“该动则动，不拒动；不该动不动，不误动”。保护装置如不能可靠工作，则其本身势必成为扩大事故或直接产生事故的根源，反而增加了不可靠性。

继电保护的可靠性主要由配置合理、质量和技术性能优良的继电保护装置以及正常的运行维护和管理来保证。

继电保护装置的四个基本要求是相互联系的，也是相互制约的，一套完善的保护装置应该采用最优方案，合理处理四个基本要求之间的关系。

(三)继电保护的基本原理

继电保护装置必须具有正确区分被保护设备是处于正常运行状态还是故障状态，正确区分是保护区内故障还是区外故障的功能。保护装置要实现这一功能，需以铁路电力系统发生故障前后电气量变化的特征为基础，只要找出正常运行与故障时系统中电气量或非电气量的变化特征(差别)，即可得出这种原理的保护装置，且差别越明显，保护性能越好。保护装置就要针对这种差别迅速反应，以最快的速度、最小的代价切除引起这种差别的故障区。

铁路电力系统发生故障后，工频电气量变化的主要特征是：

1. 电流增大(如过电流保护)

短路时故障点与电源之间的电气设备和输电线路上的电流将由负荷电流增大至远超过负荷电流数倍的电流值。

2. 电压降低(如低电压保护)

当发生相间短路和接地短路故障时，系统各点的相间电压或相电压值下降，且越靠近短路点，电压越低。

3. 电流与电压之间的相位角改变

正常运行时电流与电压间的相位角是负荷的功率因数角，一般约为20°。三相短路时，

电流与电压之间的相位角是由线路的阻抗角决定的，一般为 60°～85°。

4. 测量阻抗发生变化(故障时阻抗降低)

测量阻抗即测量点(保护安装处)电压与电流的比值。正常运行时，测量阻抗为负荷阻抗；金属性短路时，测量阻抗转变为线路阻抗，故障后测量阻抗显著减小，而阻抗角增大。

不对称短路时，出现相序分量，如两相及单相接地短路时，出现负序电流和负序电压分量；单相接地时，出现负序和零序电流和电压分量，这些分量在正常运行时是不出现的。利用短路故障时电气量的变化，便可构成各种原理的继电保护。

除了上述反映工频电气量的保护外，还有反映非工频电气量的保护，如瓦斯保护、温度保护等。

(四)继电保护的特点

铁路电力系统各电气元件之间通常用断路器相互连接，每台断路器都设有相应的继电保护装置，可向断路器发出跳闸指令。但现实中，继电保护装置或断路器有拒动可能，因而需要配置后备保护。实际上，每一个电气元件一般都有两种保护装置：主保护和后备保护，必要时还要增设辅助保护。

反映被保护元件自身的故障并以尽可能短的延时，快速而有选择地切除被保护元件范围内故障的保护，称为主保护，如差动保护、瓦斯保护及电流速断保护。

当主保护拒动时，由本元件的另一套保护装置或相邻元件的保护装置切除故障的保护，称为后备保护，如过电流保护。

后备保护分近后备和远后备两种。主保护拒动时，由本元件的另一套保护实现后备的保护，称为近后备；当主保护或其断路器拒动时，由相邻元件或线路的保护实现后备的保护，称为远后备。

主保护和后备保护的接线方式有两种，一种是主保护与后备保护通过同一出口继电器作用于断路器跳闸；另一种是主保护与后备保护互相独立，分别经独立的出口继电器作用于断路器跳闸。如果无主保护与后备保护的配合，就会出现无选择性的动作，直接将电源断路器跳闸，使贯通母线段和变配电所全部停电，扩大停电范围，影响列车运行。

为补充主保护和后备保护的性能或当主保护和后备保护退出运行而增设的简单保护，称为辅助保护。

第二节　铁路电力系统常见保护类型

一、继电保护的分类

(一)按被保护对象分类

继电保护按被保护对象分类有输电线保护和主设备保护(如发电机、变压器、母线、电抗器、电容器等保护)。

(二)按保护功能分类

继电保护按保护功能分类有短路故障保护和异常运行保护。前者又可分为主保护、后备保护和辅助保护；后者又可分为过负荷保护、低频保护等。

(三)按保护装置进行比较和运算处理的信号量分类

继电保护按保护装置进行比较和运算处理的信号量分类有模拟式保护和数字式保护。机电(电磁)型、整流型、晶体管型和集成电路型(运算放大器)保护装置,它们直接反映输入信号的连续模拟量,均属模拟式保护;采用微处理机和微型计算机的保护装置,它们反映的是将模拟量经采样和模数转换后的离散数字量,这是数字式保护。

(四)按保护动作原理分类

继电保护按保护动作原理分类有过电流保护、低电压保护、过电压保护、距离保护、差动保护、瓦斯保护、温度保护等。

二、继电保护的构成

以过电流保护为例,一般由测量元件、逻辑元件和执行元件三部分组成。

(一)测量元件

测量元件是测量从被保护对象输入的有关物理量和模拟量(如电流、电压、阻抗、功率方向等)的元件。

(二)逻辑元件

逻辑元件根据测量部分输出量的大小、性质、输出的逻辑状态、出现的顺序或它们的组合,使保护装置按一定的原理及时序逻辑工作,最后确定是否应跳闸或发信号,并将有关命令传给执行元件。

(三)执行元件

执行元件根据逻辑元件传送的信号,最后完成保护装置所担负的任务,如:故障时跳闸;不正常运行时发信号;正常运行时不动作。

三、铁路电力系统常见保护

(一)电流保护

电流保护是根据系统的运行电流变化而动作的保护装置。按照保护的设定原则、保护范围及原理特点可分为以下几种:

1. 过负荷保护

过负荷保护作为电力供电系统中的重要电气设备(如发电机、主变压器)的安全保护装置,是按照变压器的额定电流或限定的最大负荷电流而确定的,例如变压器的过负荷保护。当电力变压器的负荷电流超过额定值而达到继电保护的整定电流时,即可在整定时间动作,发出过负荷信号,值班人员可根据保护装置的动作信号,对变压器的运行负荷进行调整和控制,以达到变压器安全运行的目的,使变压器运行寿命不低于设计使用年限。

2. 过电流保护

电力供电系统中,过电流保护是变压器以及线路的重要继电保护,是按照避开可能发生的最大负荷电流而整定的(保护的整定值大于电机的自启动电流和穿越性短路故障的发生而流经本线路的电流)。

当继电保护中流过的电流达到保护装置的整定电流时,即可在整定时间内使断路器掉闸，切除故障，使系统中非故障部分可以正常供电。

3. 电流速断保护

电流速断保护是变压器和线路的主要保护。它是在保证电力供电系统被保护范围内发生严重短路故障时，以最短的动作时间迅速切除故障点电流的保护；是按照系统最大运行方式的条件下，避开线路末端或变压器二次侧发生三相金属性短路时的短路电流而设定的。当速断保护动作时，以零秒时限使断路器掉闸切除故障。

4. 零序电流保护

零序电流保护的基本原理是基于基尔霍夫电流定律，即在同一时间，流入电路中任一节点的电流代数和等于零。

在线路与电气设备正常的情况下，各相电流的矢量和等于零，零序电流互感器的二次侧绕组无信号输出，执行元件不动作。当发生接地故障时的各相电流的矢量和不为零，故障电流使零序电流互感器的环形铁芯中产生磁通，二次侧感应电压使执行元件动作，达到接地故障保护的目的。

产生零序电流的两个条件：一是有零序电压产生；二是零序电流要有通路。

(二)电压保护

电压保护是电力供电系统发生异常运行或故障时，根据电压的变化而动作的继电保护。按其在电力供电系统中的作用和整定值的不同可分为以下几种：

1. 过电压继电保护

过电压继电保护是为防止电力供电系统由于某种原因使电压升高导致电气设备损坏而装设的继电保护装置。

2. 低电压继电保护

低电压继电保护是为防止电力供电系统由于某种原因使电压突然降低导致电气设备不能正常工作而装设的继电保护装置。

3. 零序电压保护

零序电压保护是用于三相三线制中性点绝缘的电力供电系统中，为防止一相绝缘破坏造成单相接地故障的继电保护装置。

开口三角形辅助绕组回路不装设熔断器，正常运行时三相电压对称，三角形开口处电压为零，因此引出端子上没有电压，不需要装设熔断器。另外，当系统发生接地故障时，有三倍零序电压出现，也不用担心熔断器熔断问题。若设置熔断器，反而带来弊端。当熔断器熔断而未被发现，则在发生接地故障时将会影响绝缘监察继电器的正确动作。所以此处一般不装设熔断器保护。

当一次系统发生接地故障时，在 PT 二次侧开口三角形绕组回路中出现零序电压，当其值超过绝缘监察继电器的动作值时，继电器动作，其动合触点闭合，发出信号。

要判断是哪一相接地，可利用接于小母线的三只绝缘监察电压表来判断；如为金属性接地，则接地相的电压下降为零，而非接地相的电压升高$\sqrt{3}$倍。

(三)差动保护

差动保护是按照电力供电系统中，被保护设备发生短路故障，在保护中产生的差电流而动作的保护装置。一般用作主变压器、发电机和并联电容器的保护装置，按其装置方式的不同可分为以下几种：

1.横联差动保护

横联差动保护常作为发电机的短路保护和并联电容器的保护，一般设备的每相均为双绕组或双母线时，采用这种差动保护。

2.纵联差动保护

纵联差动保护是专门保护变压器内部和外部故障的主保护，一般常作为主变压器保护。

(四)负序及零序保护

负序及零序保护是三相电力供电系统中发生不对称短路故障与接地故障时的主要保护装置。

(五)变压器瓦斯保护

变压器瓦斯保护是变压器内部故障的主要保护，为区别故障性质，分为轻瓦斯和重瓦斯保护，监测变压器工作状况。当变压器内部故障严重时，重瓦斯动作，使断路器跳闸，避免变压器故障范围的扩大。

(六)变压器温度保护

变压器温度保护用来专门监视变压器运行温度的继电保护，一般可以分为告警和跳闸两种整定状态。

(七)距离保护(阻抗保护)

距离保护目前在铁路电力贯通线路上还未采用。距离保护是主系统的高可靠性、高灵敏度的继电保护，又称为阻抗保护，阻抗保护是按照线路故障点不同的阻抗值而整定的。

四、铁路电力系统常见安全自动装置

安全自动装置是指在电力网中发生故障或异常运行时，起控制作用的自动装置。如自动重合闸、备用电源和备用设备自动投入、自动切负荷、自动低频减载等。

安全自动装置应满足可靠性、选择性、灵敏性和速动性的要求。

可靠性：装置该动时可靠动作；不该动时，应可靠不动作的性能。为保证可靠性，装置应简单可靠，具备必要的检测和监视措施，并应便于运行维护。

选择性：安全自动装置应根据故障和异常运行的特点，按预期的要求实现其控制作用。

灵敏性：安全自动装置的启动元件和测量元件，在故障和异常运行时，能可靠启动和进行正确判断的性能。

速动性：维持系统稳定的自动装置要尽快动作；限制事故影响的自动装置，应在保证选择性前提下尽快动作的性能。

(一)重合闸、备自投

普速铁路电力贯通线路多采用架空电力线路或采用架空电缆混合形式的电力线路，故障大多数是瞬时性的，因此装设自动重合闸或备自投可以大大提高供电可靠性。选用重合闸(或备自投)的方式必须根据系统的结构、运行稳定要求以及电力设备承受能力合理选定。

(二)备用电源自投

备用电源自动投入装置是保证供电可靠性的重要设备。备用电源自投装置采集断路器位置、电压、电流等信息，如判断出配电装置已失去主电源将自动合上备用电源。主要用于110 kV及以下的中低压配电系统中，是根据变配电所一次接线方案设计的，必须与一次接线方案相对应。

(三)检同期装置

1.用于铁路贯通线路主、备配电所并相倒闸

为保证不间断供电，在转换主供所和备用所的供电方式，区间开口、合口，跨所送电的操作中，允许相邻配电所短时并列运行。

铁路10 kV配电所的并相倒闸可以实现对电力线路的不间断供电，在不影响信号供电的情况下达到两电源不间断供电切换。

配电所的主、备配电所并相倒闸操作过程：两相邻配电所同时向区间电力线路送电后，再断开原主送配电所断路器，此时备用配电所由备送状态转变为主送状态。

最大特点是在主、备电源切换时不间断供电，对铁路信号的供电无任何影响。

主、备配电所并列运行的条件如下：

(1)两所母线电压接近相等；

(2)两所的频率相等(同一电网)；

(3)两所的电压相位相同；

(4)并网时的电流不超过继电保护的整定值。

在并相时，保护装置要进行检同期，即测量和检查并相的主、备配电所电源的电压差、频率差、相位差等，不同期时闭锁断路器合闸回路，同期时开放并列合闸条件。当操作目的一经达到，应立即解列运行。

2.用于配电内合环倒闸

合环倒闸是指在铁路电力系统电气操作中将线路、变压器或断路器串联构成的网络闭合运行的操作。

合环操作的必要条件如下：

(1)合环点相位应一致。

(2)合环后不会引起环网内各设备过载。

(3)继电保护与安全自动装置应适应环网运行方式。

(4)合环操作应使用负荷开关或断路器进行合环、解环操作。当电力线路使用隔离开关进行操作时，应注意合环电流在规定的允许范围内，才允许进行操作。

系统出现单相接地时进行合环操作必将故障点带入正常系统，危害如下：

(1)正常系统绝缘受到考验，绝缘薄弱点可能会被击穿，发生短路故障的概率提高。

(2)正常系统加入接地系统后电容电流增大，消弧选线装置过补偿状况被打破，可能会出现全补偿或欠补偿情况。当处于全补偿状态时，即会产生铁磁谐振过电压，严重威胁系统安全。

(3)因合环会使系统短路阻抗变小，合环过程中使继电保护范围扩大，保护越级误动情况增加，一般要求合环时间不超过15 min，此时如出现短路故障可能会出现越级跳闸的危险。

所以系统单相接地时禁止进行合环操作。

第三节　铁路电力微机保护装置

一、微机保护装置的特点

微机保护装置最大的特点就是应用了微机技术,拥有强大的计算、分析和逻辑判断能力,有储存记忆功能,可实现任何性能完善且复杂的保护原理。

(一)维护调试方便

传统继电保护装置的调试工作量很大,尤其是一些复杂原理的保护。微机保护装置则不同,它硬件的主要元件是单片机或数字信号处理器,维护调试方便,工作量大大减小。

新一代的单片机或数字信号处理器把组成微型计算机的各功能部件[中央处理器 CPU、随机存取存储器 RAM、只读存储器 ROM、输入/输出(I/O)接口电路、定时器和计数器以及通信接口等]制作在一块集成芯片中,再配以所需的相关外围芯片构成微机保护装置。

微机保护装置各种复杂的保护功能都是由相应的软件来实现的。微机保护装置对硬件和软件都具有自诊断功能,一旦发现异常即会发出警告。通常情况下,只要将微机保护装置施加电源后保护自检通过,没有发出报警即可认为装置是完好的。对微机保护装置而言除了输入和修改定值及检查外部接线外几乎不用调试,从而大大减轻了运行维护的工作量。

(二)可靠性高

微机保护具有在线自检功能。自检的内容既包括微机保护装置硬件也包括程序软件,从而避免由于装置硬件的异常引起的保护误动作或铁路电力系统故障时保护的拒动。在保护软件的编程上可以轻松实现常规保护难以实现的自动纠错功能,即自动识别和排除各种干扰,防止由于采样信号受到干扰而造成保护误动作。因此微机保护相对于传统电磁型保护而言可靠性很高。

(三)易于实现多种附加功能

微机保护装置通常配有通信接口。如果连接打印机或者其他显示设备,可以在系统发生故障后提供多种信息。例如,保护各部分的动作顺序和动作时间记录,故障类型、故障相别及故障前后电压和电流的录波、开关动作记录等。可实现调度端及复示终端的实时监测及对保护动作情况的分析。对于线路保护,还可以计算和显示故障点的位置,轻松实现故障测距功能。

(四)灵活性高

变配电所内不同一次设备的保护装置在硬件设计时,尽可能采用相同的设计方案。若采用多 CPU 实现多种保护功能时,每块 CPU 模块的硬件设计也应尽量相同。由于保护的原理主要由软件决定,因此,只要改变软件就可以改变保护的特性和功能,从而可灵活地适应铁路电力系统发展对保护要求的变化,也减少了现场的维护工作量。

(五)保护性能得到很好改善

传统形式的继电保护存在的很多技术问题,通过人工智能技术或复杂的数学算法都一一得到了解决。例如,接地距离保护承受过渡电阻能力的改善、距离保护如何区分振荡和短路、变压器差动保护如何识别励磁涌流和内部故障、母线保护如何检测电流互感器饱和等问题都已提出了许多新的原理和解决方法，这些新方法只有用微机保护才能实现。

(六)经济性好

微处理器和集成电路芯片的性能愈来愈高但价格一直在下降，而电磁型继电器的价格在同一时期内却不断上升。而且，微机保护装置是一个可编程序的装置，它可基于通用硬件实现多种保护功能，使硬件种类大大减少。这样，在经济性方面也优于传统保护。

二、微处理器

微机保护装置硬件的核心是微处理器。

微处理器的选择遵循以下原则：一是速度，二是功能，三是通用性，四是工作环境。

微处理器的速度选择以能在两个相邻采样间隔内完成必要的工作为准，并不是在任何情况下速度越高越好。

微处理器两个发展方向如下：

一个是向功能强的方向发展（例如数字信号处理的功能）；另一个，在同样的集成度下，不集成高功能、快速的微处理器，而是把许多其他功能如模数（A/D）转换、通信接口、定时器等集成在一个芯片上，向功能全的方向发展。

不仅要选择大公司的主流芯片，而且要尽可能选择工业级的微处理器。

目前，国内外微机保护装置所用的微处理器有两大类：一类是单片机；另一类是数字信号处理器。

(一)单片机简介

单片微型计算机简称单片机。它是把组成微型计算机的各功能部件（中央处理器CPU、随机存取存储器 RAM、只读存储器 ROM 或可擦除只读存储器 EPROM、I/O 接口电路、定时器/计数器以及串行通信接口等）制作在一块集成芯片中，构成一个完整的微型计算机。由于它的结构与指令功能都是按照工业控制要求设计的，故又称单片微控制器或单片微型计算机。

微机保护装置双 CPU 板如图 6-1 所示。

图 6-1 微机保护装置双 CPU 板

单片机的共有特点是：控制功能强；体积小；功耗小；成本低。由于上述优越性，单片机已在工业、民用、军事等工程领域得到了广泛应用。

随着数字技术的发展，单片机在很大程度上改变了传统的设计方法，使原来很多复杂电路设计问题化为方便的程序设计问题。

单片机问世以来，应用日趋广泛，性能不断地改善和提高，性能价格比却更为优越，体积也大为减小，单片机的潜在能力愈来愈显现出来。按照单片机的特点，它的应用可分为单机应用和多机应用两种。

1. 单机应用

单机应用是指在一个应用系统中，只使用一片单片机，是应用最多的方式，主要的领域有：

(1)测控系统。用单片机可以构成各种工业控制系统、自适应控制系统、数据采集系统等。

(2)智能仪表。应用单片机改造原有的测量、控制仪表，促进了仪表向数字化、智能化、多功能化、综合化、柔性化发展，如温度、压力、流量、浓度显示，控制仪表及智能电度表等。

通过采用单片机软件编程技术，使长期以来测量仪表中的误差修正、线性化处理等难题迎刃而解。

(3)机电一体化产品。单片机与传统的机械产品结合，使传统机械产品结构简单化，控制智能化，构成新一代的机电一体化产品。

(4)智能接口。在计算机系统，特别是较大型的工业测控系统中，如果用单片机进行接口的控制与管理，单片机与主机并行工作，可以大大提高系统的运行速度。

例如，在大型数据采集系统中，用单片机对模数转换接口进行控制不仅可提高采集速度，还可对数据进行预处理，如数字滤波、线性化处理、误差修正等。

2. 多机应用

系统可分为功能集散系统、并行多机处理及局部网络系统。

(1)功能集散系统。多功能集散系统是为了满足工程系统多种外围功能要求而设置的多机系统。

(2)并行多机控制系统。并行多机控制系统主要解决工程应用系统的快速性问题，以便构成大型实时工程应用系统，典型的有快速并行数据采集、处理系统，实时图像处理系统。

(3)局部网络系统。单片机网络系统的出现，使单片机应用进入到一个新的水平。

单片机构成的网络系统主要是分散分布式测控系统。

分散分布式监控保护装置的突出特点是保护装置可以安装在一次开关设备上或开关设备旁，并通过通信线将保护装置与主控制室的后台主机相连，从而构成综合自动化系统。监控保护装置就地安装不仅能减少变配电所的建筑面积和节省大量的二次电缆，从而节省投资，还能减少变配电所安装、调试及维护的工作量并提高系统的可靠性。

单片机主要用于系统中的通信控制，以及构成各种测控用子系统。

随着单片机应用的进一步深入，单片机技术也在不断发展。除了提高计算速度、指令周期和效率外，为满足用户的需求，中断源、I/O 接口和定时器得到了充足的扩展，还有可编程的时钟输出、可编程的计数器阵列、“看门狗”定时器、I^2C 串行总线接口等。

随着单片机自身功能的不断提高，其适用范围更加广泛，主要体现在：操作电压范围和温度范围的放宽、晶振频率的提高、封装形式的多样化、片内程序和数据空间的加大，有的芯片片内只读存储器 ROM 空间已达 64 k。新型的可擦除非易失性记忆元件闪存存储器(FLASH)，可以通过在系统中编程(in-system programming，ISP)或在应用中编程(in-application programmin，IAP)以实现程序加载。有的芯片还带有电可擦除只读存储器(EEPROM)。目前，新型单片机采用多流水线结构，CPU 位数可达 32 位，其运算速度比标准单片机高出 10 倍以上。8 位机和 32 位机将成为单片机领域中的两个主流。

(二)数据信号处理器(DSP)简介

DSP 是英文 digital signal processor 的缩写，即数字信号微处理器。DSP 芯片专门用于完成各种实时数字信息处理。它是综合了微电子学、数字信号处理技术、计算技术的新器件。由于它特殊的设计，可以把数字信号处理中的一些理论和算法予以实现，并逐步进入控制器领域，因而在计算机应用领域中得到广泛的使用。

1. DSP 的典型应用介绍如下：

(1)通用数字信号处理。数字滤波、卷积算法、相关算法、卡尔曼滤波、FFT、希尔伯特变换、自适应滤波、窗函数、波形生成。

(2)通信。高速调制解调器、编/解码器、自适应均衡器、传真、蜂房网移动电话、数字留言机、语音信箱、回音消除、电视会议、扩频通信。

(3)声音/语音信号处理。语音信箱、语言识别、语音鉴别、语音合成、文字变声音、语音矢量编码等。

(4)图形/图像信号处理。三维图形变换处理、机器人视觉、模式识别、图像增强、动画、电子地图、桌面出版系统。

(5)控制。磁盘/光盘伺服控制、激光打印机伺服控制、机器人控制、发动机控制、电机调速、无刷直流电机。

(6)仪器。谱分析、函数发生、波形发生、数据采集、暂态分析、模态分析、石油/地质勘探、飞行器风洞试验等。

DSP 技术在微机保护装置也得到了广泛的应用。图 6-2 所示是采用 DSP 技术的 eDCAP600 微机保护装置的 CPU 板。

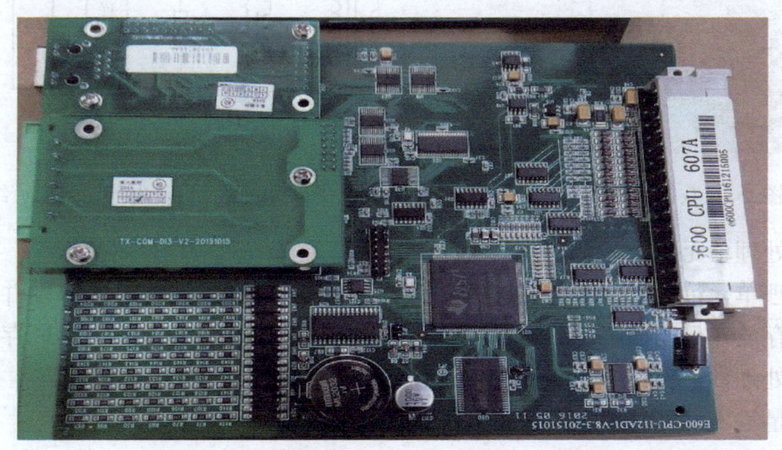

图 6-2　采用 DSP 技术的 eDCAP600 CPU 板

2. DSP 芯片具有的特点如下：

(1)在单个指令周期内完成乘法/累加运算；指令中有循环寻址、位倒序操作等；

(2)速度达到101～103 MIPS的定点运算和102 MFLOPS数量级的浮点运算；

(3)多个8位I/O接口；

(4)数据交换达到每秒数百兆字节的传输速率，主要是受片外存储器速度的限制；

(5)DSP在片上设置仿真模块或仿真调试接口。

微处理器是数字式保护的核心。实践证明，基于高性能单片机，总线不出芯片的设计思想，是提高装置整体可靠性的有效方法，对微机保护的稳定运行起到了非常重要的作用。而同时专用DSP芯片也在向单片化发展。这些都为实现总线不出芯片的设计思想，改善保护的特性奠定了坚实的基础。

三、微机保护装置硬件系统构成

(一)微机保护装置硬件系统

微机保护装置硬件系统按功能可分为五个部分：数据采集单元、数据处理单元、开关量输入/输出接口、通信接口、电源。

1. 数据采集单元

数据采集单元包括电压形成和模数转换等功能块，完成将模拟输入量准确地转换为数字量的功能。

图6-3所示为微机保护的数据采集板；交流电压电流输入通道结构如图6-4所示，图6-4(a)为电压输入通道；图6-4(b)为电流输入通道。

图6-3 数据采集板

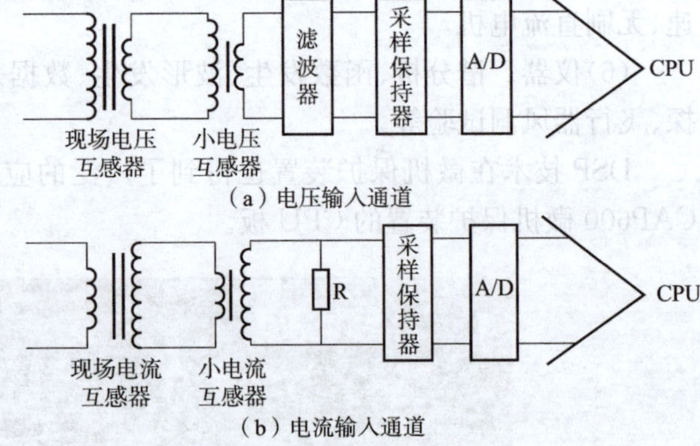

图6-4 交流电压电流输入通道结构

2. 数据处理单元

数据处理单元包括微处理器、只读存储器、随机存取存储器、定时器以及并行口等。微处理器执行存放在只读存储器中的程序，对由数据采集系统输入至随机存取存储器中的数据进行分析处理，以完成各种继电保护的功能。

3. 开关量输入/输出接口

开关量输入/输出接口由若干并行接口、光电隔离器及中间继电器等组成，以完成各种保护的出口跳闸、信号警报、外部接点输入及人机对话等功能。

微机保护的开出板如图 6-5 所示。

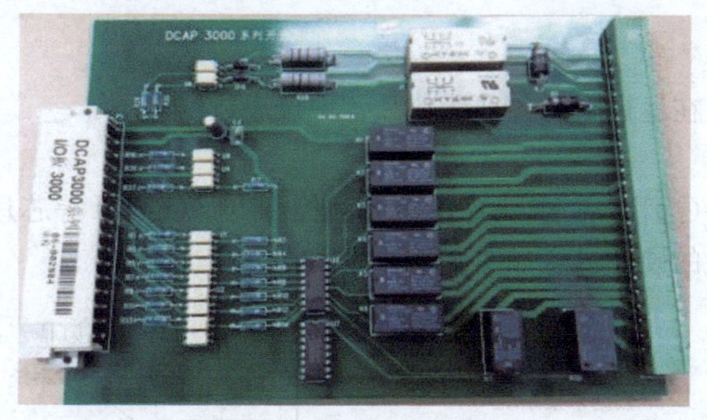

图 6-5　微机保护开出板

4. 通信接口

为形成集微机保护、监控、远动和管理于一体的变电站综合自动化系统，微机保护除完成自身的功能外，通过主机向本地或远方传送保护定值、故障报告的同时，远方可通过主机对微机保护实行远方控制，如修改定值、投切压板等，这些都需要由通信接口来实现。包括通信接口电路及接口，以实现多机通信或联网。

5. 电源

微机保护的电源板如图 6-6 所示，是供给微处理器、数字电路、A/D 转换芯片及继电器所需的电源。

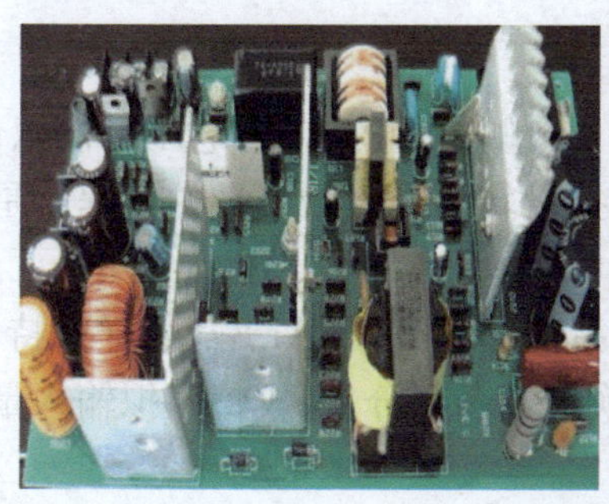
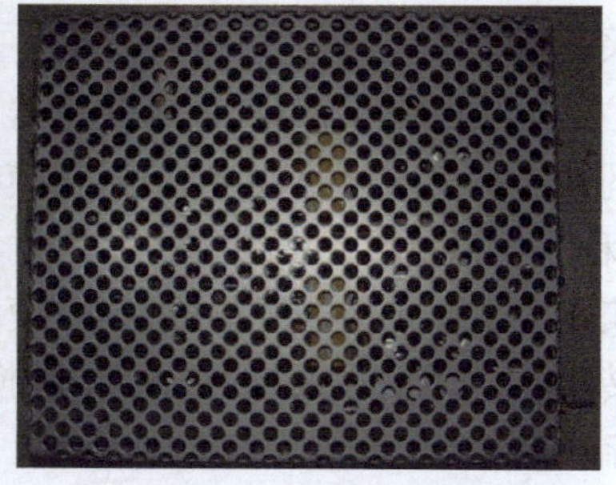

图 6-6　微机保护的电源板

电源的基本组成：

开关电源大致由主电路、控制电路、检测电路、辅助电源四大部分组成。

(1)主电路

冲击电流限幅：限制接通电源瞬间输入侧的冲击电流。

输入滤波器：其作用是过滤电网存在的杂波及阻碍本机产生的杂波反馈回电网。

整流与滤波：将电网交流电源直接整流为较平滑的直流电。

逆变：将整流后的直流电变为高频交流电，这是高频开关电源的核心部分。

输出整流与滤波：根据负载需要，提供稳定可靠的直流电源。

(2)控制电路

一方面从输出端取样，与设定值进行比较，然后去控制逆变器，改变其脉宽或脉频，使输出稳定；另一方面，根据测试电路提供的数据，经保护电路鉴别，提供控制电路对电源进行各种保护措施。

(3)检测电路

提供保护电路正在运行中的各种参数和各种仪表数据。

(4)辅助电源

实现电源的软件(远程)启动，为保护电路和控制电路(PWM 等芯片)提供工作电源。

典型的保护装置的硬件示意如图 6-7 所示。

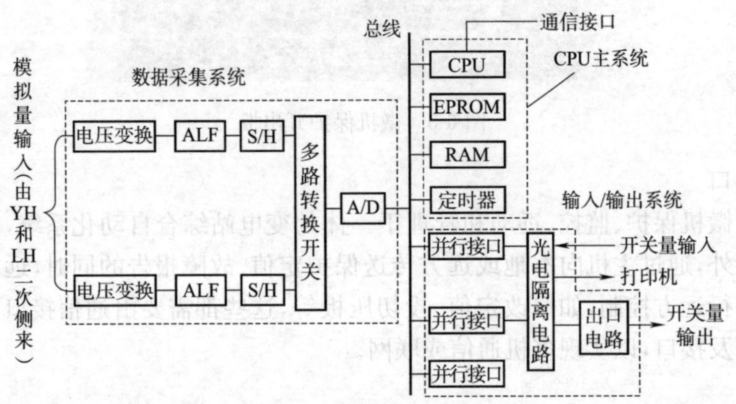

图 6-7 微机保护硬件示意

(二)各子系统的电路构成原理

1. 数据采集单元

继电保护装置从电流互感器、电压互感器二次侧获得的电流、电压是模拟信号，微机保护能够处理的信号是离散化的数字信号，将模拟量转换成为数字量的过程就是通常所说的数据采集，也称为模拟量输入系统。

数据采集单元主要包括电压形成回路、模拟低通滤波器(ALF)、采样保持电路(S/H)、模拟量多路转换器(MPX)以及模数(A/D)转换器五个部分，完成将模拟输入量准确地转换为所需的数字量。

(1)电压形成回路

微机保护要从被保护的电力线路或电力设备的电流互感器、电压互感器或其他变换器上取得信息，这些互感器的二次数值的输入范围对微机保护装置硬件电路并不适用，故需要降低和变换。

微机保护中通常要求输入信号为±5 V或±10 V的电压信号，具体取决于所用的模数转换器。因此，一般采用中间变换器来实现以上的变换。例如电流变换器和电压变换器。

交流电流的变换一般采用电流变换器，在其二次侧并联电阻取得所需电压。改变电阻值就可以改变输入电流范围的大小。

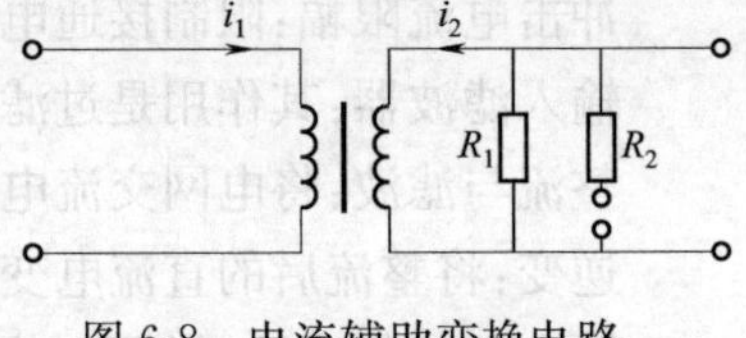

图 6-8 电流辅助变换电路

例如，当图 6-8 中 R_1 和 R_2 阻值相等，若 R_2 断开时电流允许输入范围为 0～50 A，若 R_2 并联接入后，电流的输入范围为 0～100 A。

电流变换器最大的优点是，只要铁芯不饱和，其二次电流及并联电阻上电压的波形就可基本与一次电流成比例且同相，即可以做到不失真变换，这一点对微机保护是很重要的，因为只有在这种条件下做精确的运算与定量分析才是有意义的。

电流变换器的缺点是在非周期分量的作用下容易饱和，线性度差，动态范围也小，但只要妥善设计是可以克服这个缺点的。

电流/电压变换回路除了起电量变换作用外，还起到隔离作用。它使微机电路在电气上与铁路电力系统隔离，在初级和次级绕组之间应有接地的屏蔽绕组以防止来自高压系统的电磁干扰。

通常，在中间变换器的一次和二次之间，应绕一个一端悬空，另一端可靠与地网连接的屏蔽层，用以减小通过一、二次绕组间分布电容串入的共模干扰。

(2)模拟低通滤波器(ALF)

滤波器是一种能使有用频率信号通过，同时抑制无用频率信号的电路，通常分为无源滤波器和有源滤波器两种。

随着数字信号处理技术的发展，除了模拟滤波器之外，还出现了数字滤波器。对微机保护系统来说，在故障初瞬间，电压、电流信号中可能含有相当高的频率分量，为防止频率混叠，采样频率 f_s 不得不用得很高，从而对硬件速度提出过高的要求。但实际上目前大多数的微机保护原理都是反映工频量的，在这种情况下，可以在采样前用一个模拟低通滤波器将高频分量滤掉，这样就可以降低 f_s，从而降低对硬件提出的要求。由于数字滤波器的作用，通常并不要求低通滤波器滤掉所有的高额分量而仅用它滤掉 $f_s/2$ 以上的分量，以消除频率混叠，防止高频分量混到工频附近来。低于 $f_s/2$ 的其他暂态频率分量，可以通过数字滤波来滤除。

模拟低通滤波器分无源和有源两种。

无源低通滤波器由两级 RC 滤波电路构成。只要调整 RC 数值就可改变低通滤波器的截止频率。此时截止频率可设计为 $f_s/2$，以限制输入信号的最高频率。这种滤波器接线简单，但电阻与电容回路对信号有衰减作用，并会带来延迟，对快速保护不利，仅适用于对速度和性能要求不高的微机保护。对于要求高性能又快速的保护，必须采用有源的低通滤波器。有源低通滤波器通常由上述无源滤波器加上运算放大器构成，此时电容可取较小的数值，从而加快了保护动作速度。

(3)采样保持电路(S/H)及采样频率的选择

模拟信号进行数字量转换时，从启动转换到转换结束输出数字量，需要一定的时间。在这个转换时间内，模拟信号要基本保持不变。能完成这种功能的器件称为采样保持器。

采样：模拟输入信号经电压形成回路和低通滤波后仍为连续的时间信号，把连续的时间信号变成离散的时间信号称为采样或离散化。采样就是周期性抽取或测量连续信号的瞬时值，采样器的输出是离散化后的模拟量。

保持：微机保护多路模拟通道共用一个模数(A/D)转换器，各通道的取样信号必须依次通过 A/D 回路进行转换，每转换一路都需要一定的转换时间，变化较快的模拟信号必须保持，否则将引起误差。

采样保持器是一种具有信号输入、信号输出以及由外部指令控制的电子门电路。

采样保持电路的作用是在一个极短的时间内测量模拟输入量在该时刻的瞬时值，并在模拟/数字转换器进行转换的期间内保持其输出不变，即把随时间连续变化的电气量离散化。

为了使信号采样后能够不失真地还原，采样频率必须大于信号最高频率两倍以上，这就是奈奎斯特采样定理。

(4)模拟量多路转换开关

微机保护通常需对多个模拟量同时采样，以准确获得各个量之间的相位关系并使相位关系经过采样后保持不变，这就要对每个模拟输入量设置一套电压形成、模拟低通滤波和采样保持电路，所有采样保持器的逻辑输入端并联后由定时器同时供给采样脉冲。为了简化电路和降低成本，一般采用多个模拟量通道通过多路转换器共用一个 A/D 转换器，通过多路转换开关实现通道切换。

由于保护装置所需同时采样的电流模拟量和电压模拟量不会很多，只要 A/D 转换器的转换速度足够高，上述同时采样的要求是能够满足的。

(5)模数(A/D)转换器

实现模拟量变换成数字量的硬件芯片称为模数转换器，也称为 A/D 转换器。

A/D 转换器的作用是将保存在 S/H 中已离散化的模拟信号转换成微机所需的数字量。在单片机的实时测控和智能化仪表等应用系统中，常需将检测到的连续变化的模拟量(如电压、电流、温度、压力、速度等)转化成离散的数字量，才能输入到单片微机中进行处理。

根据 A/D 转换器的原理可将其分成两大类：一类是直接型 A/D 转换器，另一类是间接型 A/D 转换器。

在直接型 A/D 转换器中，输入的模拟电压被直接转换成数字代码，不经任何中间变量；在间接型 A/D 转换器中，首先把输入的模拟电压转换成某种中间变量(频率)，然后再把这个中间变量转换成数字代码输出。

A/D 转换器的种类很多，常用的 A/D 转换器有直接型的逐次逼近式 A/D 转换器和间接型的 VFC 变换式 A/D 转换器。

两种模数转换器的区别如下：

①A/D 式数据采集系统中，A/D 转换结果可直接用于保护的有关算法，而 VFC 式数据采集系统属于计数式 V/F 转换芯片。单片机每隔一定时间读得的计数器的记数值不能直接用于算法，必须将相隔 NTs 的计数值相减后才能用于各种算法。

②A/D 芯片一经选定，其数字输出位数不可改变，即分辨率不可能变化。而 VFC 系统中，可通过增大计算间隔提高分辨率。

③对 A/D 式数据采集系统，A/D 芯片的转换时间必须小于中断时间。而 VFC 数据采集系统是对输入脉冲不断计数，不存在转换速度问题。但应注意输入到 VFC 芯片的脉冲频率不能超过其极限计数频率。

④A/D 式数据采集系统中需由定时器按规定的采样间隔给采样保持芯片发出采样脉冲，而 VFC 式数据采集系统只需按采样间隔读计数器的值就可以。

⑤采用 VFC 与计数器之间的光电耦合器，使数据采集系统与 CPU 系统在电气上完全隔离，抗干扰能力强。

⑥VFC 的工作根本不需要 CPU 控制，多个 CPU 可以共享一套 VFC，且接口简单。

2. 数据处理单元

一般的微处理器都有一定的内部寄存器、存储器和输入/输出接口。但其用于实现保护功能时，首先遇到的问题就是存储器的扩展。微处理器内部虽然设置了一定容量的存储器，但仍满足不了实际需求，因此需要从外部进行扩展，配置外部存储器，包括程序存储器或数据存储器。

为了满足继电保护定值设置的需求，通常还需配置电可擦除的可编程只读存储器。程序常驻于只读存储器中，计算过程和故障数据记录所需要的临时存储是由随机读写存储器实现。设定值或其他重要信息则放在电可擦除可编程只读存储器中，它可在 5 V 电源下反复读写，无须特殊读写电路，写入成功后即使断电也不会丢失数据。微处理器通过其数据总线、地址总线、控制总线及译码器和存储器部件进行数据交换。根据不同保护功能和设计的要求，一般还要扩展一些并行接口或计数器等。

微处理器的数据总线、地址总线和控制总线是其与外扩存储器、输入/输出接口芯片进行信息交换的唯一通道。外扩芯片一般均为双步选通方式，即除了配置译码选通端外，还配置使能选通端。

3. 开关量输入/输出接口

(1)开关量输入回路

开关量的输入回路引入的是断路器、隔离开关的辅助接点、跳合闸位置继电器接点、外部装置闭锁接点、瓦斯继电器接点、压力继电器、位置继电器(变压器、电抗器开门跳闸)等接点，还包括一些装置上压板位置输入等。

微机保护装置的开关量输入电路如图 6-9 所示。

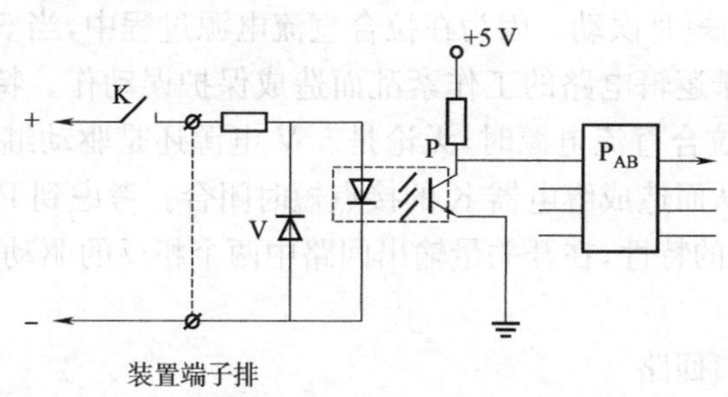

图 6-9 开关量输入电路

光电耦合器件(图中虚线框内)集成在一个芯片内。当外部接点 K 接通时，有电流通过光电耦合器件的发光二极管回路，使光敏三极管导通，P_{AB}点电位近似为 0。K 打开时，光敏三极管截止，P_{AB}点电位为+5 V。因此光敏三极管的导通和截止完全反映了外部接点的状态。P_{AB}可以是微处理器的输入/输出接口或外扩并行接口。

光电隔离是由光电耦合器件来完成的。光电耦合器是以光为媒介传输信号的器件。其输入端配置发光源，输出端配置受光器，因而输入和输出在电气上是完全隔离的。

由于光电耦合器的隔离作用，使开关量输入信号中的各种干扰信号都被隔离在耦合器输入端一侧，具有较高的电气隔离和抗干扰能力。

由于一般光电耦合芯片发光二极管的反向击穿电压较低，为防止开关量输入回路电源极性接反时损坏光电耦合器，图 6-9 中二极管 V 起保护和光电隔离的作用。

(2)开关量输出回路

开关量输出回路主要包括跳闸出口、重合闸出口及信号出口等，一般采用并行输出端口来控制有触点继电器(干簧或密封小型中间继电器),经过光电隔离提高抗干扰能力,如图 6-10 所示。

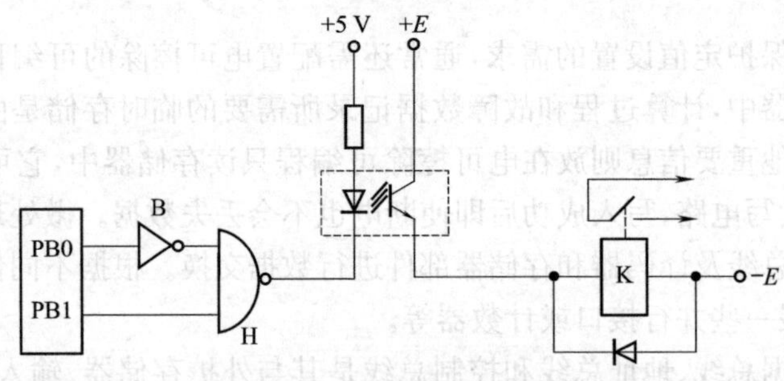

图 6-10　开关量输出回路接线

只要由软件使并行接口的 PB0 输出“0”,PB1 输出“1”,便可使与非门 H 输出低电平,光敏三极管导通,继电器 K 接点被吸合,信号输出。

在微机保护装置上电初始化和需要继电器 K 返还时,应使 PB0 输出“1”,PB1 输出“0”。设置反相器 B 及与非门 H 而不是将发光二极管直接同并行接口相连,一方面并行接口带负载能力有限,不足以驱动发光二极管,另一方面采用与非门后需要同时满足两个条件才能使继电器 K 动作,从而提高了抗干扰能力。

另注意图 6-10 中的 PB0 经一反相器,而 PB1 不经反相器,这样设计可防止拉合直流电源的过程中继电器 K 的短时误动。因为在拉合直流电源过程中,当 5 V 电源处在中间某一临界电压值时,可能由于逻辑电路的工作紊乱而造成保护误动作。特别是保护装置的电源往往接有电容器,所以拉合直流电源时,无论是 5 V 电源还是驱动继电器用的电源 E,都可能缓慢地上升或下降,从而造成继电器 K 的接点短时闭合。考虑到 PB0 和 PB1 在电源拉合过程中只可能同时变号的特性,在开关量输出回路中两个相反的驱动条件互相制约,可有效防止继电器的误动作。

(3)打印机并行接口回路

打印机作为微机保护装置的输出设备,在调试状态下,输入相应的键盘命令,微机保护装置可将执行结果通过打印机打印出来,以了解装置是否正常。在运行状态下,系统发生故障后,可将有关故障信息、保护动作行为及采样报告打印出来,为事故分析提供依据。

由于继电保护装置对可靠性要求较高,而其工作环境中电磁干扰比较严重,因此,微机保护装置与打印机数据线连接均经光电隔离。

(4)人机对话接口回路

人机对话接口是微机保护装置与用户之间的信息联系的桥梁,通过人机对话接口以便对保护装置进行人工操作、调试及查看装置相应的反馈信息。人机对话接口回路主要包括以下两部分:

①对显示器和键盘的控制,为调试、整定与运行提供简易的人机对话功能。通过人机对话接口可以显示一次回路的连接情况,查询和修改定值,查阅存储器内数据。

②由硬件时钟芯片提供日历与计时,可实现从毫秒到年月的自动计时。

4.通信接口

随着微处理器和通信技术的发展,其应用已从单机逐渐转向多机或联网。而多机应用的关键在于微机之间的相互通信，互传数字信息。

(1)微机保护 CPU 与外部通信的基本方式有两种：

①并行通信：数据各位同时传送。

②串行通信：数据一位一位顺序传送。

图 6-11 是这两种通信方式的示意。前文涉及的微处理器与外扩存储器之间的数据传送，都是采用并行通信方式。在并行通信中，数据有多少位就需要多少根数据传送线。而串行通信可以分时使用同一传输线，故串行通信能节省传送线，尤其适用数据位数很多和远距离数据传送时。串行通信的主要缺点是传送速度比并行通信要慢，并行通信的硬件连接及数据传送比较简单。选择通信接口必须考虑传输介质、电平转换等问题。

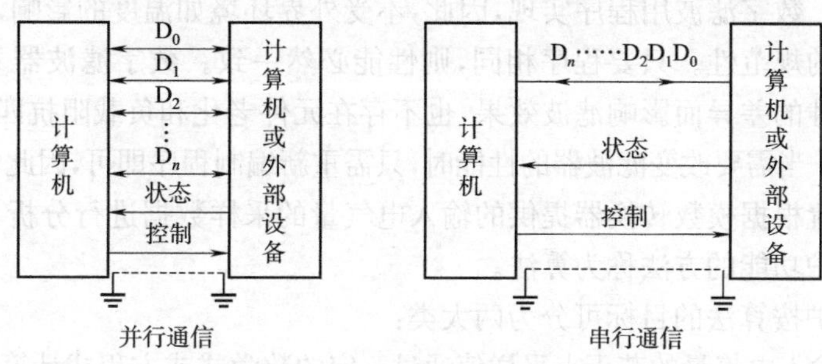

图 6-11 并行通信与串行通信

(2)为保证高可靠性的通信要求应注意：

①通信速度和通信距离

标准串行通信接口的电气特性一般都有满足可靠传输时的最大通信速度和传送距离指标。通信速度和通信距离两个指标相互关联，适当地降低通信速度，可以提高通信距离，反之亦然。

②抗干扰能力

通常选择的标准接口，在保证不超过其使用范围时都有一定的抗干扰能力，以保证可靠的信号传输。在高噪声污染环境中，通过使用光纤介质减少电磁噪声干扰，经过光电隔离提高通信系统的安全性都是一些行之有效的办法。

5. 电源

微机保护装置对电源要求较高，通常这种电源是逆变电源，即将直流逆变为交流，再把交流整流为保护装置所需的直流电压。它把变配电所强电系统的直流电源与微机保护装置的弱电系统电源完全隔离开，通过逆变后的直流电源具有很强的抗干扰能力，可以大大消除来自变配电所中因断路器跳合闸等原因产生的强干扰。新型的微机保护装置的工作电源不仅允许输入电压的范围较宽，而且也可以输入交流电源电压。

目前，微机保护装置均按模块化设计，也就是说对于各种线路保护、元件保护，无论用于何种电压等级，都是由上述五个部分的模块化电路组成的。

不同的是软件程序及硬件模块化的组合与数量不同。不同的保护原理用不同的软件程序来实现；不同的使用场合按不同的模块化组合方式构成。这样的成套微机保护装置，给设计及调试人员带来了极大方便。

四、微机继电保护算法

微机继电保护装置通常工作在故障发生后的最初瞬变过程中，这时的电压和电流信号由于包含衰减直流分量和复杂的谐波成分而发生严重的畸变。

由于大多数保护装置的原理是建立在反映正弦基波或整数次谐波之上，所以，滤波器设计一直是继电保护装置的重要工作。

在微机保护中，有两种可供选择的方案，一种是传统的模拟滤波器，另一种是数字滤波器。目前所研究的数字式保护几乎无一例外地采用了数字滤波器，它与模拟滤波器相比具有以下特点：

1. 可靠性高。数字滤波用程序实现，因此，不受外界环境如温度的影响，所以可靠性高。

2. 具有高度的规范性。只要程序相同，则性能必然一致。数字滤波器不像模拟滤波器那样会因元件特性的差异而影响滤波效果，也不存在元件老化和负载阻抗匹配等问题。

3. 灵活性高。当需要改变滤波器的性能时，只需重新编制程序即可，因此使用非常灵活。

微机保护装置根据模数转换器提供的输入电气量的采样数据进行分析、运算和判断，以实现各种继电保护功能的方法称为算法。

微机继电保护按算法的目标可分为两大类：

一类是根据输入电气量的若干点采样值通过一定的数学式或方程式计算出保护所反映的量值，然后与定值进行比较。例如为实现距离保护，可根据电压和电流的采样值计算出复阻抗的模和相角或阻抗的电阻和电抗分量，然后同给定的阻抗动作区进行比较。这一类算法利用了微处理器能进行数值计算的特点，从而实现许多常规保护无法实现的功能。作为距离保护，它的动作特性形状可以非常灵活，不像常规距离保护的动作特性形状取决于一定的动作方程。此外它还可以根据阻抗计算值中的电抗分量推算出短路点距离，起到故障测距的作用等。

另一类算法仍以距离保护为例。它是直接模仿模拟型距离保护的实现方法，根据动作方程来判断故障是否在动作区内，而不计算出具体的阻抗值。这一类算法的计算工作量略有减小。另外，虽然它所依循的原理和常规的模拟型保护同出一辙，但由于运用计算机所特有的数字信号处理和逻辑运算功能，可以使某些保护的性能有明显提高。

继电保护的种类很多，按被保护对象分有元件保护、线路保护等；按保护原理分有差动保护、距离保护、电压保护、电流保护等。然而，不管哪一类保护的算法其核心问题归根结底不外乎是算出可表征被保护对象运行特点的物理量，如电压、电流等电气量的有效值和相位及视在阻抗等，或者算出它们的序分量、基波分量或某次谐波分量的大小和相位等。有了这些基本的电气量的计算值，就可以很容易地构成各种不同原理的保护，微机保护中各个继电器都是由其相应的算法实现的。

五、微机保护软件构成

微机保护装置的软件通常可分为监控程序和运行程序两部分。

监控程序包括人机对话接口键盘命令处理程序，以及为插件调试、定值整定、报告显示等所配置的程序。

运行程序就是指保护装置在运行状态下所需执行的程序。微机保护运行程序软件一般可分为两个模块。

(1)主程序:包括初始化,全面自检、开放及等待中断等。

(2)中断服务程序:通常有采样中断、串行接口中断等。其中,采样中断包括数据采集与处理、保护启动判定等,串行接口中断完成保护 CPU 与保护管理CPU之间的数据传送。例如,保护的远方整定、复归、校对时间或保护动作信息的上传等。中断服务程序中包含故障处理程序子模块。它在保护启动后才投入,用以进行保护特性计算、判定故障性质等。

(一)主程序

给保护装置上电或按复归按钮后,首先进行必要的初始化。如堆栈寄存器赋值、控制口的初始化。然后,CPU 开始运行状态所需的各种准备工作。

首先是给并行控制口置位,使所有继电器处于正常状态。然后,按照用户选定的定值套号从 EEPROM 中取出定值,放至规定的定值 RAM 区。准备好定值后,CPU 将对装置各部分进行全面自检,在确认一切良好后才允许数据采集系统开始工作。完成采样系统初始化后,开放采样定时器中断和串行接口中断,中断发生后转入中断服务程序。若中断时刻未到,就进入循环自检状态。不断循环进行通用自检及专用自检项目。如果保护有动作或自检出错报告,则向管理 CPU 送报告。

全面自检内容包括 RAM 区读写检查,EPROM 中程序和 EEPROM 中定值求和检查,开出量回路检查等。通用自检内容包括定值套号的监视和开入量的监视等。专用自检项目依不同的被保护元件或不同保护原理而设置。

(二)采样中断服务程序

采样中断服务程序主要有以下几个内容:数据采样、处理及存储,启动判定,故障处理。

六、提高微机继电保护可靠性的措施

(一)可靠性的基本概念

继电保护装置在铁路电力系统中发挥着重要作用,对运行的影响重大。提高继电保护装置的可靠性成为人们关注的一个重要课题。

可靠性,是指一个元件、设备或系统在预定时间内,在规定的条件下完成规定功能的概率。继电保护装置的可靠性是指在该装置规定的范围内发生了它应动作的故障时,该装置不应拒动,而在任何其他保护不应动作的情况下,该装置不应误动。

继电保护装置的拒动和误动都会给铁路电力系统造成严重危害,但提高其不拒动和提高其不误动的措施往往是互相矛盾的。由于铁路电力系统的结构和负荷性质的不同,拒动和误动所造成的危害不同。对保护装置可靠性的分析旨在找出保护装置设计的薄弱环节,提高其可靠性指标,寻找最佳的检修周期等。

(二)继电保护装置可靠性的评价指标

继电保护装置属于可修复元件,在分析其可靠性指标时,应该先正确划分其工作状态。

1. 保护装置常见的工作状态有:

(1)正常运行状态:是指保护装置处于正常工作状态。

(2)维修状态:为使保护装置能够长期稳定运行,应定期对其进行检修,检修时保护装置退出运行,保护装置发生故障后对其进行维修时所处的状态。

(3)正常动作状态:是指被保护元件发生故障时,保护装置正确动作于跳闸的状态。

(4)误动作状态:是指保护装置不应动作时,它错误动作的状态。例如,由于整定错误,发生区外故障时,保护装置误动跳闸。

(5)拒动作状态:是指保护装置应该动作时,它拒动的状态。例如,由于整定错误或内部机械故障而导致保护装置拒动。

2.常用的可靠性评价指标有:

(1)正确动作率

正确动作率即一定期限内(例如一年)被统计的继电保护装置的正确动作次数与总动作次数之比。用公式表示为

$$正确动作率=(正确动作次数/总动作次数)\times 100\% \tag{6-5}$$

用正确动作率可以观测该继电保护装置每年正确动作的变化趋势,也可以反映不同电压等级的继电保护装置之间的对比情况,从中找出保护配置或设计的薄弱环节。

对于正确动作率指标,还可以将其细分,按不同的引起误动作的责任可分为制造质量、安装问题、设计部门、调试部门、运行人员和整定计算人员等;按引起误动作的原因可分为原理缺陷、元件损坏和特性变化、接线错误、抗干扰能力薄弱和误碰等。正确动作率是目前主要的评价指标。

(2)可靠度 $R(t)$

可靠度是指元件在起始时刻正常的条件下,在时间区间$(0,t)$不发生故障的概率。对于继电保护装置,重点分析从起始时刻到首次故障的时间。

(3)可用率 $A(t)$

可用率是指元件在起始时刻正常工作的条件下,时刻 t 正常工作的概率。可靠度与可用率的不同在于,可靠度中的定义要求元件在时间区间$(0,t)$连续地处于正常状态,而可用率则无此要求。

(4)故障率 $h(t)$

故障率是指元件从起始时刻直到时刻 t 完好条件下,在时刻 t 以后单位时间里发生故障的概率。

(5)平均无故障工作时间 MTBF

设从正常运行到首次故障之间的时间间隔为无故障工作时间,则其数学期望值为平均无故障工作时间。

(6)修复率 $m(t)$

修复率是指元件自起始时刻直到时刻 t 故障的条件下,自时刻 t 以后每单位时间里修复的概率。

(7)平均修复时间 MTTR

平均修复时间是修复时间的数学期望值。

可靠性是对继电保护装置的基本要求之一。可靠性和很多因素有关,例如保护的原理、工艺和运行维护水平等。

由于继电保护的微机化而带来两个特殊问题:

一是保护装置内部元件出现损坏时的对策。

就元件损坏来说,微机保护有明显的优点,因为使用微处理器后,元件数量大大减小,而且大规模集成电路芯片在各领域大量使用的实践已证明损坏率是很低的,特别是微机保护

可以实现高级的在线自动检测，在绝大多数情况下，元件损坏都能被自动检测发现，并且发出警报，不会引起保护误动作。

二是微机保护的抗干扰问题。

继电保护装置工作环境中的干扰是严重的，这些干扰的特点是频率高、幅度大、持续时间短。模拟式静态保护装置可以用延时来躲过这些干扰，而微机保护由于微处理器的工作是在时钟严格控制下以较高速度同步进行的，不能简单地设置延时电路，这就增加了干扰问题的严重性。所以，提高微机保护装置可靠性的重点在抗干扰上。

(三)微机保护的抗干扰措施

微机保护最重要的抗干扰措施是防止干扰进入保护装置弱电系统，也就是前文介绍过的各种隔离、屏蔽、合理布局和配线给电容提供低阻抗入地通道(电容滤波)以及在微机保护电源回路中加滤波器阻止干扰传递等方法，这些措施是有效的。

合理的硬件设计可以做到干扰不会引起保护的动作错误，是抗干扰的第一道防线。

对于微机保护而言，即使干扰突破了第一道防线，也决不能允许它导致保护误动作或拒动，针对各种不同的出错情况，还应具备自动地纠正功能，具体措施如下：

1. 对输入采样值的抗干扰纠错

保护装置的模拟输入量之间存在着某些可以利用的规律。

例如，三相电流和零序电流之间有

$$i_a + i_b + i_c = 3i_0 \tag{6-6}$$

如果对每相电流以及电流回路各设有一个采样通道，而且四个量都在同一时刻采样，则对任意一次采样时刻 t_k，都应满足

$$i_a(t_k) + i_b(t_k) + i_c(t_k) = 3i_0(t_k) \tag{6-7}$$

式(6-7)提供了一个判别各采样值是否可信、各采样通道是否完好的依据。可以对每一次采样值都进行一次分析，只有在满足上述公式的前提下才允许这一组采样值保存并提供给 CPU 做进一步的处理。

如果由于干扰导致输入采样值出错，可以取消不能通过检查的采样值，等干扰脉冲过去，数据恢复正常后再恢复工作。这相当于传统保护通过延时躲开干扰的方法，不同之处是微机保护的延时不是固定的，更加灵活。

可以看出，求和检查不仅可以具有抗干扰的功能，还具备发现数据采集系统的硬件损坏故障的功能。假设微机保护装置硬件中有一个采样芯片损坏，此时将连续多次发现采样值不符合上述公式所示的关系，微机保护将报警和采取相应的措施，不致引起保护误动。

上述方法称为电流求和自检。对于电压回路也可进行类似的求和自检。

2. 运算过程的校核纠偏

针对 CPU 在运算过程中可能因强大的干扰而导致运算出错的问题，可以将整个运算多次进行，以核对运算是否有误。

具体有两种做法：

一种做法是在运算结束后，由程序控制使 CPU 先把运算结果暂存起来，再利用同样的原始数据，按同样的算式再进行一次计算，并同前一次计算结果比较，两次的计算结果应当完全一样，这种核对可以很有效地查出因干扰而造成的运算出错。如果两次结果不一样，则再算，三取二表决，或直到两次结果一样。

另一种做法是连续多次的计算不利用完全相同的原始数据，而当第二次计算时将算法所依据的数据窗顺移一个采样值。无干扰影响时，两次计算结果应当十分接近。

第二种做法不仅可以排除干扰造成的运算出错，也对原始数据进行了进一步的把关。

3. 保护出口的闭锁

当干扰造成程序出格后，CPU 可能执行一系列非预期的指令。如不采取措施，则在此过程中很有可能碰到一条非预期的指令正好是跳闸指令而使保护误动作。防止这种误动作的措施，是在设计出口跳闸回路的硬件时，使该回路必须在连续执行几条指令后才能出口，不允许一条指令就出口。

开关量输出回路中，每一个开关量输出都通过一个与非门控制，要在与非门的两个输入端都满足条件时才驱动光电耦合器件。而在初始化时这个与非门的两个输入端都被置成与动作相反的状态。对于跳闸出口等重要的开关量输出回路，这些与非门的两个输入端还应当接至两个不同的端口，使这两个输入条件不能用一条指令同时改变。

此外，出口继电器的正电源或负电源必须在启动元件动作时才接通，以避免由于干扰或振动使出口继电器误动跳闸。

采取上述措施后虽可大大减小非预期的指令造成跳闸的概率，但仍然有可能在程序出格后，非预期地执行一条转移指令，正好转移到跳闸程序段的入口，造成保护误跳闸。为此还可以将跳闸程序段按图 6-12 安排。

将跳闸条件分成两部分，跳闸指令一和跳闸指令二，跳闸程序必须在执行这两部分指令后才满足跳闸出口条件。同时，还应在这两部分指令之间插入一段核对程序，检查在 RAM 区存放的某些标志字。当保护装置通过正常途径进入跳闸之前，在其前面的程序段中必须给相应的标志字赋值（例如，启动元件已启动或测量元件已判断故障在区内等），以便 CPU 通过核对这些标志字来判别是正常的跳闸还是由于程序出格而错误地进入跳闸程序。对于前者可以通过检查而继续执行跳闸指令二，发出跳闸脉冲，而对于后者 CPU 将转至重新初始化，从程序出格状态恢复正常运行。如果程序出格后，非预期地转至跳闸程序段的中间某一地址，例如，从图 6-12 的 A 点进入，经核对发现标志字错误而使程序重新复位运行，保护不会误跳闸。

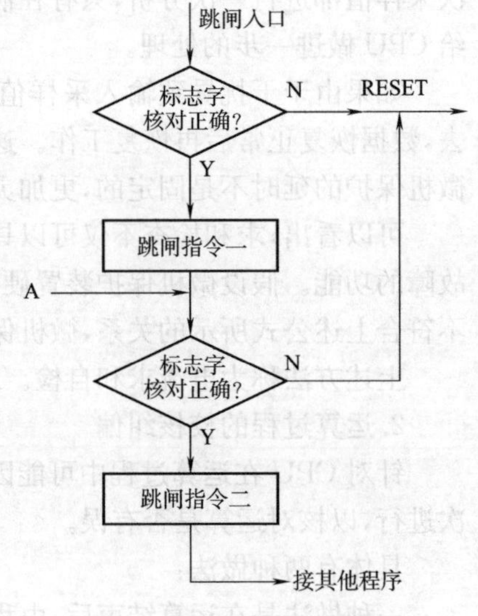

图 6-12　跳闸程序的闭锁

实际上即使不采取以上闭锁措施，微机保护在程序出格后造成误跳闸的概率已经很小，但是采取这些措施后所花代价很小又可以更进一步减小误动的概率。

4. 程序出格的自恢复（“看门狗”）

假设在强大的干扰下造成了保护程序出格，除了上文提到的出口闭锁措施以防止保护误动外，还希望能迅速发现程序出格，并能自动地使其重新恢复正常，以防止被保护对象真正发生故障时保护拒动，此时任何软件措施都无济于事，CPU 已不再运行预定的程序，因此必须用专用的硬件电路来检测程序出格，并实现自动恢复正常的功能。

图 6-13 为一种硬件自恢复电路的方案。其中 A 点接至微机保护硬件电路的某一输出口。当程序没有出格时，由软件编程使该点电位按一定的周期 T 在高电位“1”和低电位“0”之间周期性地变化。

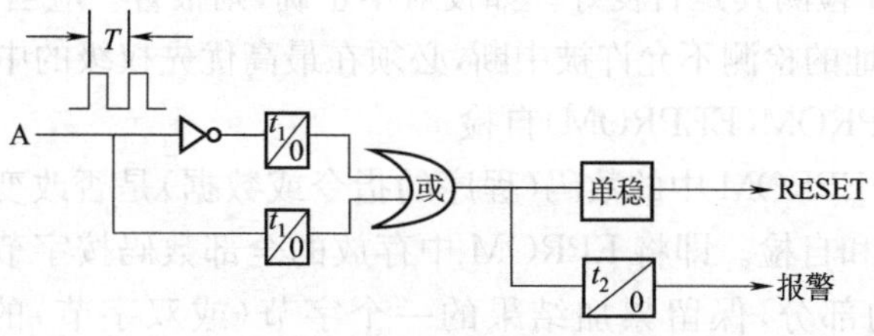

图 6-13　程序出格的自恢复电路

A 点分两路，一路经反相器，另一路不经反相器，分别接至两个瞬时返还而延时 t_1 动作的元件。两个延时元件的输出接至或门的两个输入端。延时时间 t_1 应比 A 点电位变化的周期 T 长，因此，在程序正常运行时两个延时元件都不会动作，或门输出为“0”。一旦程序出格，A 点电位停止变化，不论它停在高电位“1”态还是低电位“0”态，两个延时元件中总有一个动作，动作后通过或门启动单稳触发器，触发器的输出脉冲接至 CPU 的复位端（RESET），因而使保护装置重新初始化，恢复正常工作。

这个电路不仅可用于应对程序出格，还可以用于在装置主要元件（例如 CPU）损坏而停止工作时发出报警信号。因为在这种情况下，单稳触发器发出复位脉冲后，不能使 A 点电位恢复至周期性变化状态，这时将通过 t_2 延时后发出告警信号。

如果在被保护对象无事故时发生程序出格，装置能自动恢复正常，无任何危害。即使在被保护对象发生内部故障的同时发生程序出格，利用这种电路也可以很快恢复 CPU 工作，只是使保护略带延时动作而不致造成越级。有些单片机自身带有这种所谓的“看门狗”即监视定时器。

（四）自动检测技术（自检）

提高微机保护装置可靠性的另一重要课题是研究装置内部有元件损坏时的后果及对策。

从可靠性的角度来说希望能做到任一元件损坏时都不会引起保护误动作，并且应能立即自动检测到元件损坏而发出警报，以便及时得到相应的处理，并防止由于元件损坏未被发现，使保护在应该动作时拒动。

传统保护装置要实现经常的、全面的在线自动检测是困难的。因为这类保护的各部分在正常运行时都是“静止”的，无法自动检测出正常导通的三极管的短路或正常截止的三极管的开路这一类元件的损坏。

而微机保护装置是一种“动态”系统，不论铁路电力系统是否发生故障，其部分的硬件都处在同样的工作状态中，进行数据的采集、传送和运算，元件的损坏都会在正常运行时表现出来。

实际上，在正常运行时，CPU 在两个相邻采样间隔时间内总有一些等待下一个采样时刻到来的富余时间，因此可以利用这一段时间循环地执行一个自检程序，对装置各部分硬件进行检测。通常可以准确地查出损坏元件的部位，并打印出相应的信息。

下面按损坏元件的种类简单介绍自动检测的方法原理。

1.可读写存储器 RAM 自检

通过对微机保护装置 RAM 地址写入全“0”即 00H(H 表示 16 进制,这里假定是按字节检测)和全“1”即 FFH 检测其是否良好。如校对不正确,则报警。应当注意对于某些存放重要标志字的 RAM 地址的检测不允许被中断,必须在最高优先权级的中断服务程序中进行。

2.只读存储器 EPROM(EEPROM)自检

为了检测固化在 EPROM 中的数码(程序的指令或数据)是否改变,一种最简单的也是常用的方法是累加求和自检。即将 EPROM 中存放的全部数码按字节(或双字节)累加,舍去累加过程中溢出的部分,保留累加结果的一个字节(或双字节)的和数同预先存放在 EPROM 中某地址的已知的和数进行比较,以判断固化的内容是否改变。

累加和自检,算法简单,执行速度快,常用于 EPROM 的在线实时自检。这种用和数是否改变来判别 EPROM 是否完好的方法虽然在理论上是不严密的(因为有可能同时有两位或几位发生了变化而和数正好不变的情况),但是考虑这种求和检查是在一个很短的时间内(通常不过几十毫秒)周期性地不断循环进行的,在这么短的时间内 EPROM 中存放的内容有几处同时改变而和数不变的可能性是极小的。

除了求和方法以外,还可以采用循环冗余码(CRC)方法。它是将每字节按一定的运算公式增加一些冗余码,最后得到一个数码,在校验时将其恢复成原码进行比较。

大量的实践证明用循环冗余码方法对 EPROM 内容有变化时检出率高。但缺点是执行速度慢,自检需花费较长的时间。

3.数据采集系统自检

这部分的检测对象主要是采样保持器、模拟量多路转换开关和模数转换器。在前文介绍对输入采样值的抗干扰纠错方法时,已提到可以用各模拟量之间存在的规律来自动检测数据采集系统的损坏。如果某一通道硬件损坏,将破坏这种规律而被检测到。

4.开关量输入通道自检

对开关量输入通道的检测主要是指对各光电耦合器件及传送开关量的并行接口的检测。检测的困难在于这些元件是静止的,因此如果外部常开接点状态的输入回路的光敏三极管开路,或者外部常闭接点状态的输入回路的光敏三极管短路将不能被检测出。

开关量输入通道的自检可以通过如下方法进行:

在保护整定好后将各开入量状态(0 或 1)构成一个“字节”或“字”,作为正确的开入量状态字存入 RAM 中,在自检时,扫描开入量各位,得到当前的开入量状态字,与 RAM 中的已存储的正确状态校对,如果不一致,表示开入量受干扰或人员误碰发生了改变,应该报警。这就要求在运行人员有意改变开入量某位时,应同时改变 RAM 中存放的供校对的正确的状态字。

一般外部接点按功用可分为两大类:

一类是由人工操作的各种转换开关,例如,工作方式切换等。另一类是外部继电器或自动装置的接点。

对于第一类接点可以通过监视来检查。比如在没有人为操作而是由于开关量输入回路有元件损坏使微机保护检查到开关量输入有变化时,它可以发出信号,并打印出变化前后的开关量情况,以供核对。如果工作人员操作而微机保护装置没有响应,或打印出的信息核对有误，即可判断开关量输入通道有问题。

对于第二类接点，例如，外部其他保护的出口接点，经过开关量输入给微机综合重合闸装置。在这种情况下既要考虑开关量输入回路误导通可能导致的误跳闸，又要考虑开关量输入回路失灵未能被及时发现而造成拒动的问题。为防止保护拒动，对于重要的开关量输入通道可以采用双重化。即一个外部接点经过两个开关量输入通道输入，两路构成"或"的关系。为防止保护误动，可以在采取了双重化措施外再增加一个其他的闭锁条件。对于开关量输入回路还应防止由于外部接点闭合时反弹抖动造成开入量状态不确定的问题，应在开入量输入回路中增加适当延时或硬件电路中设计消抖电路，以清除接点抖动造成的影响。

5. 开关量输出回路自检

同开关量输入回路自检一样，各种开关量输出回路也是静止的，它包括相应的并行接口、门电路、光电耦合器件及执行继电器等。图 6-14 所示为一个微机保护出口回路的专用自检电路。

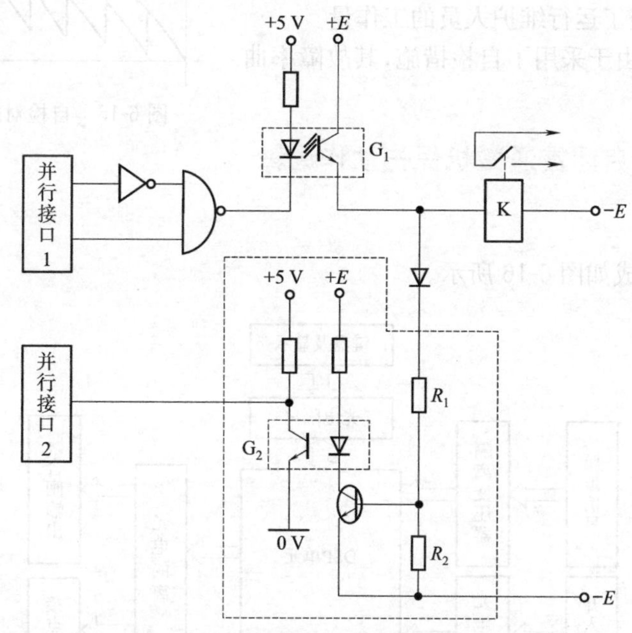

图 6-14　开关量输出回路的自检回路

图 6-14 上部分是一个典型的开关量输出回路，下部虚线框内是专用的自检回路。

自检的原理利用了继电器 K 的吸合时间远大于电子电路的反应时间这一特点。对开关量输出回路进行自检时可以用软件通过并行接口传送一个继电器动作命令，使光电耦合器件 G_1 的光敏三极管导通，然后 CPU 通过并行接口 2 监视光电耦合器件 G_2 是否导通，如果此开关量输出通道正常，G_2 应立即导通，CPU 检测到 G_2 导通后立即撤回从并行接口 1 送出的驱动命令。由于这一过程极短，仅几微秒，继电器 K 不会吸合。如果此开关量输出通道有元件损坏，则 CPU 经过预定的时间收不到 G_2 导通的信号，也应立即撤回驱动命令(因为有可能是自检部分失灵，如不撤回，继电器 K 将误吸合)并发出警报。

由图 6-14 可见，这种自检原理可以检测出除继电器 K 本身以外的开关量输出通道中任一元件的损坏。并且自检可以自动进行而无须将保护退出,这点是常规保护所做不到的。

一台保护装置有很多开关量输出通道,但图 6-14 中虚线框内的自检硬件电路可以共用一个。每一个开关量输出通道的光电耦合器件都通过一个隔离二极管接至共用的自检电路。

6. 其他部分

上述五个自检内容包括了微机保护硬件全部元器件的绝大部分。这五个部分中任一元件损坏都能被自检发现并可打印出准确的故障部位和发出中央和本地告警信号。此外在必要时可根据故障部位闭锁保护。

还有一些硬件元件损坏不能由本机自检程序检测到。如 CPU 本身损坏而停止工作,此时显然不能期望微机保护装置通过打印机打印出任何信息。但是,微机保护装置是一个动态系统,CPU 停止工作后,硬件自复位电路应能通过延时发出告警信号。此外,在多 CPU 的微机保护装置中还可利用各 CPU 之间的互检或管理 CPU 对每个保护 CPU 的巡检,检出 CPU 的故障,发出警报。

可见"只要微机保护不发告警信号,装置就是完好的"这个结论是可信的,从而大大提高了微机保护装置的可靠性,减轻了运行维护人员的工作量。

微机保护装置由于采用了自检措施,其故障率曲线如图 6-15 所示。

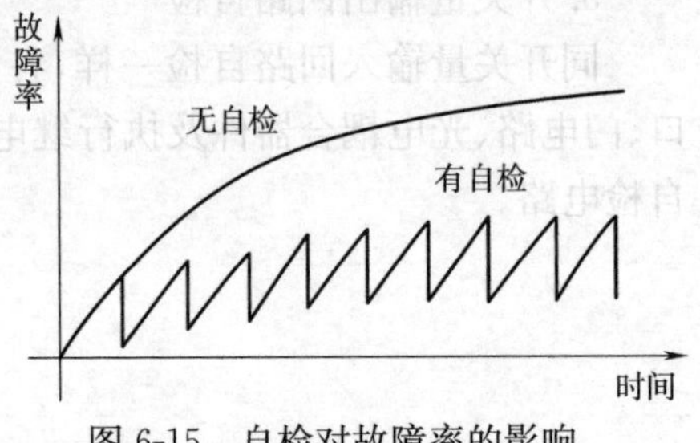

图 6-15 自检对故障率的影响

七、典型铁路自闭贯通微机保护动作逻辑

(一)整体构成

装置的整体构成如图 6-16 所示。

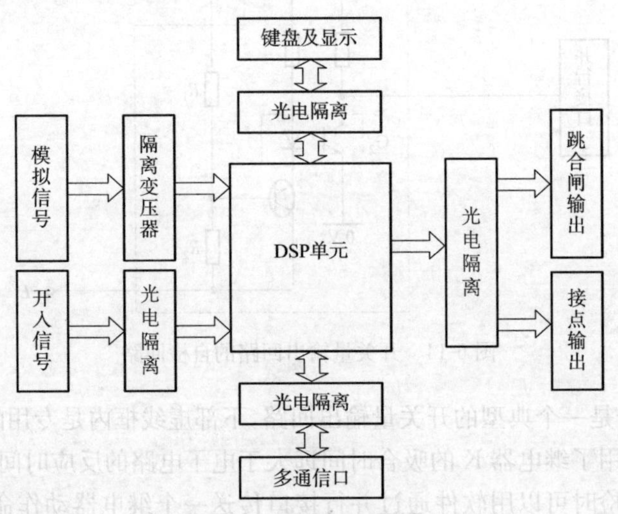

图 6-16 装置的整体构成

(二)保护原理说明

1. 定时限过流保护(图 6-17)

定时限过流保护共三段,当延时整定为 0 时可作为速断保护,可受方向和复合电压判据控制,每段保护的复合电压判据和方向判据均可通过压板进行投退,方向元件带有电压记忆功能,以消除方向保护的死区。

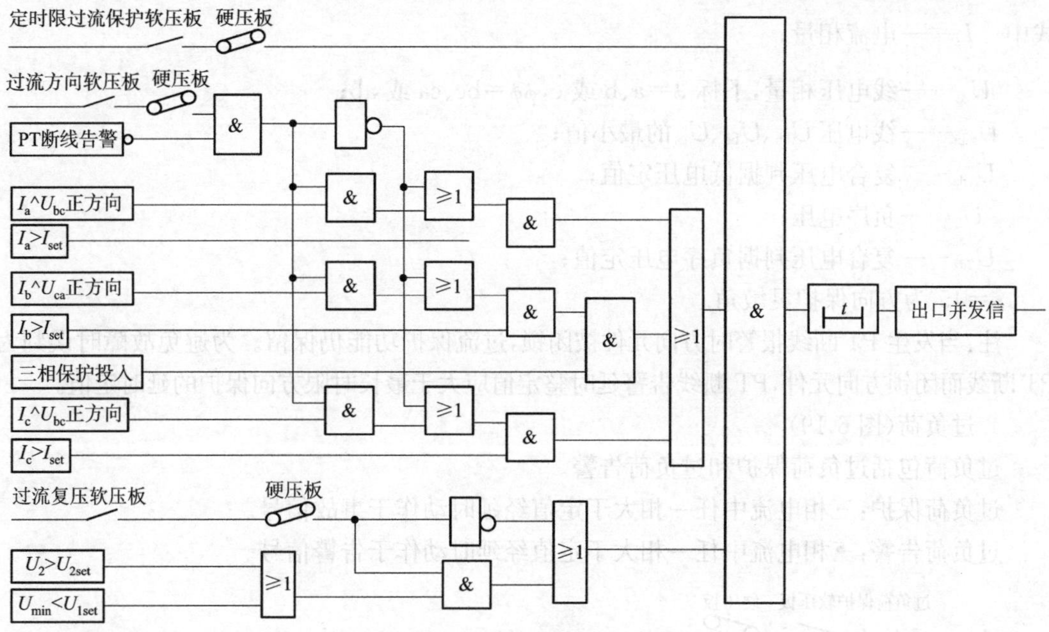

图 6-17　定时限过流保护

2. 过流后加速保护(图 6-18)

过流后加速保护包括手合于故障加速跳闸和重合于故障加速跳闸，开放时间为 3 s(开关合上 3 s 后无效)，可受复合电压判据控制，复合电压判据可通过压板进行投退。

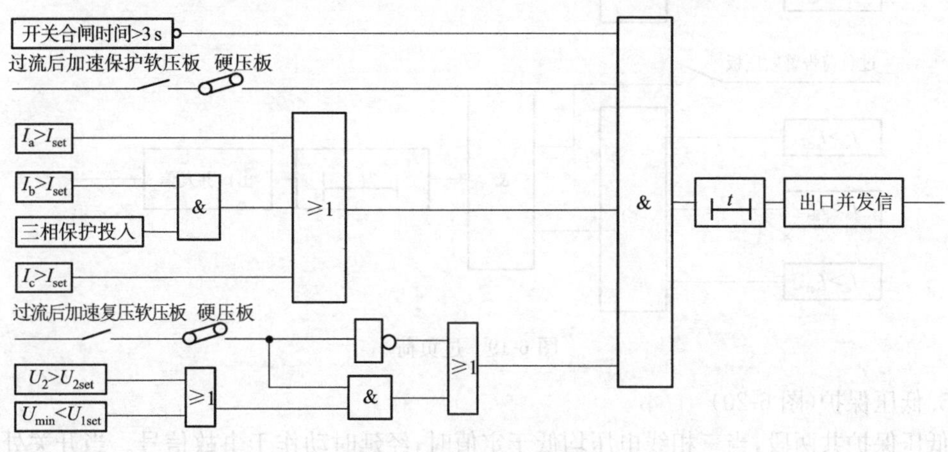

图 6-18　过流后加速保护

3. 方向判据和复合电压判据

过流保护的方向判据为

$$-90^\circ < \arg \frac{\dot{U}_{\phi\phi}}{\dot{I}_{\phi} e^{-j\alpha}} < +90^\circ \tag{6-8}$$

过流保护的复压判据为

$$U_{min} < U_{1dz} \text{或} U_2 > U_{2dz} \tag{6-9}$$

式中　$\dot{I}_{\phi}$——电流相量；

$\dot{U}_{\phi\phi}$——线电压相量，下标 ϕ=a、b 或 c，$\phi\phi$=bc、ca 或 ab；

$U_{\min}$——线电压 U_{ab}、U_{bc}、U_{ca} 的最小值；

U_{1dz}——复合电压判据低电压定值；

U_2——负序电压；

U_{2dz}——复合电压判据负序电压定值；

$\alpha=45°$为方向保护灵敏角。

注：当发生 PT 断线报警时方向元件被闭锁，过流保护功能仍保留。为避免故障时误判为 PT 断线而闭锁方向元件，PT 断线告警延时整定值应大于最长时限方向保护的延时定值。

4.过负荷(图 6-19)

过负荷包括过负荷保护和过负荷告警。

过负荷保护：三相电流中任一相大于定值经延时动作于事故信号。

过负荷告警：三相电流中任一相大于定值经延时动作于告警信号。

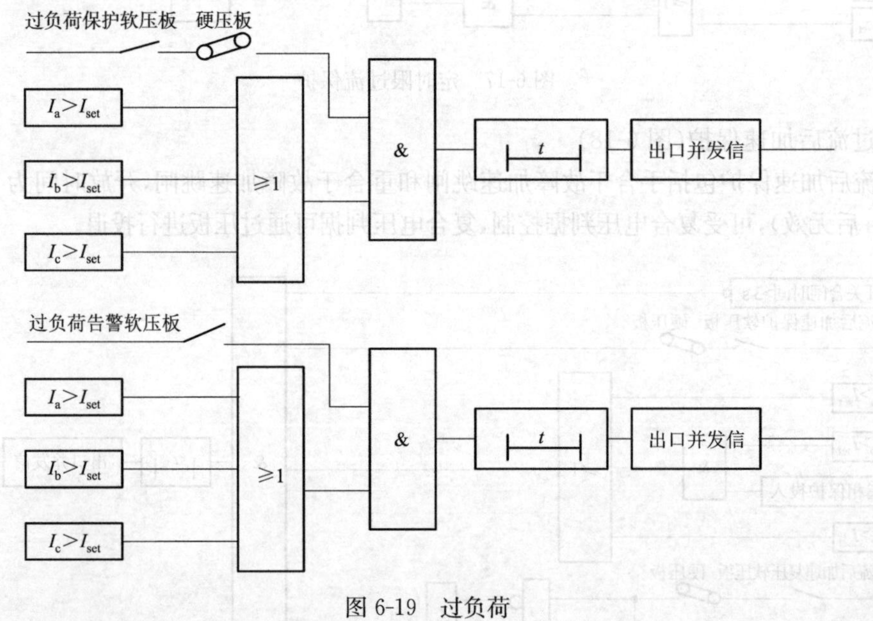

图 6-19　过负荷

5.低压保护(图 6-20)

低压保护共两段，当三相线电压均低于定值时，经延时动作于事故信号。当开关处于分状态或任一相电流大于 $0.06I_n$ 时闭锁低压保护。

6.过压保护(图 6-21)

当任一相线电压高于定值时，过压保护经延时动作于事故信号。当开关处于分状态时闭锁过压保护。

7.三相多次重合闸(图 6-22)

重合次数可以整定(最多 3 次)，每次重合闸的延时可以分别整定。

充电条件：重合闸投入、线路在正常运行状态(开关在合位)且外部闭锁重合闸信号无效时，经整定的“充电时间”后充电完成。充电标志可在装置显示窗口中显示。

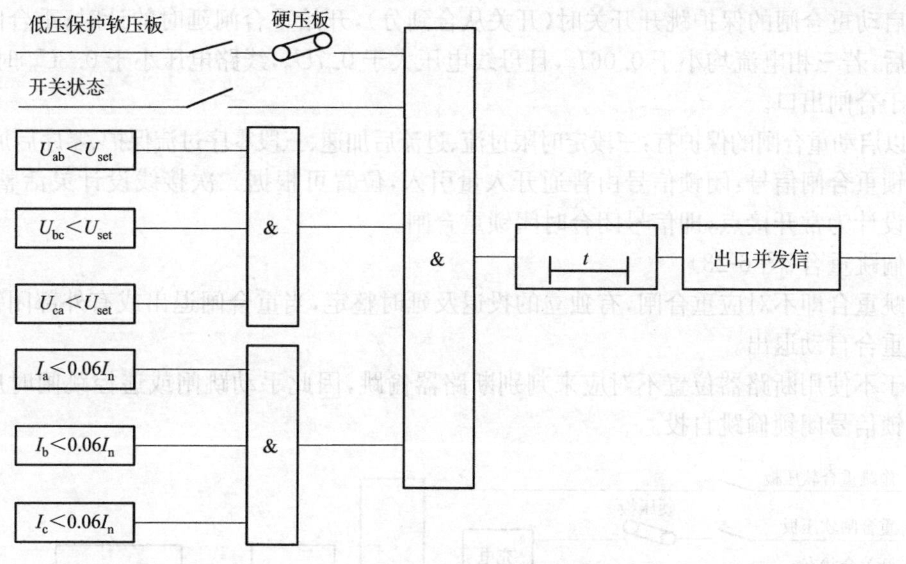

图 6-20　低压保护

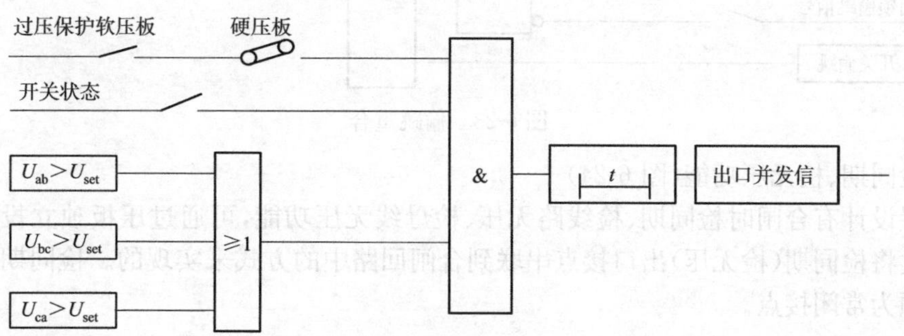

图 6-21　过压保护

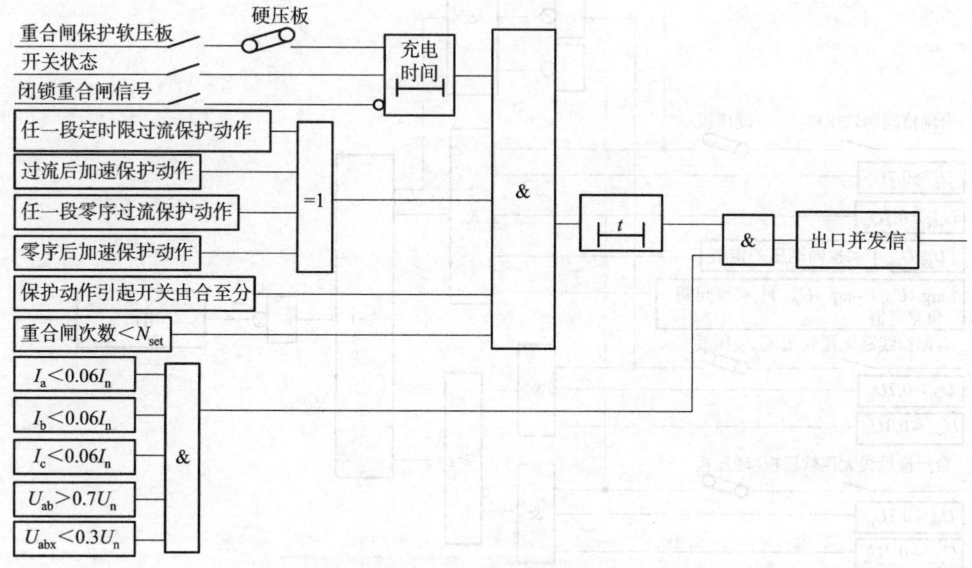

图 6-22　三相多次重合闸

当启动重合闸的保护跳开开关时(开关从合到分),开始重合闸延时的计时;重合闸的延时到达后,若三相电流均小于 $0.06I_n$,且母线电压大于 $0.7U_n$,线路电压小于 $0.3U_n$ 时,重合闸动作于合闸出口。

可以启动重合闸的保护有:三段定时限过流、过流后加速、三段零序过流保护、零序后加速。

闭锁重合闸信号:闭锁信号由普通开入量引入,位置可根据二次接线设计灵活整定,闭锁信号设计为常开接点,即信号闭合时闭锁重合闸。

8. 偷跳重合(图 6-23)

偷跳重合即不对应重合闸,有独立的投退及延时整定,当重合闸退出或有外部闭锁信号时偷跳重合自动退出。

由于不使用断路器位置不对应来判别断路器偷跳,因此手动跳闸或遥控跳闸时应通过外部闭锁信号闭锁偷跳自投。

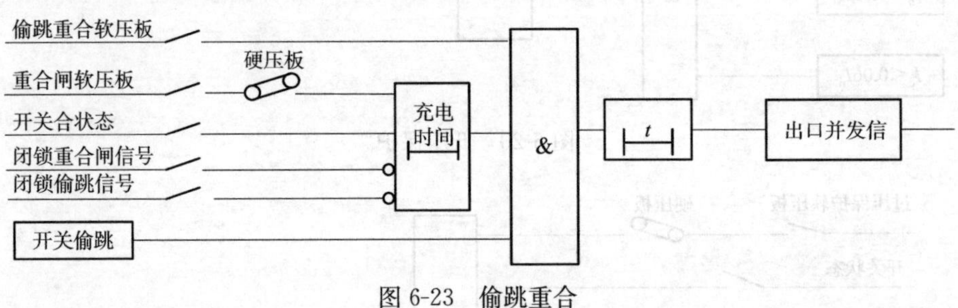

图 6-23　偷跳重合

9. 检同期、检无压功能(图 6-24)

装置设计有合闸时检同期、检线路无压、检母线无压功能,可通过压板独立投退。该功能是通过将检同期(检无压)出口接点串联到合闸回路中的方式来实现的。检同期(检无压)出口必须为常闭接点。

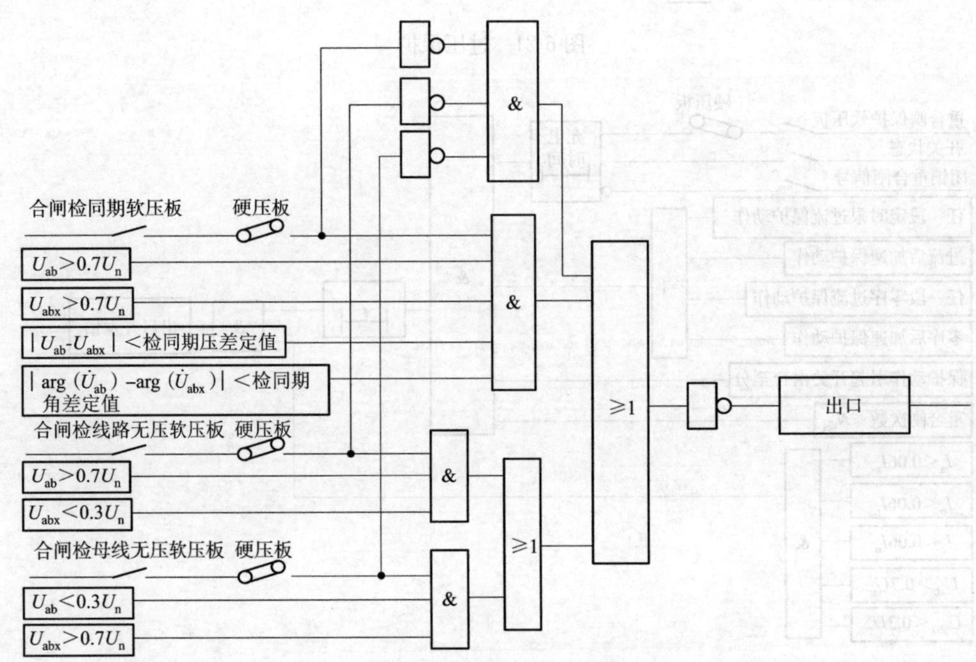

图 6-24　检同期、检无压

有压值和无压值均以线电压为标准，有压值固定为 $0.7U_n$，无压值固定为 $0.3U_n$。

检同期的投退情况分为以下几种，见表 6-1。

表 6-1　检同期的投退情况

合闸方式	检线路无压	检母线无压	检同期
合闸时不检	退出	退出	退出
检线路无压	投入	退出	退出
检母线无压	退出	投入	退出
检无压	投入	投入	退出
检同期	退出	退出	投入
检同期检无压	投入	退出	投入

10. 零序过压告警（图 6-25）

零序过压告警一般作为不接地或经消弧线圈接地系统的单相接地时的绝缘监察。当零序电压大于定值时，经延时动作于告警信号。

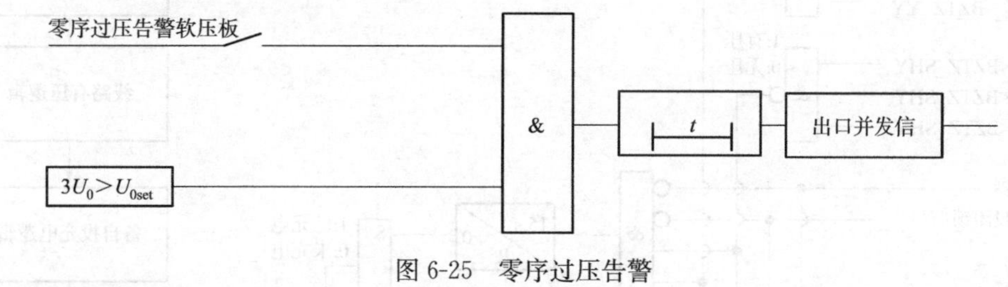

图 6-25　零序过压告警

11. 零序过流（图 6-26）

零序过流包括三段零序过流保护及零序过流告警。

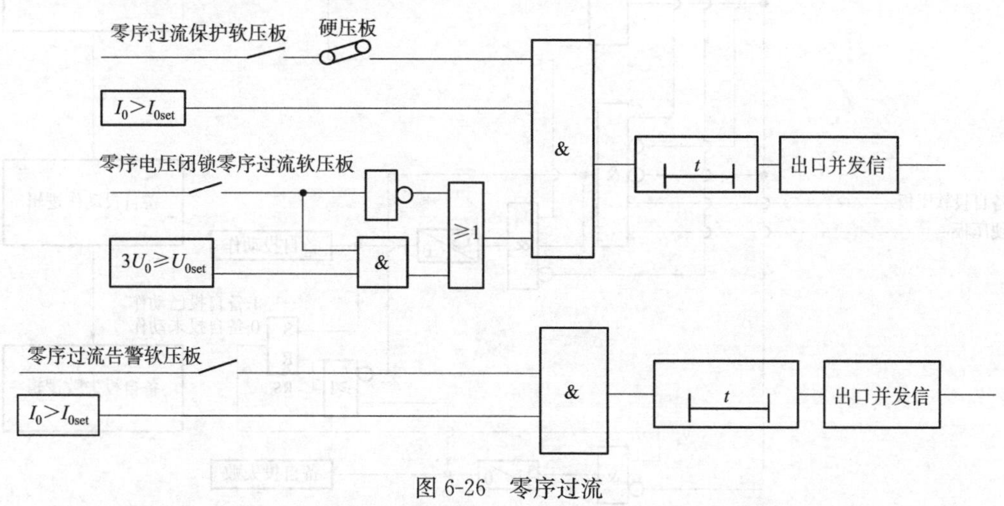

图 6-26　零序过流

三段零序过流保护：用于小电阻接地系统，当零序电流大于定值时，经延时动作于事故信号。

零序过流告警：一般用于不接地或经消弧线圈接地系统，当零序电流大于定值时，经延时动作于告警信号。

三段零序过流保护可经零序电压闭锁，即当零序电压小于闭锁定值时，零序过流保护被闭锁。零序电压闭锁功能可通过软压板进行投退。

12. 备自投(图 6-27)

备自投是指用于铁路自闭、贯通线的备用电源自投。

备自投充电条件:本侧有压,对侧有压,断路器分闸,外部闭锁备自投信号无效。

备自投充电时间:15 s。

备自投放电条件:本侧无压,断路器合闸,外部闭锁备自投信号有效。

备自投动作条件:备自投软压板投入,备自投硬压板有效,备自投已充电完毕,对侧无压,经过整定的延时。

备自投失败条件:备自投动作后 3 s 内开关自投仍不成功,则报备自投失败。

闭锁备自投信号:闭锁信号由普通开入量引入,位置可根据二次接线设计灵活整定,闭锁信号设计为常开接点,即信号闭合时闭锁备自投。

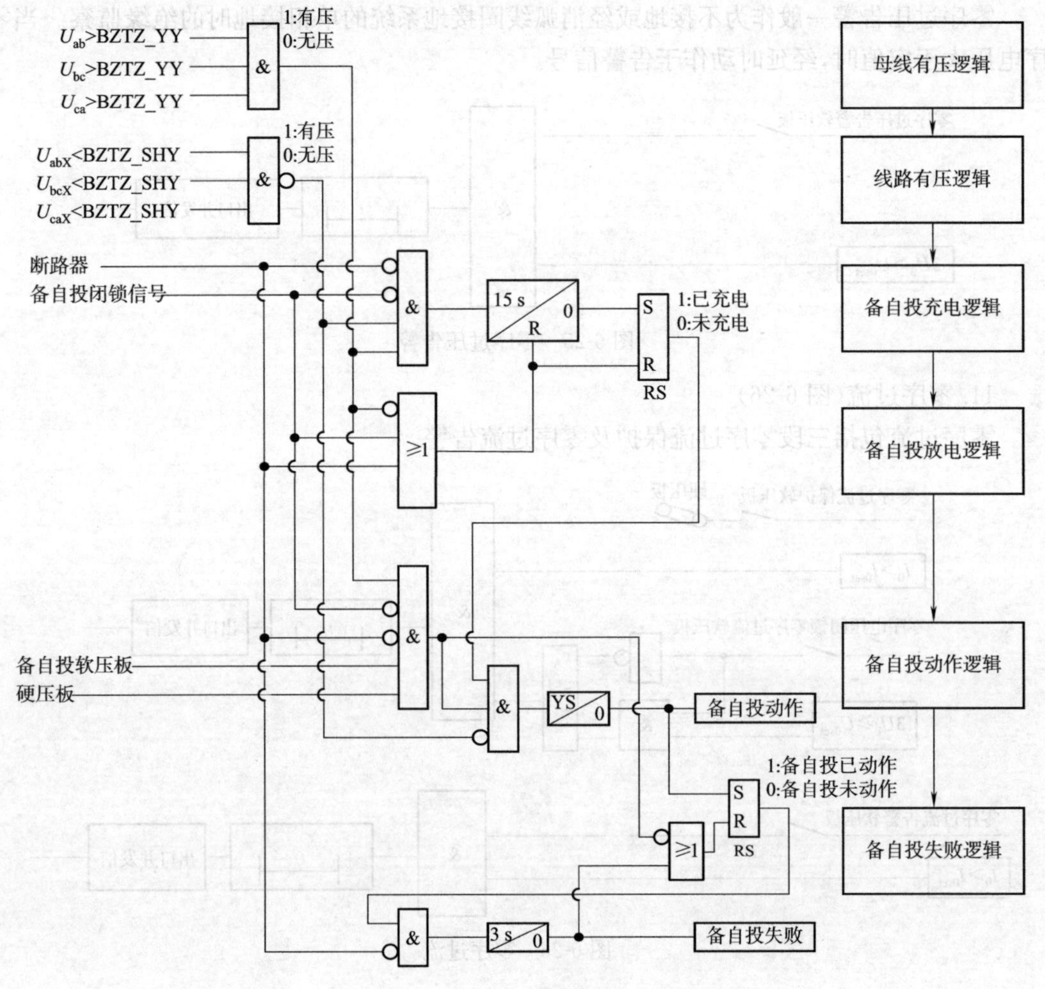

图 6-27　备自投

注:本侧有压:三相均有压。

本侧无压:任一相无压。

对侧无压:三相均无压。

对侧有压:任一相有压。

13. PT 断线告警(图 6-28)

检测一相或两相断线：当负序电压大于门槛值 $0.2U_n$(线电压)时，经延时发 PT 断线告警信号。

检测三相断线：当正序电压小于门槛值 $0.2U_n$(线电压)，同时若任一相电流大于 $0.06I_n$ 则经延时发 PT 断线告警信号。

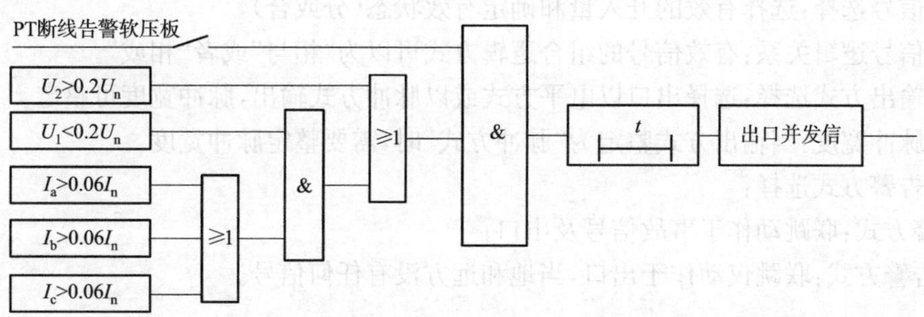

图 6-28 PT 断线告警

14. CT 断线告警(图 6-29)

断线判据：三相电流中始终有一相电流小于 $0.06I_n$，另两相电流中至少有一相电流大于 $0.1I_n$，经延时发 CT 断线告警信号。

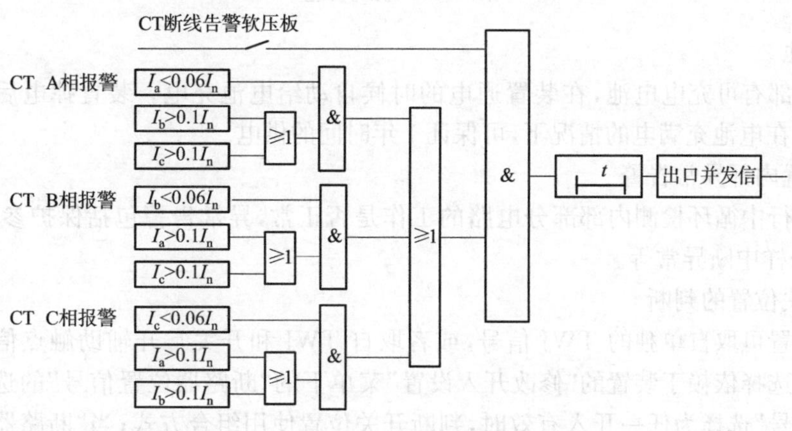

图 6-29 CT 断线告警

15. 控制回路断线告警(图 6-30)

当控制电源的正输入端(端子 L+)没有输入，或者当跳闸出口(端子 KTO)和合闸出口(端子 KHO)的电位不同时满足一正一负时，经延时发控制回路断线告警信号。

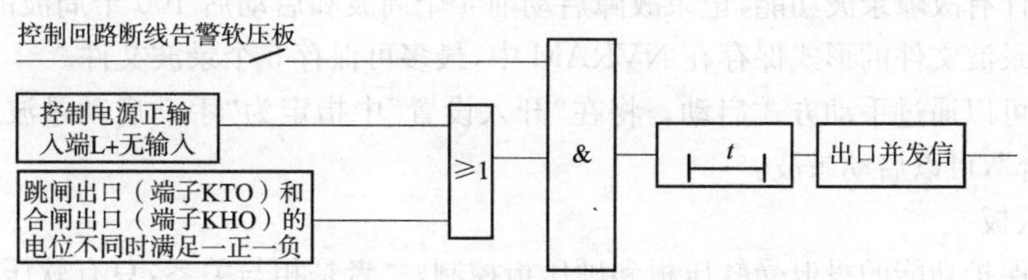

图 6-30 控制回路断线告警

16. 联跳功能(图 6-31)

装置设计有 4 个联跳功能:“联跳 1”“联跳 2”“联跳 3”“联跳 4”。

联跳是根据整定的开入量逻辑矩阵的组合控制于出口,每个联跳有独立的投退、延时整定。

逻辑矩阵在“修改联跳设置”菜单下整定,包括:

(1)信号选择:选择有效的开入量和确定有效状态(分或合)。

(2)信号逻辑关系:有效信号的组合逻辑方式可以为“相与”或者“相或”。

(3)输出方式选择:选择出口以电平方式或以脉冲方式输出,脉冲宽度可整定。

(4)脉冲宽度:当输出方式整定为“脉冲方式”时,需要整定脉冲宽度。

(5)告警方式选择:

告警方式:联跳动作于事故信号及出口;

不告警方式:联跳仅动作于出口,当地和远方没有任何信号。

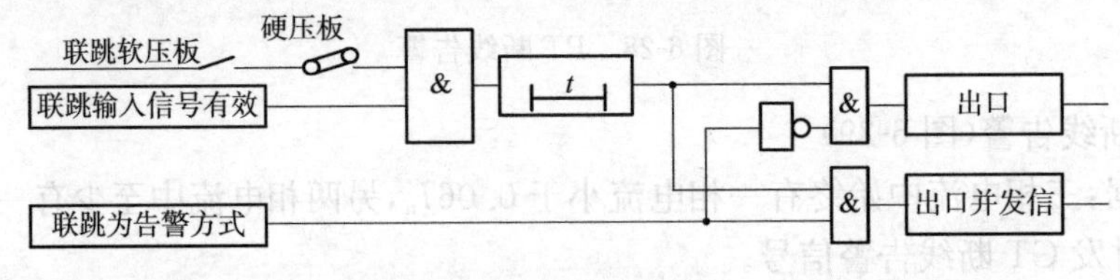

图 6-31　联跳功能

17. 电池

装置内部有可充电电池,在装置通电的时候自动给电池充电。装置掉电后,由电池给 N_{VRAM} 供电,在电池充满电的情况下,可保证 1 年时间的供电。

18. 装置内部异常告警

装置运行中循环检测内部部分电路的工作是否正常,异常告警包括保护参数 RAM 区错误、AD 采样中断异常等。

19. 开关位置的判断

开关位置可取自单独的 TWJ 信号,或者取自 TWJ 和开关常开辅助触点信号的组合。两种方式的选择依赖于装置的“修改开入设置”菜单下的“断路器位置信号”的选择。当“断路器位置信号”选择为任一开入有效时,判断开关位置使用组合方式;当“断路器位置信号”选择为对所有开入信号都无效时,开关位置仅取自 TWJ 信号。

组合方式可增加与开关位置有关的一些保护功能的可靠性,因此推荐二次接线设计时支持此种方式。

20. 故障录波

装置设计有故障录波功能,记录故障启动前 4 个周波和启动后 100 个周波的采样数据,录波数据以录波文件的形式保存在 NVRAM 中,最多可保存 5 个录波文件。

录波也可以通过手动方式启动。将在“开入设置”中指定为“手动启动录波”的开入量,由“分”到“合”,可以启动录波。

21. 硬压板

大部分保护功能的投退受软压板和硬压板控制,二者是相与关系:只有软压板和硬压板都投入时保护才投入。

硬压板的投退信号取自装置的开入量，信号位置可在“修改开入设置”菜单下灵活整定，不需硬压板时不选择任何开入量。

八、微机保护装置的检验维护

（一）微机保护装置的检验

微机型装置的检验应充分利用其“自检”功能，着重检验“自检”功能无法检测的项目。

1. 一般性检查

（1）外观清洁完整，接线牢固、整齐、清晰美观，安装端子牢固，接线正确并与图纸相符。

（2）用于微机保护装置的电流、电压和信号触点引入线应采用屏蔽电缆，屏蔽层在开关场及控制室同时接地。

《继电保护和安全自动装置技术规程》规定屏蔽层宜在两端接地。

对控制电缆屏蔽层两端接地。屏蔽层能降低感应过电压的能力主要是基于屏蔽层电流所产生的磁场对干扰电流所产生的磁场的抵消作用。采用屏蔽层两端接地，是因为在短路电流、雷电流通过时，由于大短路电流、雷电流作用时间很短，所以不易烧毁屏蔽层。若屏蔽层一端接地，没有电流回路，但其防止过电压和抗干扰能力都很低，因而屏蔽层无法取得良好的屏蔽效果。因此具体的接地措施如下：

一是控制电缆带屏蔽层，将屏蔽层在开关场与控制室同时接地，通信电缆的屏蔽层也应正确可靠相连接地；二是为二次设备和二次电缆敷设专用接地铜排，尽量消除地电位差干扰；三是将变电站所有开关量输入输出触点都采用专用的光电隔离。

屏蔽层中流过的感应电流是由外界电磁场感应产生的，其实际作用是抵消外界电磁场的干扰。因此电缆屏蔽层两端接地，可以有效地抑制电磁感应。

（3）电流、电压极性输入正确。

（4）装置外壳接地良好符合规定要求。机箱不带电金属部分应在电气上连在一起，端子排的接地端子引至屏上的接地线应用铜螺钉压接，必须经试验可靠接地。

（5）外部接线不应使继电器内部受到额外应力。

（6）装置机箱应采取必要的防静电及电磁辐射干扰的防护措施。

（7）满足装置通风散热要求。

2. 内部检查

（1）各插件拔、插灵活，接触面光洁无损、固定良好。

（2）印刷电路无机械损伤或变形，所有元件焊接良好，焊点圆滑光亮。

（3）各插件上集成电芯片应插接紧密，型号正确，芯片缺口与插座缺口对应。

（4）各插件上的变换器、继电器应紧固。

（5）内部接线清楚美观、无断线。

3. 二次回路检验

（1）检查电流、电压互感器二次绕组所有二次接线的正确性及端子排引线螺钉压接的可靠性。

（2）电流互感器的二次回路必须分别且只能有一点接地；电压互感器经控制室中性线小母线（N600）连通的几组电压互感器二次回路，只应在控制室将 N600 一点接地；电压互感器二次、三次绕组的引入线必须分开，不得共用。

(3)必要时,应自电流互感器的二次端子箱处向负载端通入交流电流,测定回路的压降,计算电流回路每相与中性线及相间的阻抗。将所测得的阻抗值按保护的具体工作条件和制造厂家提供的出厂资料来验算是否符合互感器10%误差的要求(差动保护用电流互感器宜做此项目)。

(4)必要时测量电压回路,自互感器引出端子到配电屏电压母线的每相直流电阻,并计算电压互感器在额定容量下的压降,其值不应超过额定电压的3%(计量用电压互感器宜做此项目)。

(5)必要时检查互感器各次绕组的连接方式及其极性关系是否与设计符合,相别标识是否正确(差动保护,距离保护必做此项试验)。

(6)检验直流回路确实没有寄生回路存在;每一套独立的装置均应有专用于直接到直流熔断器正负极电源的专用端子对。这一套保护的全部直流回路包括跳闸出口继电器的线圈回路,都必须且只能从这一对专用端子取得直流的正、负电源。

注意:二次回路的检验要在被保护设备的断路器、电流互感器以及电压回路与其他单元设备的回路完全断开后方可进行。

4. 绝缘及耐压试验

(1)电气上无联系的各电路之间的绝缘电阻:

当额定电压<60 V时,用250 V兆欧表,绝缘电阻值应≥10 MΩ;

当额定电压≥60 V时,用1 000 V兆欧表,绝缘电阻值应≥10 MΩ。

注意:进行此项试验时应在装置端子排处分别短接。

①交流电压回路端子;

②交流电流回路端子;

③直流电源端子;

④跳闸、合闸、信号端子;

⑤遥信触点端子;

⑥开关量输入端子。

分别测量各组短接端子间及各组对地的绝缘电阻。

(2)测定整个回路的绝缘电阻,即整机带电部分,所有端子短接对地绝缘用250 V兆欧表。

(3)耐压试验见表6-2。

表6-2 耐压试验

被试电路	电压等级	试验电压
整机输出端子对地	<250 V	2 000 V
直流输入回路对地	<250 V	2 000 V
交流回路对地	<250 V	2 000 V
信号及报警输出触点对地	<250 V	2 000 V
整机带电部分对地	<60 V	500 V

①在保护装置端子排处,将所有外引线全部断开,装置电源开关置于"投入"位,将打印机与微机保护装置断开,断开通信接口线。

②试验过程中任一被试回路施加试验电压，其余回路等电位互连接地。

③耐压试验应在绝缘电阻试验合格后方可进行，耐压前后各回路对地的绝缘电阻值应无明显下降。

5. 检验微机保护装置逆变电源

直流电源加入方式，采用试验用直流电源供电。必要时，保护装置仅插入直流电源插件做此项试验。

(1)直流电源缓慢上升、缓慢下降均不应有误动作和误发信号的现象。

(2)直流电压分别在 80%、100%、115%额定值下逆变电源及保护装置应能正常工作。逆变电源的各级电压应保持稳定。

(3)突然拉合直流电源装置不应误动，不应误发信号。

(4)保护装置不因由于其直流电源的正负极颠倒而损坏。

6. 检查装置时钟信号及其他主要动作信号在直流电源失电后的保持能力

装置的时钟信号及其他主要动作信号在失去直流电源的情况下不能丢失，在直流电源恢复正常后，应能重新正确显示并输出。

7. 固化程序、软件版本号、操作密码、键盘操作及软件版本的检查

(1)装置本身显示的保护回路名称、各保护功能菜单、各类设置选项应符合设计及运行要求。

(2)装置面板各功能键应灵敏可靠，定值输入功能、保护投退功能设置正确有效，并能可靠固化。

8. 检验数据采集系统的精度和平衡度

(1)零漂电压、电流通道的采样值均应在－0.3～＋0.3 范围内，如个别通道零漂过大，应调整对应通道参数。

检验零漂应在装置上电 5 min 以后，检验时，各交流输入端子均应断开。

(2)电流、电压平衡度：误差＜2%。

检验电流平衡度时应将装置各电流端子顺极性串联，通 5 A 交流电流；检验电压平衡度时应将装置各电压端子同极性并联，通 50 V 交流电压。

(3)电流通道线性度：分别通 30 A、10 A、1 A、0.5 A 电流检验。注意零序不要超过其额定值。电压通道线性度：分别通 60 V、30 V、5 V、1 V 电压。

各电流、电压通道线性度要求：1 A、0.5 A、1 V 时误差＜10%，其余误差＜2%。若某一通道输入高值时不满足要求，应检查 A/D 转换器芯片。若低值不满足要求时重点检查变换器。

9. 检验开入、开出量

引至微机保护的开入量，应经光电隔离后进入微机保护装置。开关量输出(开出量)由微机保护接口电路驱动继电器构成，一般经光电隔离电路与继电器连接。

(1)进入装置菜单查看开关输入量是否与实际一致。

(2)开关输出量：对告警信号、呼唤信号、动作信号进行检查，通过对面板信号的传动，测量相应接点是否导通来实现。

10. 交直流回路功耗测试

(1)交流电流回路加额定电流，交流电压回路加额定电压，分别测量电流回路的电压和电压回路的电流，要求每条回路的各相应小于 0.5 V·A(或不大于出厂规定值)。

(2)直流回路在装置动作和不动作时的电流和电压,要求功耗应小于 20 W(或不大于出厂规定值)。

11. 电气特性及整定值检验

电气特性的检验项目和内容应根据检验的性质、装置的具体构成方式和动作原理拟定;不同保护(如过流保护、速断保护、距离保护、电压保护、差动保护、同期保护等)具体的试验项目、方法、要求视构成原理而异。每一检验项目都应有明确的目的,或为运行所必须,或用以判别元件、装置是否处于良好状态和发现可能存在的缺陷等。

(1)整定值试验是指将装置各有关元件的动作值及动作时间调整到规定值的检验,试验通入的模拟量均应按保护原理直接接到被试保护屏的端子排上,其相对极性关系应处于与实际运行情况完全一致的状态下。

(2)保护装置整定的动作时间,为自向保护盘通入模拟故障电流、电压至该保护动作向断路器发出跳闸脉冲的全部时间。

(3)备自投时间,注意定值下达方式,检验人员必须明确后按要求整定。

(4)误差要求:

①在正常大气条件下,误差在±3%。

②在工作环境温度下,误差在±5%。

③继电保护的返回系数:

电流保护:返回系数应不小于 90%;

低电压保护:返回系数应不大于 120%;

过电压保护:返回系数应不小于 85%;

差动保护元件:返回系数应不小于 80%;闭锁元件返回系数应不小于 95%。

注意事项:

①整定值试验应在直流电压为额定值时进行。

②试验接线回路中的交、直流电源及时间测量连线均应直接接到被试保护屏柜的端子排上。相对极性关系应与实际运行接线中完全一致。

③在整定检验时,除所通入的交流电流、电压为模拟故障值并断开断路器的跳合闸回路外,整套装置应处于与实际运行情况完全一致的条件下,而不得在试验过程中人为地予以改变。

12. 整组试验

模拟各种故障,检查保护装置的逻辑正确性;对断路器进行传动试验,检查断路器动作情况;对保护屏上设置的硬压板进行逐一确认是否符合功能要求。

新安装或经更改的电流、电压回路,应直接利用工作电压检查电压二次回路,利用负荷电流检查电流二次回路接线的正确性。

(1)电流保护整组试验时,在电流互感器一次侧加入 95%的动作电流(折算到一次值)冲击给入三次,保护装置不应动作;加入 105%的动作电流应能可靠动作。

(2)低电压保护整组试验时,在电压互感器二次侧通入 95%的动作电压应能动作,加入 105%的动作电压不应动作。

(3)过电压保护整组试验时,在电压互感器二次侧通入 95%的动作电压不应动作,加入 105%的动作电压应可靠动作。

(4)在对有闭锁关系的保护装置进行整组试验时,注意应首先检验这些关系的正确性。

(5)实测动作时间与整定时间误差最大值不得超过整定时间级差的10%(如级差为0.5 s,则误差不应大于0.05 s),否则应查明原因。

(6)检验保护装置的同时,检验电流、电压的相位、相序关系对测量和计量仪表接线的影响,以确认接线的正确性。

(7)除上述各保护之间的配合、装置动作行为、断路器动作行为检验正确无误外还要注意检验有关的跳合闸回路、防跳跃回路、重合闸回路、备用电源自投回路、各种闭锁回路、同步检查回路、接地保护回路各功能的有效性和正确性,应与设计相符合。同时检查每一相电流、电压所对应的仪表、断路器相别的一致性。

(8)重合闸装置在额定电压下充电15~25 s,模拟故障情况应可靠启动,进行一次重合闸。必要时应进行重合于故障线路后的后加速跳闸试验。检验80%的直流额定电压下重合闸的可靠性。

(9)整组试验时保护装置发出的预告信号、事故信号应准确无误,并检验遥信量、遥测量的正确性,检查后台机及远方监控系统的动作的一致性。

(10)在80%、110%的额定直流保护电源电压下进行装置可靠性试验,所有保护装置均应动作正常。

(11)检验直流电源任意一端接地时,由于保护装置的正确性,此时保护装置不应误动。

(12)检查流过保护二次电缆屏蔽层的电流,用钳形电流表检查流过保护二次电缆屏蔽层的电流,以确定铜排是否有效起到抗干扰的作用。当检测不到电流时,应检查屏蔽层是否良好接地。抗干扰措施是保障微机保护安全运行的一个重要环节,在设备投运前应认真检查。

注意事项:

①对于新安装的保护装置交接试验及回路更改后的试验,应在每套保护单独的整定试验后进行整组试验。必须用一次电流和工作电压进行检验,检查所有设备接线的正确性,各端子排连接的紧固性、可靠性。对接入电流、电压的相位、相序、极性应与变配电所实际设备一致。将保护装置、重合闸装置、备自投装置接到实际的断路器中,尽可能使试验处于与实际运行相一致的状态下进行。

新安装的装置(经交接试验)投运后一年内必须进行第一次全部检验(项目同交接进行全部检验)。在装置第二次全部检验后,若发现装置运行情况较差或已暴露出了需予以监督的缺陷,可考虑适当缩短部分检验周期,并有目的、有重点地选择检验项目。

因检修或更换一次设备(断路器、电流和电压互感器等)应根据一次设备检修(更换)的性质,确定其检验项目;运行中的装置经过较大的更改或装置的二次回路变动后,均应进行检验,并按其工作性质,确定其检验项目;凡装置发生异常或装置不正确动作且原因不明时,均应根据事故情况,有目的地拟定具体检验项目及检验顺序,尽快进行事故后检验。检验工作结束后,应及时提出报告,上报备查。

②对变压器差动保护应测量电流差动保护各组电流互感器的相位及差动回路中的差电流(或差电压),以判明差动回路接线的正确性及电流变比补偿回路的正确性,要用在全电压下投入变压器的方法检验保护能否躲开励磁涌流的影响。

③在进行整组试验的同时,尽可能进行远动通道、调度端遥测、遥控、遥调等功能的检

验；装置显示屏、后台显示器显示的报文、相关的开关量信息、保护启动故障录波信号、调度自动化系统信号、监控信息等正确无误；上传至调度端的遥控、遥调功能动作正确率应达到100%；动作信息应完全正确。

④做好安全防护工作，无关人员严禁滞留在与整组试验有联系的设备或设备间。试验中需要进入高压设备间(室)必须两人进行并符合相关安全规定要求。

⑤所有微机型保护及综合自动化装置每 6 年必须进行一次全部检验(即包含所有交接检验的项目)；如果预防性试验按 3 年 1 次的周期进行时，建议每年做 1 次在电流互感器一次侧加流(或在电压互感器二次侧加压)的模拟传动试验，即只需用保护带实际断路器进行整组试验，用以初步判断系统运行的正确性。在一般情况下，应尽可能配合在一次设备停电检修期间进行。

⑥装置检验所使用的仪器仪表必须经过检验合格。定值检验所使用的仪器、仪表的准确级应不低于 0.5 级。

(二)微机保护综自系统调试

1. 开关控制回路的调试：

检查直流屏控制电源、储能电源或合闸电源无误并送电，检查高压柜一次开关侧储能电源或合闸电源熔断器是否合上，以免合闸时烧毁合闸线圈。合上装置电源开关和控制回路开关，手动逐一分合断路器，检查控制回路、断路器位置指示灯颜色是否正确(合上断路器后为红色，跳开断路器后为绿色)，反应是否正常。

如发现控制断路器时位置指示灯熄灭或红绿灯全亮，要立即断开控制直流电源，查找原因。应注意如果装置跳合闸保持回路需要与断路器操动机构跳合闸电流配合时，继电器保持电流是否与断路器控制回路实际电流值匹配。如果不匹配，当继电器保持电流比实际电流小时，将烧毁跳合闸保持继电器；当比实际电流大时，跳合闸不可靠或跳合不成功。

2. 在后台机上核对断路器本身信号和操动机构信号的正确性。

(1)针对弹簧操动机构的断路器，检查弹簧未储能信号及报警音响是否正确。弹簧未储能信号应接在装置的正确位置，且要求在未储能时，接点闭合用以闭锁线路重合闸，同时发出音响报警信号。若上述情况皆正确，断路器合上后微机保护装置显示面板应有重合闸充电标志显示。

(2)如果断路器为液压操动机构，检查压力信号是否齐全，后台机 SOE 事件名称、时间反应是否正确，音响报警应正确。

(3)如果断路器为 SF_6 断路器，或 SF_6 金属封闭开关柜，SF_6 开关气体压力信号应能在后台机上正确显示 SOE 事件名称、时间，音响报警应正确无误。

3. 开关量状态在后台机上的核对：

逐一拉合一次侧断路器、刀闸，查看后台机上显示的 SOE 事件名称、时间是否正确，断路器、刀闸状态显示是否正确。若状态与实际相反，检查断路器、刀闸辅助触点常开、常闭是否接反。可通过更改电缆接线或后台机遥信量组态，但更改后台机遥信量特性组态“常开”为“常闭”时，在调度端也应做相应改动。

4. 主变压器本体信号的检查：

(1)核对主变压器本体瓦斯、温度、压力等信号在后台机上显示的 SOE 事件名称、时间是否正确；重瓦斯信号、压力信号应可靠跳开主变各侧断路器，并发出事故音响报警信号；轻瓦斯、超温应能发出音响告警预告信号。

(2)核对调节主变压器分接头挡位和调节分接头过程在后台机显示的正确性。

(3)检查变压器温度在后台机上显示的正确性。

注意:一般主变压器测温电阻应有三根出线,一根接测温电阻一端,另两根共同接测温电阻另一端用以补偿从主变压器到主控室电缆本身的电阻,提高测温的精度。在测温装置上也应按此方式连接,否则测出的温度不准,接错时是个固定不变化的值。

5.二次交流部分的检查:

(1)用升流器从电流互感器一次侧,对 A、B、C 三相分别加单相电流,对二次电流回路进行完整性检查。不应开路或串到其他回路,有效值、相别应正确。

在微机保护装置面板及柜面指示仪表(或多功能仪表)查看保护电流回路数值、相别和测量回路电流数值、相别应相互对应;在电度表屏用钳形表测量计度电流,最后在后台机核对电流显示应正确无误。

(2)用升压器在一次侧对 A、B、C 三相分别加单相额定电压或用调压器在 PT 二次侧 A、B、C 三相分别加 57 V 单相电压。

观察该母线段所有保护、测量、计量电压回路应都有电压,其他母线段设备无电压,相别反映正确。用万用表测量电度表屏电压,查看装置面板、后台机电压显示值是否正确。

加三相电压,用相序表测试测量回路、保护回路电压相序是否正确。启动 PT 切换功能,本电压等级Ⅰ、Ⅱ段母线均应有正确电压显示,而其他母线段二次侧无电压。

6.检查其他需要微机监控的量(如直流系统遥信量)及音响报警,遥测量显示应正确。

(1)保护装置各项功能的调试、检修及维护。

对保护装置做试验,检验装置精度(前文已介绍)及传动断路器,在后台机上应报保护动作信息、开关变位信息和显示动作时刻等数据,查看故障录波功能的正确性。如果装置带检同期功能时,应确认线路侧电压和母线侧电压基准点,确认同期电压取相电压还是线电压后,检查同期功能是否正确。

(2)监控部分功能的调试。

遥控功能的检查:后台操作遥控断路器、主变压器分接头、电动隔离开关应正确无误。

(3)打印功能的调试。

要求打印机设置正确,打印图形、报表完整美观,大小合适。自动打印功能(告警信息自动打印、保护信息自动打印和日报表、月报表的自动打印)及时准确,完整美观;手动打印功能(保护动作数据的打印,保护定值的打印,系统图、网络图、棒图、曲线、实时报表、历史报表的打印)完整美观,符合运行管理要求。

(4)声音报警功能。

对断路器、刀闸等开关量加声音报警功能;对保护动作信息加声音报警功能。与智能直流屏、智能电度表、GPS、五防、模拟屏等装置的通信应正确,功能应正常。

(5)远动功能的调试。

以应用较多的部颁 CDT 规约说明调试项目及注意事项。

①首先要和调度端协调以下技术内容:

通道为模拟方式或数字方式;通信方式为同步或异步;准确的通信速率;如通道为模拟方式,调制解调器中心频率;调度端站址和本站站址;帧功能码(一般按标准 CDT 规约即可)；调度端遥控序号为十进制或十六进制；遥测量数量、顺序及名称，频率数据采用格式(普通模拟量或 BCD 码)；遥信量数量、顺序及名称；遥控量数量、顺序及名称；电度量数量、顺序及名称；向调度端提供遥测、遥信、遥控、遥脉信息表。

以上各项协调内容应与调度端完全一致，否则数据传送有误，严重时会造成不能通信。

②对变电所上行信息和下行信息分别进行调试。

上行信息包括：在调度端反映的遥信量、SOE 量、遥信变位信息应准确无误，模拟量、电度量应正确无误。

下行信息包括：调度端遥控断路器、刀闸正确，遥调主变挡位正确；调度端校时应正确无误。

③远动通道、报文的调试：远动调试时，用串口调试软件查看远动报文正确与否。

7. 对整个综自系统进行以下项目检查：

(1)综自系统的防雷抗干扰处理：

通信线屏蔽层可靠接地；各通信端口可靠保护；交流电源接地正确。

(2)屏上各标签框完整准确，要求任一元件都有明显标识并与图纸一致：

控制保护屏上压板、开关、指示灯及装置名称标签框；控制保护屏的各开关标签；电度表屏上标签框；交流屏上开关标签框；直流屏上开关标签框等都应准确无误，与其具有的功能相一致。各屏后端子排按单位做标识；在计算机通信线的插头上也要做明显的标识，标明用途便于查找和维修。

(三)微机保护事故及处理

1. 微机保护事故的种类

(1)定值问题：

整定计算的误差；人为整定错误；装置定值的漂移：元器件老化及损坏，温度与湿度的影响。

(2)电源问题：

逆变稳压电源问题：纹波系数过高，输出功率不足或稳定性差；直流熔丝的配置问题；带直流电源操作插件。

(3)电流互感器 TA 饱和问题：

电流互感器的饱和问题已影响到继电保护装置动作的正确性。现场馈线保护因电流互感器饱和而拒动，主变后备保护越级跳闸时有发生。由于微机保护采用微电子芯片实现，其主要工作电源仅有 5 V 左右，数据采集部分的有效电平范围也仅有 10 V 左右，因此能有效处理的信号范围更小，电流互感器的饱和对微机保护的影响将更大。

(4)抗干扰问题：

微机保护的抗干扰性能较差，在保护屏附近使用对讲机和其他无线通信设备会导致一些逻辑元件误动作。尽可能避免操作干扰、冲击负荷干扰、直流回路接地干扰等问题的发生。

(5)保护装置综合性能问题：

保护装置综合性能问题包括两方面，即微机保护装置的功能缺陷和特性缺陷。有些保护装置设计时存在某些保护功能上的不足，有些微机保护装置的动态特性与其静态特性偏离很大导致动作结果的错误。

2.保护事故处理的基本原则

(1)充分利用微机保护装置本身提供的故障信息：

充分利用故障录波、事件记录、事故报告、装置信号等历史信息，这些信息是事故处理的重要依据，是做出正确分析、判断快速处理解决问题的关键。

(2)运用正确的检查方法：

①利用试验、调试的手段来寻找故障的根源。按外部检查、绝缘检测、定值检查、电源性能测试、保护功能检查等顺序进行。这种方法主要应用于微机保护出现拒动或者逻辑出现问题的事故处理中。

②倒推排查的方法查找事故原因，如果利用微机事件记录和故障录波不能在短时间内找到事故发生的根源时，应注意从事故发生的结果出发，逐级往前查找，直到找到根源为止。这种方法常应用在保护出现误动时。

③利用整组试验的方法，目的是检查保护装置的动作逻辑、动作时间是否正常，往往可以用很短的时间进行故障复现，并判明问题的根源。

3.事故处理的注意事项

(1)对试验电源的要求：

在进行微机保护试验时要求使用单独的供电电源，并核实试验电源电压幅值、频率、相位及中性线是否良好，电源容量是否满足实验要求等。

(2)对仪器仪表的要求：

万用表、电压表、示波器等取电压信号的仪器必须选用具有高输入阻抗的仪器仪表。

继电保护测试仪、兆欧表、移相器、三相调压器应注意其性能稳定可靠，使用交流电源的电子仪器进行电路参数测量时，仪器外壳应与保护屏(柜)在同一点接地。

需要临时短接或断开的端子，应逐个记录，并在试验结束后及时恢复。

(3)安全上的要求：

在进行微机保护试验、检查及事故处理时，要采取必要、合理、正确的安全措施，避免在故障查找、试验过程中操作错误。这些措施包含(但不限于)核间隔，防止人员误入带电间隔；退压板，防误操作及误加量造成运行设备误跳闸；解保护，防止运行设备的保护误跳闸；短路电流，防止运行中的设备电流开路或试验电流串入其他回路；断电压，防止二次低压反高压等措施。

(4)断路器传动试验时，注意要隔离运行的设备，断开或解除与运行设备有关联的接线或保护，防止造成运行断路器误跳闸。

(5)工作结束，要对开工前的安全措施进行恢复，并进行复查，确保二次回路及保护装置的完整性和可靠性。这些工作包括(但不限于)核定值，确保运行定值与正式定值的一致性；紧接线，防止二次线接触不良，引起保护误动或拒动；恢复连接片、出口压板；取短封线，取电流短封线时要先连接好原端子上的接线，再取下临时短封线，接入二次线时，要防止接错端子位置；最后再次清理工作现场并确认恢复至工作前的状态，结束工作票。

第七章　铁路电力远动系统

第一节　概　　述

SCADA（supervisory control and data acquisition）系统，即数据采集与监视控制系统。SCADA 系统是以计算机为基础的 DCS 与电力自动化监控系统，可以对现场的运行设备进行监视和控制，以实现数据采集、设备控制、测量、参数调节以及各类信号报警等各项功能。它的应用领域很广，可以应用于电力、冶金、石油、化工、燃气、铁路等领域的数据采集与监视控制以及过冲控制等诸多领域。在铁路供电系统中使用的 SCADA 系统常称为远动系统。所谓远动，是指利用远程通信技术进行信息传输，实现对远方运行设备的监视和控制。

一、基本结构

SCADA 系统主要由调度端、被控端、信道三大部分构成，其结构示意如图 7-1 所示。

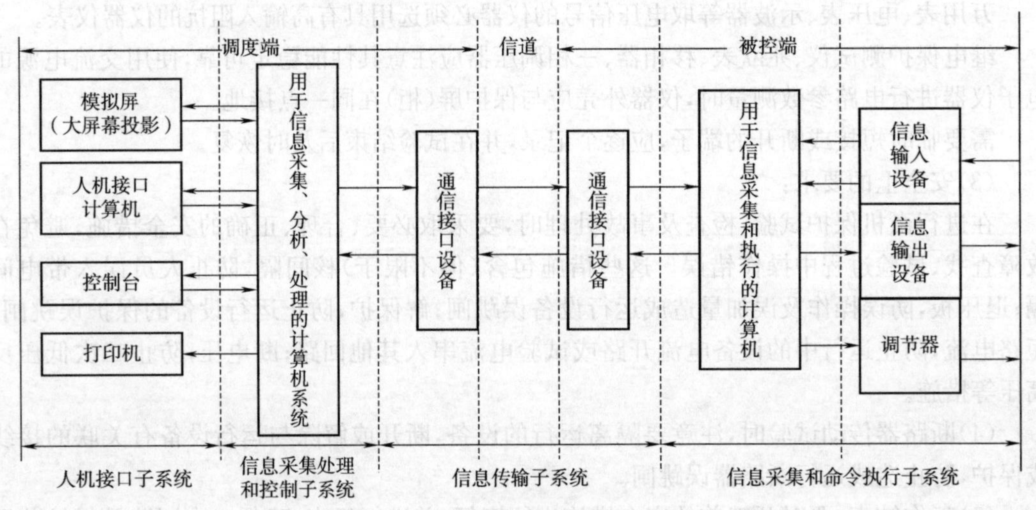

图 7-1　SCADA 系统结构示意

（一）调度端

调度端设在电力调度所内，完成远动对象的监控、数据统计及管理功能等。其主要任务是将被控端传送的信息进行处理（如电压、电流、有功功率、无功功率等），并根据需要生成各种报表、记录、存储、打印、显示，对事故信号进行报警，以及通过人机接口向被控端发出操作命令等。

（二）被控端

完成被控对象运行数据的采集、预处理及发送，接收执行调度端发送的各种操作命令并输出执行。

(三)信道

信道是连接调度端和被控端的介质,它的主要功能是承担调度端与被控端之间的信息数据及命令的传输,可分为有线信道和无线信道。一般将调度端向被控端发送的数据称为“下行”数据,将被控端向调度端发送的数据称为“上行”数据。

二、主要任务和基本功能

(一)主要任务

SCADA 系统的主要任务分为两大类:一是集中监视,正常情况下,监视电力设备的实时运行状态,掌握电力变配电所等设备的开关位置、报警信息及主要电气运行参数等;事故情况下,显示故障报文等信息,及时了解事故的原因和范围,加快事故处理,提高安全经济运行水平。二是集中控制,调度人员借助调度员工作站对被控端设备进行远程遥控或遥调,提高运行操作质量和效率。

(二)基本功能

SCADA 系统的主要功能包括遥控、遥信、遥测、遥调、遥视。具体情况如下:

1. 遥控(YK):从调度端发出命令,以实现对被控端设备的远距离控制。

2. 遥信(YX):将被控端设备状态的信号远距离传送给调度端。如开关的位置信号、断路器手车的位置信号、开关控制方式信号(远方或就地)、报警信号等。

3. 遥测(YC):将被控端的主要参数变量远距离传送给调度端。如电压、电流、有功功率、无功功率、功率因数、频率、相角、有功电能量、无功电能量等电气参数。

4. 遥调(YT):调度端对被控端某些设备的工作状态和参数的调整。如调整保护定值、电压、电流等参数的越限定值等。

5. 遥视(YS):调度端直接对被控端设备进行远程监视。

三、主要性能指标

SCADA 系统的性能指标主要有可靠性、容量、实时性、抗干扰能力、兼容性。具体情况如下:

(一)可靠性

可靠性是指设备在技术要求规定的工作条件下,能保证所规定的技术指标的能力。远动系统作为电力系统的远程监控设备,要求它具有高度的可靠性,可靠性主要包括两个方面:一是装置本身可靠性,二是信息传输的可靠性。

1. 设备的可靠性是指装置正常运行的能力,它用平均无故障时间(MTBF)表示。平均无故障时间是指远动装置在相邻故障间的平均正常工作时间。铁路电力调度主站平均无故障时间要求达到 15 000 h 以上,被控站达到 8 000 h 以上。

2. 系统的可靠性用系统可用率表示。影响系统可用率的主要因素有:设备质量、维护检修情况、环境条件、电源供电可靠性及其备用的程度等。

$$\text{系统可用率}=\frac{\text{运行时间}}{\text{运行时间}+\text{停用时间}}\times 100\% \tag{7-1}$$

3. 传输的可靠性用差错率表示为

$$差错率=\frac{信息出现差错的数量}{传输信息的总数量} \tag{7-2}$$

(二)容量

通常把遥控、遥调、遥测和遥信等对象的数量,统称为铁路电力远动系统的监控容量(也叫作 I/O 点数),远动装置的容量要满足铁路电力系统的要求且要有一定程度的裕度。

远动装置在设计初期就必须考虑铁路电力系统的实际需求。同时,应考虑遥控、遥测、遥信及遥调功能的可扩展性,除满足"四遥"功能外,还应具有事件记录、数据处理、信息转发、安全监视等功能。

(三)实时性

远动系统的"实时性"是提高生产效率,加速事故处理,及时了解被控站运行工作状态等方面情况的关键。它是指从发送端事件发生到接收端正确地接收到该事件信息的时间间隔,用传输时延或响应时间表示。如遥控命令传送时间≤1 s,遥信变位传送时间≤3 s,调用画面响应时间≤1 s。

(四)抗干扰能力

远动装置在运行过程中所受到的干扰主要指电磁干扰,受到外界或自身设备干扰的因素很多,如雷电干扰、无线电波干扰、静电干扰、设备操作过程中的电磁干扰等。远动系统中最易受到干扰的是信道,而信道所受的干扰主要是外界干扰源的干扰和在多路传输时信道间的路际干扰。

远动系统的抗干扰能力是指在有电磁干扰的情况下,远动系统仍能保证技术指标的能力。增加抗扰度的方法主要有两种:一是在信道输入端适当变换信号的形式,使其不易受干扰的影响;二是在接收端变换环节的结构上加以改善,使其具有消除干扰的滤波和补偿能力。

(五)兼容性

远动系统应具备较好的兼容性,选型设计时要考虑设备的规范化、系列化,要注重采用模块化结构,以便硬件维护与检修。

第二节　铁路电力远动系统的结构与功能

在铁路电力系统中使用的 SCADA 系统称为铁路电力远动系统,它是对铁路电力系统中的电气设备的控制和运行状态的监视的系统,是对铁路电力系统中的电气设备远程控制、监视和测量的重要手段。本节主要介绍铁路电力远动系统的结构、功能、监控对象和监控内容。

一、铁路电力远动系统的结构

(一)高速铁路电力远动系统

高速铁路电力远动系统是对高速铁路电力设备远程监视和控制的系统,从另一个角度讲,它是对高速铁路电力设备的远程控制及运行数据的采集、处理、传输、显示的系统。高速铁路电力远动系统主要包括调度端、被控端、信道、复示终端四大部分。

1.调度端：又称调度主站，它是对被控端设备进行远程控制、监视、测量的系统。高速铁路电力远动系统调度主站设置在集团公司，监控高速铁路电力设备的运行，统一指挥应急处置。

2.被控端：又称被控站，它是受调度主站监视且控制的站，主要用来完成远动数据的采集、处理、发送、接收及输出执行等功能。被控站包括变配电所综合自动化系统、电力远动终端装置 RTU 等。

3.信道：又称远动通道，它是调度主站与被控站之间数据交互的通道。在高速铁路电力远动系统中，承载调度主站与被控站之间直接参与生产控制数据的远动通道应设置两条，两条远动通道互为备用。承载专用复示、辅助监控等数据的维护通道可设置一条。

4.复示终端：设置在铁路上级部门、设备管理部门或其他需要监视电力设备运行的处所。复示设备包括专用复示和通用复示两种。专用复示一般设置在供电段，通过专用复示通道进行访问；通用复示一般利用办公网络，通过 Web 方式访问调度主站。复示终端与调度主站的最大区别在于调度主站有遥控权限，复示终端没有遥控权限。

(二)普速铁路电力远动系统

普速铁路电力远动系统的结构与高速铁路电力远动系统的结构基本相同，但也存在一些不同，主要表现在以下几个方面：

1.调度模式不同。一是高速铁路电力远动系统调度主站一般设置在集团公司，由集团公司供电调度实施监控，调度权限在集团公司供电调度；普速铁路电力远动系统调度主站一般设置在供电段，由供电段调度实施监控，调度权限在供电段调度。二是高速铁路电力远动系统一般为牵引和电力调度合并设置，由集团公司供电调度统一监视和控制；而普速铁路电力远动系统电力与牵引调度系统是分开设置的。

2.功能要求不同。一是普速铁路电力远动设备通常要求较低，只需要满足基本的调度自动化要求，而高速铁路电力远动设备在运行可靠性和反应速度等方面有更高的要求。近年来，随着普速铁路电力远动系统的改造升级，系统的可靠性和性能也在逐步提高。二是普速铁路电力远动系统功能主要集中远程监控方面，而高速铁路电力远动系统除了满足基本的监控功能外，还涉及故障诊断、运行监测数据分析(环流监测、弧光保护、电缆头测温)等。三是高速铁路电力远动系统一般在供电段调度、相关车间或班组所在地设置复示终端及电力辅助监控系统，而普速铁路电力远动系统一般不设置专用复示终端和电力辅助监控系统，功能相对较少。

3.设备容量不同。相对于普速铁路电力远动系统，纳入高速铁路电力远动系统的通信、信号、光纤直放站、视频箱变、变配电所、站房变电所、通信信号变电所等设备数量较多，系统容量十分庞大。

二、铁路电力远动系统的功能

(一)基本功能

为保证铁路电力系统的安全可靠运行，铁路电力远动系统必须实时、迅速、准确、可靠地收集电力设备的运行信息，使得调度员能够准确掌握电力设备的运行状况，动态调整设备运行方式，指挥故障应急处置工作。因此，铁路电力远动系统的主要任务是集中监视和集中控制，以保证电力设备的正常运行和工作的稳定性，其主要功能如下：

1. 数据采集功能：远动系统将实时采集电力设备的运行状态信息，如电压、电流、功率因数、开关位置、故障情况等数据。

2. 通信功能：远动系统通过铁路专用数据网络将调度主站与被控站进行数据传输和通信，实现数据的共享和控制信号的传递。

3. 数据处理功能：调度主站将被控站采集、传输的数据进行处理，通过计算、处理、分析等，实现对被控端设备的控制和动态调节。

4. 控制功能：远动系统通过下发控制命令，实现对电力设备的远程控制，如开关的分合闸操作、调压器挡位的调整等。

5. 监视功能：远动系统对电力设备的运行状况进行实时监测，及时发现设备故障和运行异常情况，并发出报警信号或自动切除故障区段等。

(二)其他功能

随着科技的发展，铁路电力远动系统功能不断完善，除常规的功能外，铁路电力远动系统还具备故障诊断、辅助决策、调度管理等功能，因此，常被称作调度自动化系统，其主要功能如下：

1. 故障诊断功能：远动系统通过电力设备的监测和分析，及时发现设备故障或异常情况，实现故障自动定位、快速隔离和快速恢复供电的功能。

2. 辅助决策功能：远动系统调度主站可以对故障过程中开关的动作进行跟踪记录并具备历史查询功能，同时可以调取故障录波、故障报告等信息，辅助故障性质判断和处理。

3. 调度管理功能：一是可以生产与调度管理相关的报表，如日报、月报等；二是可以查询历史数据，如电压电流历史曲线、开关动作记录、报警记录、人工操作记录等。

三、铁路电力远动系统的监控内容

铁路电力远动系统的监控对象主要包括电力变配电所、箱式变电站、10/0.4 kV 变电所，具体的监控内容如下：

(一)电力变配电所

1. 遥控：电力变配电所高低压断路器、负荷开关、电动隔离开关、电动手车、交直流屏开关、调压器挡位开关等。

2. 遥测：各进出线柜电压、电流、有功功率、无功功率、功率因数、有功电能、无功电能、频率，母线与线路的压差、角差，电池电压，电缆头温度等。

3. 遥信：开关位置信号（“工作”“试验”位信号，分合闸位置信号）、开关工作状态信号（“就地”“远方”位信号、储能信号）、故障信号、调压器挡位信号、远动通道状态信号、中央信号（包括事故总信号、预告总信号、自动装置动作、控制回路断线、控制方式、交流回路故障、直流电源故障、电压互感器回路断线等）、所内环境及安全报警信号（温度、湿度、烟感、门禁、入侵检测、水浸、玻璃破损、风机等）。

(二)箱式变电站

1. 遥控：具有远动功能的高低压开关。

2. 遥测:高低压母线电压、各进出线电流、电缆头温度等。

3. 遥信:开关位置信号(分合闸位置信号)、开关工作状态信号("就地""远方"位信号、储能信号)、故障信号(保护动作信号、电源失电信号、开关脱扣信号、UPS 故障信号、报警信号等)、远动通道状态信号、环境监视信号(门禁、烟感、温湿度等)。

(三)10/0.4 kV 变电所

1. 遥控:具有远动功能的高低压开关、自动控制装置工作模式的转换等。

2. 遥测:高低压母线电压、各进出线电流、电缆头温度等。

3. 遥信:开关位置信号(分合闸位置信号)、开关工作状态信号("就地""远方"位信号、储能信号)、故障信号(保护动作信号、电源失电信号、开关脱扣信号、UPS 故障信号、报警信号等)、远动通道状态信号、自动控制装置工作模式。

第三节　铁路电力远动系统调度主站

铁路电力远动系统调度主站能完成对被控站设备的远程监视和控制,能够实时掌握电力设备的运行状态,处理影响铁路电力系统事故和异常情况,同时能够对收集的运行数据进行分析、处理、存储及打印,以友好的人机界面向调度员进行展示。因此,调度主站是铁路电力远动系统的指挥中枢,是远动系统的核心组成部分,它对保证铁路电力系统安全运行具有十分重要的意义。本节主要介绍铁路电力远动系统调度主站的硬件组成、软件组成和主要功能。

一、主站硬件组成

铁路电力远动系统调度主站主要负责监控所辖范围内所有电力设备的运行状态,并实现与相关外部系统的接口,其主要硬件构成如图 7-2 所示。

1. 计算机网络设备:是指在铁路电力远动系统中用于数据传输、信息交换的专用硬件设备。主要包括核心交换机、接入交换机、光纤存储交换机、数据采集交换机、接口交换机、路由器等。

2. 服务器组:它是调度主站的核心设备之一,主要负责存储和处理数据,提供各种应用程序和服务。调度主站服务器通常采用高性能的计算机服务器,具有较高的数据处理能力、存储能力和网络通信能力。服务器组主要包括历史数据服务器、应用及通信服务器、配置服务器、备份服务器、复示服务器、Web 服务器和接口服务器。

(1)历史数据服务器:它是远动系统中用于存储和管理历史数据的服务器,这些历史数据包括电力设备的运行数据、相关事件记录等内容,它通过光纤交换机与磁盘阵列相连。

(2)应用及通信服务器:调度远动主站应用及通信服务器在远动系统中起着重要的作用,它作为调度主站与被控站的通信联络层,一是负责下发调度主站发出的各种命令,二是接收、处理被控站发来的各种信息,三是负责通道状态的监视等任务。应用及通信服务器一般采用双机冗余配置,当其中一台服务器出现故障时,其冗余配置的备用服务器将会投入运行,保证铁路电力远动系统的正常运行。

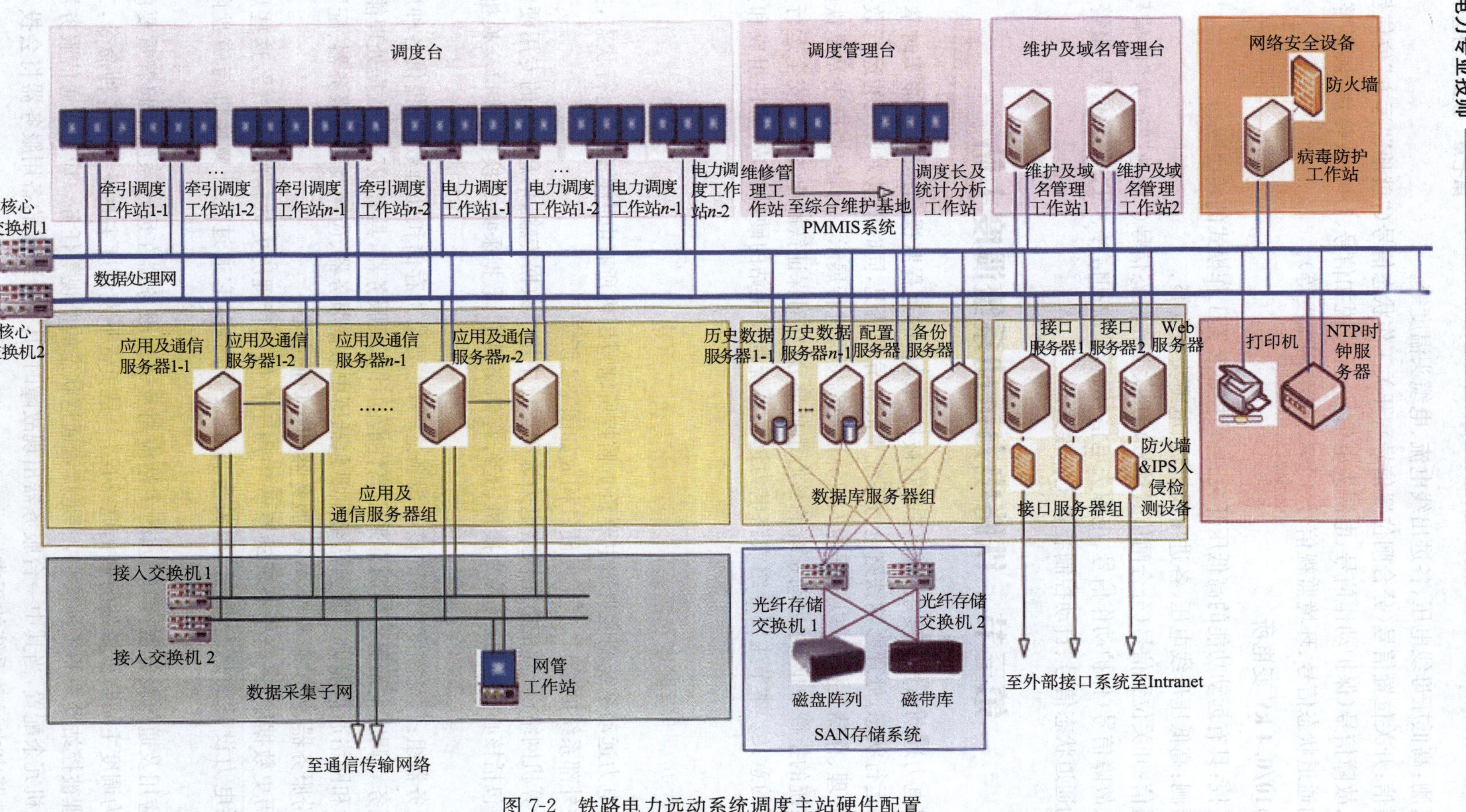

图 7-2 铁路电力远动系统调度主站硬件配置

(3)配置服务器：主要负责提供构建远动系统的开发环境，集成多种用于系统开发调试的工具。配置服务器将开发的应用具体分布、部署到应用及通信服务器、调度员工作站上，同时保存系统的静态配置数据。

(4)备份服务器：备份服务器是为了确保铁路电力远动系统的可靠性和稳定性而设置的。它主要是对铁路电力远动系统中主服务器的数据进行备份，并能够在需要时恢复这些数据。

(5)复示服务器：异地用户可通过专用复示通道访问调度主站，可浏览系统的实时画面、运行数据、历史信息等，主要包括系统的运行状态、遥信及遥测信息、故障信息、报警信息、历史数据等。

(6)Web 服务器：Web 服务器使用 TCP/IP 协议与铁路电力远动系统中的其他设备进行通信，以实现数据的传输和共享。用户通过 Web 方式访问调度主站，可浏览系统的实时画面和运行数据，主要包括铁路电力系统的运行状态、遥信及遥测信息、故障信息、报警信息、历史数据等。

3. SAN 存储系统：它是将存储设备从服务器中分离出来，通过专用网络与服务器相连接，形成独立的存储网络。它主要包括磁盘阵列、磁带库，主要负责对铁路电力远动系统所有静态及历史数据的存储。

4. 维护及域控制台：负责维护和管理铁路电力远动系统的正常运行。一般设置两台，两控制台可以并列运行，同时也互为备用。

5. 调度员工作站：调度员工作站主要用于调度员对电力设备的远程监控和调度，可通过工作站实时了解电力设备的运行状态和运行数据，并根据需要调整电力设备的运行状态，确保电力设备安全稳定运行。调度员工作站一般设置两台监控主机，两台主机冗余互备。

6. 网络管理及安全设备：主要负责管理和监控铁路电力远动系统的网络设备，保护系统数据安全，主要包括防火墙、入侵检测系统、加密设备等。

7. 其他配套设施：主要包括打印机、时钟服务器(GPS)、模拟屏、不间断电源(UPS)等设施。

二、主站软件组成

铁路电力远动系统调度主站软件主要包括系统软件、平台软件和应用软件。调度主站各软件功能如下：

(一)系统软件

系统软件是调度主站底层软件的总称，它是计算机中所使用的操作系统，主要包括计算机操作系统、数据库管理系统。

1. 常用的操作系统包括 Windows 操作系统、UNIX 操作系统、实时多任务操作系统(QNX、VxVorks)。

(1)Windows 操作系统：它具有兼容性强、用户界面友好、多任务处理能力强、媒体功能强大等特点，但由于其开放性强，导致其安全性及稳定性不足。

(2)UNIX 操作系统：它具有稳定性高、安全性强、支持多用户同时使用、网络功能强大等特点,但它的界面不够友好、兼容性较差、硬件要求高、维护较为复杂。

(3)实时多任务操作系统:它具有实时性,能支持实时控制系统工作,能够调度一切可以利用的资源完成实时控制,因此,它常用于对实时性要求较高的铁路电力远动系统中。

2. 常用的数据库管理系统包括 Microsoft SQL Server、Sybase、Oracle 等,它能够提供海量数据的存储、更新及查询,检索负责数据的存储、安全性、完整性、并发性、恢复和访问。

(二)平台软件

平台软件是可以按照用户的需求进行二次开发的软件平台,在铁路电力远动系统中,它位于系统软件之上、应用软件之下。

(三)应用软件

应用软件位于平台软件之上,它可以根据用户具体需求进行定制开发。在铁路电力远动系统中,应用软件指的是为实现调度自动化监控功能而开发的应用程序。它能够实现数据采集、远动控制、故障诊断等功能。常用的应用软件包括通信前置机软件、服务器软件、调度员工作站软件、维护工作站软件、Web 服务器软件。

1. 通信前置机软件:它是用于实现调度主站与被控站之间的实时数据通信处理软件,主要功能包括系统之间的通信、规约的解释及转换、网络数据发送等。

2. 服务器软件:它主要负责电力远动数据的接收、处理,指令的发送与执行,故障的诊断与报警,通信与数据交互等。

3. 调度员工作站软件:调度员工作站软件是专门为电力调度员设计的软件,提供人机交互界面,用于实现调度员对铁路电力系统的远程监控和调度。软件具有与铁路电力系统进行实时数据交互,故障诊断及报警显示,帮助调度员快速定位故障位置等功能。

4. 维护工作站软件:它是专门负责调度员进行设备维护和管理工作的软件,主要包括各种报表的编辑、画面编辑等。

5. Web 服务器软件:它是在 Intranet 或 Internet 范围内,调度员通过 Web 浏览器访问铁路电力远动系统的 Web 界面,可以查看铁路电力系统的运行状态、运行数据、报警信息等内容。

三、主要功能

(一)实时远程监视和控制功能

铁路电力远动系统具有对被控站设备实时远程监视和控制的功能,即“四遥”功能。

1. 遥控功能

调度员通过调度员工作站对被控站内设备进行远程控制,同时根据设备运行情况和作业需求完成停送电倒闸操作。遥控包括单控和程控两种不同的控制模式。

(1)单控:是对被控站内单个设备的控制。如开关的远程分合闸操作、电动手车的远程摇进或摇出操作、保护功能软压板的远程投入或退出操作、控制模式的远程转换操作等。该操作只有调度员及以上级别的用户才有此权限。

(2)程控:是按照用户预先编制好的程序自动顺序执行,它是多个单控过程的组合。程控执行过程中，调度员不必干预即可完成，任意指令执行不成功或事故的出现，则自动终止或人工干预终止后续程序操作。

2. 遥信功能

调度员通过调度员工作站对被控站内设备的运行状态进行实时监视，主要包括正常运行状态的监视和异常状态的监视。

(1)正常运行状态监视

电力变配电所、箱式变电站、10/0.4 kV 电力变电所、开关站、被控站内开关的分合闸状态、地刀的分合闸位置、手车位置(试验位或运行位)、断路器储能状态、开关的控制方式(远方/就地)、自动控制模式、通道状态等。

(2)异常运行状态监视

一是铁路电力系统发生故障或事故时，相应保护的启动、动作及复归信号；二是运行环境类的信号，主要包括烟雾、门禁、凝露、碎玻、水浸、高温等报警信号。

3. 遥测功能

调度员工作站显示的被控站设备的运行数据，主要包括电压、电流、频率、有功功率、无功功率、功率因数、调压器挡位、变压器铁芯温度等。

4. 遥调功能

调度端对被控端某些设备的工作状态和参数的调整，如调整保护定值、电压、电流等参数的越限定值。

(二)辅助功能

1. 画面显示功能

调度员工作站能够直观显示各被控站的地理图、供电臂示意图、设备一次主接线图、交直流系统图、远动通道的配置图、综合自动化系统配置图、各种记录及报警画面、各种报表及曲线显示画面、故障录波画面等。

2. 时钟同步功能

调度主站通信处理单元与 GPS 时钟系统，用于实现远动系统的时钟硬同步。一旦 GPS 时钟系统失效后，还可通过远方控制中心实现时钟软同步功能，以保证调度主站与被控站的时钟同步。

3. 报表统计功能

调度主站一般具有故障记录、事件记录、开关动作记录、调度操作记录、报警记录、故障报告记录、电量记录(日报表、月报表、季报表、年报表)等报表的自动生成功能，主要用于历史数据的查询及分析。

4. 曲线记录功能

曲线记录功能可以实现对铁路电力系统的各种运行数据进行实时采集、处理及存储并以曲线的形式展示出来。这些曲线主要包括电压曲线、电流曲线等，可以分为实时曲线和历史曲线。调度员可以通过实时曲线观察设备的运行趋势，便于调度员及时发现铁路电力系统的异常状态；调度员还可以通过历史曲线分析设备的运行规律，为铁路电力系统的优化提供依据。

5. 定值管理功能

(1)定值召唤功能

调度员可以通过调度员工作站对电力变配电所等被控站发送定值召唤命令，被控站将当前定值整定信息上传至调度主站，便于调度员掌握电力变配电所各相关保护的整定值。

(2)定值修订功能

调度员可以通过调度员工作站对电力变配电所等被控站发送定值修订命令，对被控站的保护定值进行修订和调整。

6. 权限管理功能

远动系统可以根据用户或角色的不同，开放不同的调度权限，确保只有授权的用户才能对远动系统进行相应的操作，防止未经授权的用户对系统误操作或恶意攻击，确保远动系统安全。

7. 其他功能

调度主站除了上述功能以外，还具有用户管理功能、容量扩展功能、在线维护功能等。

第四节　铁路电力远动系统被控站

铁路电力远动系统被控站是远动系统的一个重要组成部分，主要完成电力设备运行数据的采集、被控站内设备的远程控制、被控站内设备工作状态和参数的调整，主要包括监控电力变配电所、箱式变电站、10/0.4 kV 电力变电所、开关站等设备运行状态的装置，即变配电所综合自动化系统、电力远动终端 RTU。

一、变配电所综合自动化系统

变配电所综合自动化系统(以下简称综自系统)是将变配电所的二次设备(包括测量仪表、信号系统、继电保护、自动装置、远动装置)经过功能的组合和优化设计，利用先进的计算机技术、现代电子技术、通信技术和信号处理技术，实现对变配电所设备的自动监视、测量、控制、保护及与调度通信等综合性的自动化功能。

(一)综自系统的优越性

1. 综自系统是利用先进的计算机技术、电子技术、通信技术等组成的自动化系统，它代替了常规的测量和监视仪表、控制屏、中央信号系统，利用微机保护代替常规的继电保护，改变了常规继电保护装置不能与外界通信的弊端。

2. 综自系统更加集成化，缩小了占地面积，降低了设备造价。

3. 综自系统能通过先进的通信技术，实现调度主站对所内设备的远程监控，为实现减员增效提供了有利条件。

4. 综自系统提高了变配电所的自动化水平，减轻了值班员的工作量和劳动强度，提高了作业效率和管理水平。

(二)综自系统的基本功能

综自系统的基本功能体现在以下五个子系统中，各子系统的具体功能如下：

1. 监控子系统的功能：利用现代信息技术和网络技术，实现对铁路电力系统的运行状态的实时监控和数据采集。它的主要功能包括电压、电流等运行数据的采集、SOE 事件顺序记录、故障记录及录波、开关操作控制、安全监视(电压、电流、温度等量的越限监视)、人机互动、报表打印、数据处理及记录功能等。

2. 微机保护子系统的功能:它是综自系统中的重要组成部分,主要负责保护铁路电力系统的正常运行,实现故障的快速隔离,防止设备损坏或扩大故障范围。它主要包括电源进线保护、馈线保护、调压器保护、无功补偿保护、线路保护(普速铁路为自闭/贯通线路保护、高速铁路为一级/综合贯通线路保护)、母联保护等。该子系统要求满足继电保护“四性”要求,即选择性、速动性、灵敏性、可靠性,同时应具备定值整定、事件及故障记录、时钟自动对时、故障自诊断及自恢复等功能。

3. 电压、无功综合控制子系统的功能:一是当变配电所调压器二次侧电压不符合标准时,综合控制子系统自动调节调压器的挡位,使调压器二次侧电压输出满足要求;二是当变配电所功率因数不符合标准时,综合控制子系统自动调节无功补偿容量,使得功率因数满足要求。

4. 备用电源自投控制子系统的功能:当普速铁路主供所的自闭/贯通线路发生故障跳闸时,备供所自动投入,迅速恢复供电。

5. 通信子系统的功能:主要包括内部通信和外部通信。内部通信是指综自系统各子系统之间的通信,通信的范围是变配电所内;外部通信是指综自系统与调度主站的通信,将变配电所的运行信息上传到调度主站,同时接受调度主站发出的指令。

(三)综自系统的体系结构

铁路电力变配电所综合自动化系统主要采用分层分布式结构,即在结构上采用主从 CPU 协同工作的方式,各功能模块(通常是各个从 CPU)之间采用网络技术或串行方式实现数据通信,局部故障不影响其他模块或部件的正常运行。一般将变配电所设备分为三层,即过程层(或称设备层)、间隔层(或称单元层)、配电所层。铁路电力变配电所综合自动化系统分层分部结构示意如图 7-3 所示。

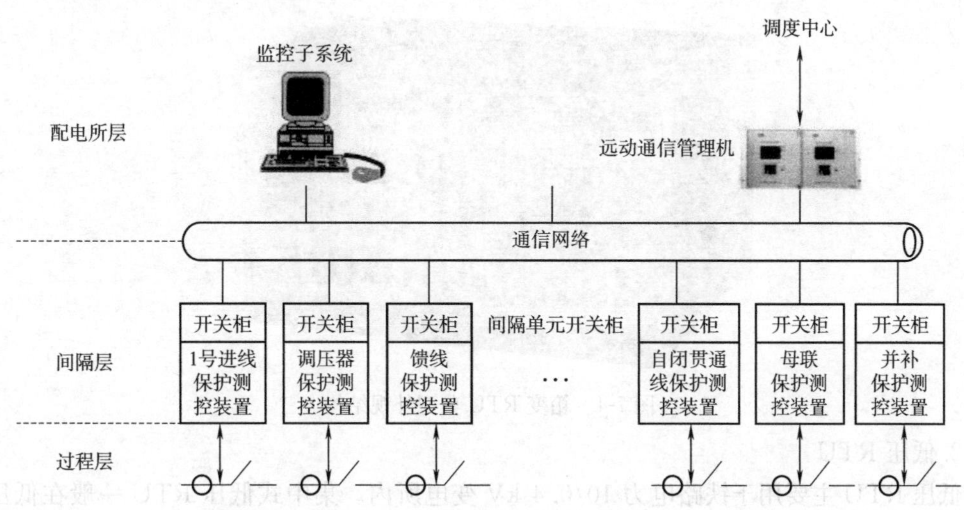

图 7-3　铁路电力变配电所综合自动化系统分层分布结构示意

过程层(或称设备层):是指电力变配电所的一次设备,主要包括断路器、隔离开关、调压器、变压器、无功补偿装置、电流互感器、电压互感器等,它们是综自系统的控制对象。

间隔层(或称单元层):一般按照断路器进行间隔划分,包括微机保护装置、控制及测量部件等。它的主要功能是汇总过程层的实时运行数据、对一次设备进行保护与控制等。

配电所层:包括远动通信管理机、站控主机,主要功能是通过现场总线或局域网与间隔层进行实时通信、汇总配电所的实时运行数据、接收调度指挥中心的命令并下发指令、站内实时监控等。

二、铁路电力远动终端 RTU

铁路电力远动终端 RTU 是铁路电力远动系统的重要组成部分,它主要用来完成遥控接收、输出执行、遥测及遥信量的数据采集并发送到调度主站。铁路电力远动终端 RTU 除了具备传统的"四遥"功能外,还具备故障录波、故障判断及切除等功能。

(一)RTU 的分类

1. 按结构分:集中式 RTU、分布式 RTU。集中式 RTU 只有一个 CPU 模块,同时管理其他非智能模块并与调度主站进行数据通信,各模块之间采用并行总线的方式相互联系;分布式 RTU 采用多个 CPU 结构,各模块之间以串行总线的方式相互联系。

2. 按用途分:箱变电力远动终端设备(以下简称箱变 RTU)、低压变电所电力远动终端设备(以下简称低压 RTU)。低压 RTU 有两种类型,即集中式低压 RTU 和分布式低压 RTU。

(二)RTU 的结构

1. 箱变 RTU

箱变 RTU 一般安装于箱变低压柜内。箱变 RTU 通常采用功能模块化的分布式体系结构,它由主处理器单元、遥测采集单元、遥信采集单元、遥控控制单元、电源管理单元构成,主处理器单元与遥测采集单元、遥信采集单元、遥控控制单元之间采用主从式结构。箱变 RTU 典型外观结构如图 7-4 所示。

图 7-4　箱变 RTU 典型外观结构

2. 低压 RTU

低压 RTU 主要用于铁路电力 10/0.4 kV 变电所内。集中式低压 RTU 一般在低压变电所每面低压柜内设置一套,负责监控该面低压柜的运行,如图 7-5 所示;分布式低压 RTU 一般在每个低压回路设置一个,负责监控该低压回路的运行,如图 7-6 所示。

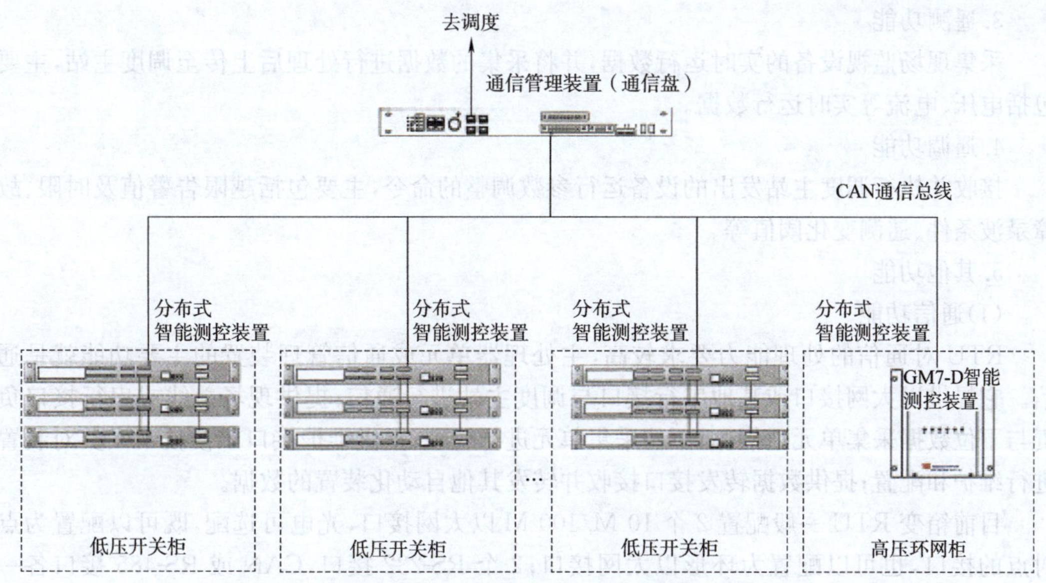

图 7-5　集中式低压 RTU 原理结构

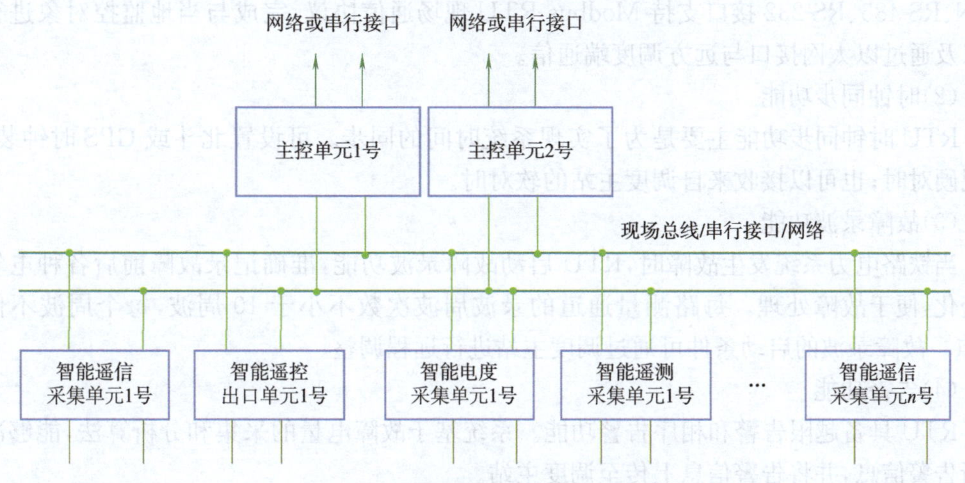

图 7-6　分布式低压 RTU 原理结构

（三）RTU 的功能

1. 遥控功能

接收并执行调度主站发出的控制命令。RTU 接收到调度主站的控制命令后，首先对命令的有效性进行判断，判断命令有效后立即控制输出。

2. 遥信功能

采集现场监视设备的状态信息，并将采集的数据进行处理后上传至调度主站，主要包括开关的分合状态、故障及告警信息等。

遥信输入一般以无源节点方式输入，输入接口采用光电隔离措施，防止外界电力电缆高压感应及雷击产生的浪涌信号从信号电缆引入系统而烧坏设备。遥信电源有直流 24 V、110 V、220 V，常用的遥信电源为直流 24 V，一般 RTU 装置能够直接输出直流 24 V，满足遥信功能的需求。

3. 遥测功能

采集现场监视设备的实时运行数据，并将采集的数据进行处理后上传至调度主站，主要包括电压、电流等实时运行数据。

4. 遥调功能

接收并执行调度主站发出的设备运行参数调整的命令，主要包括越限告警值及时限、故障录波条件、遥测变化阈值等。

5. 其他功能

(1)通信功能

RTU 对通信的处理能力要求较高，主处理器单元或通信管理装置的主要功能就是通信。它提供以太网接口或其他串行接口与调度主站进行通信；提供现场总线或串行接口负责与下位数据采集单元通信，对下位采集单元进行管理；提供维护接口以便技术人员对装置进行维护和配置；提供数据转发接口接收并转发其他自动化装置的数据。

目前箱变 RTU 一般配置 2 个 10 M/100 M 以太网接口，光电可选配，既可以配置为点对点的接口，也可以配置为环形以太网接口；2 个 RS-232 接口，CAN 或 RS-485 接口各一个。以太网接口对 IEC 60870-5-101、IEC 60870-5-103、IEC 60870-5-104 通信规约支持；CAN、RS-485、RS-232 接口支持 Modbus-RTU 现场通信协议，完成与当地监控对象进行通信以及通过以太网接口与远方调度端通信。

(2)时钟同步功能

RTU 时钟同步功能主要是为了实现系统时间的同步。可设置北斗或 GPS 时钟装置，实现硬对时；也可以接收来自调度主站的软对时。

(3)故障录波功能

当铁路电力系统发生故障时，RTU 启动故障录波功能，准确记录故障前后各种电气量的变化，便于故障处理。每路测量通道的录波周波次数不小于 10 周波，每个周波不低于 20 点。故障录波的启动条件可通过调度主站进行远程调整。

(4)告警功能

RTU 具备越限告警和相序告警功能。系统基于故障电量的采集和分析算法，能够准确判断告警信息，并将告警信息上传至调度主站。

(5)数据记录功能

RTU 实时采集电力设备的运行信息并记录、存储下来，可按时间顺序保存告警信息、开关变位信息、录波信息、遥测信息等。

(6)自诊断和自启动功能

RTU 具有自诊断和自启动功能。自诊断功能是指 RTU 能够自动检测系统内部和外部的故障并进行诊断、处理，自诊断功能主要包括上电通信功能自检、上电整定值自检、上电时钟自检、上电内存自检、系统数据库有效性检查。自启动功能是指 RTU 运行异常或故障的情况下，能够自己重新启动，恢复正常运行。

(7)维护调试功能

RTU 一般提供维护接口，一是可以进行 RTU 数据库维护和系统配置；二是可以现场调取故障报告、故障录波、操作记录等运行数据。

第五节　通信系统

通信系统是实现铁路电力系统远程监视和控制的重要组成部分，它的主要任务是将调度主站发出的各种命令安全、可靠、实时地传送到被控站，同时将被控站采集的各种运行数据安全、可靠、实时地传送至调度主站，它对于保证铁路电力系统安全运行具有十分重要的意义。铁路电力远动系统通信网络结构示意如图 7-7 所示。

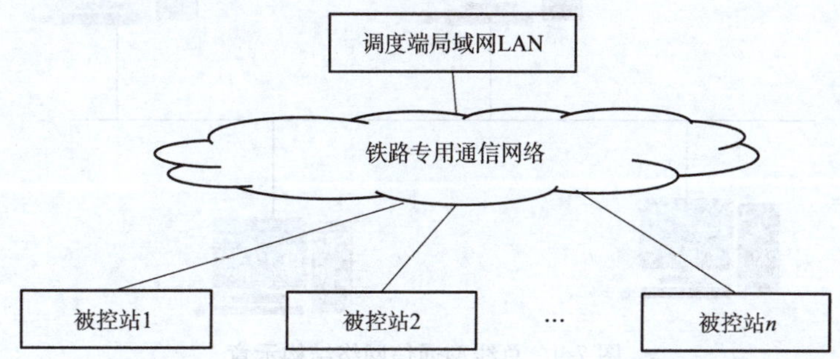

图 7-7　铁路电力远动系统通信网络结构示意

一、远动系统通信网络结构图

铁路电力远动系统一般设置专用的通道，负责调度主站和被控站的数据传输，并在相应的通信机械室或通信站汇入铁路专用的数据通信网络。通信网络的结构主要有五种：星形点对点、总线型（T 形）、环形、树形和网状结构。

（一）星形点对点结构

星形点对点结构是以调度端为中心节点，远动终端是围绕调度端的周边节点，每个远动终端都通过铁路专用通道与调度端进行通信。其结构示意如图 7-8 所示。

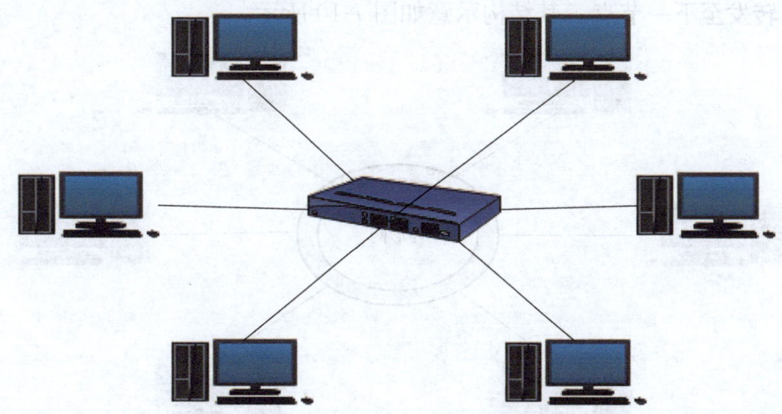

图 7-8　星形点对点通信网络结构示意

优点：结构简单，易于管理和维护，同时具有较强的故障隔离能力，一旦某个远动终端节点出现故障，不会影响其他节点的通信。

缺点：对调度端中心节点的可靠性要求较高，一旦调度端节点出现故障，将会使整个通信网络受到影响。同时，由于星形点对点结构中，每个远动终端需要与调度端建立专用通道，占用了大量的资源，增加了建设成本。

(二)总线型(T形)

在总线型结构中，所有的被控站都连接到一个共享的总线上，被控站通过总线与调度主站进行数据通信。其结构示意如图7-9所示。

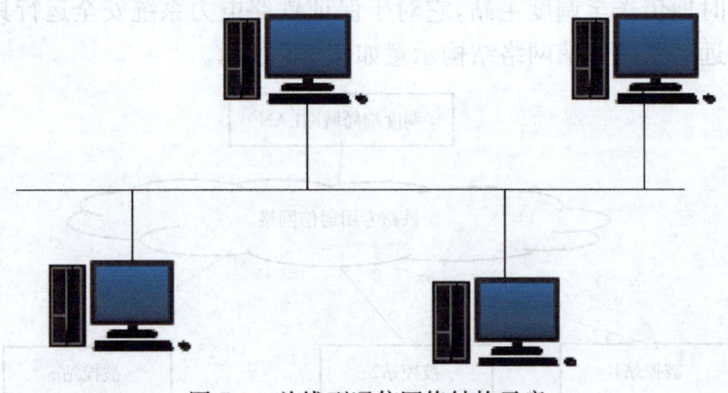

图7-9　总线型通信网络结构示意

优点：总线型结构简单，易于实现和日常维护；该结构中，所有被控站都连接到一个共享的总线上与调度主站进行数据通信，节约了投资成本，造价相对较低；具有较强的故障隔离能力，一旦某个远动终端节点出现故障，不会影响其他节点的通信。

缺点：一是对总线的可靠性要求较高，一旦总线出现故障，将会使整个通信网络受到影响；二是要充分考虑总线的带宽，因为多个被控站同时与调度主站进行数据交互，可能会发生数据冲突或延迟。

(三)环形结构

环形结构是指各个节点(包括调度主站、各被控站)按照一定的顺序连接成一个环。在环形结构中，数据在环路中按照一定的方向进行传输，每个节点都接收来自前一节点的数据，并将数据转发至下一节点。其结构示意如图7-10所示。

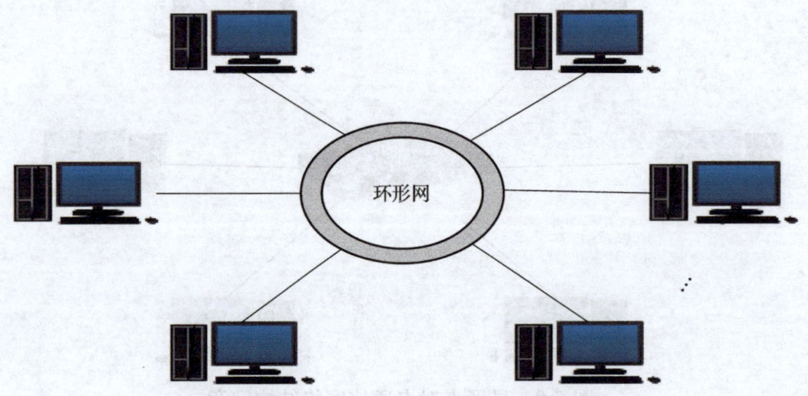

图7-10　环形通信网络结构示意

优点：可靠性较高，数据在环路传输过程中，如其中某个节点出现故障，数据可以从其他路径进行传输，保证了通信的连续性。只有当环路有两个或两个以上节点发生故障，才可能影响到系统的通信。

缺点：环路中的节点过多的情况下，会导致环路的长度增长，数据传输会有一定的延迟，影响数据的传输效率。

（四）树形结构

树形结构是一种分层式的通信网络拓扑结构，在树形结构中，调度端位于结构的顶端，其他远动终端按照一定的层次结构进行连接。其结构示意如图 7-11 所示。

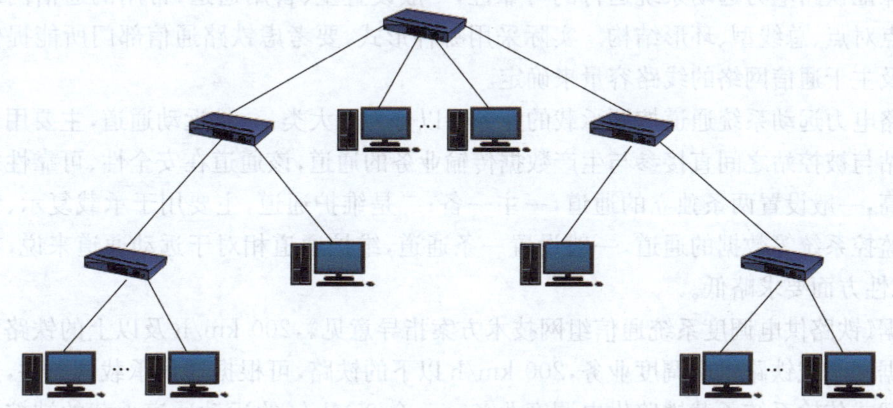

图 7-11　树形通信网络结构示意

优点：一是该结构有较好的扩展性和灵活性，可以方便添加新的节点；二是该结构还可以根据实际需求进行分层管理，提高了网络的可维护性和可管理性。

缺点：一是树形结构的通信径路较长，数据传输会有一定的延迟，影响数据的传输效率；二是对调度端节点的可靠性要求较高，一旦调度端节点出现故障，将会使整个通信网络受到影响。

（五）网状结构

网状结构是一种无中心节点的通信网络拓扑结构，每个节点都可以与其他任意节点进行通信。其结构示意如图 7-12 所示。

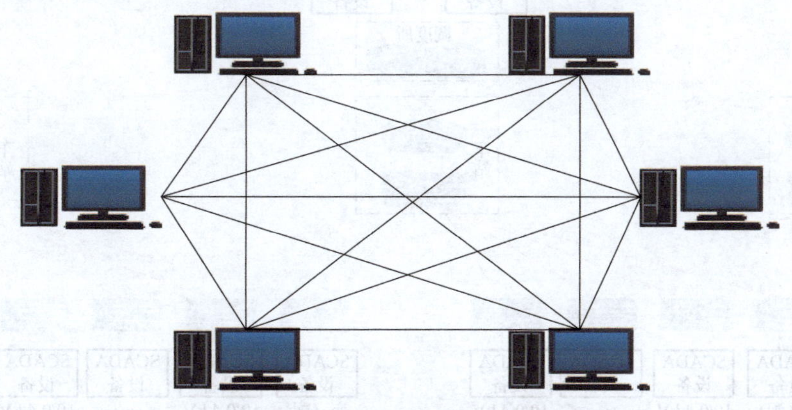

图 7-12　网状通信网络结构示意

优点：在网状结构中，每个节点都有独立的通信通道，可以与其他节点进行任意通信，当线路繁忙或出现故障时，可以选择其他路径进行数据传输，因此，该结构具有较高的可靠性和灵活性。

缺点：一是由于节点之间都需要建立通信通道，因此，该结构造价较高；二是在网状结构中，由于没有中心节点的管理和控制，因此，需要较为复杂的通信协议和分布式管理机制来保证网络的正常运行。

二、铁路电力远动系统常用通信网络介绍

为保证铁路电力远动系统运行的可靠性，一般设置主、备用通道，常用的通信网络结构有星形点对点、总线型、环形结构。实际采用哪种形式，要考虑铁路通信部门所能提供的介入形式及主干通信网络的线路容量来确定。

铁路电力远动系统通道按照承载的业务可以分为两大类：一是远动通道，主要用于承载调度主站与被控站之间直接参与生产数据传输业务的通道，该通道在安全性、可靠性等方面要求最高，一般设置两条独立的通道，一主一备；二是维护通道，主要用于承载复示、铁路电力辅助监控系统等数据的通道，一般设置一条通道，维护通道相对于远动通道来说，在安全性、可靠性方面要求略低。

根据《铁路供电调度系统通信组网技术方案指导意见》，200 km/h 及以上的铁路宜优先采用数据网承载铁路供电调度业务，200 km/h 以下的铁路，可根据通信承载网条件，选择数据网承载或传输系统承载铁路供电调度业务。一个 2 Mb/s 的远动通道承载的被控站的数量不宜超过 10 个，一个 2 Mb/s 的维护通道承载的站点的数量不宜超过 10 个，特殊情况下不应超过 15 个。专用复示通道的带宽宜按 2～10 Mb/s 考虑。

铁路电力远动系统一般通过数据网承载远动业务，被控站至车站设置主、备通道，主、备通道均利用传输系统接入层以太网通道，分别经过不同车站的传输设备与数据网设备相连，避免了单点失效故障。被控站至调度主站之间的主、备通道均利用数据网的 VPN 通道承载。被控站至车站的远动系统一般采用星形汇聚方式组网，如图 7-13 所示。在受通信资料限制的情况下，可采用以太总线方式组网，如图 7-14 所示。

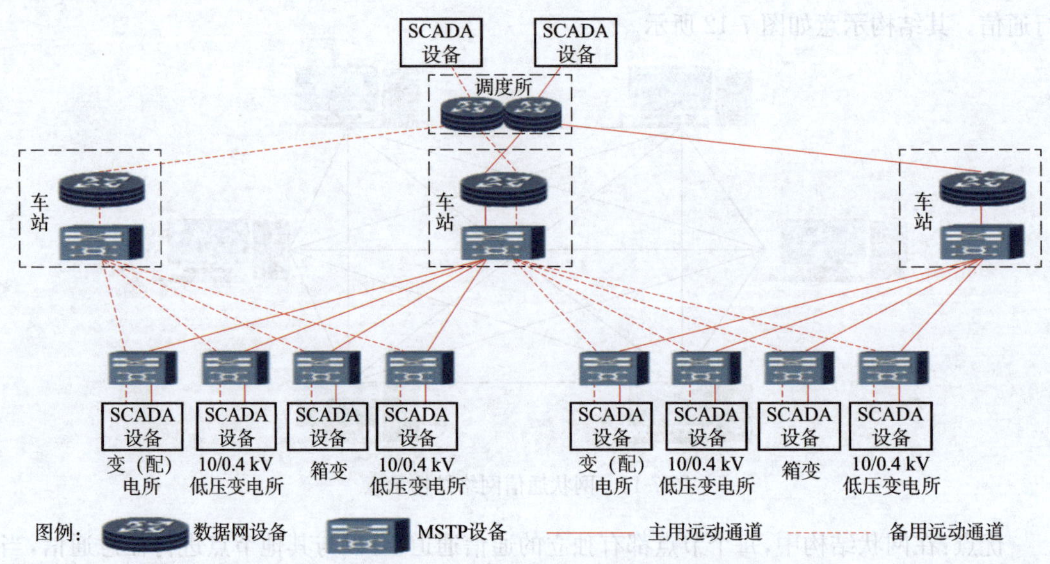

图 7-13　铁路电力远动系统星形汇聚组网结构示意

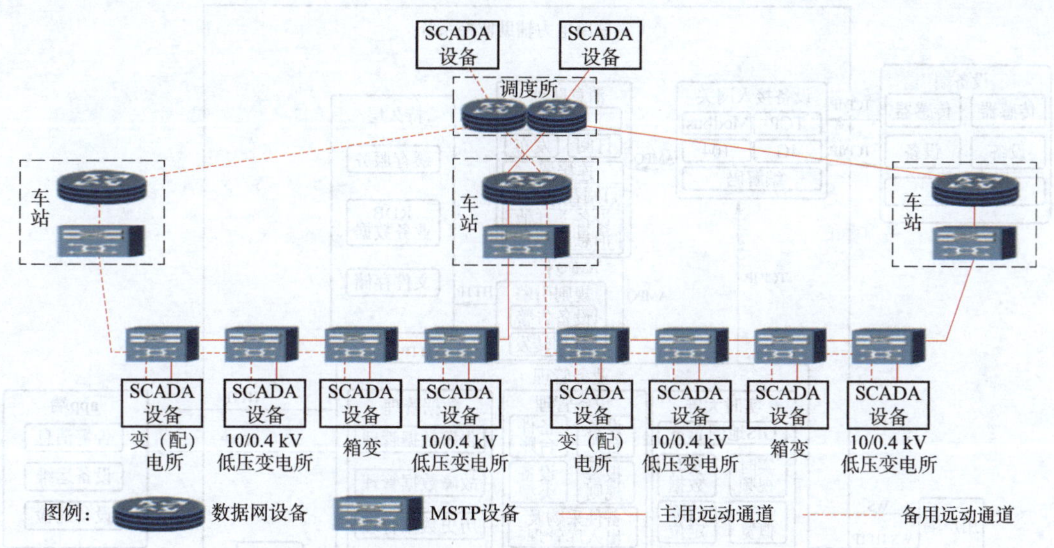

图 7-14 铁路电力远动系统以太总线组网结构示意

第六节 铁路电力辅助监控系统

随着铁路电力供电系统自动化程度的提高，为提高电力设备运行管理水平，降低日常人力、物力、财力的投入，铁路电力辅助监控系统作为远方操作监视以及设备巡视的辅助手段，在保证供电设备运行安全方面发挥着重要的作用。

一、铁路电力辅助监控系统组网

铁路电力辅助监控系统可划分为集团公司、供电段、沿线设施三个层级。具体如下：

集团公司级：为控制与决策层，负责接收沿线设施层上传的实时运行数据，下发控制指令，下发各类指令至供电段级。

供电段级：为信息处理中心和指挥层，负责接收沿线设施层上传的实时运行数据，下发各类指令至沿线供电设施。

沿线设施级：为采集和执行层，负责采集沿线电力设施的运行数据、日常试验检测数据和相关在线监测数据等，执行上级下达的各类指令。

（一）系统组成（图 7-15）

1. 系统硬件方面：可分为数据采集终端、通信管理机、软件主机以及手持终端设备。

2. 系统软件方面：可分为协议解析平台、消息中间件服务、数据持久层服务和业务功能管理服务。

（二）系统数据采送方式（图 7-16）

段级采集数据进行实时数据展示、报警规则匹配、故障判定诊断等，段级服务通过中间件将采集后的业务数据、实时数据和实时告警数据推送至局级应用服务并将数据持久存储到局级独立服务中，局级服务不对接通信管理机。

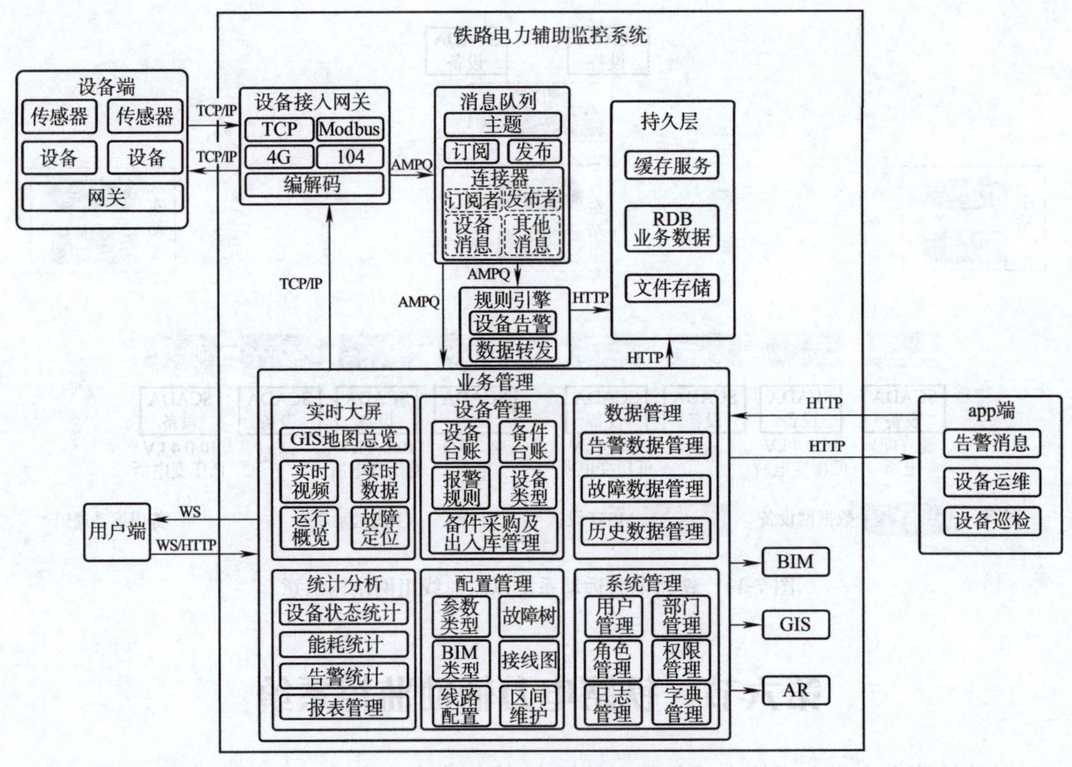

图 7-15　铁路电力辅助监控系统的组成

二、铁路电力辅助监控系统拓扑类型

系统采用总线型拓扑组网，这种网络拓扑结构中所有设备都直接与总线相连，它所采用的介质为光缆。总线结构是指各设备均挂在一条总线上，各工作站地位平等，无中心节点控制，公用总线上的信息多以基带形式串行传递，其传递方向总是从发送信息的节点开始向两端扩散，如同广播电台发射的信息一样，因此又称广播式计算机网络。各节点在接受信息时都进行地址检查，检查是否与自己的工作站地址相符，相符则接收网上的信息。

总线型结构的网络特点如下：结构简单，可扩充性好。当需要增加节点时，只需要在总线上增加一个分支接口便可与分支节点相连，当总线负载不允许时还可以扩充总线。使用的电缆少，且安装容易；使用的设备相对简单，可靠性高。相对地，不足之处为系统维护难，分支节点故障查找难；一次仅能一个端用户发送数据，其他端用户必须等待到获得发送权。

三、铁路电力辅助监控系统监测内容

铁路电力辅助监控系统主要由环境监测、安防及门禁监控、火灾监测、动力监测、电缆在线监测、能源管理、告警信息管理单元等组成。

（一）环境监测单元

环境监控单元主要由温湿度传感器、水浸传感器、SF_6 气体监测、微气象站等设备构成，实现对所内环境的监测，其主要功能如下：

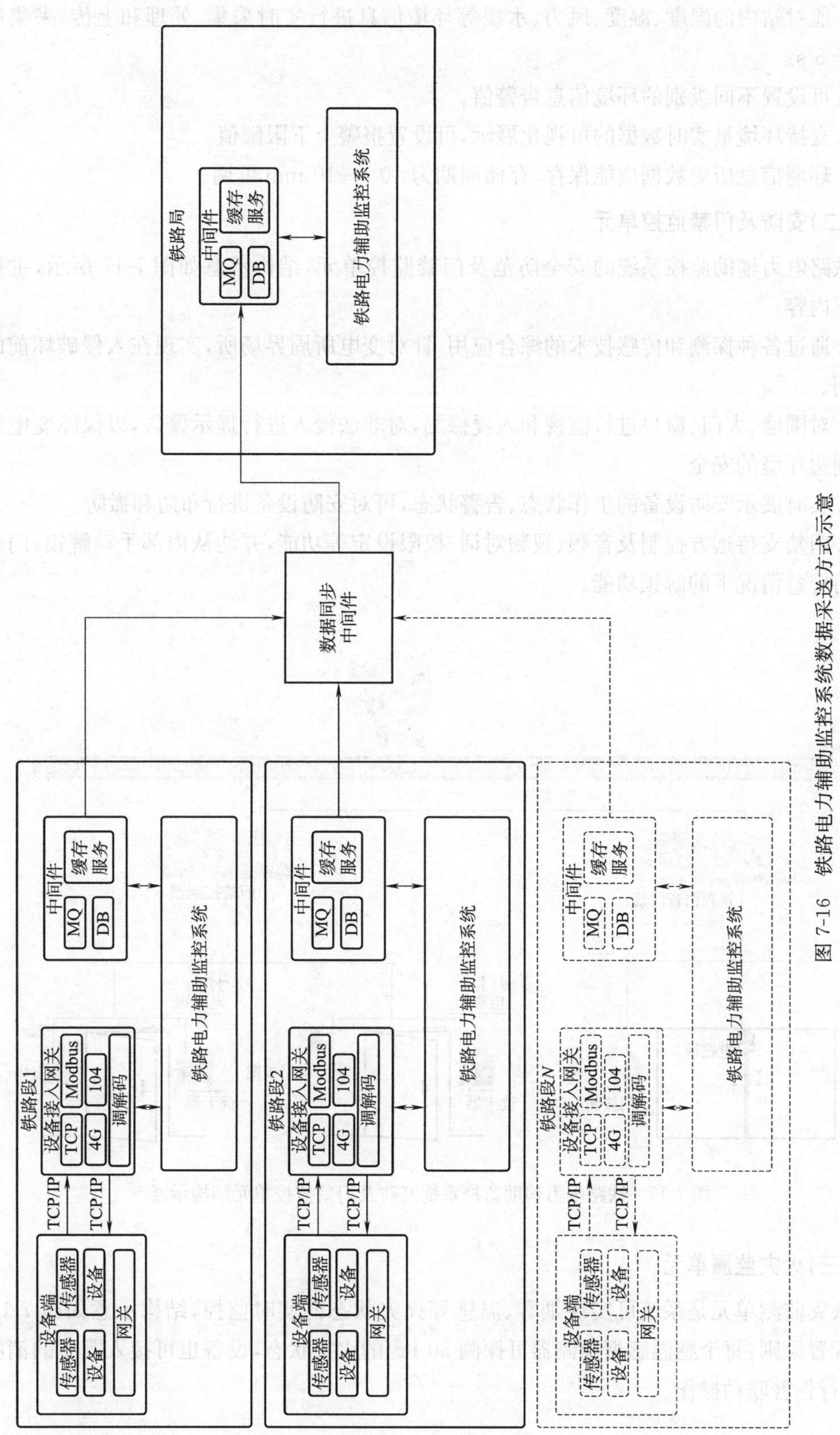

图 7-16　铁路电力辅助监控系统数据采送方式示意

1. 能对站内的温度、湿度、风力、水浸等环境信息进行实时采集、处理和上传，采集周期不大于 5 s。

2. 可设置不同级别的环境信息告警值。

3. 支持环境量实时数据的可视化展示，可设置报警上下限阈值。

4. 环境信息历史数据应能保存，存储周期为 10 s～10 min 可调。

(二)安防及门禁监控单元

铁路电力辅助监控系统的安全防范及门禁监控单元，结构示意如图 7-17 所示，主要包含以下内容：

1. 通过各种探测和传感技术的综合应用，针对变电所周界场所，实现在入侵破坏前的预警作用。

2. 对围墙、大门、窗户进行监视和入侵探测，对非法侵入进行提示警告，以保障变电所场地及周边环境的安全。

3. 实时展示安防设备的工作状态、告警状态，可对安防设备进行布防和撤防。

4. 门禁支持远方控制及音频、视频对话、权限设定等功能，并能从内部手动解锁；门禁系统支持应急情况下的解锁功能。

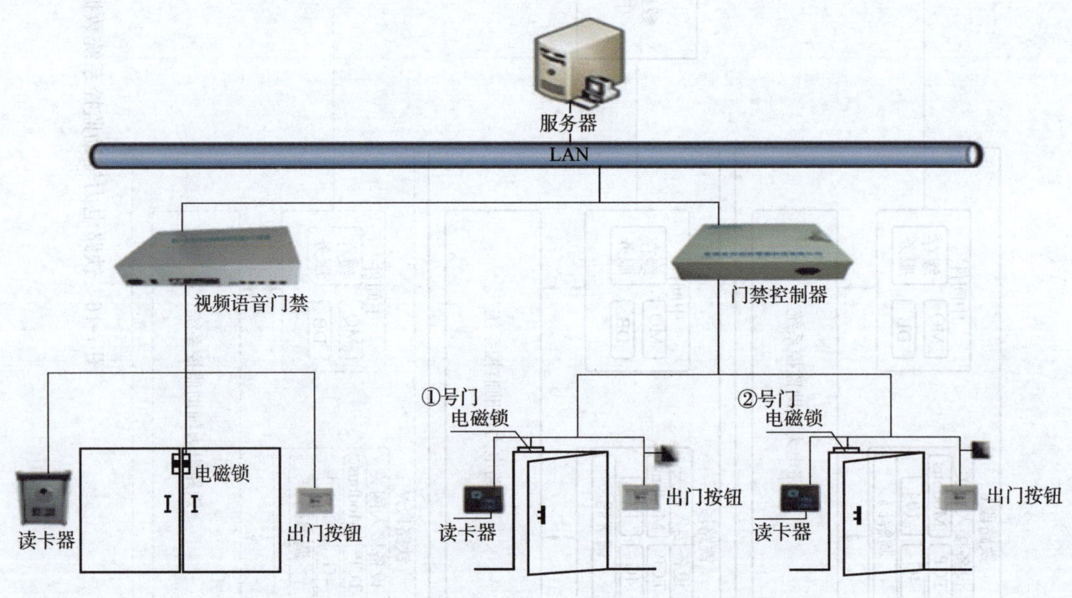

图 7-17 铁路电力辅助监控系统安防及门禁监控单元结构示意

(三)火灾监测单元

火灾监测单元是系统可实现烟雾、温感等火灾状态的实时监控，结构示意如图 7-18 所示。配置原则：每个感温感烟探测器可探测 30 m^2 的火灾状态，设备也可接入既有的消防主机，进行告警联动操作。

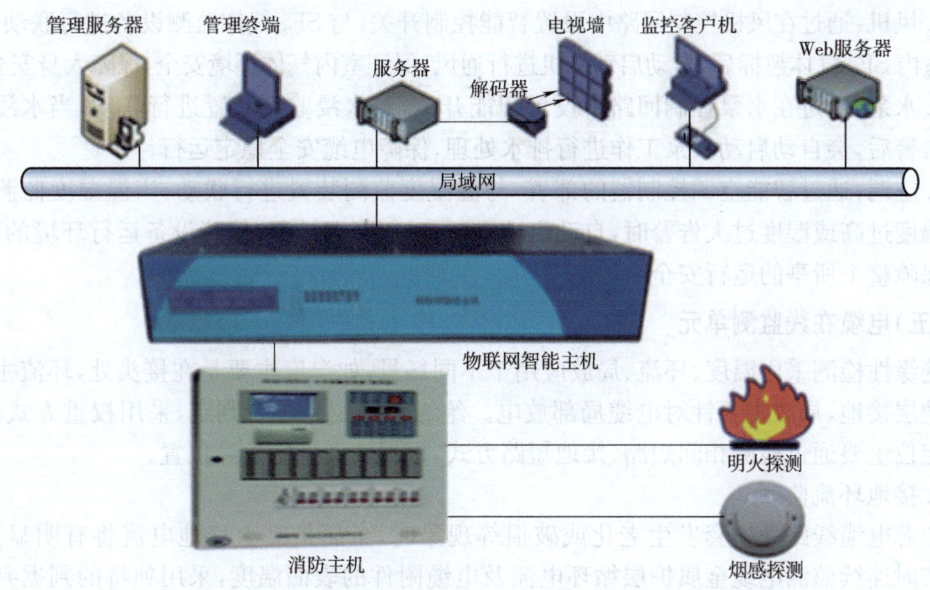

图 7-18　铁路电力辅助监控系统火灾监测单元结构示意

(四)动力监测单元

动力监测单元主要监测配电所室内的各类传感器,采集动力设备运行状态,包括空调、风机、除湿机、加热机等动力设备,实现动力设备在相应条件下的启动与停用。灯光控制可以分组实现控制功能,其他设备控制设置一对一控制。结构示意如图 7-19 所示。

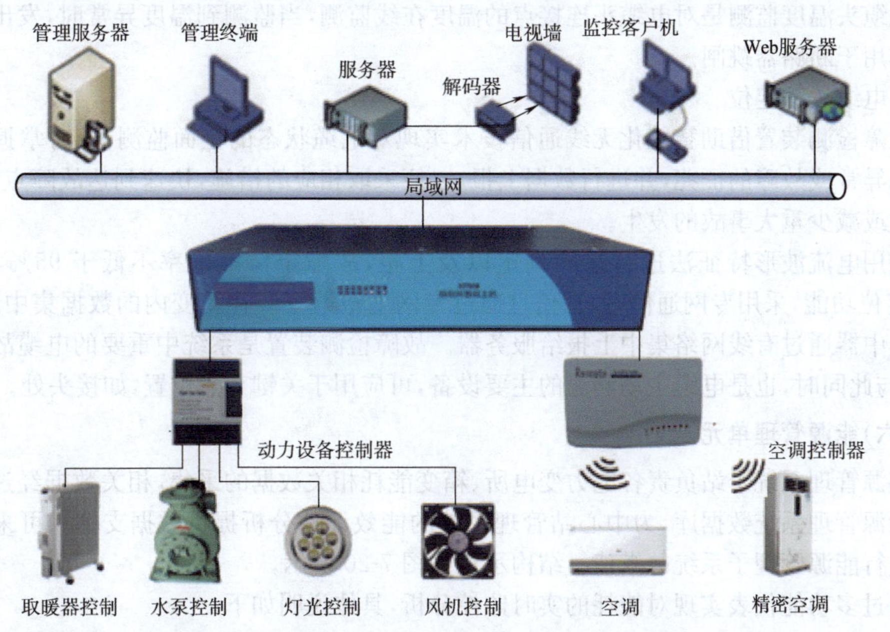

图 7-19　铁路电力辅助监控系统动力监测单元结构示意

1. 照明:通过在照明控制回路中设置智能照明控制开关,实现在人员进入光照条件不足的情况下的自动开关灯。

2. 风机:通过在风机控制回路中设置智能控制开关,与 SF_6 气体监测设备进行联动,当检测到室内 SF_6 气体超标后,自动启动风机进行通风,保证室内气体环境安全,保障人身安全。

3. 水泵:通过在水泵控制回路中设置智能开关,与水浸监测装置进行联动,当水浸监测装置告警后,会自动启动水泵工作进行排水处理,保障电缆安全稳定运行。

4. 空调:通过智能空调控制器的部署,与温湿度监测装置进行联动,当温湿度监测装置产生温度过高或湿度过大告警时,自动启动空调,进行降温排湿,保障设备运行环境的可靠,从而保障整个所亭的运行安全。

(五)电缆在线监测单元

绝缘性检测采用温度、环流、局放应用于不同场景,如温度主要是在接头处,环流主要对电缆铠层接地,局放主要针对电缆局部放电。绝缘性判定是综合判定,采用权重方式;电缆故障定位主要通过检测相间短路、接地短路方式,根据波形确定故障位置。

1. 接地环流监测

单芯电缆线路外护套发生老化或破损等现象时,金属护套上接地电流将有明显变化。通过实时连续监测电缆金属护层循环电流及电缆附件的表面温度,采用独特的判据判断电缆绝缘情况,监测数据实时上传,可以及时反映电缆线路接地系统的健康状况,实现接地环流监测的相关信息展示。

2. 电缆局放监测

局放是衡量电缆接头和终端接地线上局部放电的监测装置,实现接头、终端和电缆的在线局放监测功能。

3. 电缆头温度监测

电缆头温度监测是对电缆头连接点的温度在线监测,当监测到温度异常时,发出告警信号或作用于断路器跳闸。

4. 电缆故障定位

故障检测装置借助智能化无线通信技术实现对电缆状态的全面监测,及时掌握电缆运行状态异常或故障的征兆,并进行数据上报,以便采取相应的措施,快速到达故障点位置,从而避免或减少重大事故的发生。

采用电流波形特征法进行故障判定以及上报,故障定位准确率不低于 95%,集成了 GPS 定位功能,采用专网通信,数据信息通过专网上报给安装在箱变内的数据集中器,然后再由集中器通过有线网络集中上报给服务器。故障检测装置是系统中重要的电缆故障定位设备,与此同时,也是电缆主动测温的主要设备,可应用于关键节点位置,如接头处。

(六)能源管理单元

能源管理系统子站负责各电力变电所、箱变能耗相关数据的采集,相关数据经过校验后进入能源管理系统数据库,为中心站管理系统的能效评估分析提供数据支撑。可采取如下架构进行能源管理子系统的搭建。结构示意如图 7-20 所示。

通过多功能仪表实现对能耗的实时监控分析,具体说明如下:

1. 实时用电监控

系统应可实时显示铁路电力系统运行模拟监视图,并在界面上显示各回路的三相电压、三相电流、有功/无功/视在功率、有功/无功电度、功率因素、频率等电力参数,利用图形和文字的方式显示相关设备数据信息。

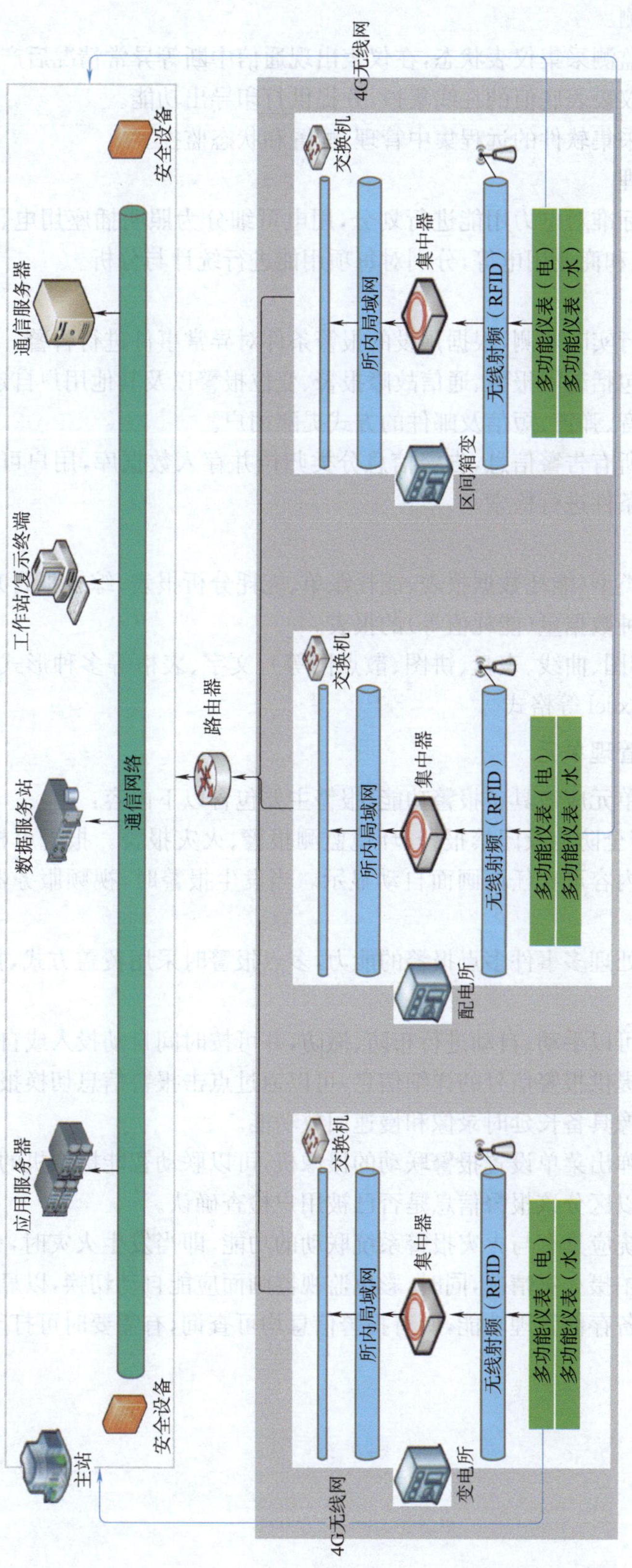

图 7-20　铁路电力辅助监控系统动能源管理结构示意

2. 系统状态监测

系统可对实时监测采集仪表状态，在仪表出现通信中断等异常情况后产生告警提示。

系统支持采集仪表表底值的在线集抄，并提供打印导出功能。

系统支持能耗采集软件的远程集中管理、配置和状态监控。

3. 分项用能管理

根据用能分项标准对电力用能进行划分，用电可细分为照明插座用电、动力用电、空调通风用电、特殊用电和商业用电等，分别对每项用能进行统计与分析。

4. 异常告警

系统对站点进行实时监测，根据预设的报警条件对异常事件进行告警。

告警类型主要包括越限报警、通信故障报警、变位报警以及其他用户自定义报警。

告警事件以声音、弹窗、短信及邮件的方式提醒用户。

系统自动记录所有告警信息，告警信息分类归档并存入数据库，用户可根据时间、告警类型及告警级别等条件进行检索。

5. 统计报表

支持多种业务类型(能耗数据报表、能耗账单、能耗分析报表、综合报告)，多种时间跨度(年、月、周、日)，多种数据量(能耗值等)的报表。

报表以图形(棒图、曲线、表盘、饼图、散点图等)、文字、表格等多种形式显示，并可直接打印导出为 PDF、Excel 等格式。

(七)告警信息管理单元

告警信息管理单元应该具备报警功能，报警主要包含以下内容：

1. 报警类别：安全防范及门禁报警、环境监测报警、火灾报警。报警可根据需要进行分级，报警信号、报警内容可在任何画面自动显示。当发生报警时，视频服务器能自动进行存盘录像。

2. 系统应具备处理多事件多点报警的能力，多点报警时采用覆盖方式，报警信息不得丢失和误报。

3. 各种探测器可以手动、自动进行布防、撤防，并可按时间自动投入或自动撤防。

4. 报警视窗内提供报警信号的详细信息，可以通过点击报警信息切换报警画面。

5. 报警联动录像具备长延时录像和慢速回放功能。

6. 可方便通过弹出菜单设置报警联动的摄像机，可以联动智能摄像机的不同预置位。

7. 报警信息可以区分该报警信息是否已被用户检查确认。

8. 视频监控系统应具有与火灾报警系统联动的功能，即当发生火灾时，火灾发生点附近的摄像机应能跟踪拍摄火灾情况，同时，彩色监视器画面应能自动切换，以显示火灾情况。

9. 报警信息具备存储管理功能，所有报警信息均可查询，有需要时可打印输出。

第八章 电气仪表与测量

第一节 电工测量基本知识

一、法定计量单位

《中华人民共和国计量法》规定："国家实行法定计量单位制度。国际单位制计量单位和国家选定的其他计量单位，为国家法定计量单位。"法定计量单位是指"国家法律、法规规定使用的计量单位"。

(一)我国的法定计量单位(以下简称法定单位)

1. 国际单位制(SI)的基本单位；
2. 国际单位制(SI)的辅助单位；
3. 国际单位制(SI)中具有专门名称的导出单位；
4. 国家选定的非国际单位制单位；
5. 由以上单位构成的组合形式的单位；
6. 由词头和以上单位所构成的十进倍数和分数单位。

(二)国际单位制(SI)基本单位

国际单位制(SI)由七个基本单位组成，分别是：

长度——米(metre)

质量——千克(公斤)(kilogram)

时间——秒(second)

热力学温度——开[尔文](kelvn)

电流——安[培](ampere)

物质的量——摩[尔](mole)

发光强度——坎[德拉](candela)

对应单位符号为：m，kg，s，K，A，mol，cd。方括号内的字在不致引起混淆的情况下，可以省略。

(三)国际单位制(SI)的基本单位

米(m)是长度的SI单位名称。米是光在真空中于1/299 792 458 s的时间间隔内所经路径的长度。

千克(kg)是质量的SI单位名称。千克是质量单位，等于国际千克原器的质量。

秒(s)是时间的SI单位名称。秒是铯-133原子基态的两个超精细能级之间跃迁对应的辐射的9 192 631 770个周期的持续时间。

开尔文(K)是热力学温度的SI单位名称。热力学温度开尔文是水三相点热力学温度的

1/273.16。水的三相点是指水的固态、液态和气态三相间平衡时所具有的温度。水的三相点温度为 0.01 ℃。水的三相点温度和三相点压力是唯一确定的。

安培(A)是电流的 SI 单位名称。在真空中,截面积可以忽略的两根相距 1 m 的无限长平行圆直导线内通以等量恒定电流时,若导线间相互作用力在每米长度上为 2×10^{-7} N,则每根导线中的电流为 1 A。

摩尔(mol)是物质的量的 SI 单位名称,用于表示物质的量。摩尔是一个系统的物质的量,该系统中所包含的基本单元(原子、分子、离子、电子及其他粒子,或这些粒子的特定组合)数与 0.012 kg 碳-12 的原子数目相等。由于 0.012 kg 碳-12 的原子数目是 $6.022\ 045\times10^{23}$个,这个数目叫阿伏伽德罗常数。

坎德拉(cd)是发光强度的 SI 单位名称。坎德拉是一光源在给定方向上的发光强度,该光源发出的频率为 540×10^{12} Hz 的单色辐射,且在此方向上的辐射强度为(1/683)W/sr。

(四)国际单位制的辅助单位

在国际单位制中,平面角的单位——弧度和立体角的单位——球面度未归入基本单位或导出单位,而称之为辅助单位。辅助单位既可以作为基本单位使用,又可作为导出单位使用。它们的定义如下:

弧度(rad)是一个圆内两条半径在圆周上所截取的弧长与半径相等时,它们所夹的平面角大小。

球面度(sr)是一个立体角,其顶点位于球心,而它在球面上所截取的面积等于以球半径为边长的正方形面积。

(五)常用国际单位制中具有专门名称的导出单位

在选定了基本单位和辅助单位之后,按物理量之间的关系,由基本单位和辅助单位以相乘或相除的形式所构成的单位称为导出单位,见表 8-1。

表 8-1　常用单位制中包括辅助单位在内的具有专门名称的导出单位

量的名称	单位名称	单位符号
[平面]角	弧度	rad
立体角	球面度	sr
频率	赫[兹]	Hz
力,重力	牛[顿]	N
压力,压强,应力	帕[斯卡]	Pa
能[量],功,热量	焦[耳]	J
功率,辐[射能]通量	瓦[特]	W
电荷[量]	库[仑]	C
电位,电压,电动势	伏[特]	V
电容	法[拉]	F
电阻	欧[姆]	Ω
电导	西[门子]	S

续上表

量的名称	单位名称	单位符号
磁通[量]	韦[伯]	Wb
磁通[量]密度，磁感应强度	特[斯拉]	T
电感	亨[利]	H
摄氏温度	摄氏度	℃
光通量	流[明]	lm

(六)常用国家选定的非国际单位制单位(表 8-2)

表 8-2　常用国家选定的非国际单位制单位

量的名称	单位名称	单位符号	换算关系和说明
时间	分	min	1 min=60 s
	[小]时	h	1 h=60 min=3 600 s
	日，(天)	d	1 d=24 h=86 400 s
[平面]角	[角]秒	″	1″=(π/648 000) rad(π 为圆周率)
	[角]分	′	1′=60″=(π/10 800) rad
	度	°	1°=60′=(π/180) rad
旋转速度	转每分	r/min	1 r/min=(1/60) s^{-1}
长度	海里	n mile	1 n mile=1 852 m(只用于航行)
速度	节	kn	1 kn=1 n mile/h=(1 852/3 600) m/s(只用于航行)
质量	吨	t	1 t=10^3 kg
	原子质量单位	u	1 u≈1.660 540×10^{-27} kg
能	电子伏	eV	1 eV≈1.602 177×10^{-19} J
体积	升	L，(l)	1 L=1 dm^3=10^{-3} m^3

(七)用于构成十进倍数单位的词头(表 8-3)

表 8-3　用于构成十进倍数单位的词头

所表示的因数	词头名称	词头符号
10^9	吉[咖]	G
10^6	兆	M
10^3	千	k
10^2	百	h
10^1	十	da
10^{-1}	分	d
10^{-2}	厘	c
10^{-3}	毫	m
10^{-6}	微	μ

(八)我国法定计量单位的使用

1.法定计量单位的名称

法定计量单位的名称有全称和简称之分,我国法定计量单位所列出的44个单位名称(国际单位制的基本单位7个,国际单位制中具有专门名称的导出单位21个,国家选定的非国际单位制单位16个)和用于构成十进倍数单位的词头名称均为单位的全称。在使用时把其中的方括号内的字省略掉即为该单位的简称。如力的单位全称叫牛顿,简称为牛。对没有方括号的单位名称,就只能用全称。如摄氏温度的单位为摄氏度,不能叫度;立体角的单位为球面度。

法定计量单位名称的使用方法如下:

(1)组合单位的中文名称与其符号的顺序一致,符号中的乘号没有对应的名称,除号的对应名称为“每”字,无论分母中有几个单位,“每”字只出现一次。如:比热容的单位符号是J/(kg·K),其单位名称是“焦耳每千克开尔文”,而不是“每千克开尔文焦耳”或“焦耳每千克每开尔文”。

(2)乘方形式的单位名称,其顺序应是指数名称在前,相应的指数名称由数字加“次方”二字构成。如:断面惯性矩的单位m^4的名称为“四次方米”。

(3)当长度的二次幂和三次幂分别表示面积和体积时,相应的指数名称为“平方”和“立方”并置于长度单位之前,否则应称为“二次方”和“三次方”。如:体积单位dm^3的名称是“立方分米”,而断面系数单位m^3的名称是“三次方米”。

(4)书写单位名称时,不加任何表示乘或除的符号或其他符号。如:电阻率单位Ω·m的名称为“欧姆米”,而不是“欧姆·米”“欧姆-米”“[欧姆]·[米]”。

2.法定计量单位和词头的符号

法定计量单位和词头的符号的使用方法如下:

(1)在初中、小学教科书和普通书刊中,有必要时,可将单位的简称(包括带有词头的单位简称)作为符号使用,这样的符号称为“中文符号”。

(2)法定计量单位和词头的符号,不论拉丁字母或希腊字母,一律用正体,不用加间隔号。

(3)单位符号的字母一般用小写体,若单位名称来源于人名,则其符号的第一个字母用大写体。如:时间单位“秒”的符号是s;压力、压强单位“帕斯卡”的符号是Pa。

(4)词头符号的字母当其所表示的因数小于或等于10^3时,一律用小写体。如:10^3为k(千)、10^{-1}为d(分);大于或等于10^6时用大写体,如:10^6为M(兆)、10^9为G(吉)。

(5)由两个以上单位相乘构成的组合单位,其符号为:“N·m”。若组合单位符号中某单位的符号同时又是词头的符号,并有可能发生混淆时,应尽量将它置于右侧。如:力矩单位“牛·米”的符号应写为N·m,而不宜写为mN,以免误解为“毫牛顿”。

(6)由两个以上单位相乘所构成的组合单位,其中文符号只用一种形式,即用居中圆点代表乘号。

(7)由两个以上单位相除所构成的组合单位,其符号可用下列两种形式之一:kg/m^3、$kg\cdot m^{-3}$。当可能发生误解时,尽量用间隔号(居中圆点)或斜线(/)的形式。如:速度单位“米每秒”的符号用$m\cdot s^{-1}$或m/s,而不宜用ms^{-1}以免误解为“每毫秒”。

(8)由两个以上单位相除所构成的组合单位,其中文符号可以采用下列两种形式之一:千克/米^3,千克·米$^{-3}$。

(9)在进行运算时，组合单位中的除号可用水平横线表示。如：速度单位可以写成$\frac{\mathrm{m}}{\mathrm{s}}$或$\frac{米}{秒}$。

(10)分子无量纲而分母有量纲的组合单位即分子为1的组合单位的符号，一般不用分式而用负数幂的形式。如：波数单位的符号是m^{-1}，一般不用1/m。

(11)在用斜线表示相除时，单位符号的分子和分母都与斜线处于同一行内。当分母中包含两个以上单位符号时，整个分母一般应加圆括号。在一个组合单位的符号中，除加括号避免混淆外，斜线不得多于一条。如：热导率单位的符号是W/(K·m)，而不能表示成W/K·m或W/K/m。

(12)词头的符号和单位的符号之间不得有间隙，也不加表示相乘的任何符号。

(13)单位和词头的符号应按其名称或者简称读音，而不得按字母读音。

(14)摄氏温度的单位“摄氏度”的符号℃，可以为中文符号使用，可与其他中文符号构成组合形式的单位。

二、数值修约规则

(一)基本概念及定义

1. 数值修约

通过省略原数值的最后若干位数字，调整所保留的末尾数字，使最后所得到的值最接近原数值的过程称为数值修约。经数值修约后的数值称为(原数值的)修约值。

2. 修约间隔(修约值的最小数值单位)

例1：指定修约间隔为0.5，修约值应在0.5的整数倍中选取，相当于将数值修约到一位小数。

例2：指定修约间隔为10，修约值应在10的整数倍中选取，相当于将数值修约到“十”数位。

(二)具体规则

1. 确定修约间隔

(1)指定修约间隔为10^{-n}(n为正整数)，或指明将数值修约到n位小数。

(2)指定修约间隔为1，或指明将数值修约到“个”位数。

(3)指定修约间隔为10^{n}(n为正整数)，或指明将数值修约到10^{n}数位，或指明将数值修约到“十”“百”“千”……数位。

(4)0.5单位修约/0.2单位修约，修约间隔往往由技术文件规定。如：GB/T 230.1—2018《金属材料　洛氏硬度试验　第1部分：试验方法》中规定洛氏硬度值至少应精确到0.5 HR。

2. 进舍规则

(1)拟舍弃数字的最左一位数字小于5，则舍去，保留其余各位数字不变。

例：将12.149 8修约到“个”数位，得12；将12.149 8修约到一位小数，得12.1。

(2)拟舍弃数字的最左一位数字大于5，则进一，即保留数字的末位数加1。

例：将1 268修约到“百”位数，得1 300。

(3)拟舍弃数字的最左一位数字是5，且其后有非0数字时进一，即保留数字的末位数加1。

例：将10.500 2修约到“个”位数，得11。

(4)拟舍弃数字的最左一位数字是5,且其后无数字或均为0时,若所保留的末位数字为奇数(1,3,5,7,9)则进一;若所保留的末位数字为偶数(0,2,4,6,8)则舍去。

例1:将1.050修约到一位小数,得1.0。

例2:将0.35修约到一位小数,得0.4。

例3:将3 500修约间隔为1 000,得4 000。

例4:将2 500修约间隔为1 000,得2 000。

(5)负数修约:负数修约时,先将它的绝对值按(1)～(4)的规定进行修约,再在所得的值前加上负号。

例1:将－355修约到"十"位数,得－360。

例2:将－325修约到"十"位数,得－320。

例3 :将－0.036 5修约到三位小数,得－0.036。

3. 不允许连续修约

拟修约数字应在确定修约间隔或指定修约位数后一次修约获得结果,不得多次按"进舍规则"连续修约。

例1:修约97.46,修约间隔为1,97.46→97(正确);97.46→97.5→98(错误)。

例2:修约15.454 6,修约间隔为1,15.454 6→15(正确);15.454 6→15.455→15.46→15.5→16(错误)。

4. 0.5单位修约与0.2单位修约

在对数值进行修约时,若有必要,也可采用0.5单位修约或0.2单位修约。

(1)0.5单位修约:是指按指定修约间隔对拟修约的数值0.5单位进行的修约。

0.5单位修约方法如下:

将拟修约的数值X乘以2,按指定修约间隔对2X按"进舍规则"的规定修约,所得的值再除以2。

例1:60.25(X)→120.50(2X)→120(2X修约)→60.0(X修约)。

例2:60.38(X)→120.76(2X)→121(2X修约)→60.5(X修约)。

例3:60.28(X)→120.56(2X)→121(2X修约)→60.5(X修约)。

(2)0.2单位修约:是指按指定修约间隔对拟修约的数值0.2单位进行的修约。

0.2单位修约方法如下:

将拟修约的数值X乘以5,按指定修约间隔对5X按"进舍规则"的规定修约,所得的值再除以5。

例1:830(X)→4 150(5X)→4 200(5X修约)→840(X修约)。

例2:842(X)→4 210(5X)→4 200(5X修约)→840(X修约)。

例3:832(X)→4 160(5X)→4 200(5X修约)→840(X修约)。

5. 其他规定

在具体实施中,有时测试部门与计算部门先将获得数值按指定的修约位数多一位或几位报出,而后由其他部门判定。为避免产生连续修约的错误,应按下列部署进行。

(1)报出的最右的非零数字为5时,应在数值右上角加"＋"或"－"或不加符号,分别表示已进行过舍、进或未进未舍。

例1:16.50^{+}表示实际值大于16.50,经修约舍弃为16.50。

例 2：16.50⁻表示实际值小于 16.50，经修约进一为 16.50。

(2)如对报出值需进行修约，当拟舍弃数字的最左一位数字为 5，且其后无数字或均为零时，数值右上角有"＋"者进一，有"－"者舍去，其他仍按"进舍规则"的规定进行。

例： 实测值	报出值	修约值
－15.454 6	-15.5^{-}	－15
16.520 3	16.5^{+}	17
17.500 0	17.5	18

第二节　电工仪表的分类与型号

一、电工仪表的分类

电工仪表的种类繁多，其分类方法各异，常见的仪表分类方法有以下几种：

1. 按仪表的工作原理可分为磁电系、电磁系、电动系、感应系、整流系等。

2. 按仪表的测量对象可分为电流表、电压表、功率表、电能表、兆欧表、接地电阻测试仪及万用表等。

3. 按被测电流种类分为直流仪表、交流仪表、交直流两用仪表。

4. 按使用方式分为安装式和便携式。

二、电工仪表的型号

对于安装式仪表其型号表示如图 8-1 所示。

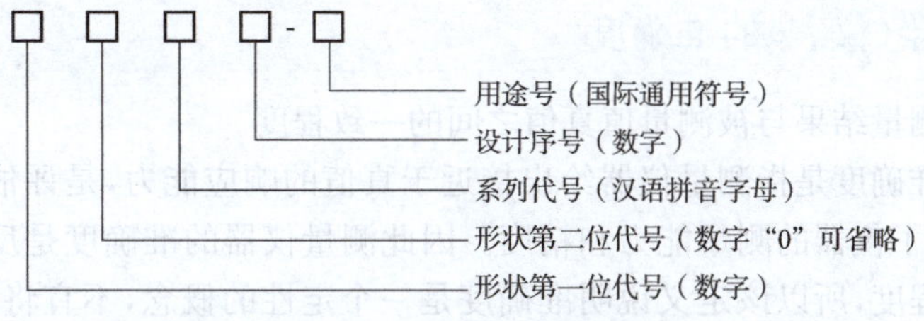

图 8-1　安装式仪表型号

第三节　仪表的误差与准确度

一、仪表的误差

根据产生误差的原因，误差可分为基本误差和附加误差两大类。

基本误差是指仪表在规定的正常工作条件下（即规定的环境温度、放置位置、频率和波形以及不存在外界电场或磁场的影响等）使用时，由于结构和制造工艺上的不完善而产生的仪表本身所固有的误差。例如：摩擦误差、倾斜误差、刻度误差等，均属于基本误差范畴。

附加误差是指仪表在非正常工作条件下（指环境温度改变、使用方式错误、有外磁场或外电场干扰等）使用时所产生的额外误差。

误差有以下几种表示形式：

1. 绝对误差：指仪表的指示值(测量值)A_x与实际值(真值)A_0之间的差值，即

$$\Delta A=A_x-A_0 \tag{8-1}$$

工程上还经常用到修正值这个概念，所谓修正值是指被测量的真值与仪表的指示值之差，在数值上等于绝对误差的负值，用符号 C 表示，即

$$C=A_0-A_x \tag{8-2}$$

引进修正值以后，可以对仪表指示值进行修正，以消除其误差，提高测量精度。

2. 相对误差：是指仪表的绝对误差与被测量的真值A_0之比的百分数，用符号 γ 表示，即

$$\gamma=\frac{\Delta A}{A_0}\times 100\% \tag{8-3}$$

由于仪表的指示值A_x与被测量的真值A_0之间相差不大，所以工程上常用指示值近似地代替真值进行计算，即

$$\gamma=\frac{\Delta A}{A_x}\times 100\% \tag{8-4}$$

由于相对误差定量揭示了仪表的基本误差对测量结果的影响程度，所以工程上常用它来估算测量结果的准确度。

3. 引用误差：是指仪表在某一示值的绝对误差 ΔA 与其在同一量限的上限示值A_m之比的百分数，用符号γ_m表示，即

$$\gamma_m=\frac{\Delta A}{A_m}\times 100\% \tag{8-5}$$

引用误差实际也是相对误差，不同的仅是用A_m取代原有的A_0，故又称其为测量上限的相对误差。

二、测量仪器(仪表)的准确度

准确度是指测量结果与被测量值真值之间的一致程度。

测量仪器的准确度是指测量仪器给出接近于真值的响应能力，是评估仪器测量结果的重要指标，它反映了仪器的测量能力和精度。因此测量仪器的准确度是反映测量仪器示值接近真值的一种程度，所以该定义说明准确度是一个定性的概念，不宜将其定量化。例如：可以定性地说“这个研究项目对测量准确度的要求很高”，“测量准确度应满足使用要求，或某技术规范、标准的要求”等。换言之，可以说准确度高低、准确度为 0.25 级、准确度为 3 等或准确度符合××标准，而尽量不要说准确度为 0.25%、16 mg、≤16 mg 或±16 mg。也就是说，准确度不宜与数字相连。若需要用数字表示，则可用不确定度。例如：可以说“测量结果的扩展不确定度为 2 μΩ”，而不宜说“准确度为 2 μΩ”。

测量仪器的准确度可以通过以下几个方面来评估：

1. 系统误差：是指仪器在测量过程中固有的偏差或偏离真实值的程度。它可以通过与已知标准值进行比较来评估。常见的方法是使用校准物体或标准样品进行比对，然后计算偏差。

2. 随机误差：是指仪器在重复测量相同样品时产生的不确定性。它通常由环境因素、操作者技术和仪器本身的稳定性等因素引起。随机误差可以通过多次测量同一样品并计算平均值和标准差来评估。

3. 精度等级：是指仪器能够提供的结果的精确程度。通常，仪器的精度等级由制造商在

仪器规格中指定。较高的精度等级表示仪器能够提供更准确的测量结果。

4.不确定度：是指测量结果的范围，它考虑了各种误差来源的影响。不确定度可以通过进行不确定度分析来评估，其中考虑了系统误差、随机误差和其他因素。

为了确保测量仪器的准确度，通常需要进行定期的校准和维护。校准是通过与已知标准进行比对来确定仪器的偏差，并进行相应的调整。维护包括定期的清洁、校准和保养，以确保仪器的性能和准确度保持在可接受的范围内。

有些测量仪器说明书或技术规范中规定的准确度，其实是仪器的最大允许误差或允许误差极限。

准确度等级是指符合一定的计量要求，使误差保持在规定极限以内的测量仪器的等别、级别，即按测量仪器准确度高低而划分的等别或级别。如电工测量指示仪表按仪表准确度等级分类可分为0.1、0.2、0.5、1.0、1.5、2.5、5.0七级，具体说就是该测量仪器满量程的引用误差。如1.0级指示仪表，其满量程误差为±1.0%FS；百分表准确度等级分为0、1、2级，主要是以示值最大允许误差来确定；准确度代号为B级的称重传感器，当载荷m处于$0 \leqslant m \leqslant 5\,000v$时（$v$为传感器的检定分度值），其最大允许误差为$0.35v$；一等、二等标准水银温度计是以其示值的最大允许误差来划分的。所以准确度等级实质上是以测量仪器的误差来定量表述测量仪器准确度的大小。有的测量仪器没有准确度等级指标，则测量仪器示值接近于真值的响应能力就是用测量仪器允许的示值误差来表述，因为测量仪器的示值误差就是在规定条件下测量仪器示值与对应输入量的真值之差，这和测量仪器准确度定义概念是完全相对应的。如长度用半径样板，它就是以名义半径尺寸来规定其允许的工作尺寸偏差值来确定其准确度。因为真值是不可知的，实际上测量仪器可以用约定真值或实际值来计算其误差的大小，通过示值误差、最大允许误差、引用误差或准确度等级来定量进行表述。实际上准确度等级也只是一种表述形式，这些等级的划分仍是以最大允许误差、引用误差等一系列的特性来定量表达的。

要正确区分测量仪器的准确度和准确度等级及测量仪器的准确度和测量准确度的概念。

准确度等级是指测量仪器的示值接近真值的具体程度所划分的等别或级别。测量仪器的准确度通常可用准确度等级来具体表述，测量仪器按准确度来划分等级进行分类有利于量值传递或溯源，有利于制造和合理选用测量仪器，准确度等级是测量仪器最具概括性的特性。测量仪器的准确度是对测量仪器本身而言的，它只是确定了测量仪器本身示值的误差范围，并不等于用该测量仪器进行测量其测量结果的准确可靠性。

测量准确度是表示测量结果与被测量真值之间的一致程度，是对测量结果而言，它既包含了测量仪器的误差，也包含了测量环境条件和外界因素所带来的误差。

一个是对测量仪器而言，一个是对测量结果而言，这二者是有根本区别的，当然也存在着内在的联系，但是这是两个概念。

三、仪表的正确选择

电工仪表的选择和使用，是和实际情况有密切关系的，比如测量所要求的精度，被测量的范围、性质，周围的条件等。应当指出，任何准确度的仪表都有测量误差，这个误差是由于仪表固有的基本误差和附加误差造成的，除此之外，还可能由于测量方法不完善或仪表选用的不合理而产生的测量误差。为此，在选用仪表前，必须了解使用的实际情况，了解各种仪表的技术特征，才能既经济又合理的选用仪表。下面就仪表选用方面的几个问题进行介绍。

1. 用仪表的准确度估计测量误差，正确选择仪表量程。

根据仪表准确度等级的定义，可以得出仪表在测量中可能出现的最大绝对误差

$$\Delta A_m = A_m \cdot K\% \tag{8-6}$$

式中　K——仪表的准确度等级；

A_m——仪表的测量上限。

如果被测量处于在仪表某示值 A_x 处，则该被测量的相对误差为

$$\gamma_x = \frac{\Delta A_m}{A_x} \cdot 100\% = \frac{A_m \cdot K\%}{A_x} = \frac{A_m}{A_x} \cdot K\% \tag{8-7}$$

式(8-7)中就是用仪表准确度等级估计仪表某示值测量误差的通用公式。

例：有两块电压表 A 和 B。A 表准确度等级为 0.5 级，测量上限为 150 V，B 表准确度等级为 1.5 级，测量上限为 30 V，用它们同去测量 20 V 的电压，其测量结果是什么？

根据式(8-7)，A 表在测量 20 V 电压时的测量误差为

$$\gamma_A = \frac{150}{20} \times 0.5\% = 3.75\%$$

B 表在测量 20 V 电压时的测量误差为

$$\gamma_B = \frac{30}{20} \times 1.5\% = 2.25\%$$

由此可见，测量结果的准确程度，不仅和所用仪表的准确度有直接关系，而且和仪表量限与被测量大小的适应程度有很大关系，只有被测量等于仪表测量上限时，测量误差才与仪表准确度相等。在其他点，测量误差都大于仪表准确度等级所允许的误差，所以，一般使用仪表时，要根据被测量的大小，合理选择仪表量限，使读数在测量上限的 2/3 以上为好。

另一方面，还要注意在使用较高灵敏度仪表时，被测量的大小不要超过仪表量限，因为一般灵敏度较高的仪表过载能力较差，过载后可能烧毁仪表。所以，仪表在使用前，应检查量限是否与被测量的大小相适应。

2. 根据被测量的性质选用仪表。

直流仪表只能测量直流被测量，交流仪表只能测量交流被测量，而交直流两用仪表既能测量交流，也能测量直流。

使用交流仪表时，还要考虑被测量是正弦波还是非正弦波，一般对于正弦波，只要测出其有效值即可求出其他值，因此，可以选用任何交流有效值仪表。如果被测量是非正弦波，则应分清是测量其有效值、平均值、瞬时值还是最大值(峰值)。如测量非正弦波的有效值，可以选用电磁系或电动系仪表；测量其平均值则应选用整流系仪表；测量其瞬时值和最大值则不能用一般指示仪表，应当用示波器或用拍照的方法获取其波形来测量。在测量非正弦波的最大值时，也可使用峰值表。

测量交流量时，还要考虑所用仪表的额定频率范围与被测量频率是否相符，否则将产生附加误差。一般电磁系、电动系、感应系仪表频率范围较窄，但经过特殊设计的电动系仪表频率较宽，可以用于中频交流量的测量。一般中频交流仪表可使用于频率 90～8 000 Hz，整流系仪表应用频率多在 45～1 000 Hz 范围内，如果被测量的频率很高时，则要采用电子系仪表。

3. 根据被测量的阻抗选择仪表内阻。

仪表内阻的大小对于不同阻抗的被测量，其测量结果将产生很大差异，有时由于二者配合不当，而使其测量结果毫无价值。

对于测量电压来说，要求电压表的内阻越高越好，特别是当被测线路的阻抗很高时，这是因为电压表在使用时都是并联在被测对象上，如果所用电压表内阻低，则仪表将对被测线路产生一个很大的分流作用，这样就会改变被测线路的工作状态，带来很大的测量误差。

例如图 8-2 所示电路，电源电压为 200 V，电源内阻R_0为 2 000 Ω，负载电阻 R 为 2 000 Ω，如果用一内阻R_V为 2 000 Ω 的电压表去测 R 两端的电压，其结果如何？

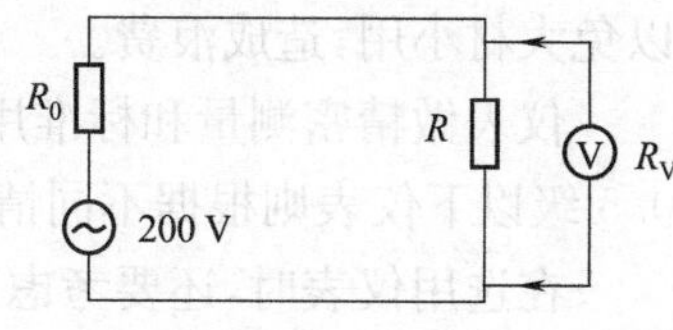

图 8-2　电路

R 两端的电压，若不用电压表去测，而用计算求出，则

$$U_R=\frac{200}{R+R_0}\cdot R=\frac{200}{4\ 000}\times 2\ 000=100(\text{V})$$

当电压表接入后，如果电压表的内阻无穷大，则测出电压为 100 V，但此时电压表内阻仅为 2 000 Ω，相当于一个 2 000 Ω 的电阻与 R 并联，因此，R 两端的电压将变为

$$U_R=\frac{200}{R_0+(R//R_V)}\cdot(R//R_V)=\frac{200}{2\ 000+(2\ 000//2\ 000)}\times(2\ 000//2\ 000)=\frac{200}{3\ 000}\times 1\ 000=66.7(\text{V})$$

此时，电压表的读数是 66.7 V，与不接电压表的 R 两端为 100 V 的电压相比，接入电压表的测量结果误差很大，无法判断真正的电压。

如果电压表的内阻增大 10 倍，即为 20 000 Ω，此时电压表读数为

$$U_R=\frac{200}{2\ 000+(2\ 000//20\ 000)}\times(2\ 000//20\ 000)=95(\text{V})$$

显然，测量结果接近了 100 V，但仍有 5%的测量误差。由此可见，即使准确度很高的电压表，如果内阻低，也会给测量结果带来很大的误差。

对于测量电流来说，要求所用电流表的内阻越小越好，因为电流表在使用时是和被测线路相串联，电流表的内阻太大，将会改变被测线路原来的工作状态，从而带来很大的测量误差。

例如图 8-3 所示电路，一个 100 Ω 的电阻 R 接在一个 100 V 的电源上，从计算可知，流过 R 的电流将为 1 A，如果用一块内阻为 100 Ω 的电流表串入电路去测量 R 电流，只会得出0.5 A的读数，这个结果误差很大，也是无法判断真实的电流，其原因就是电流表的内阻太大。

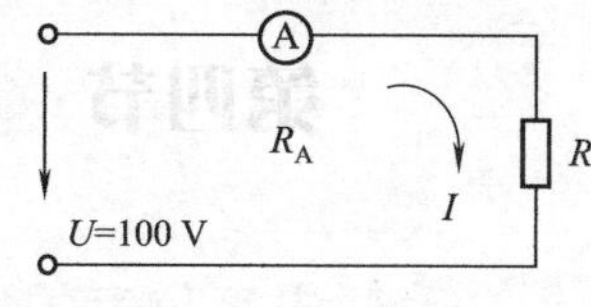

图 8-3　电路

综上所述，电压表内阻越大越好，电流表的内阻越小越好。在使用时，一般电压表的内阻应大于或等于 100 倍被测线路的总电阻，电流表的内阻应小于或等于 1/100 倍的被测线路的总电阻，这样，由仪表内阻造成的误差可以忽略，这只是一般要求，如果测量误差要求很小或被测线路阻抗很高，则对仪表内阻的要求还要具体计算。

电压表和电流表内阻的大小，都和测量机构（一般多为表头）的灵敏度有关，电压表表头灵敏度越高，就可以加大附加电阻来做成电压表，故可增大其内阻。电流表表头灵敏度越高，就可在制成电流表时减少分流电阻，故可减少内阻。一般磁电系测量机构的灵敏度较高，制成电压表时，内阻可在 2 000 Ω/V 以上，高的可达 100 kΩ/V。整流系仪表内阻稍低，一般在2 000 Ω/V～20 kΩ/V 之间，电子系电压表内阻很高，可达几个兆欧，特别是目前采用的数字电压表，其内阻可高达几十兆欧至几百兆欧，其他形式的电压表内阻较低，几欧姆

每伏到几百欧姆每伏。

4.根据工作情况合理选择仪表性能。

仪表性能的选择要根据实际的工作情况，在量限合适的情况下，就测量精度来说，仪表准确度越高越好，但高精度仪表一般灵敏度较高，过载能力差，易于损坏，价格也昂贵。仅对灵敏度高来说，如果和实际的工作情况相差很大，则在测量中，都会对调整和读数带来麻烦，所以，要根据对测量精度的要求合理选用仪表的准确度等级，不要单纯追求高准确度仪表，以免大材小用，造成浪费。

仪表做精密测量和标准用多为 0.1 级和 0.2 级，在实验室做测量用多为 0.5 级仪表，0.5 级以下仪表则根据不同情况多作为监视仪表。

在选用仪表时，还要考虑工作的周围环境，如温度、湿度、腐蚀、振动等，要根据这些客观情况选择适于工作环境的仪表，GB/T 22264.1—2022《安装式数字显示电测量仪表　第 1 部分：定义和通用要求》规定了我国仪表按温度和湿度的不同情况分为Ⅰ、Ⅱ、Ⅲ三组，具体要求见表 8-4。

表 8-4　使用组别

使用组别	温度的标称使用范围	温度的极限工作范围	相对湿度
Ⅰ	−10～45 ℃(3K5 级修订)	−25～+55 ℃	不大于 95%
Ⅱ	−25～55 ℃(3K6 级)	−40～+70 ℃	
Ⅲ	−40～70 ℃(3K7 级)	−55～+85 ℃	

标准中还规定了仪表按外壳防护性能分为七种，即普通式、防尘式、防水式、防溅式、水密式、气密式、隔爆式。又规定了按耐机械力作用的性能分为两种，即普通式和耐机械力作用式(包括有防颠振式、耐颠振式、抗冲击式)。

如果仪表在标度盘上或说明书上都没有注明该仪表属于哪组和哪种性能，则为 A 组和普通式仪表。

第四节　磁电系仪表及直流电流、电压的测量

一、磁电系仪表的结构与原理

磁电系仪表的测量机构由固定和可动两部分组成，如图 8-4 所示。

固定部分是磁路系统，包括永久磁铁、极掌和圆柱形铁芯，这三部分组成一个均匀的空气隙，在空气隙处形成一个较强的磁场。可动部分由绕在铝框上的可动线圈、反作用弹簧和指针等组成。整个可动部分支撑在轴承上，可动线圈位于环形工作气隙中，这种结构称为外磁式。如果把永久磁铁做成圆柱体放在转动线圈内，则称为内磁式。

磁电系仪表是利用通电导体在磁场中要受到电磁力的作用这一原理实现测量的。当电流通入转动线圈后，线圈受到电磁力的作用产生转动力矩，其大小与通入线圈的电流成正比。在转动力矩的作用下，线圈和转轴的指针一起转动。当转动力矩和反作用弹簧的反抗力矩平衡时，可动部分即停留在某一位置，从指针偏转的角度可指示出通过线圈电流的大小。因此，磁电系测量机构可直接制成电流表，用于测量电流。

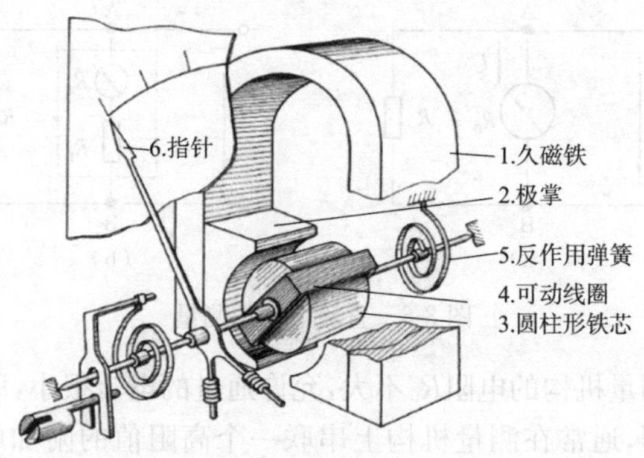

图 8-4　磁电系仪表的测量机构

由于线圈的电阻值是固定的，根据欧姆定律，则通过线圈的电流与加在线圈两端的电压成正比，因此只要把刻度盘改成相应的电压值，就构成了磁电系电压表。

由于磁电系测量机构的磁场是永久磁铁产生的，转动线圈所受的电磁力方向只决定于通入线圈的电流方向，因此在使用磁电系仪表时，应当注意仪表的极性。电流必须从标有“+”极的端子流入，否则指针将反方向偏转。

磁电系仪表具有准确度高、灵敏度高、表耗功率小、标尺刻度均匀、读数方便等优点。其缺点是结构复杂、成本高、过载能力小，如不加变换器只能测量直流。

二、直流电流的测量

要测量电路中某一部分的电流，应将电流表串联于被测电路中，如图 8-5(a)所示。由于电流表线圈本身具有一定的电阻（内阻R_0），会对测量结果有一定影响，使测量值实际值减小，为降低因电流表的接入而引起的误差，所以要求电流表的内阻越小越好。

由磁电系仪表的结构与工作原理可知，通入磁电系仪表测量机构的电流是经弹簧引入线圈的。由于弹簧和线圈的导线都很细，允许直接通过的电流很小，所以要测量较大电流，就需要在测量机构两端并联一个电阻值很小的分流电阻（R_s，又称分流器），如图 8-5(b)所示。并联分流器后，可使电流表的量程扩大 n 倍（$n=1+R_0/R_s$）。

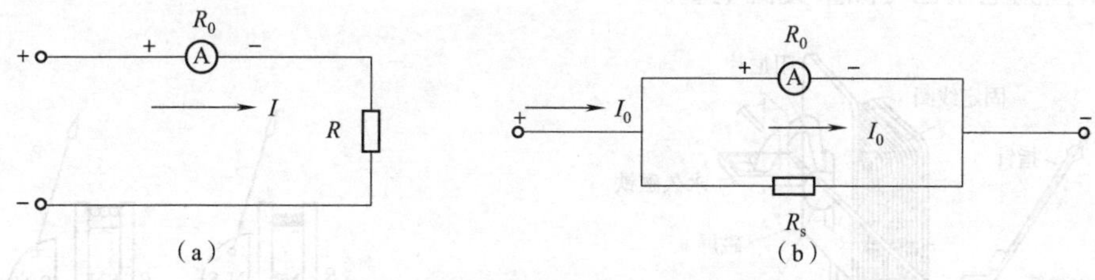

图 8-5　直流电流的测量

三、直流电压的测量

要测量直流电路中某两点之间的电压，应将电压表与被测电路的两端并联，如图 8-6(a)所示。为了避免电压表接入后影响被测电压值的大小，电压表的电阻必须远大于和它相并联的负载阻抗。

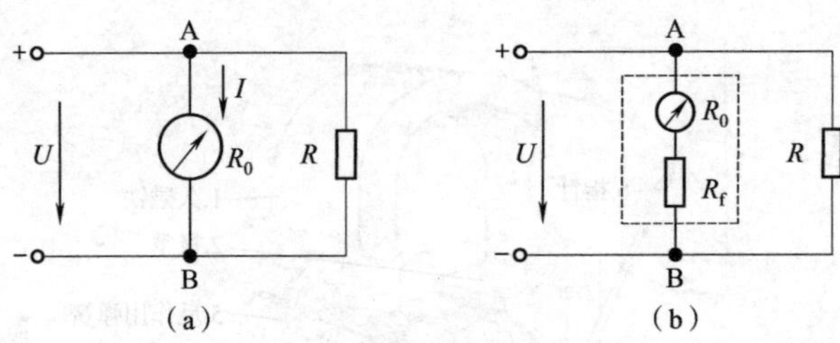

图 8-6　直流电压的测量

由于磁电系仪表测量机构的电阻R_0不大，允许通过的电流很小，所以只能测量很小的电压。为了扩大仪表量程，通常在测量机构上串联一个高阻值的附加电阻R_f，如图 8-6(b)所示。此时电压表的量程扩大了 m 倍，$m=(R_0+R_f)/R_0$。同一磁电系测量机构串联不同的附加电阻值，可以制成不同量程的电压表。

第五节　电磁系仪表及交流电流、电压的测量

一、电磁系仪表的构造及工作原理

电磁系仪表是测量交流电压与交流电流最常用的一种仪表，它具有结构简单、过载能力强、价格低廉以及交直流两用等优点。它的测量机构主要有吸引型和排斥型两种结构形式。

(一)吸引型测量机构

吸引型电磁系仪表的测量机构如图 8-7(a)所示。固定线圈和装在转轴上的偏心可动铁片组成电磁系统，在转轴上还装有指针、阻尼片和反作用弹簧等，阻尼片和永久磁铁构成了磁感应阻尼器，磁屏则用来屏蔽永久磁铁的磁场对线圈的影响。当被测电流通过固定线圈时，在线圈的窄缝中就产生磁场，该磁场使可动铁片磁化，在电磁力作用下，可动铁片带动了整个可动部分偏转。当偏转到与游丝的反作用力矩平衡时，指针指示出被测电流的大小。当线圈中电流的方向改变时，线圈磁场的极性随之改变，被磁化的铁片的极性也同时改变，因而线圈仍对铁芯产生吸引力，指针偏转方向不变，如图 8-7(b)所示。所以，这种测量机构既可测量直流电量也可测量交流电量。

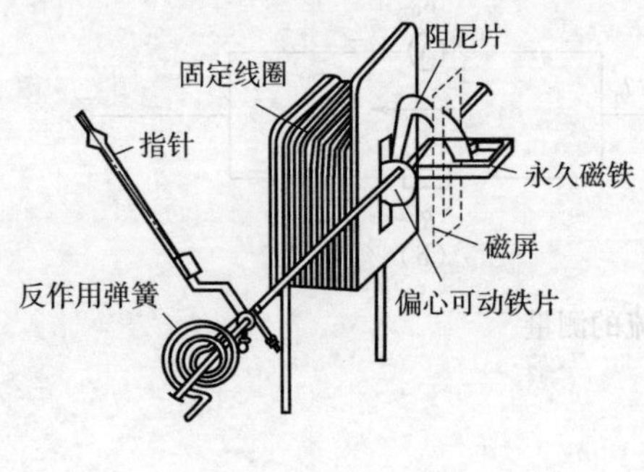

(a) 结构示意

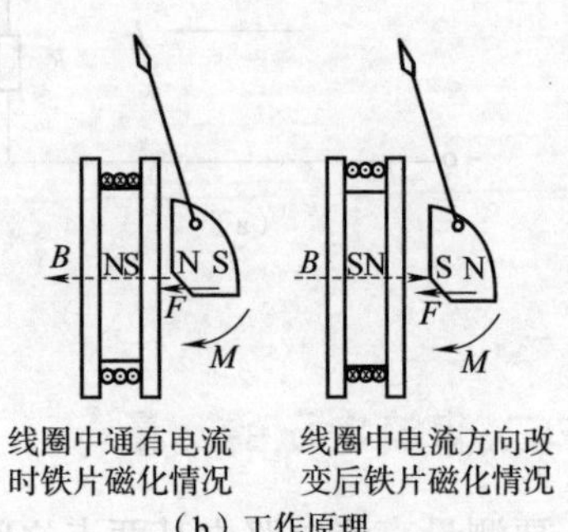

(b) 工作原理

图 8-7　吸引型电磁系仪表的测量机构

(二)排斥型测量机构

排斥型电磁系测量机构如图 8-8(a)所示。固定部分是由圆形线圈和固定在线圈内壁的铁片所组成,活动部分由固定于转轴上的可动铁片、指针、反作用弹簧及空气阻尼片等组成。

当被测电流通过固定线圈时,在线圈内产生磁场,两个铁片同时被磁化,并且相同的一侧极性相同,如图 8-8(b)所示,因而两个铁片相互排斥,驱使可动部分偏转。当可动部分偏转到与反作用弹簧产生的反作用力矩相等时,根据指针停留在标尺上的相应位置,读取测量结果。同样,这种测量机构既可测量直流电量也可测量交流电量。

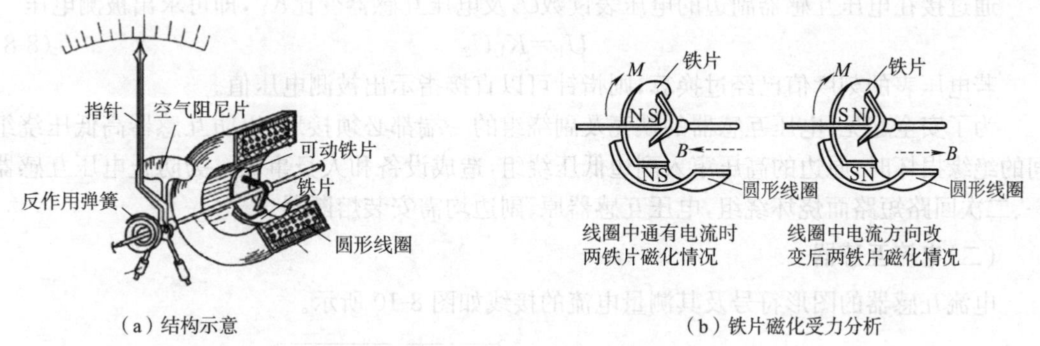

(a) 结构示意　　(b) 铁片磁化受力分析

图 8-8　排斥型电磁系仪表的测量机构

二、交流电流的测量

由于电磁系仪表的固定线圈导线较粗,允许通过较大的电流(但一般不超过 200 A),所以在低压电路中,若被测电流不超过电流表的量程,可以将电流表直接串联于被测电路中。对于高压电路中的电流以及被测电流超过电流表的量程时,必须经过电流互感器进行测量。通过电流互感器可以将大电流变为小电流,从而扩大了电流表的量程。另外,经过电流互感器,将仪表和测量人员与高压隔离,可保证安全。

三、交流电压的测量

在低压电路中,若被测电压不超过电压表的量程,可以将电压表直接并接于被测电路的两端。对于交流高电压的测量,电压表必须经过电压互感器进行测量。使用电压互感器,不仅可以扩大电压表的量程,而且使测量人员和仪表同高电压隔离,保证了安全。

四、仪用互感器

仪用互感器分电压互感器和电流互感器两种,其原理及结构与一般小型变压器相同。仪用互感器与交流仪表配合使用,可达到扩大量程的目的。

(一)电压互感器

电压互感器的图形符号及其测量电压的接线如图 8-9 所示。

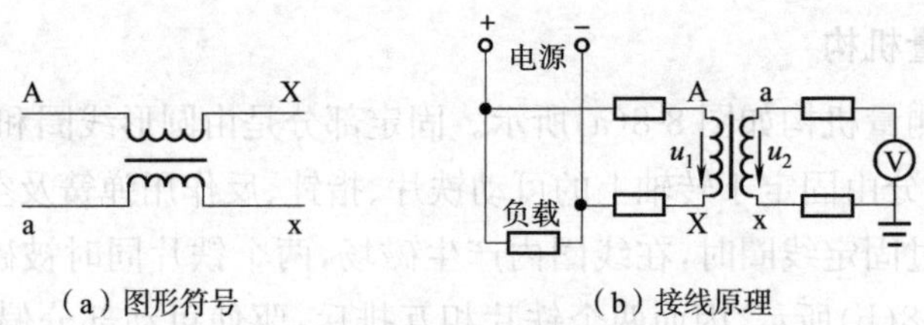

(a) 图形符号　　(b) 接线原理

图 8-9　电压互感器

互感器的一次绕组与被测电路并联,二次绕组接电压表或其他仪表的电压线圈。由于电压线圈的阻抗较大,通过的电流较小,所以在正常运行时电压互感器相当于空载状态。

通过接在电压互感器副边的电压表读数U_2及电压互感器变比K_U,即可求出被测电压

$$U_1=K_UU_2 \tag{8-8}$$

若电压表的刻度值已经过换算,则指针可以直接指示出被测电压值。

为了安全起见,电压互感器的铁壳及副绕组的一端都必须接地,以防互感器高低压绕组间的绝缘损坏时,原边的高压窜入副边低压绕组,造成设备和人身事故。为防止电压互感器一、二次回路短路而烧坏绕组,电压互感器原、副边均需安装熔断器。

(二)电流互感器

电流互感器的图形符号及其测量电流的接线如图 8-10 所示。

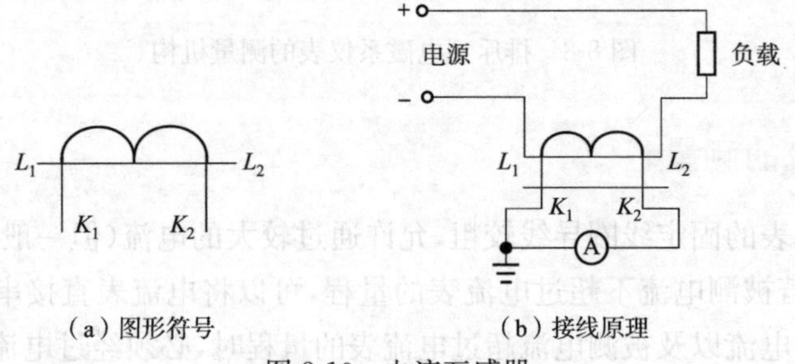

(a) 图形符号　　(b) 接线原理

图 8-10　电流互感器

电流互感器的一次绕组与被测电路串联,二次绕组接电流表或其他仪表的电流线圈。由于电流线圈的内阻小,所以电流互感器在正常工作时相当于短路状态。被测电流可由串接在二次绕组中的电流表读数I_2及电流互感器的变流比K_I求得,即

$$I_1=K_II_2 \tag{8-9}$$

若电流表的刻度值已经乘上K_I,则被测电流值可直接由电流表上显示。

为防止由于电流互感器二次开路而在二次绕组上感应出高压,造成绝缘击穿,危及人身及设备安全,电流互感器在运行中严禁二次侧开路。此外,电流互感器的外壳及二次绕组的一端必须接地。

第六节　电动系仪表及有功、无功功率的测量

一、电动系仪表的结构与工作原理

电动系仪表是利用两组通电线圈之间的电动力来产生转动力矩的,其结构原理如图 8-11(a)所示。

图 8-11(a)中,固定线圈匝数较少,导线较粗,在测量功率时与负荷串联而通过负荷电流,故又称电流线圈。可动线圈匝数较多,导线较细,测量功率时与负荷并联,故又称电压线圈。可动线圈与转轴和指针固定在一起,当可动线圈转动时,带动转轴和指针一起转动。安装在转轴上的弹簧除产生反作用力矩,用于平衡转动力矩外,还可用于指针调零及导通电压线圈。内外屏蔽层和由高导磁性的材料制成,当有外磁场时可通过磁屏蔽旁路,不致干扰测量机构。

图 8-11(b)、图 8-11(c)是电动系测量机构的工作原理。在图 8-11(b)中,当固定线圈中流过电流I_1时,产生磁感应强度为B_1的磁场,磁场方向由右手螺旋定则确定。若此时可动线圈中流过电流I_2,则可动线圈的两侧因受磁场力的作用而形成转动力矩。转动力矩使转轴偏转后,导致弹簧变形,从而形成反作用力矩,当转动力矩和反作用力矩平衡时,指针在标尺上指示出被测数据来。当I_1和I_2的方向同时改变时,如图 8-11(c)所示,电磁力的方向和转动力矩的方向不变,所以指针的偏转方向也不改变,因此,电动系测量机构可制成交直流两用仪表。

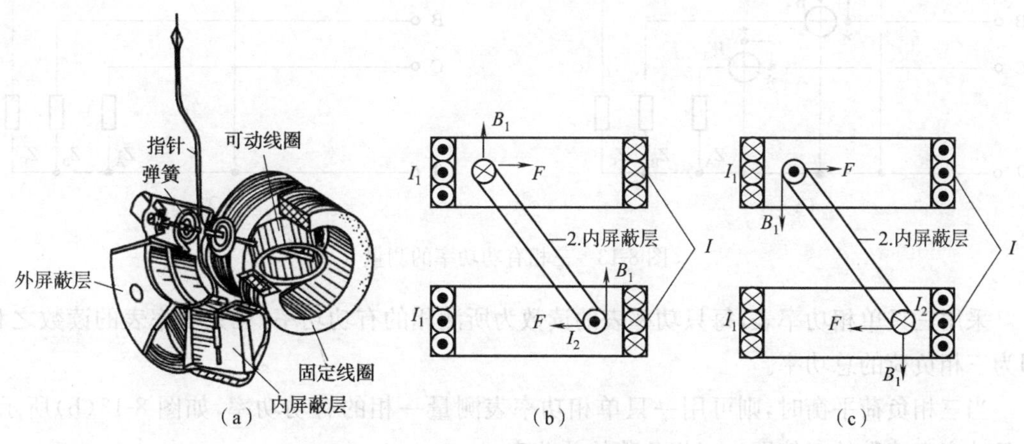

图 8-11　电动系仪表的结构与工作原理

当电动系仪表接入直流电路中时,其指针的偏转角度与I_1、I_2的乘积成正比。当电动系仪表接入交流电流时,其指针的偏转角度与I_1、I_2及其夹角 $\cos\varphi$ 的乘积成正比。

二、有功功率的测量

(一)单相有功功率的测量

用电动系功率表测量单相有功功率的接线如图 8-12(a)所示。

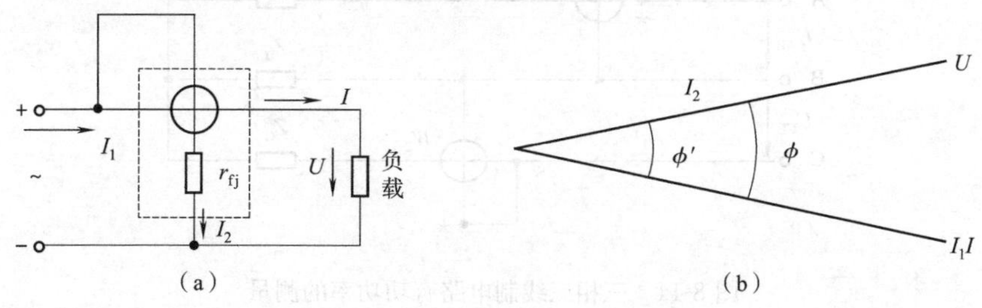

图 8-12　单相有功功率的测量

仪表的电流线圈与负载串联,使流过仪表电流线圈的电流I_1与负荷电流 I 相等,电压线圈与负载并联,使通过电压线圈的电流I_2与负荷电压U成正比。在仪表的电压线圈上串联一个阻值很大的附加电阻$r_附$相比之下电压线圈的感抗很小,可忽略不计。因此,电压线圈支路可认为是纯电阻支路,即通过电压线圈的电流与电压同相位,使得负荷电流与电压的相位差φ等于通过仪表两线圈电流I_1与I_2的夹角φ,如图 8-12(b)所示,从而保证了指针的偏转角度与$UI\cos\varphi$成正比,满足了有功功率的测量。

(二)三相电路有功功率的测量

1. 三相四线制电路有功功率的测量

三相负荷不平衡时有功功率的测量如图 8-13(a)所示。

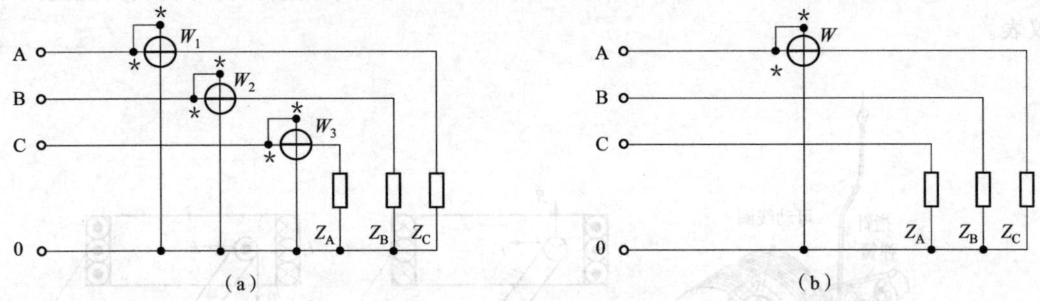

图 8-13　三相有功功率的测量

采用三只单相功率表,每只功率表的读数为所测相的有功功率,三只功率表的读数之和即为三相负荷的总功率。

当三相负荷平衡时,则可用一只单相功率表测量一相的有功功率,如图 8-13(b)所示。单只功率表读数的三倍即为三相负荷的总功率。

2. 三相三线制电路有功功率的测量

三相三线制电路有功功率的测量,通常采用两只功率表法,其接线如图 8-14 所示,每只功率表的电流线圈通过的都是线电流,而电压线圈接在线电压之间。可以证明,两只功率表的读数之和等于三相负荷的总功率。

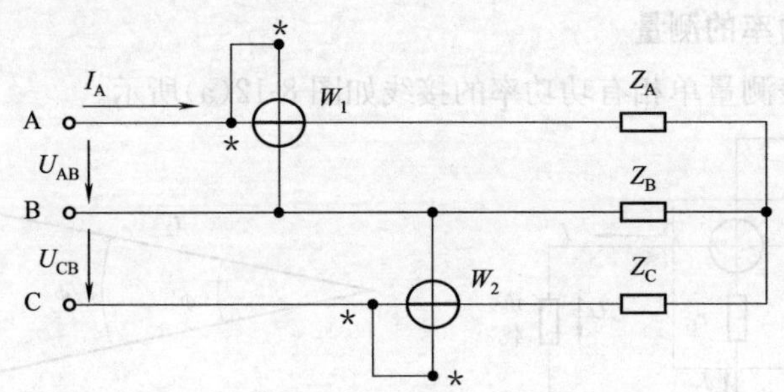

图 8-14　三相三线制电路有功功率的测量

两元件三相功率表是制造厂把两只功率表的测量机构放在一个外壳内,两个可动线圈共同作用在一个转轴上，由于偏转角是由两个线圈转矩的代数和决定，所以指针所指示的读数就是三相功率。两元件三相功率表的背面共有七个接线柱，其中四个是两个电流线圈的接线柱，其余三个是电压线圈的接线柱。用两元件三相功率表测量三相功率的接线如图 8-15 所示。图 8-15(a)为直接接入法，图 8-15(b)为经互感器接入法。

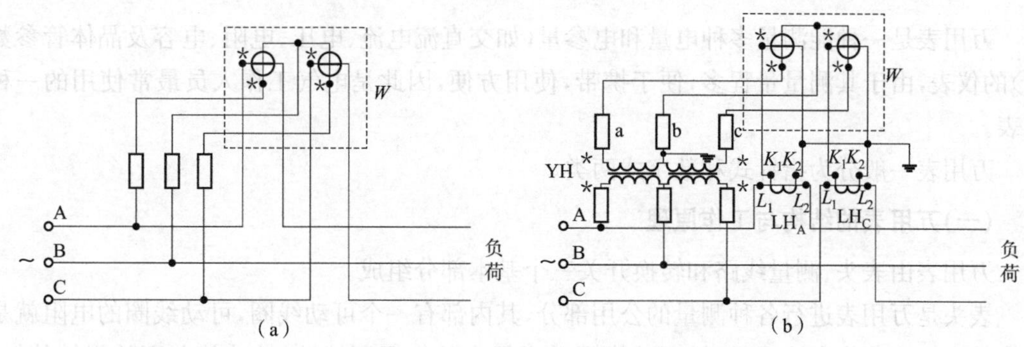

图 8-15　两元件三相功率表测量三相功率的接线

(三)三相电路无功功率的测量

通过改变单相功率表的接线，即可用来测量三相电路的无功功率。常用的测量方法有一表跨相法、两表跨相法、三表跨相法、两表人工中点法等。一表跨相法和两表跨相法适用于完全对称的三相电路，三表跨相法适用于电源电压对称、负载对称或不对称的三相三线和三相四线电路，两表人工中点法适用于电源电压对称、负载对称或不对称的三相三线制电路中。各种测量的接线如图 8-16 所示。

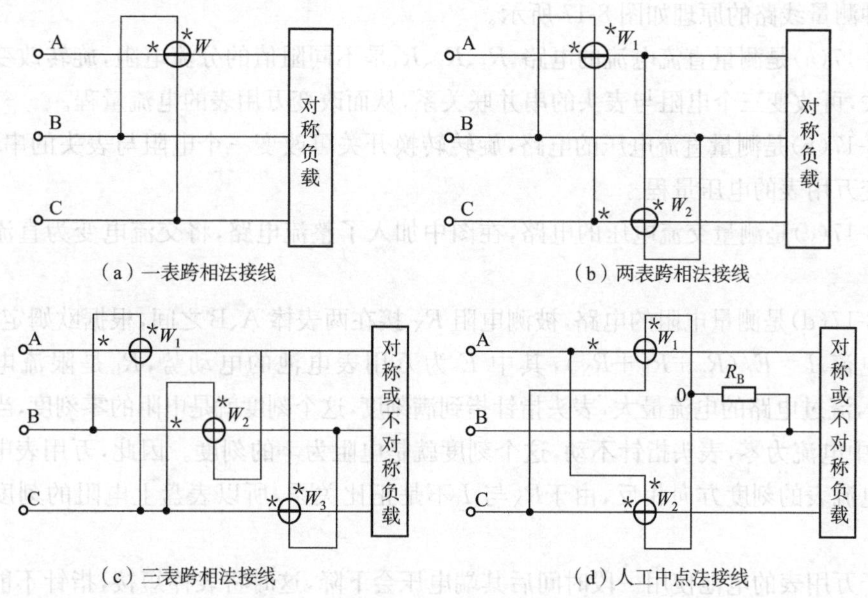

图 8-16　测量三相电路无功功率的接线

第七节 常用仪器、仪表

一、万用表

万用表是一种能测量多种电量和电参量(如交直流电流、电压、电阻、电容及晶体管参数等)的仪表,由于其测量量程多,便于携带,使用方便,因此是电气工作人员最常使用的一种仪表。

万用表一般分为指针式和数字式两类。

(一)万用表的结构与工作原理

万用表由表头、测量线路和转换开关三个基本部分组成。

表头是万用表进行各种测量的公用部分,其内部有一个可动线圈,可动线圈的电阻就是表头的内阻。当有电流通过时,可动线圈受磁场力的作用而偏转,带动其上面的指针偏转,指针偏转的角度与可动线圈中流过的电流成正比,这样,在表头刻度盘上可显示出被测值的大小。当指针指示满刻度时,线圈中的电流称为满度电流。表头内阻和满度电流是表头的两个重要参数。

测量线路是万用表用来实现多种电量、多种量程的主要环节,它实质上是由多量程直流电流表、多量程直流电压表、多量程整流系交流电压表及多量程欧姆表等几种线路组合而成。

转换开关由许多固定触头和可动触头组成。当转换开关打到不同的位置时,其可动触头与相应的固定触头相接触,从而接通对应的测量线路。

各种测量线路的原理如图 8-17 所示。

图 8-17(a)是测量直流电流的电路,R_1、R_2、R_3是不同阻值的分流电阻,旋转改变量程的转换开关,可改变三个电阻与表头的串并联关系,从而改变万用表的电流量程。

图 8-17(b)是测量直流电压的电路,旋转转换开关可改变三个电阻与表头的串联关系,从而改变万用表的电压量程。

图 8-17(c)是测量交流电压的电路,在图中加入了整流电路,将交流电变为直流后再进行测量。

图 8-17(d)是测量电阻的电路,被测电阻 R_X 接在两表棒 A、B 之间,根据欧姆定律,流过表头的电流 $I=E/(R_g+R_L+R_X)$,其中 E 为万用表电池的电动势,R_L是限流电阻。当$R_X=0$时,流过电路的电流最大,表头指针指到满刻度,这个刻度就是电阻的零刻度,当$R_X\to\infty$时,电路中电流为零,表头指针不动,这个刻度就是电阻为∞的刻度。因此,万用表电阻挡的刻度与电流表的刻度方向相反,由于R_X与 I 不是正比关系,所以表盘上电阻的刻度是不均匀的。

由于万用表的电池使用一段时间后其端电压会下降,这时将表棒短接,指针不能达到零刻度,测量时就会有误差。为此,在测量电路中串联一个调零电位器,调零电位器的旋钮装在万用表的盘面上。

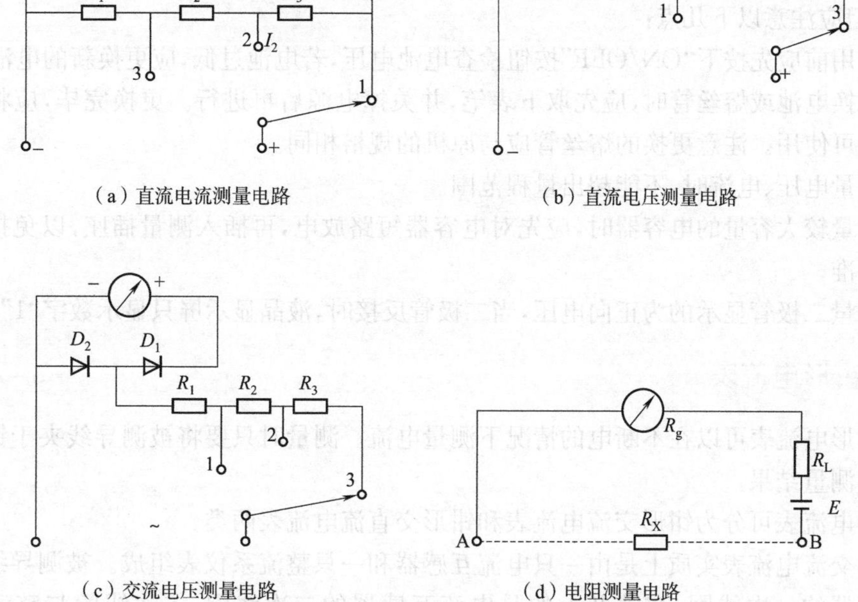

图 8-17　各种测量线路的原理

(二)万用表的使用及注意事项

由于万用表的种类很多,使用方法也有所不同,因此,在使用前必须先熟悉表盘上各种符号所表示的意义,了解仪表的性能和技术参数。万用表在使用时要注意以下几点:

1. 测量前,应首先检查仪表指针是否指零,如果偏离,可旋转调零旋钮进行调整。

2. 根据被测量的种类和大小,将仪表的转换开关旋转到正确的测量项目和适当的量程上。对于大小未知的量,应先选择最高量程试测,再根据指针的偏转情况逐步减小至合适的量程。

3. 测量直流电压和电流时,必须注意两个表笔的正、负极。

4. 测量电阻时,必须先切断被测电路的电源,严禁带电测量电阻。在使用不同的电阻挡位时均要先调零。

5. 测量半导体元件的正、反向电阻时,应当用 $R\times100$ 或 $R\times1\text{k}$ 的挡位,不能用高阻挡,以免将元件烧坏。

6. 万用表在使用过程中不可换挡,测量完毕应当将转换开关置于交流电压的最高挡位上。

7. 万用表应存放在整洁、干燥、通风的环境中,不宜放置在高温、潮湿的地方。长期不用时,应将电池取出,以防电池漏液腐蚀表内元件,造成仪表损坏。

(三)数字式万用表

数字式万用表与指针式万用表相比,它不仅具有体积小、质量轻、精确度高、灵敏度高、抗磁性能强等优点,而且在测量时以数字的形式显示测量结果,减少了读数过程中的视觉误差。

数字式万用表一般由交流电压—直流电压转换器、电流—电压转换器、电阻电压转换器及数字电压表等部分组成，其核心部分是数字电压表。其功能及使用注意事项与指针式基本相同，但应注意以下几点：

1. 使用前应先按下“ON/OFF”按钮检查电池电压，若电池过低，应更换新的电池。

2. 更换电池或熔丝管时，应先取下表笔，并关掉电源后再进行。更换完毕，应将电池门关好后方可使用。注意更换的熔丝管应与原机的规格相同。

3. 测量电压、电流时，不能超出量程范围。

4. 测量较大容量的电容器时，应先对电容器短路放电，再插入测量插座，以免损坏仪表或测量不准。

5. 测量二极管显示的为正向电压，当二极管反接时，液晶显示屏只显示数字“1”。

二、钳形电流表

用钳形电流表可以在不断电的情况下测量电流。测量时只要将被测导线夹于钳口中便可显示出测量结果。

钳形电流表可分为钳形交流电流表和钳形交直流电流表两类。

钳形交流电流表实质上是由一只电流互感器和一只整流系仪表组成。被测导线相当于电流互感器的一次线圈，在铁芯上的是电流互感器的二次线圈，二次线圈与整流系仪表相连。

钳形交直流电流表既可测量直流电流又可测量交流电流，其工作原理与电磁系仪表相似，当载流导线置于钳口中时，在铁芯中产生磁场，测量机构受磁场力的作用带动指针偏转，指示出被测电流的大小。

还有一种由钳形互感器和万用表组成的多用钳形表，当拔出互感器的连线时，钳口不起作用，可用作万用表。

钳形电流表在使用时应注意以下几点：

1. 测量前应选择合适的量程，不可用小量程测大电流。

2. 为减少测量误差，测量时被测导线应置于钳口内中心位置，钳口应接触良好。

3. 在测量过程中不得切换量程，以免损坏仪表。

4. 如果被测电流较小，读数不明显，可将载流导线多绕几圈再放进钳口进行测量，但是应将读数除以所绕圈数才是实际的电流值。

5. 不可用钳形表测量高压电路的电流，以免使绝缘击穿，造成接地或人身事故。

6. 测量完毕后应将选择开关置于最大量程挡位。

三、绝缘电阻测试仪(兆欧表)

绝缘电阻测试仪又名兆欧表、高压兆欧表等。仪表具有 LCD 大屏幕灰白背光显示、数据存储、数据查阅等功能，同时还具有自动计算吸收比和极化指数，并自动储存 15 s、30 s、1 min、10 min 数据。绝缘电阻测试仪分辨率高，操作便捷，携带方便，准确、可靠、性能稳定，抗干扰能力强，而且具有防振、防尘、防潮结构等特点。它适用于测量各种绝缘材料的电阻值及变压器、电机、电缆、电气设备等的绝缘电阻。绝缘电阻测试仪由中大规模集成电路组成，内含高精度微电流测量系统、数字升压系统、自动放电电路，只需要用一条高压线和一条信号线连接被测物即可测量。测量自动进行，结果由大屏幕显示，并将结果进行存储。额定输出测试电压范围为 250～5 000 V，绝缘电阻测量范围为 0.01 MΩ～5.00 TΩ。

(一)绝缘电阻测试仪的部件名称

绝缘电阻测试仪的部件名称如图 8-18 所示。

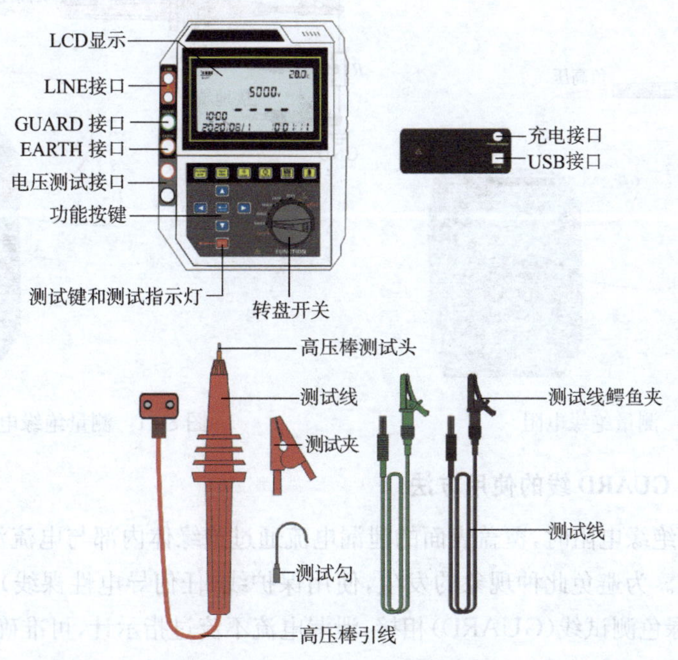

图 8-18 绝缘电阻测试仪部件名称

(二)绝缘电阻测试仪的测量原理

绝缘电阻测量如图 8-19 所示，采用电压发生器产生一个电压 U，施加到电阻两端，通过测量在电阻两端流动电流 I，并根据公式 $R=\dfrac{U}{I}$，计算电阻值 R。

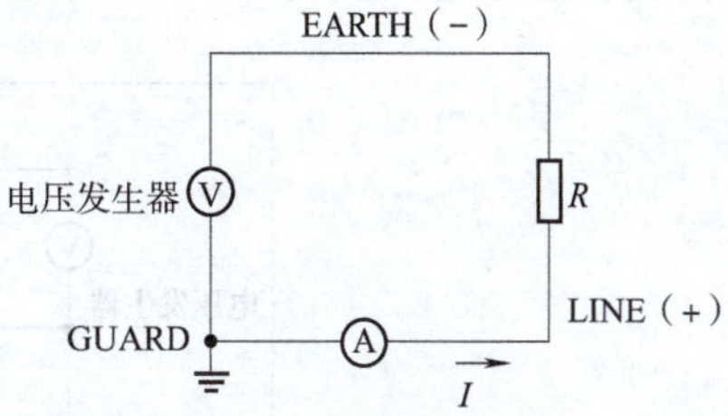

EARTH (−)
电压发生器
R
LINE (+)
GUARD
I

图 8-19 绝缘电阻测量电路

(三)绝缘电阻测量接线

注意：绝缘电阻测试只能在不带电的电路上进行，测试前应检查测试导线是否良好，确认被测回路是否带电。

测试前：测试线先与仪表连接，然后与被测物体连接，再开机。

测完后：放电完毕后，先关机，测试线撤离被测物体，从仪表上拔出测试线。

1. 红色高压棒接口接上红色的夹子或钩子，将插头接入仪表的红色 LINE 端；黑色测试线的插头插入仪表的黑色 EARTH 端；绿色测试线的插头插入仪表的绿色 GUARD 端。

2. 测量电气产品元件之间的绝缘电阻时，可将高压棒夹子(LINE)和黑色测试线夹子(EARTH)接在任一组被测设备的线头上进行，如测量发电机相间绝缘电阻时，高压棒夹子和黑色测试线夹子夹住其中两相，三相可轮流交换，空出的一相应该接地，如图 8-20 所示。

3. 测量绝缘电阻时，红色高压棒夹子(LINE)接在被测设备上；黑色测试线夹子(EARTH)接在被测回路接地端，即被测设备的外壳或者大地；绿色测试线夹子(GUARD)接在被测试物的屏蔽部分或者其他不参与测量的部分，以消除表面泄漏电流的影响(详见"屏蔽端 GUARD 线的使用方法"相关内容)，如图 8-21 所示。

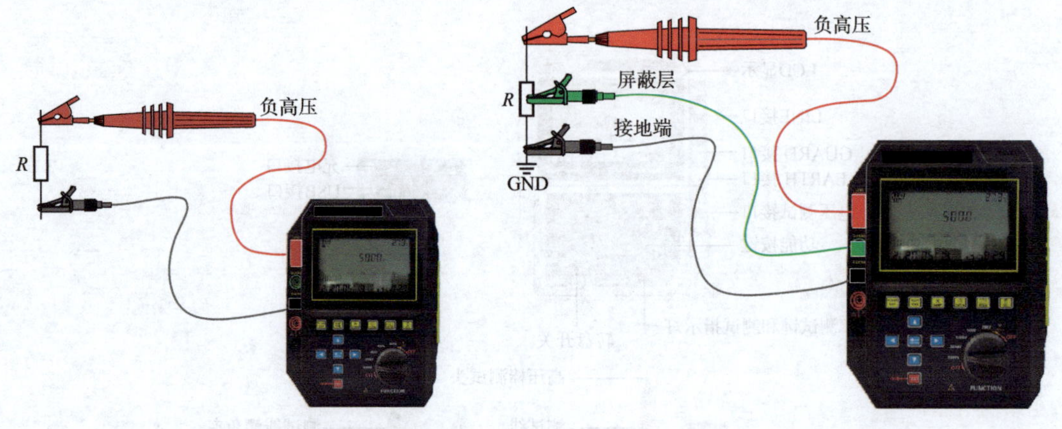

图 8-20 测量绝缘电阻　　图 8-21 测量绝缘电阻

(四)屏蔽端 GUARD 线的使用方法

测量电缆的绝缘电阻时，覆盖表面的泄漏电流通过绝缘体内部与电流汇合，造成绝缘电阻值误差的产生。为避免此种现象的发生，使用保护线(任何导电性裸线)将泄漏电流流经部分卷起来，与绿色测试线(GUARD)相接，泄漏电流不流过指示计，可准确测量绝缘体的绝缘电阻。当空气相对湿度大于 80%，或仪表输出测量电压大于等于 2 500 V 时，被测设备也需要接上绿色测试线(GUARD)，从而消除泄漏电流，如图 8-22 所示。

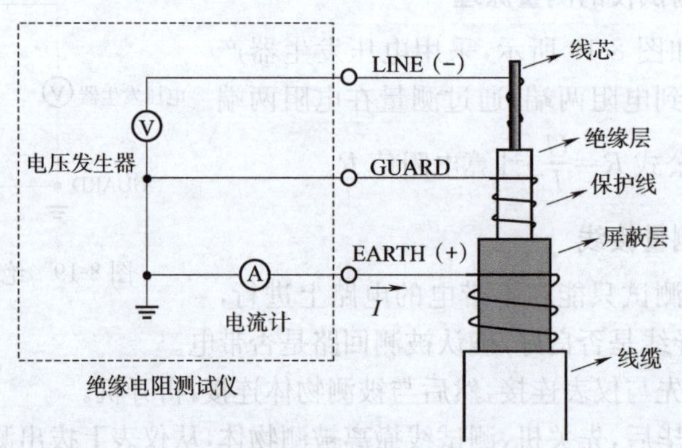

图 8-22 测量电缆绝缘电阻

(五)绝缘电阻测试仪的操作方法及步骤

1. 开关机

用户通过转动 FUNCTION 旋钮开关进行仪表的开关机操作。

FUNCTION 旋钮开关转到其中一个功能挡位，仪表开机，转动到 OFF 挡位，仪表关机。旋钮开关转到某个挡位，LCD 显示相应的功能界面，若开机后 LCD 不显示，可能电池电量不足，请充电。若仪表无自动关机功能，测试完要转到 OFF 位置关机。

2. 绝缘电阻测量

选择挡位：转动 FUNCTION 到 5 000 V/2 500 V/1 000 V/500 V/250 V 挡位，仪表进入相应电压挡位的绝缘电阻测试。

选择好挡位后，长按 TEST 键 3 s，仪表输出相应电压，开始测量绝缘电阻。LCD 显示当前的输出电压值及绝缘电阻值，测量指示灯长亮后，开始闪烁，每隔 2 s 伴有“嘀”的提示声，测量时间结束或者再次按下 TEST 键，仪表停止测量，自动保存数据并进入 HOLD 数据保持界面。

3. 数据保存

完成一次绝缘电阻测量，仪表自动保存当前的测量数据。仪表最多可以存储 1 000 组数据。超过 1 000 组后，自动从第 1 组重新开始存储并覆盖掉之前存储的数据。

4. 电压测量

转动 FUNCTION 到 V 挡位，进入电压测量，自动判断交直流电压。

5. 极化指数和吸收比显示

在 HOLD 界面下，按下 PI/DAR DISP 键，切换显示 PI、DAR1、DAR2。

显示 PI/DAR1/DAR2 时，按上箭头键可查看 10 min、1 min、30 s 和 15 s 对应时间所测试的电阻值。

6. 测量时间设置

测量绝缘电阻界面，按 TEST TIME 键，进入测量时间设置界面，按左、右箭头键，可移动光标，按上、下箭头键改变测量时间，按 ENTER 键，测量时间会自动保存并退出，若测量时间为 0，则不会自动停止测量。

7. 背光灯

按 LAMP 键，开关 LCD 背光。

8. 日期时间设置

按下 CLOCK 键，进入日期时间设置界面，按左、右箭头键，可移动光标，按上、下箭头键改变时间，从而更改日期时间的数值，按 ENTER 键，日期时间会自动保存，并返回测试界面。

四、接地电阻测试仪

接地电阻测试仪是集多种测量方法于一体的接地电阻测试仪器，用于检查变压器、防雷系统、高压输电铁塔、通信设备等的接地电阻，其自动频率控制（AFC）功能，可将干扰减至最小，能够对接地电阻、干扰电压、干扰电流、土壤电阻率、交流电阻、直流电阻进行测量。

(一)接地电阻测试仪的部件名称及功能

1. 输入端子，如图 8-23 所示，其各部分功能见表 8-5。

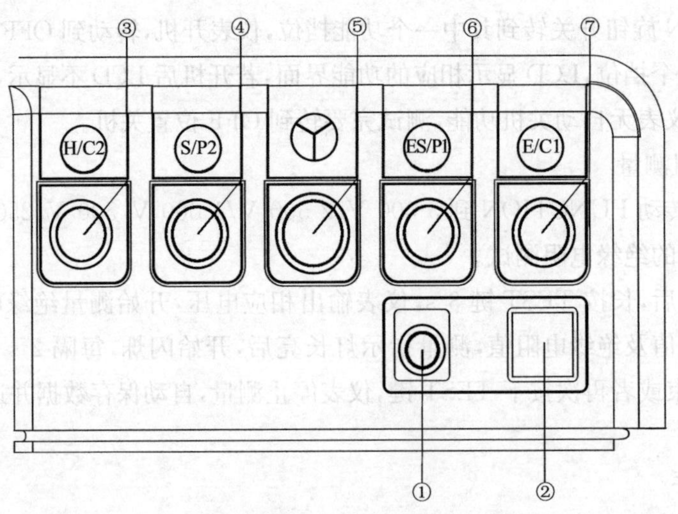

图 8-23　输入端子

表 8-5　输入端子的功能

序号	名　称	功　能
①	DC 12 V 插座	连接充电器
②	USB 插座	连接 USB 电缆与 PC 机通信
③	H/C2 插座	连接红色测试线或电压钳 H 端
④	S/P2 插座	连接黄色测试线或电压钳 S 端
⑤	⊙插座	连接电流钳
⑥	ES/P1 插座	连接蓝色测试线
⑦	E/C1 插座	连接绿色测试线或电压钳 E 端

2. 操作面板，如图 8-24 所示，其各部分功能见表 8-6。

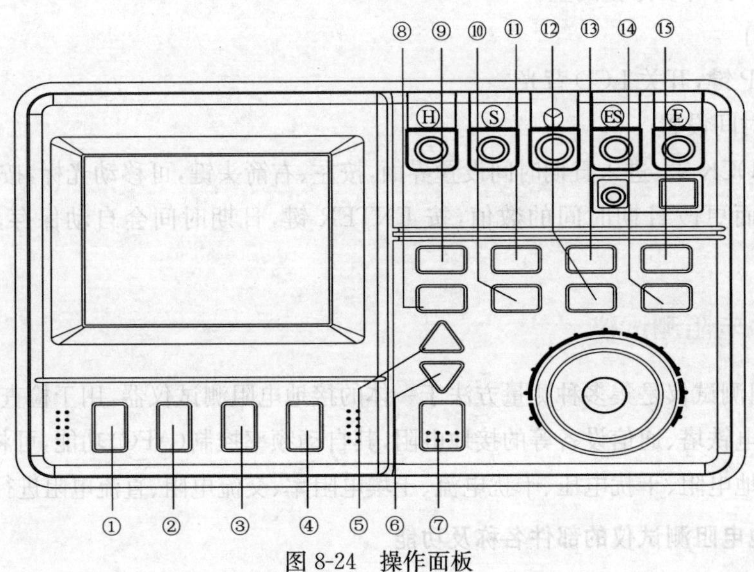

图 8-24　操作面板

表 8-6 操作面板的功能

序号	按 键	功 能
①	显示	改变显示项，当测量电阻时，切换电阻或电流显示；当数据保持时切换显示
②	存储	存储数据：将测量值保存到内部非易失存储器
③	读取	读取数据：读出内部非易失存储器的数据
④	清除	清除内部非易失存储器的数据
⑤	△	上调测试电压/频率/日期/时间的设定值
⑥	▽	下调测试电压/频率/日期/时间的设定值
⑦	测量	启动或者结束电阻测量
⑧	补偿	启用测试线补偿电阻功能
⑨	电压	更改测试电压
⑩	背光	打开或关闭 LCD 背光，30 s 后 LCD 背光自动关闭，开机时按此键取消自动关机功能
⑪	频率	更改测试频率
⑫	平均	启用平均功能：对电阻或电流测量值平稳化处理
⑬	距离	设置电阻率测量时的测试点之间的距离
⑭	确认	确定：对设定值进行保存
⑮	时间	1：显示日期和时间；2：更改日期或更改时间时切换输入光标

3. 旋转开关，如图 8-25 所示，其各部分功能见表 8-7。

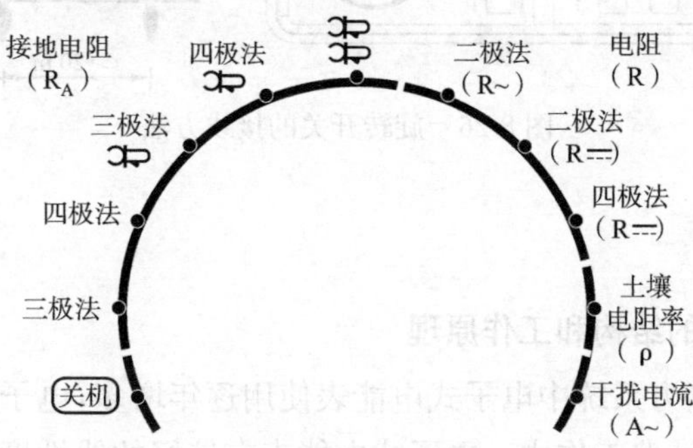

图 8-25 旋转开关

表 8-7 旋转开关的功能

旋转开关名称	功 能	旋转开关名称	功 能
关机	关闭电源	二极法 R~	二极交流 20 V 测量电阻
三极法	三极法测量接地电阻	二极法 R⎓	二极低压 20 V 测量直流电阻
四极法	四极法测量接地电阻	四极法 R⎓	四极低压 20 V 测量直流电阻
三极法	三极法(带电流钳)测量接地电阻(选择法)	土壤电阻率ρ	四极法测量土壤电阻率
四极法	四极法(带电流钳)测量接地电阻(选择法)	干扰电流 A～	电流钳测量交流干扰电流
	电流钳＋电压钳测量接地电阻(无棒接地法)		

(二)接地电阻测量方法

用三极法/四极法接地电阻测试功能可以测试单点接地系统的接地电阻,以及土壤电阻率;利用三极法/四极法+电流钳不需要断开接地系统就可测试接地网络中的单个支路电阻。

1. 三极法/四极法测量接地电阻。

(1)将旋转开关旋到“R_A 三极法”或者“R_A 四极法”位置;

(2)将测试线电极与待测物体连接好;

(3)按“电压/频率”键,再按“△/▽”键设置好测试电压和频率,按“确认”键返回;

(4)按下“测量”键时间大于 1 s 开始测量,“TEST”符号闪烁和“测量”键背光灯开始闪烁;

(5)显示屏显示测量电阻值,如果显示值不稳定,请按“平均”键,显示平均值;

(6)按“测量”键停止测量,或等待 20 s 自动停止,读取测量值。

2. 接线方法,如图 8-26 所示。

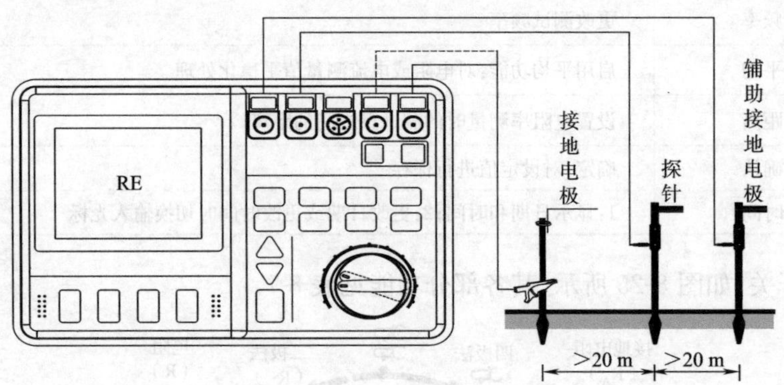

图 8-26 旋转开关的接线方法

五、电子式电能表

(一)电子式电能表的结构和工作原理

近年来,随着铁路电力系统中电子式电能表使用逐年增多,电子式电能表已经广泛应用在铁路电力电能计量和计费工作中。电子式电能表有较好的线性度和稳定度,具有功耗小、电压和频率的响应速度快、测量精度高等诸多优点。

电子式电能表是怎样来计量电能的呢?电子式电能表是在数字功率表的基础上发展起来的,采用乘法器实现对电功率的测量,其工作原理如图 8-27 所示。被测量的高电压 u、大电流 i 经电压变换器和电流变换器转换后送至乘法器 M,乘法器 M 完成电压和电流瞬时值相乘,输出一个与一段时间内的平均功率成正比的直流电压 U,然后再利用电压/频率转换器,U 被转换成相应的脉冲频率 f,将该频率分频,并通过一段时间内计数器的计数,显示出相应的电能。

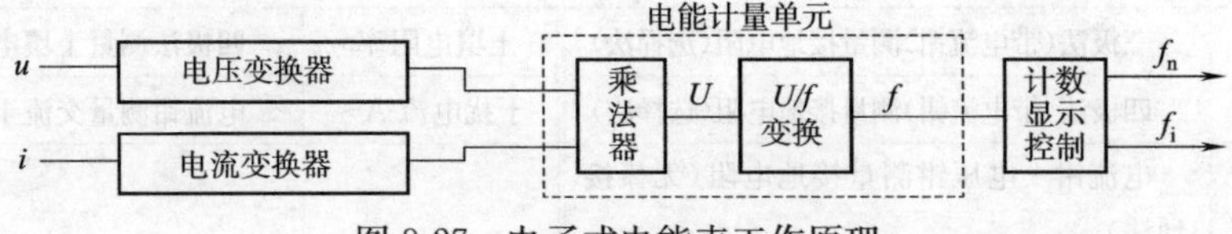

图 8-27 电子式电能表工作原理

(二)电子式电能表的分类及功能

1.分类

电子式电能表按功能可分为多功能电能表、基波电能表、预付费电能表、复费率电能表、防窃电电能表和多用户电能表等。

2.多功能电能表的主要功能

根据DL/T 614—2007《多功能电能表》对多功能电能表的定义:由测量单元和数据处理单元等组成,除计量有功、无功电能外,还具有分时、测量需量等两种以上功能,并能显示、储存和输出数据的电能表,都可称为多功能电能表。因为只需要有两种以上功能即可,所以市场上的多功能表千差万别。

用户选择多功能电能表,选择哪些功能,是一个颇费脑筋的问题。下面把多功能电能表到目前为止能够达到的功能进行比较全面地列举。但不是功能越多越好,功能多可靠性要下降,考虑目前应用及发展要求,够用即可。

(1)电能计量功能

一块电能表能同时计量正、反向有功,正、反向感性无功和容性无功。一般来说,反向有功电量有以下两种计量方式:

①反向电量计入正向电量中;

②反向电量、正向电量单独计量。

无功计量有以下六种方式:

①正向潮流只计正向时的感性无功电量;

②正向潮流时,容性无功电量计入正向时的感性无功电量中;

③反向潮流只计反向时的感性无功电量;

④反向潮流时,容性无功电量计入反向时的感性无功电量中;

⑤正、反向潮流时的感性、容性无功分别相加;

⑥正、反向潮流时的感性、容性无功分别计量(四种无功)。

(2)电能测量四象限功能(图8-28)

四象限含义分别是:

Ⅰ象限:输入有功功率 P,输入无功功率 Q,用户为感性负载;

Ⅱ象限:输出有功功率 P,输入无功功率 Q,用户负载相当于一台欠励磁发电机;

Ⅲ象限:输出有功功率 P,输出无功功率 Q,用户负载相当于一台过励磁发电机;

Ⅳ象限:输入有功功率 P,输出无功功率 Q,用户为容性负载。

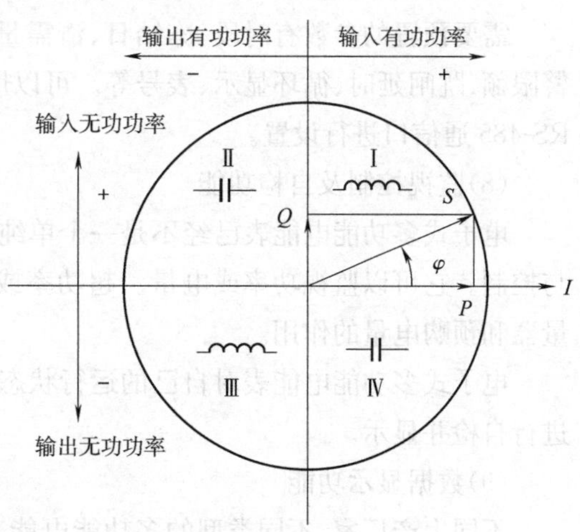

图8-28　电能测量四象限功能

(3)功率计量功能

电子式多功能电能表可以给出多种功率

计量以供不同的应用。电子式多功能电能表能测量当前功率。当前功率与电能表具有同等的准确度等级。多功能电能表还可以计量需量。需量是指用户在规定时间内的平均功率,我国一般取 15 min。可分别按照滑差时间1 min、3 min、5 min、15 min 求得不同时间段的需量,不同时间段的需量最大值称为最大需量。最大需量应用于大工业用户基本电费的收取。

为对负荷进行考核控制,可计算设定时间平均功率,并形成曲线,其数据可通过电子式多功能电能表的 RS-485 通信口读取。

(4)电压、电流计量功能

电子式多功能电能表可以计量瞬时电压、电流值,其电流、电压准确度等级单独标定,一般比功率测量准确度低。

(5)时段控制功能

电子式多功能电能表能够显示实际时间:年、月、日、时、分、秒。其内部设计了一个日计时误差相当准确的百年日历,授权人通过专用介质可对时钟进行调节。

对电网运行来说,负荷越平均越经济。为了引导用户合理用电,提高负荷率,把一天分为不同的时间段,不同时间段电价不一样。不同时间段简称时段,不同电价叫费率。目前费率一般分为尖、峰、平、谷四种,时段一般分为 8 个。电子式多功能电能表被规定了一个时间表,什么时间应该按什么费率计量电量,叫做分时计量;什么时候把电量存起来,叫做电量冻结;什么时候记录功率值,叫做记录负荷曲线。

(6)存储功能

①存储月用电数据。电子式多功能电能表能冻结存储过去月份的用电数据。冻结日也叫转存日,以结算日为界,结算日冻结时间可设。由于多功能电能表可存储上月数据,给抄表、电费结算带来很多方便,也大大提高了成本核算、线损计算的准确度。历史月份的电量数据存储一般可设计成 3 个月或 12 个月。

②存储负荷曲线。负荷曲线一般指的是功率曲线,可设置记录时间间隔。

(7)预置功能

在时段控制功能中,向电能表内单片机交代任务的过程就叫参数预置。

需要预置的参数有时段、冻结日、清需量日、清需量方式、滑差时间、功率限额、费率、报警限额、跳闸延时、循环显示、表号等。可以用电钥匙(或 IC 卡),或通过红外抄表口,或通过 RS-485 通信口进行设置。

(8)监视控制及自检功能

电子式多功能电能表已经不是一个单纯的计量设备,它可以对内、对外进行较强的监视与控制。它可以监视功率或电量。超功率或电量可以发出报警或跳闸信号,可起到电力定量器和预购电量的作用。

电子式多功能电能表对自己的运行状态有很强的自检功能,能对电池失压、硬件故障等进行自检并显示。

(9)数据显示功能

不同生产厂家,不同类型的多功能电能表的显示方式和显示内容是不一样的。显示方式分为自动循环显示和按键循环显示两种。一般可循环显示的项目很多,有些电能表可循环显示的项目达 100 多项，用户并不需要每次把这些项目都循环一遍，可通过按钮组合切换的办法显示所希望看到的内容。

自动循环显示是指将表内需要显示的内容通过选择设置进行显示，显示内容在表计显示器上不断轮流显示。固定画面显示是自动循环显示的一种特殊形式，即只显示一个或特定几个量，进行固屏显示。液晶显示界面如图 8-29 所示，其显示内容见表 8-8。

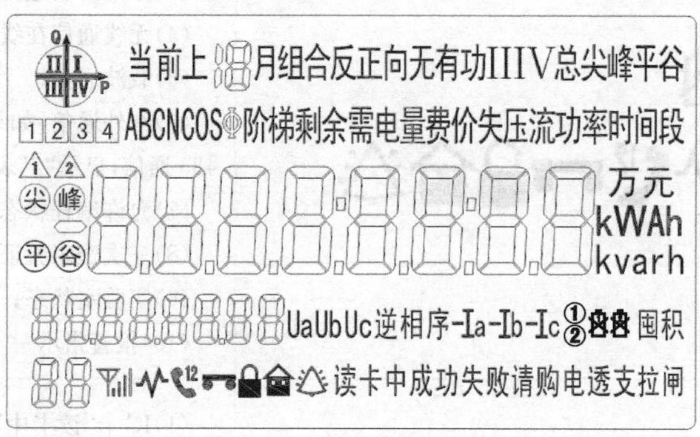

图 8-29　液晶显示界面

表 8-8　液晶显示界面显示内容

序号	LCD 图形	说　明
1	Q I II III IV P	当前运行象限指示
2	当前上 88 月组合反正向无有功IIIV总尖峰平谷 ABCNCOSΦ阶梯剩余需电量费价失压流功率时间段	汉字字符，可指示： (1)当前、上 1 月～上 12 月的正反向有功电量，组合有功或无功电量，Ⅰ、Ⅱ、Ⅲ、Ⅳ象限无功电量，最大需量，最大需量发生时间； (2)时间、时段； (3)分相电压、电流、功率、功率因数； (4)失压、失流事件记录； (5)阶梯电价、电量 1234； (6)剩余电量(费)，尖、峰、平、谷、电价
3	-8.8.8.8.8.8.8.8 万元 kWAh kvarh	数据显示及对应的单位符号
4	88.88.88.88.88 88	上排显示轮显/键显数据对应的数据标识，下排显示轮显/键显数据在对应数据标识的组成序号，具体见 DL/T 645—2007

续上表

序号	LCD图形	说　明
5	①②🔋🔋 📶 信号 电话12 钥匙 锁 房屋 报警	从左向右依次为： (1)①②代表第1、2套时段； (2)时钟电池欠压指示； (3)停电抄表电池欠压指示； (4)无线通信在线及信号强弱指示； (5)载波通信； (6)红外通信，如果同时显示"1"表示第1路485通信，显示"2"表示第2路485通信； (7)允许编程状态指示； (8)三次密码验证错误指示； (9)实验室状态； (10)报警指示
6	囤积 读卡中成功失败请购电透支拉闸	(1)IC卡"读卡中"提示符； (2)IC卡读卡"成功"提示符； (3)IC卡读卡"失败"提示符； (4)"请购电"剩余金额偏低时闪烁； (5)透支状态指示； (6)继电器拉闸状态指示； (7)IC卡金额超过最大费控金额时的状态指示(囤积)
7	UaUbUc逆相序-Ia-Ib-Ic	从左到右依次为： (1)三相实时电压状态指示，U_a、U_b、U_c分别对于A、B、C相电压，某相失压时，该相对应的字符闪烁；某相断相时则不显示。 (2)电压电流逆相序指示。 (3)三相实时电流状态指示，I_a、I_b、I_c分别对于A、B、C相电流。某相失流时，该相对应的字符闪烁；某相电流小于启动电流时则不显示。某相功率反向时，显示该相对应符号前的"−"
8	1 2 3 4	指示当前运行第"1、2、3、4"阶梯电价
9	△1 △2 尖 峰 平 谷	(1)指示当前费率状态(尖峰平谷)； (2)"△1 △2"指示当前使用第1、2套阶梯电价

(10)数据传输功能

电子式多功能电能表可通过三种方式和外界进行数据交换。第一种是通过专用介质，专用介质包括电钥匙或IC卡等，可通过这些专用介质对多功能电能表进行参数预置、预付电费，在预置参数、预付电费的同时也把多功能电能表内的用电数据及其他有关数据写到专用介质中。第二种是通过红外抄表口，一般使用掌上电脑，通过红外口和多功能电能表进行数据交换。第三种是通过 RS -232 或 RS -485 通信口在一定的通信规约下进行本地或远程通信，实现本地或远方抄表和参数预置。为了数据传输的保密性，尤其是涉及参数设置的传输时，应采取加密措施。

(11)脉冲输出功能

多功能电能表通过辅助端子输出脉冲，一般包括正向有功脉冲输出、反向有功脉冲输出、感性无功脉冲输出和容性无功脉冲输出。输出方式可采用光学电子线路输出、继电器触点输出、电子开关元件输出等。脉冲输出主要用于电能表的检定和校验。

(12)预付费功能

某些电子式多功能电能表还具有预付费功能，能通过专用介质(电钥匙或 IC 卡)预购电量或预购电费，提供报警信号和跳闸信号。预付费多功能电能表必须具有辨伪功能，当使用非指定介质时，预付费多功能电能表不应接受或不工作，且应有记录；预付费多功能电能表必须具有叠加功能，表内剩余电量和新购电量进行代数相加运算。

(13)事件记录功能

所谓事件记录，是指多功能电能表能够针对表计所生事件进行记录，这些事件包括参数改变(包括清零设置)、表计故障、使用条件异常(包括窃电)等。通过事件记录，可供进行异常原因分析及电量追补等。从某种意义上讲，事件记录就像飞机上的“黑匣子”，不同型号表计的事件记录内容不同。

(14)电压合格率记录功能

在电能表中设定电压合格范围，当实际电压在合格范围之内时，记录总运行时间；当实际电压在合格范围之外时，记录超过上限或低于下限累计时间。电压合格率表达式为

$$电压合格率=\frac{电压合格时间}{电压运行时间} \tag{8-10}$$

多功能电能表可以取代电压合格率记录仪，电压合格率是进行供电电压质量考核的重要指标。

(15)失压记录功能

电流大于基本电流的一定值(一般为 10%)时，电压小于参比电压的一定值(一般为 78%)时称为失压。失压与停电或欠压概念不同。失压是指在不停电时，由于故障或窃电造成电能表电压回路掉电或电压幅值失真。停电是指供电中断。欠压是指由于供电质量造成电压幅值达不到规定要求。电子式多功能电能表可对失压情况进行全面记录，可记录一相失压时间及一相失压时电能表计量的有功电量，两相失压时间和两相失压电表计量的有功电量，以及三相失压时间。多功能电能表的失压记录可以代替失压计时仪。

(16)记录失流功能

三相电流不平衡超过某个限定值时判为失流，限定值软件可设。失流可能是三相负载不平衡，也可能是某相 TA 开路。

(17)报警功能

电能表自检有误时或对有些事件记录的同时会发出报警信号。

(三)电子式电能表的准确度及型号命名规则

1. 按照准确度等级可划分为:0.01 级、0.02 级、0.05 级、0.1 级、0.2S 级、0.5S 级、1 级、2 级、3 级电能表。其中,0.01～0.1 级的为标准电能表,0.2S～3 级的为安装式电能表。

2. 每只出厂的安装式电能表,在表盘上都有一块铭牌。按照国家标准的要求,铭牌上通常标注有电能表名称、型号、准确度等级、基本电流和最大电流、电能计量单位、仪表常数、参比电压、参比频率、生产许可证标志、顺序号和制造年份等信息。铭牌信息的含义如下:

(1)电能表名称:标明该电能表按用途分类的名称,如单相电能表、三相三线静止式多功能电能表、三相四线费控智能电能表(载波)等。

(2)型号:我国对安装式电子电能表型号的编制方法规定如下。

电子式电能表的型号如图 8-30 所示,由产品类别号、第一组别号、第二组别号、功能代号(必要时可使用两位)、注册号、连接符、通信方式代号组成。

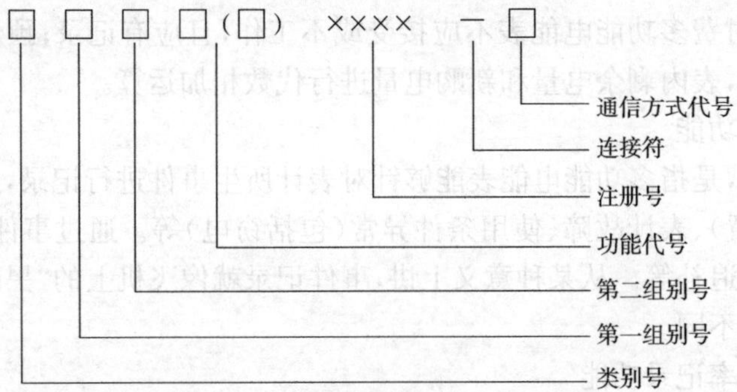

图 8-30　电子式电能表型号代号定义

产品类别号:D 电能测量。

第一组别号:H 三相;S 三相三线;X 无功。

第二组别号:L 长寿命;S 静止(电子);Z 智能。

功能代号(必要时可使用两位):D 多功能;F 多费率(分时);H 多用户;J 防窃电;X 最大需量;Y 费控(预付费)。

通信方式代号:RS-485 的通信信道代号,在型号中可以省略。

(3)准确度等级:用置于圆圈内的数字表示,如"②"表示该电能表的准确度等级为 2 级。

(4)电能计量单位:有功电能的单位为 kW·h(千瓦时);无功电能的单位为 kvar·h(千乏时)。

(5)基本电流和最大电流:直接接入式电能表的基本电流是确定电能表有关特性的电流值(I_b),对互感器接入式电能表来说,这个电流值称作额定电流(I_n);最大电流是指电能表能够满足准确度要求的电流最大值。在最大电流工况下,电能表应能长期工作。按照目前静止式电能表的生产制造水平,最大电流和基本电流的比值已可达到 10 倍以上。

基本电流和最大电流在铭牌上的标示形式有两种。例如:基本电流为 10 A 和最大电流为 40 A 的电能表,可以标示为 10～40 A 或 10(40)A。

(6)参比电压:确定电能表有关特性的电压值。在我国,单相电能表的参比电压标示为 220 V;而三相电能表根据不同的使用场合,可有几种不同的标示形式,如标注为 3×380 V,表示三相三线两元件,额定线电压 380 V;如标注为 3×220 V/380 V,表示三相四线三元件,额定相电压 220 V,额定线电压 380 V,即该表电压线圈长期承受的额定相电压是 220 V。如果是经电压互感器接入的电能表,一般按电压互感器次级绕组的额定电压标示,如 3×100 V 或 3×57.7 V/100 V。作为宽量程表,其标注形式是 3×57.7 V/100 V、220 V/380 V、240 V/415 V,这表示相数是三相四线,电能表可以接入的额定相电压为 57.7 V、220 V、240 V,额定线电压为 100 V、380 V、415 V 的线路。

(7)参比频率:确定电能表有关特性的频率值。在我国,参比频率通常为 50 Hz;而美国、加拿大、墨西哥、巴西、韩国等国电网的参比频率都是 60 Hz。

(8)仪表常数:表示电能表记录的电能与相应的测试输出值之间关系的值。如果此值是脉冲数,则常数单位是每千瓦时脉冲数[imp/(kW·h),imp/(kvar·h)],或者是每一脉冲的瓦时数(W·h/imp,var·h/imp)。

(9)生产许可证标志:我国计量法规定,企业为从事计量器具的生产制造,必须取得国家计量主管部门核发的制造计量器具许可证,即 CMC 证。生产企业必须将 CMC 标识和有效的 CMC 证编号标示在铭牌上。

(四)电子式电能表检定周期

《电子式交流电能表检定规程》(JJG 596—2012)规定:0.2S 级、0.5S 级有功电能表,其检定周期一般不超过 6 年;1 级、2 级有功电能表和 2 级、3 级无功电能表,其检定周期一般不超过 8 年。

六、电能计量装置分类及计量器具配置

电能计量装置包括各种类型电能表、计量用电压、电流互感器及其二次回路、电能计量柜(箱)等。计量装置的配置是一个综合性的问题,应根据负荷电压等级、额定功率的大小,科学选用互感器和电能表的量程和准确度。电能计量装置配置的好与坏、准确度的高与低,将直接影响铁路供电企业的线损分析和经济效益。

(一)电能计量装置分类

运行中的电能计量装置按计量对象重要程度和管理需要分为五类(Ⅰ、Ⅱ、Ⅲ、Ⅳ、Ⅴ)。分类细则及要求如下:

1. Ⅰ类电能计量装置:220 kV 及以上贸易结算用电能计量装置,500 kV 及以上考核用电能计量装置。

2. Ⅱ类电能计量装置:110(66)~220 kV 贸易结算用电能计量装置,220~500 kV 考核用电能计量装置。

3. Ⅲ类电能计量装置:10 ~110(66) kV 贸易结算用电能计量装置,10~220 kV 考核用电能计量装置。

4. Ⅳ类电能计量装置:380 V~10 kV 电能计量装置。

5. Ⅴ类电能计量装置:220 V 单相电能计量装置。

(二)电能计量装置准确度等级

各类电能计量装置配置准确度等级要求如下:

各类电能计量装置应配置的电能表、互感器准确度等级见表 8-9。

表 8-9 计量器具准确度等级

电能计量装置类别	准确度等级			
	有功电能表	无功电能表	电压互感器	电流互感器
Ⅰ	0.2S	2	0.2	0.2S
Ⅱ	0.5S	2	0.2	0.2S
Ⅲ	0.5S	2	0.5	0.5S
Ⅳ	1	2	0.5	0.5S
Ⅴ	2	—	—	0.5S

S级电能表与普通电能表的主要区别在于小电流时的特性不同，普通电能表对5%标定电流以下没有误差要求，而S级电能表在1%标定电流时误差也能满足要求，提高了电能表轻负载的计量特性。0.2级电流互感器仅在负荷比较稳定的发电机出口电能计量装置中配用，其他均采用S级电流互感器。S级电流互感器与普通电流互感器相比，最大区别在于S级电流互感器在低负载时的误差特性比普通的更好。S级计量器具的出现，有力地改善了负载变化及季节性负载、冲击性负载、轻负载的计量特性，尤其在目前用电单位负荷波动大的时候，能够保证准确计量。

电能计量装置中电压互感器二次回路电压降应不大于其额定二次电压的0.2%。

(三)电能计量装置的接线方式

1.接入中性点绝缘系统的电能计量装置，应采用三相三线有功、无功或多功能电能表。接入非中性点绝缘系统的电能计量装置，应采用三相四线有功、无功或多功能电能表。

2.接入中性点绝缘系统的电压互感器，35 kV及以上的宜采用Y/y方式接线；35 kV以下的宜采用V/V方式接线。接入非中性点绝缘系统的电压互感器，宜采用YN/yn方式接线，其一次侧接地方式和系统接地方式相一致。

3.三相三线制接线的电能计量装置，其2台电流互感器二次绕组与电能表之间应采用四线连接。三相四线制接线的电能计量装置，其3台电流互感器与电能表之间应采用六线连接。

4.低压供电，负荷电流为60 A及以下时，宜采用直接接入式电能表的接线方式；计算负荷电流为60 A以上时，宜采用经电流互感器接入电能表的接线方式。

5.选用直接接入式的电能表其最大电流不宜超过100 A。

(四)电能计量装置的配置原则

1.贸易结算用的电能计量装置原则上应设置在供用电设施产权分界处。

2.经互感器接入的贸易结算用电能计量装置应按计量点配置计量专用电压、电流互感器或者专用二次绕组，并不得接入与电能计量无关的设备。

3.电能计量专用电压、电流互感器或专用二次绕组及其二次回路应有计量专用二次接线盒及试验接线盒。电能表与试验接线盒应按一对一原则配置。

4.35 kV以上贸易结算用电能计量装置中电压互感器二次回路，应不装设隔离开关辅助接点，但可装设快速自动空气开关。35 kV及以下贸易结算用电能计量装置中电压互感器二次回路，计量点在电力用户侧的应不装设隔离开关辅助接点和快速自动空气开关；计量点在变电站侧的可装设快速自动空气开关。

5. 互感器二次回路的连接导线应采用铜质单芯绝缘线，A、B、C 各相导线应分别采用黄、绿、红色线，中性线应采用黑色线。对电流二次回路，连接导线截面积应按电流互感器的额定二次负荷计算确定，至少应不小于 4 mm^2。对电压二次回路，连接导线截面积应按允许的电压降计算确定，至少应不小于 2.5 mm^2。

6. 互感器额定二次负荷的选择应保证接入其二次回路的实际负荷在 25%～100%额定二次负荷范围内。在额定二次负荷范围内，二次回路接入静止式电能表时，电压互感器额定二次负荷不宜超过 10 V·A，额定二次电源为 5 A 的电流互感器额定二次负荷不宜超过 15 V·A，额定二次电源为 1 A 的电流互感器额定二次负荷不宜超过 5 V·A。电流互感器额定二次负荷的功率因数应为 0.8～1.0；电压互感器额定二次功率因数应与实际二次负荷的功率因数接近。

7. 电流互感器额定一次电流的确定，应保证其在正常运行中的实际负荷电流达到额定值的 60%左右，至少应不小于 30%，否则应选用高动热稳定电流互感器以减小变化。

8. 为提高低负荷计量的准确性，应选用过载 4 倍及以上的电能表。

9. 经电流互感器接入的电能表，其标定电流不宜超过电流互感器额定二次电流的 30%，其最大电流不宜超过电流互感器额定二次电流的 120%。

10. 执行功率因数调整电费的电力用户，应配置计量有功电量、感性和容性无功电量的电能表；具备正、反向送电的计量点应配置计量正向和反向有功电量以及四象限无功电量的电能表。

(五)电能计量装置的错误接线种类和判断方法

电能计量装置正确接线是保证其准确计量的必要条件之一，但电能计量装置出现错误接线的情况时有发生，其主要原因是：不当的机械外力、自然力使导线老化而断裂；装表人员的疏忽和技术不熟练；运行方式的改变；不法用户通过错误接线方式窃电。

1. 电能计量装置错误接线种类

电能计量装置错误接线种类按错误部位的不同，一般可分为三类：

(1)电压回路或电流回路发生短路或开路。

(2)电压互感器或电流互感器极性接反。

(3)进电能表的电压、电流线错误。

电能计量装置错误接线会使电能表计量异常，多计、少计或者不计电量。

2. 错误接线带电相量图的判断方法

对怀疑有错误接线的电能计量装置可以用相量图法进行带电检查。即通过测量电能表的各电压、电流及各电压电流之间的相位差角，作出相量图，根据作出的相量图与正确的相量图进行比较，来分析判断计量装置错误接线的方式。

电能表现场校验仪是用来定期对高供高计电能计量装置进行现场校验的仪器，如图 8-31 所示，它不仅能测量电能表的基本误差，还能对电能计量装置的接线进行检查，且操作方便，只要按仪器上的标志接好线，就可以自动显示被测电能表中各元件的电压、电流相量图，并显示接线识别结果。电能表现场校验仪因为使用简单高效，应该在现场推广应用，如图 8-32 所示。

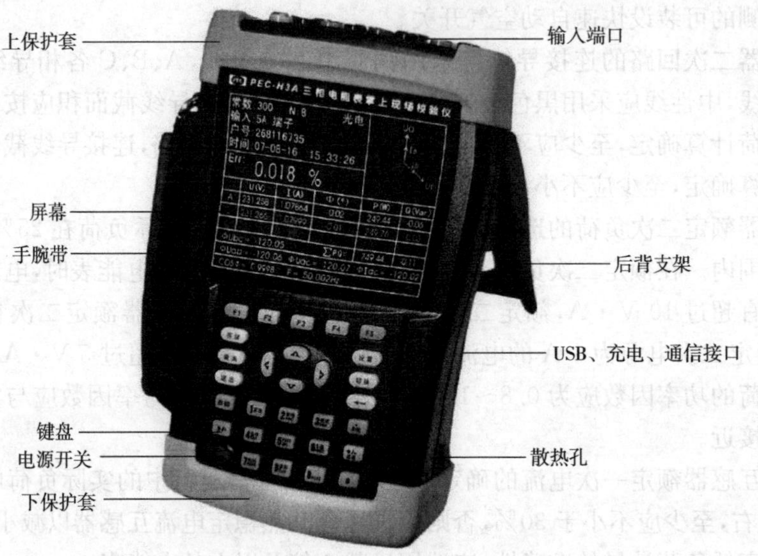

图 8-31　电能表现场校验仪外观

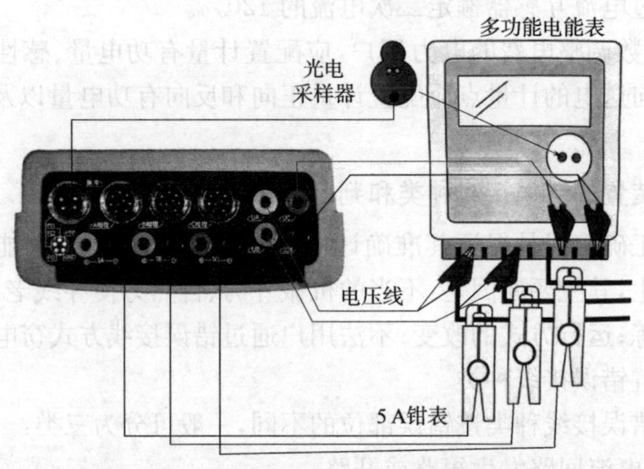

图 8-32　电能表现场校验仪三相四线接线实例

通过“查线”功能中的六角图和查线结果可以进行接线识别。在接线没有任何错误的情况下，仪器的查线结果会出现U_a对U_a、U_b对U_b、U_c对U_c，I_a对I_a、I_b对I_b、I_c对I_c，相序也会显示为“正”。如果有出现电压接错线。例如：U_a接到U_c，U_c接到U_a，电流线都接对，查线结构上就会出现U_a对U_c、U_b对U_b、U_c对U_a，I_a对I_a、I_b对I_b、I_c对I_c，查线结果则会出现“否”。

第九章 电气试验

电气试验是在电气系统、电气设备投入运行前，为判定其有无安装或制造方面的质量问题，以确定新安装或运行中的电气设备是否能够安全可靠运行，而对电气系统中的各电气设备单体的绝缘性能、电气特性及机械特性等按照标准、规程中的有关规定逐项进行试验和验证。通过这些试验和验证，可以及时地发现并排除电气设备在制造时和安装时的缺陷、错误和质量问题，确保电气系统和电气设备能够正常投入运行。本章只对常用的电气设备的试验方法进行介绍，其他未涉及的电气设备试验可参阅其他教材。

第一节　通用试验项目

一、测量绝缘电阻

测量电气设备的绝缘电阻，是检查其绝缘状态最简便的辅助方法，现场普遍采用兆欧表进行测量。由于测量步骤简单并且可以较容易地发现电气设备中影响绝缘的异物、绝缘受潮或脏污、绝缘劣化等缺陷，因此测量电气设备绝缘电阻是检修、运行和试验人员均应掌握的基本方法。

(一)绝缘电阻、吸收比和极化指数

1. 绝缘电阻

绝缘电阻是指在绝缘体的临界电压以下，施加直流电压 U_{-} 时，测量其所含的离子沿电场方向移动形成的电导电流 I_g，用欧姆定律确定的比值，即 $R=U_{-}/I_g$。

如果施加的直流电压超过临界值，就会产生电子电导电流，使绝缘电阻急剧下降，这样在高电压的作用下绝缘遭到损伤，甚至可能被击穿。所以一般情况下兆欧表的电压等级不会太高，使用时应根据设备的电压等级选用不同电压标准。

对于单一绝缘体(非夹层绝缘材料，如瓷质绝缘子、塑料、酚醛绝缘板等)，在直流电压作用下，其电导电流瞬间可以达到稳定值，所以测量这类绝缘体的绝缘电阻时，很快就能达到稳定状态。

在高压工程上用的设备内部绝缘大多数是夹层绝缘，比如变压器、电缆、电机等。夹层绝缘在直流电压作用下，会产生多种极化，从极化开始到完成，需要一定的时间。时间长短主要和被测试设备的容量有关，因此在测量此类设备的绝缘电阻时，经常要等到加压较长时间后再读数才能真实反映其绝缘电阻值。

2. 吸收比和极化指数

吸收比是指用兆欧表对变压器测量绝缘加压 60 s 和 15 s 时的比值，即 R_{60}/R_{15}。吸收比对变压器绝缘受潮反应比较灵敏。

对于吸收过程较长的大容量变压器，有时用R_{60}/R_{15}吸收比值尚不足以反映绝缘介质的电流吸收全过程。为了更好地判断绝缘是否受潮，可采用较长时间的绝缘电阻比值进行衡量，称为绝缘的极化指数，其值为$R_{10\ min}/R_{1\ min}$。

(二)测量方法及注意事项

1. 断开被试品电源，拆除或断开对外一切连接线，并将试品接地放电，对于电容量较大的被试品更应充分放电。此项操作应使用绝缘辅助工具进行，不可手触放电导线。

2. 清除被试品表面污垢。

3. 校验兆欧表，"火线"与"地线"分开，摇至额定转速，兆欧表指向"∞"；两线搭接，指针迅速回零。

4. 将兆欧表"E"端接被试品的接地端，"L"端接被试品的测试端，如被试品表面泄漏电流较大，则需要接入屏蔽端"G"。测量时，"L"端先不接，待兆欧表转速达到 120 r/min 时，将"L"端接入，保持额定转速，待指针稳定后读数。

5. 读数后，先将"L"端测试线与被试品分离，然后再停止兆欧表工作，以免电容试品电荷反充入兆欧表损坏仪表。这一点在测量电容量大的试品要特别注意。

(三)影响绝缘电阻的因素及分析判断

1. 温度的影响

温度对绝缘电阻的影响很大，一般绝缘电阻是随着温度的增大而减小。原因在于温度升高时，绝缘介质中的极化加剧，电导增加，使绝缘数值下降。因此测量时必须记录温度，以便将其换算至同一温度进行比较。一般规定换算至 20 ℃时比较。其换算系数A为

$$A=1.5^{(T-20)/10} \tag{9-1}$$

式中　T——温度，℃。

当温度高于 20 ℃时，按$R_{20}=AR_T$折算；当温度低于 20 ℃时，按$R_{20}=R_T/A$折算。

其中，R_{20}为换算到 20 ℃时的绝缘电阻值；R_T为在T温度下测量的绝缘电阻值。

2. 湿度的影响

湿度对绝缘电阻的影响也很大，绝缘体表面吸附潮气形成水膜，或者有的绝缘体有毛细管的作用，空气中相对湿度较大时会吸收较多水分，增加了电导，均能使绝缘阻值显著降低。一般规定空气湿度在 80％以上时，不宜进行绝缘测试。

3. 放电时间的影响

每测完一次绝缘电阻后要对被试设备充分放电，特别是容性设备，放电时间应大于充电时间，以利于将全部剩余电荷放尽。否则在重复测量时，由于剩余电荷的影响，其充电电流和吸收电流将比第一次减小，因而造成吸收比减小，绝缘电阻增大的虚假现象。

4. 分析判断

(1)所测的绝缘电阻值应不小于规定值。

(2)将所测的绝缘电阻值换算至同一温度，与出厂、交接和历年试验数值比较应无明显差别。否则要引起注意，查明原因。

(3)对于大容量电气设备，主要以吸收比和极化指数的大小作为判断依据。

二、直流泄漏及直流耐压试验

测量电气设备的直流泄漏电流与绝缘电阻的原理相同。不同之处是：直流泄漏试验的

电压一般比兆欧表电压高，并可以随意调节。因而它比兆欧表发现缺陷的有效性更高，能灵敏地反映瓷质绝缘的裂纹、夹层绝缘的受潮及局部松散断裂和沿面脏污碳化等缺陷。

(一)特点及意义

直流耐压试验和直流泄漏电流测量方法相同，但其作用不同。前者是考验绝缘的耐电强度，试验电压较高；后者是检测绝缘状况，试验电压较低。直流耐压试验对于发现某些局部缺陷有特殊意义，它和交流耐压试验相比主要有以下几个特点。

1. 试验设备较轻便，直流耐压试验便于在现场进行。比如对于电缆线路，如果做交流耐压试验，每公里线路电容电流将达到数安培，需要较大容量的试验设备。而做直流耐压试验时，稳定后只需供给绝缘泄漏电流(毫安级)。

2. 能同时测量泄漏电流。直流耐压试验可以在逐步升压的同时，通过测量泄漏电流，更有效地反映绝缘内部的集中性缺陷。

3. 对绝缘的损伤较小。当直流作用电压较高以至于在气隙中发生局部放电后，放电产生的电荷所感应的反电场使在气隙里的场强减弱，从而抑制了气隙内的局部放电过程。如果是交流耐压试验，由于电压不断改变方向，在每个半波里都要发生局部放电，这种放电往往加速了绝缘材料的分解、老化和变质，降低其绝缘性能，使局部缺陷逐渐扩大。因此直流耐压试验在一定程度上属于非破坏性试验。

与交流耐压试验相比，直流耐压试验的缺点是：由于交、直流下绝缘材料内部电压分布不同，直流耐压试验对绝缘的考验不如交流耐压试验接近实际。因此，对交联聚乙烯电缆不宜采用直流耐压试验。

(二)试验方法

试验回路根据微安表接的位置分为两种情况，一种是微安表接在高压侧，另一种是微安表接在低压侧。一般按前者接线，如图 9-1 所示。

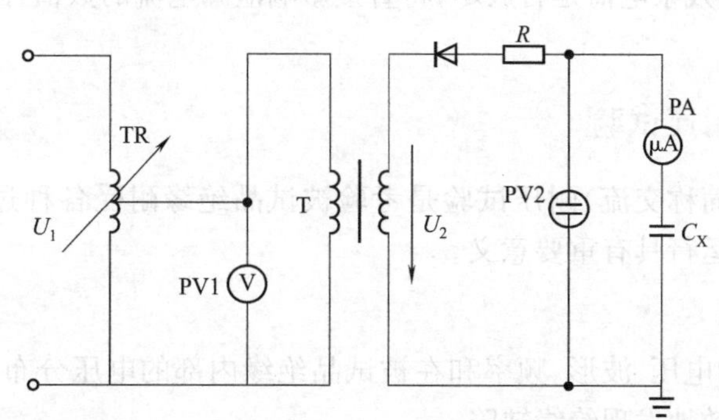

TR—调压器；PV1—低压侧电压表；T—试验变压器；
R—限流电阻；PV2—高压静电电压表；PA—泄漏微安表；Cx—被试品电容。

图 9-1　直流耐压试验原理接线

试验按如下步骤进行：

1. 试验回路一般由自耦调压器、试验变压器(倍压筒)、高压二极管、测量表计和控制系统组成。其中自耦调压器、测量表计和控制系统集成于操作控制箱内，高压二极管与试验变压器集成，方便完成外部接线。

2. 检查试验仪器及连接线的完好性，连接电缆不应有断路或短路，仪器无破损变形。

3. 将操作控制箱、试验变压器(倍压筒)放置合适地点并完成接线。保护接地线与工作接地线以及放电接地线应分别独自接至可靠接地点上。

4. 将调压器旋钮转回零位，接通电源开关，相应指示灯亮(绿灯亮表示电源接通，黄灯亮表示调压器在零位)。启动升压按钮，红灯亮，表示可以升压操作。

5. 顺时针方向平滑转动升压旋钮，按要求分阶段缓慢升至需要电压，记录泄漏电流及输出电压，并观察有无异响或异样现象发生。

6. 试验完成后，逆时针旋转升压旋钮进行降压，回零后切断升压开关，关闭电源。

7. 对被试品进行充分放电，拆除试验接线。

(三)影响因素和试验结果分析

1. 高压连接导线对地泄漏电流的影响

由于与被试品的连接导线通常暴露在空气中(不加屏蔽时)，被试品的加压端也暴露在外，所以周围空气有可能发生电离，产生对地泄漏电流，特别是在高海拔、空气稀少的环境下更容易产生。这种影响不可忽略，现场常用增加导线截面积、缩短导线长度、减小尖端放电或加防晕罩等措施来消除影响。

2. 空气湿度对表面泄漏电流的影响

当空气湿度较大时，表面泄漏电流远大于体积泄漏电流，被试品表面脏污易于吸潮，使表面泄漏电流增加，所以试验时必须擦净表面，并使用屏蔽线。

3. 温度的影响

温度对高压直流耐压试验结果的影响很大，因此所测得的泄漏电流值必须换算到同一温度下才能进行分析比较。

4. 残余电荷的影响

被试品绝缘中的残余电荷是否放尽，将直接影响泄漏电流的数值，因此在试验前须将被试品充分放电。

三、工频交流耐压试验

工频交流(以下简称交流)耐压试验是考验被试品绝缘耐受各种过电压能力的有效方法，对保证设备安全运行具有重要意义。

(一)特点及意义

交流耐压试验的电压、波形、频率和在被试品绝缘内部的电压分布，与设备实际运行时相符，因此能真实有效地发现绝缘缺陷。

交流耐压试验对于有机固体绝缘来说属于破坏性试验，它会使原来绝缘薄弱的点进一步发展，使绝缘强度逐渐降低，形成绝缘内部劣化的累积效应。因此必须正确地选择试验电压标准和试验时长。具有夹层绝缘的设备，在长期运行电压的作用下，绝缘具有累积效应，所以规定运行中的设备试验电压，比出厂试验电压要有所降低，且按不同设备区别对待(主要由设备的经济性和安全性决定)。

(二)试验方法

试验接线如图 9-2 所示。

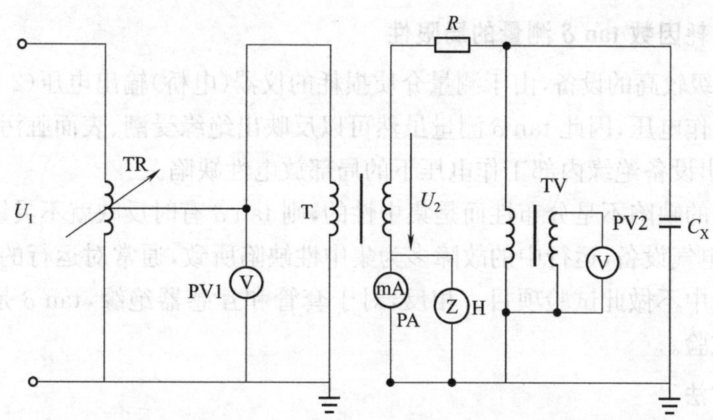

TR—调压器；PV1—低压侧电压表；T—试验变压器；TV—高压测量互感器；R—限流电阻；
PV2—高压指示电压表；PA—微安表；H—放电管；C_X—被试品电容。

图 9-2　交流耐压试验原理接线

(三)试验分析

对于绝缘良好的被试品，在交流耐压试验过程中不应被击穿。其是否被击穿可根据以下情况进行分析。

1. 根据接入的表计显示来分析判断。一般情况下，电流表指示突然上升，说明被试品被击穿；电压表指示明显下降，说明被试品被击穿。

2. 根据控制回路的状态进行分析。过流继电器启动使控制开关跳闸，如果继电器定值选择合理的情况下说明被试品被击穿。

3. 根据被试品的状况进行分析。被试品发出击穿响声(或断续放电声音)、冒烟、闪弧、燃烧、焦臭等，都是不允许的，应查明原因。这些现象如果是被试品本身绝缘出现的，则认为被试品不合格。

(四)注意事项

1. 被试品如为有机绝缘材料，试验完成后应立即触摸，若出现普遍或局部发热，则认为绝缘不良，应进行处理，然后再进行试验。

2. 对夹层绝缘或有机绝缘材料的设备，如果耐压试验后绝缘电阻值比试验前下降超过30%，则认为该设备存在缺陷。

3. 在试验过程中，若由于空气湿度、温度、表面脏污等原因造成被试品表面滑闪放电或空气放电，不应认为被试品内部绝缘不合格。需经清洁、干燥处理后再进行试验。

4. 升压必须从零开始，不可冲击合闸。

5. 耐压试验前后均应测量被试品的绝缘电阻。

四、介质损耗因数 tan δ 测量

(一)介质损耗因数 tan δ 测量的意义

测量介质损耗因数 tan δ 是一种使用较多且对判断绝缘较为有效的方法。通过测量 tan δ，可以反映出绝缘的一系列缺陷，如绝缘受潮、表面脏污、劣化变质、绝缘中有气隙发生放电等。

(二)介质损耗因数 tan δ 测量的局限性

对于电压等级较高的设备,由于测量介质损耗的仪器(电桥)输出电压(2 500～10 000 V)远低于设备的工作电压,因此 tan δ 测量虽然可以反映出绝缘受潮、表面脏污、劣化变质等缺陷,但难以反映出设备绝缘内部工作电压下的局部放电性缺陷。

如果绝缘内的缺陷不是分布性而是集中性的,则 tan δ 有时反映就不灵敏。因此对于像电机、电缆这类电气设备,运行中的故障多为集中性缺陷所致,通常对运行的电机、电缆等设备在预防性试验中不做此试验项目。相反,对于套管和互感器绝缘,tan δ 是一项必不可少且比较有效的试验。

(三)试验方法

目前在试验中广泛采用的仪器是西林电桥和数字电桥,下面分别进行介绍。

1. 西林电桥(以 QS1 型电桥为例)

QS1 型电桥接线原理如图 9-3 所示。图中 C_X、R_X 为被试品的电容和电阻,R_3 为无感可调电阻,R_4 为无感固定电阻,C_N 为高压标准电容器,C_4 为可调电容器,P 为交流检流计。

接线方式:

(1)正接线法。所谓正接线就是正常接线,如图 9-3 所示。正接线时,桥体处于低压,操作安全方便。因不受被试品对地寄生电容的影响,故测量准确。但这时要求被试品两极均能对地绝缘,由于现场设备外壳基本上都是固定接地的,所以这一测试方法受到限制。

(2)反接线法。反接线法适用于被试品一极接地的情况,故在现场应用较广,如图 9-4 所示。这时的高、低压端恰与正接线时相反,D 点接高压而 C 点接地,因而称为反接线。在反接线时,电桥体内各桥臂及部件处于高电位,所以在面板上的各种操作都是通过绝缘柱传动的。此时被试品的高压电极连同引线对地产生的寄生电容与被试品电容 C_X 并联而造成测量误差,特别是 C_X 数值较小时更为明显。

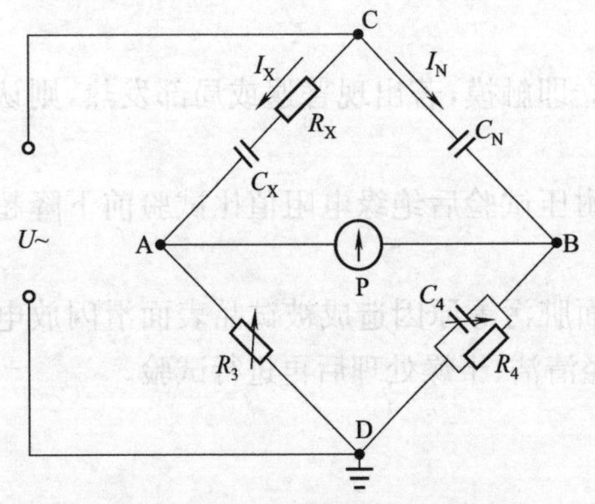

图 9-3　西林电桥原理接线

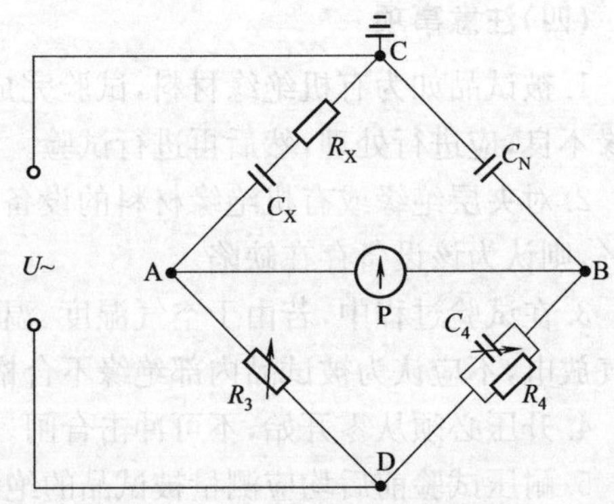

图 9-4　西林电桥原理反接线

2. 数字电桥(数字式自动介损测量仪)

(1)功能与特点

数字式自动介损测量仪使用方便,测量数据人为影响较小,其测量精度和可靠性都比 QS1 型电桥高。

数字式自动介损测量仪基本测量原理为矢量电压法,即利用两个高精度电流传感器,将

流过标准电容 C_N 和被试品的电容 C_X 的电流信号 i_N 和 i_X 转换成适合计算机测量的电压信号，然后再通过 A/D 模数转换成数字信号，经过一系列运算确定 C_X 和 $\tan\delta$ 的数值。

数字式自动介损测量仪为一体化结构设计，内置高压电源和 BR26 型标准电容器，能够自动测量电气设备的电容量及介质损耗等参数，并具备先进的干扰自动抑制功能，即使在强烈电磁干扰下也能精确地完成测量任务。通过软件调节，可自动施加 10 kV、5 kV 或 2 kV 测量电压，并具备完善的保护措施。

能外接调压器供电，可实现试验电压在 1～10 kV 范围内的任意调节。

(2)测试接线

数字式自动介损测量仪为一体化结构设计，使用时把试验电源输出端用高压专用双屏蔽电缆与被试品的高电位端相连，把测量输入端(分为"不接地被试品"和"接地被试品"两个输入端)用低压专用屏蔽电缆与被试品的低电位端相连，即可实现对被试品的电容量和介质损耗的测量。

(四)影响因素和试验结果分析

在排除外界干扰后，对测量出来的 $\tan\delta$ 值还需要进行分析判断，一般需要考虑以下因素。

1. 温度的影响

温度对 $\tan\delta$ 有直接影响，影响的程度与材料、结构的不同而异。一般情况下，$\tan\delta$ 是随着温度的上升而增加的。现场试验时，为便于比较，应将不同温度下测量的 $\tan\delta$ 值换算至 20 ℃。$\tan\delta$ 值的测量一般在不低于 5 ℃时进行，最好在 10～30 ℃的温度下测量。

2. 试验电压的影响

良好绝缘的 $\tan\delta$ 值不随电压的升高而明显增加。若绝缘内部有缺陷，则其 $\tan\delta$ 值将随着电压的升高而明显增加。绝缘老化时，在气隙游离之前，$\tan\delta$ 值要低于良好绝缘时的情况，过了起始游离点后，$\tan\delta$ 值迅速升高。绝缘中存有气隙时，在电压未达到气体游离之前，$\tan\delta$ 值保持稳定。随着电压升高气隙游离后，$\tan\delta$ 值陡增。绝缘受潮时，在较低电压下，$\tan\delta$ 值就已较大，随着电压升高 $\tan\delta$ 值相应增大。

3. 测量 $\tan\delta$ 与被试品电容的关系

对电容量较小的设备(套管、互感器、耦合电容器等)，测量 $\tan\delta$ 能有效地发现局部集中性和整体分布性缺陷。但对电容量较大的设备(大、中型变压器，电力电缆，发电机，电力电容器等)，测量 $\tan\delta$ 只能发现绝缘整体分布性缺陷。

五、局部放电试验

(一)局部放电测试的目的及意义

局部放电是指发生在电极之间但并未贯穿电极的放电，它是由于设备绝缘内部存在弱点或生产过程中造成的缺陷，在高电场强度下发生的重复击穿和熄灭的现象。它表现为绝缘内气体的击穿、小范围内固体或液体的局部击穿或金属表面边缘及尖角处场强集中引起的击穿放电等。这种放电能量很小，它的短时存在并不影响设备整体绝缘强度，但是如果这种放电不断出现，其积累效应会使绝缘介质逐渐劣化并最终导致绝缘击穿。

局部放电会使绝缘劣化而导致损坏，但是它的发展需要一定的时间。时间的长短与设备本身运行状况和局部放电种类以及绝缘结构等等多种因素相关，总体说来，一个绝缘系统的好坏判断是其局部放电越小越好。对于各种电气设备,现行标准规定的局部放电量水平考虑了设备在正常运行条件下的使用寿命。实践证明,超过标准 1 倍及以下局部放电量可以继续运行;超过 1～4 倍的监视运行;超过 10 倍及以上的,则认为设备存在较严重的隐形故障,一般会在 2 个月至 2 年之间暴露出来,并且各种隐形故障往往无法通过其他手段(包括 1 min 耐压)检测出来。因此,测试电气设备的局部放电特性是目前预防电气设备故障的一种有效方法。

(二)局部放电测试方法

根据局部放电产生的物理、化学现象,如电荷的交换,发射电磁波、声波,发光,发热,产生分解物等,可以有很多测量局部放电的方法。

1. 超声波法

利用超声波检测技术来测定局部放电的位置及放电程度。这种测试方法简单,不受现场环境条件限制,但灵敏度低,不能直接定量。

2. 无线电干扰测量法

局部放电产生的脉冲信号频谱很宽,从几千赫兹至几十兆赫兹。利用无线电干扰仪,通过被试品两端直接耦合,或通过天线等其他采样元件耦合,测量被试品的局部放电脉冲信号。

3. 放电能量法

局部放电伴随着能量损耗,可以用电桥来测量一周期的放电能量,也可以用微处理机直接测量放电功率。

4. 脉冲电流法

由于局部放电产生的电荷交换,产生高频电流脉冲,通过与被试品连接的检测回路产生电压脉冲,将此电压脉冲经过合适的宽带放大器放大后由仪器测量或显示出来。这种方法灵敏度高,是目前国际电工委员会推荐的一种进行局部放电测试的通用方法。

第二节　变压器(电抗器)试验

一、测量绝缘电阻和吸收比

(一)绝缘电阻

测量绝缘电阻和吸收比是检查变压器绝缘状态简便而通用的方法,一般对绝缘受潮及局部缺陷均能有效地查出。

测量绝缘电阻包括:一次线圈对二次线圈及地、二次线圈对一次线圈及地、铁芯对地。

测量时,按标准使用量程匹配的兆欧表,电压等级在 1 000 V 及以上采用 2 500 V 量程,电压等级在 1 000 V 以下采用 1 000 V 量程的兆欧表,依次测量各绕组对地和绕组间的绝缘电阻。被测绕组引线端短接,非被测绕组端短接并接地。

测量绝缘电阻时,非被测绕组短路接地,其作用是:可以测量出被测绕组对地和非被测绕组之间的绝缘状态,同时能避免非被测绕组中存有剩余电荷对测量造成影响。所以在绝缘测试前,对被试变压器要进行充分放电,刚刚停止运行的变压器要将其从线路中完全隔离,油浸变压器还要等到上下层油温一致再进行测试,对于新投运或大修后的油浸变压器,要在充油后静置一定的时间待气泡逸出后,再测量绝缘电阻。8 000 kV・A 及以上的变压器需要静置 20 h 以上，小容量变压器需静置 5 h 以上。

测量结果的比较：交接试验时，在同一温度下的绝缘电阻值不得低于出厂试验值的 70% 或不低于 10 000 MΩ(20 ℃)。预防性试验时，在同一温度下的绝缘电阻值不得低于上次试验值的 70%或 10 000 MΩ(20 ℃)。如无上次试验值比较时，可参照表 9-1 数据判定。

表 9-1 不同温度和电压下的绝缘电阻值(MΩ)

电压/kV	绝缘电阻值/MΩ							
	T=10 ℃	T=20 ℃	T=30 ℃	T=40 ℃	T=50 ℃	T=60 ℃	T=70 ℃	T=80 ℃
3～10	450	300	200	130	90	60	40	25
20～35	600	400	270	180	120	80	50	35
60～220	1 200	800	540	360	210	160	100	75

注：1. 同一变压器，高低压绕组绝缘电阻标准相同。

2. 高压绕组额定电压 15.7 kV 及以下的按 3～10 kV 级的标准；18～44 kV 的按 20～35 kV 级的标准；44 kV 以上的按 60～220 kV 级的标准。

铁芯对地绝缘电阻 66 kV 及以上的变压器不宜低于 100 MΩ，35 kV 及以下变压器不宜低于 10 MΩ，采用 2 500 V 兆欧表测量。

(二)吸收比和极化指数

1. 吸收比

变压器电压等级在 35 kV 以下时，吸收比不做要求；35 kV 及以上且容量在 4 000 kV·A 及以上时，吸收比的数值在常温下不应小于 1.3。当 R_{60} 大于 3 000 MΩ 时，吸收比可不做考核要求。

2. 极化指数

变压器电压等级在 220 kV 及以上且容量在 120 MV·A 及以上时，需测量极化指数。应选用 5 000 V 兆欧表进行测量，在常温下不应小于 1.5。当 R_{60} 大于 10 000 MΩ 时，极化指数可不做考核要求。

二、测量绕组连同套管介质损耗角的正切值

测量变压器绕组绝缘的介质损耗角的正切值 tan δ，主要用于检查变压器是否受潮、绝缘老化、油质劣化及严重局部缺陷等。其测量结果易受被试品表面状态和外界条件干扰，测量时需要清洁被试品表面且温度不低于 5 ℃，湿度不应超过 80%。

因变压器外壳均接地，所以采用反接法进行测量。测量时被测绕组两端短接，非被测绕组短接接地，以避免绕组电感给测量带来误差。

变压器电压等级在 35 kV 及以上且容量在 10 000 kV·A 及以上时，应测量介质损耗因数。

被测绕组的 tan δ 值不宜大于出厂试验值的 130%，当大于 130%时，可结合其他绝缘试验结果进行分析判断。

与出厂时测试结果比较，均应换算到 20 ℃，其换算系数为

$$A=1.3^{(T-20)/10} \tag{9-2}$$

当温度高于 20 ℃时，按 $\tan\delta_{20}=\tan\delta_T/A$ 折算；当温度低于 20 ℃时，按 $\tan\delta_{20}=A\tan\delta_T$ 折算。

其中，$\tan\delta_{20}$为换算至 20 ℃时的介质损耗因数；$\tan\delta_T$为在 T 温度下的介质损耗因数。

变压器本体电容量与出厂值相比允许偏差为±3%。

三、测量电压比

变压器的电压比是指变压器在空载运行时，一次电压 U_1 和二次电压 U_2 之间的比值，也称变比，即

$$K=U_1/U_2 \tag{9-3}$$

单相变压器的变比是按相电压比值计算，同时等于匝数比。三相变压器的变比指的是一、二次线电压的比值，根据不同形式的接线，其变比与匝数比之间有如下关系：一、二次接线相同的变压器，其变比与一、二次线圈的匝数比相同，即

$$K=U_1/U_2=N_1/N_2 \tag{9-4}$$

当变压器一、二次接线不同(即一侧为角形接线，另一侧为星形接线)时，Yd 接线的变比为 $K=\sqrt{3}N_1/N_2$，Dy 接线的变比为 $K=N_1/(\sqrt{3}N_2)$。

测量变压器变比的目的：

1. 检查变压器绕组匝数比的正确性；
2. 检查分接开关的状况；
3. 变压器故障后通过变比试验判断是否存在匝间短路；
4. 判断变压器是否可以并列运行。

当两台并列运行的变压器二次侧空载电压相差为额定电压的 1%时，两台变压器中的环流将达到额定电流的 10%左右，这样就增加了变压器的损耗，因此电压比的差值应限制在一定的范围。按相关规定，电压比小于 3 的变压器允许偏差为±1%，其他所有变压器额定分接位置允许偏差±0.5%。

测试变压器电压比一般采用电压表法和变比电桥法。电压表法需要人为接线，受测试人接线和读数因素的影响，测量的数据误差会更大一些，现已经不再采用。利用变比电桥法能很方便地测出被试变压器的电压比，随着电子技术和计算机技术的发展，变压器电压比自动测量仪应运而生，其测量接线和操作极其简单，各厂家产品也不尽相同，不再介绍。

四、测量极性和组别

(一)极性试验

1. 极性试验的意义

变压器绕组的同名端是指各绕组电位瞬时同高或同低的端点，也称为同极性端。

在变压器中，为了更好地说明绕在同一铁芯的两个绕组感应电动势间的相互关系，引用“极性”这一概念。变压器绕组方向分为左绕和右绕，引出端标号也可人为确定，由于以上两个因素，变压器就会出现“减极性”和“加极性”两种情况。

由于变压器一、二次绕组之间存在着极性关系，当几个绕组互相连接组合时，无论是接成串联还是并联，都需要知道极性才能正确进行。因此变压器的极性试验非常重要。

2. 试验方法

(1)直流法

将 1.5 V 或 3 V 直流电源经开关 S 接在变压器高压端 A、X 上，在变压器二次绕组的端子

a、x上接一块指针式毫伏表(或毫安表、万用表),如图9-5所示。注意要将电源和表计的正极接变压器绕组的同极性端。测量时注意观察指针偏转方向,当合上开关S的瞬间,指针向右偏(正方向),拉开时指针向左偏时,为减极性,如图9-5(a)所示,反之为加极性,如图9-5(b)所示。

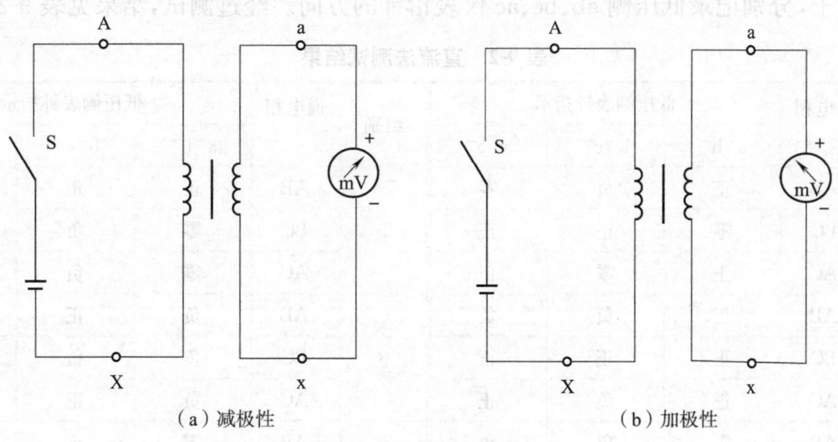

图9-5　直流法接线

(2)交流法

将变压器一次侧A端子与二次侧a端子短接,如图9-6所示。在高压侧加交流电压,测量加入的电压U_{AX}、二次侧电压U_{ax}和高低压绕组尾端电压U_{Xx}。若$U_{Xx}=U_{AX}-U_{ax}$,则为减极性;若$U_{Xx}=U_{AX}+U_{ax}$,则为加极性。

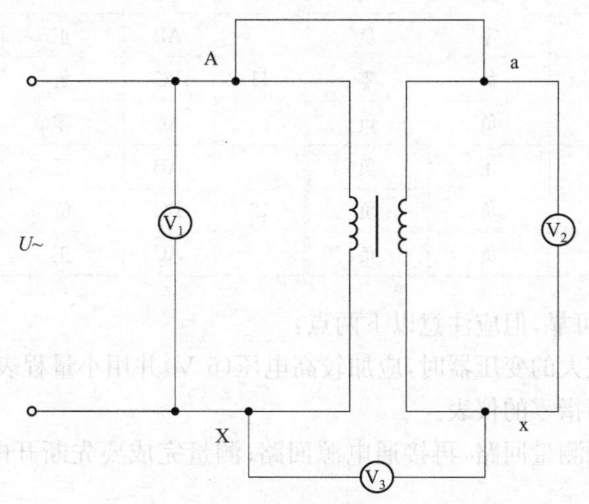

图9-6　交流法接线

为保证人身安全,建议在变压器高压侧加400 V以下的电压来进行测量。

(二)组别试验

1.组别试验的意义

变压器的接线组别是并列运行的重要条件之一,若参与并列运行的变压器接线组别不一致,将会出现不能允许的环流。因此,在出厂、交接和绕组大修后必须进行变压器的接线组别试验。

2. 试验方法

确定变压器绕组接线组别的方法有直流法、双电压表法和相位表法，其中以直流法最为常用。直流法测试同极性测试方法相同，用直流电源依次轮流加在变压器高压侧的 AB、BC、AC 端子，分别记录低压侧 ab、bc、ac 仪表指针的方向。经过测试，结果见表 9-2。

表 9-2 直流法测试结果

组别	通电相 + −	低压侧表针指示			组别	通电相 + −	低压侧表针指示		
		a^+b^-	b^+c^-	a^+c^-			a^+b^-	b^+c^-	a^+c^-
1	AB	正	负	零	7	AB	正	正	零
	BC	零	正	正		BC	零	负	负
	AC	正	零	正		AC	零	负	负
2	AB	正	负	负	8	AB	负	正	正
	BC	正	正	正		BC	负	负	负
	AC	正	负	正		AC	负	正	负
3	AB	零	负	负	9	AB	零	正	正
	BC	正	零	正		BC	负	零	负
	AC	正	负	零		AC	正	正	零
4	AB	负	负	负	10	AB	正	正	正
	BC	正	负	正		BC	负	正	负
	AC	正	负	负		AC	负	正	正
5	AB	负	零	负	11	AB	正	零	正
	BC	正	负	零		BC	负	正	零
	AC	零	负	负		AC	零	正	正
6	AB	负	正	负	12	AB	正	负	正
	BC	正	负	负		BC	负	正	正
	AC	负	负	负		AC	正	正	正

直流测试法虽然可靠，但应注意以下两点：

(1)在测量变比较大的变压器时，应加较高电压(6 V)并用小量程表计，以便仪表有明显的摆动，最好采用中间指零的仪表。

(2)测量时先接通测量回路，再接通电源回路；测量完成要先断开电源回路再断开测量回路。

现场极性和接线组别的测试功能与变比测量集成在一台仪器中，操作十分方便。

五、测量绕组的直流电阻

1. 试验的意义

测量变压器绕组直流电阻的目的是检测绕组接头的焊接质量和有无匝间短路、分接开关各个位置的接触是否良好、引出线及绕组有无断股等。在变压器出厂、交接、大修及改变分接开关位置后务必进行绕组直流电阻的测量，同时在故障后也必须进行此项试验以判断有无匝间短路或断路情况的发生。

2. 试验方法

(1)电流电压表法

电流电压表法又称电压降法，其原理是在绕组中通入直流电流，在绕组的电阻上产生电压降，测量出绕组通入的电流和电压降，利用欧姆定律计算出绕组的电阻，如图 9-7 所示。

测量时，先闭合 S1 接通电流回路，待电流稳定后再闭合 S2 测量电压。当测量结束切断电源时，先断开 S2 再断开 S1，以免感应电动势损坏电压表。测量用的仪表精度不低于 0.5 级，电流表应选用内阻小的仪表，电压表选用内阻大于 4 位数的高精度仪表。为避免仪表对测量精度的影响，当测量直流电阻较大时按图 9-7(a)接线，直流电阻较小时按图 9-7(b)接线。

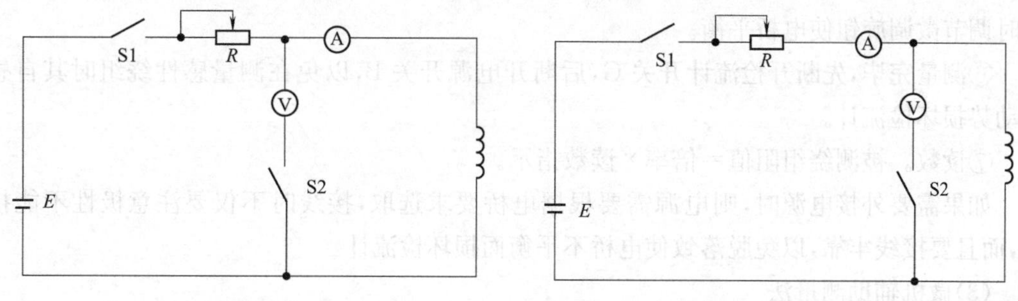

(a) 直流电阻较大时接线　　(b) 直流电阻较小时接线

图 9-7　电流电压表法接线

(2)平衡电桥法

应用电桥平衡的原理来测量绕组直流电阻的方法称为平衡电桥法。常用的直流电桥有单臂电桥和双臂电桥两种。

单臂电桥在测量小电阻时因引线电阻的存在，测量误差大。因此，单臂电桥适用于测量阻值在 1 Ω 以上的绕组直阻。双臂电桥可采取选用被测电阻与标准电阻相同的引线(四根长度一样，截面和材质一样)来避免测量误差，因此双臂电桥适用于测量精度要求高的小电阻。

双臂电桥直流电阻试验仪如图 9-8 所示，其测量步骤如下：

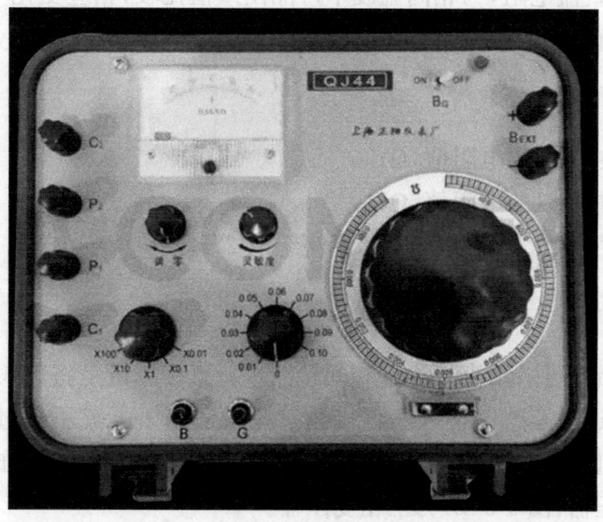

图 9-8　双臂电桥直流电阻试验仪

①将电桥放置平稳。测量前，先调节电桥检流计的机械零位旋钮，置检流计指针于零位。

②接通仪器电源，调节电气调零旋钮，置检流计指针于零位。

③接入被测绕组。绕组接入时，电压端子 P1、P2 引线比电流端子 C1、C2 引线更接近被测量的绕组(即 P1、P2 线夹在内侧，C1、C2 线夹在外侧)。

④测量前先估算，按估算值选倍率挡和阻值挡。

⑤测量时，先按下电源开关 B，点动检流计开关 G 看指针偏移方向调节倍率和读数盘旋钮，使检流计指针指向"0"。增大灵敏度同时调节电桥，使检流计指针指向"0"，在灵敏度最大时调节微调旋钮使电桥平衡。

⑥测量完毕，先断开检流计开关 G，后断开电源开关 B，以免在测量感性绕组时其自感电动势损坏检流计。

⑦读数。被测绕组阻值=倍率×读数指示。

如果需要外接电源时，则电源需要根据电桥要求选取，接线时不仅要注意极性不能接反，而且要接线牢靠，以免脱落致使电桥不平衡而损坏检流计。

(3)微机辅助测量法

利用直流电阻测试仪进行测量，其特点是测量全过程由单片机控制，自动完成自检、过渡过程判断、数据采集及分析。与传统的电桥法测试相比，具有操作简便、测试速度快、消除人为测量误差等优点。

3. 相关规定

(1)变压器绕组直流电阻的测量应在各分接位置进行。

(2)容量在 1 600 kV·A 及以下的三相变压器，各相绕组相互间的差别不大于 4%；无中性线引出的绕组，线间各绕组间相互差别不大于 2%。1 600 kV·A 以上的三相变压器，各相绕组相互间的差别不大于 2%；无中性线引出的绕组，线间各绕组间相互差别不大于 1%。

(3)变压器绕组直流电阻，与相同温度下产品出厂值比较，相应变化不应超过 2%。不同温度下的直流电阻值按下式进行折算，即

$$R_2=R_1\cdot\frac{T+t_2}{T+t_1} \tag{9-5}$$

式中 R_1——温度在 t_1 时的电阻值，Ω；

R_2——温度在 t_2 时的电阻值，Ω；

T——计算用常数，铜绕组取 235，铝绕组取 225。

六、测量空载损耗和短路损耗

测量变压器的损耗可采用直接测量和间接测量。直接测量是将仪表直接接入测量回路中，间接测量是仪表通过互感器接入。直接测量接线适用于电流不超过 10 A、电压不超过 600 V 的情况，超过上述量程时应选用间接测量接线。直接测量接线如图 9-9 所示，其中，图 9-9(a)为单相变压器，图 9-9(b)为三相变压器。

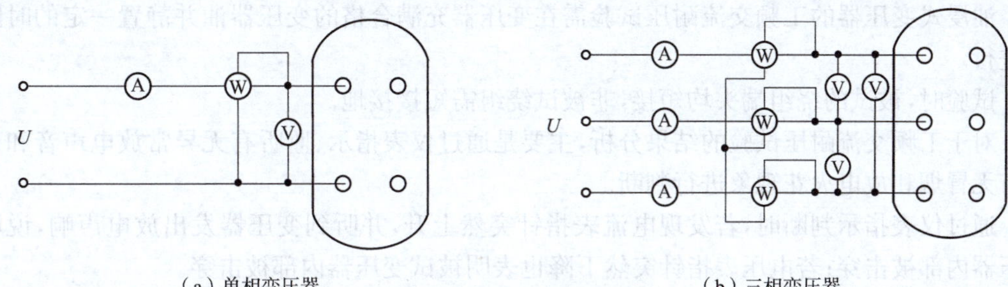

（a）单相变压器　　（b）三相变压器

图 9-9　直接测量接线

(一)空载试验

变压器的空载试验，可以从变压器的任一侧绕组施加额定电压（一般选低压侧，因为电压低比较安全，同时试验电压也容易获取），其他绕组开路，测量变压器的空载损耗和空载电流。空载损耗是功率表测量的瞬时功率，单位为瓦特，用 W 表示；空载电流以实际测量的空载电流 I_0 占额定电流 I_n 的百分数，用 $I_0\%$ 表示，即

$$I_0\% = I_0 / I_n \times 100\% \tag{9-6}$$

三相变压器的空载损耗为各相功率表之和，三相变压器的空载电流取三相电流的平均值。

对电压等级在 35 kV 及以上、容量大于 2 000 kV·A 的变压器，空载电流为0.3%～1.5%；10 kV 及以下的中小型配电变压器，空载电流一般为 2%～10%。

(二)短路试验

将变压器一侧绕组（通常选低压侧）短路，在另一侧绕组施加额定频率的交流电压，使通过被短路绕组的电流达到额定值。测量所加的电压和功率，这一试验过程称为变压器的短路试验。

将测得的功率换算至额定温度下（75 ℃）的数值，称为变压器的短路损耗。所加电压 U_k 称为阻抗电压（或短路电压），通常以占加压绕组的额定电压百分数来表示，即

$$U_k\% = U_k / U_n \times 100\% \tag{9-7}$$

进行变压器短路试验的目的是测量短路损耗和阻抗电压，以确定变压器能否并列运行，并可以计算出变压器的使用效率和确定变压器温升等。

需要注意的是，短路损耗与绕组的直流电阻大小有关，因此在进行绕组短路时，应选用尽可能短、截面应不小于绕组出线的短路线，并接触良好。

换算至 75 ℃时的短路损耗值为

$$P_{75} = K_\theta P_K \tag{9-8}$$

$$K_\theta = \frac{a+75}{a+\theta} \tag{9-9}$$

式中　P_{75}——换算到 75 ℃时的短路损耗，W；

P_K——θ 温度下测得的短路损耗，W；

K_θ——换算系数，铜绕组时 a 取 235，铝绕组时 a 取 225。

七、工频交流耐压试验

工频交流耐压试验对考核变压器主绝缘强度、检查局部缺陷具有决定性的作用。采用工频交流耐压试验能有效地发现绕组主绝缘受潮、开裂，或在运输过程中由于振动引起的绕组松动、移位引起的绝缘距离不足等。

油浸式变压器的工频交流耐压试验需在变压器充满合格的变压器油并静置一定的时间后进行。

试验时，被试的绕组端头均短接，非被试绕组需短接接地。

对于工频交流耐压试验的结果分析，主要是通过仪表指示、监听有无异常放电声音和观察有无冒烟和放电火花现象进行判断。

通过仪表指示判断时，若发现电流表指针突然上升，并听到变压器发出放电声响，说明变压器内部被击穿；若电压表指针突然下降也表明被试变压器内部被击穿。

若试验过程中出现“哧哧”的放电声，并观察到明显的火花，说明外部绝缘不良引起爬弧，这种现象很容易观察判断。此外，空气中有轻微的放电或瓷套管表面有轻微的放电均属于正常现象。

八、绝缘油试验

在绝缘油试验项目中，通常进行电气性能的试验有两项，即电气强度试验和介质损耗因数试验。此外还有绝缘油的析气性能试验，但它只在超高压的新绝缘油验收时才进行检测，在此不进行介绍。

(一)电气强度试验

1. 清洗油杯。长期不用或受污染的电极和油杯必须用汽油、苯或四氯化碳洗净后烘干，洗涤时用干净的丝绢擦拭；经常使用的油杯，平时将杯中盛满干净的绝缘油，放置在干燥防尘的环境中，使用前用干净的绝缘油冲洗两次即可。调节电极距离为 2.5 mm。

2. 油样处理。油样送到试验室后，应密封放置一段时间，使油样温度和室温相同。油样倒入油杯时应缓慢，不要产生气泡；用玻璃盖盖好后静置 10 min 以上，试验时温度应在 15～25 ℃，湿度不大于 75%的环境下进行。

3. 加压试验。按工频交流耐压试验操作方法，缓慢升压，直到油间隙击穿并记录击穿电压值。反复试验 5 次，取其平均值。油样每次击穿后，要对电极间的油充分搅拌，并静置 5 min后再进行升压试验。

4. 合格标准。35 kV 及以下电压等级击穿电压≥35 kV；66～220 kV 电压等级击穿电压≥40 kV。

(二)介质损耗因数试验

将被试油样装入测量介质损耗因数专用的油杯中，并接在高压电桥上，用工频电压进行测量。

1. 清洗油杯。试验前先用有机溶剂将测量杯进行仔细清洗，并进行烘干。必须保证空杯的 $\tan\delta$ 值小于 0.01%，才能满足对测试绝缘油准确度的要求。然后用油样冲洗油杯 2～3次再倒入油样，静置 10 min 待气泡逸出后进行测量。

2. 合格标准。在 90 ℃时，注入电气设备前介质损耗因数≤0.5%；注入电气设备后介质损耗因数≤0.7%。

第三节　互感器试验

为了测量高电压和大电流，通常用电压互感器将高电压转换成低电压，用电流互感器将大电流转换成小电流。高压电力系统中的电压、电流、功率、频率和电能计量都是借助互感器测得。此外,互感器也是继电保护、自动控制、信号指示等方面不可或缺的设备,在结构和原理上与变压器类似。

一、电流互感器

(一)极性试验

电流互感器一般都做成减极性的。极性试验采用直流感应法,如图 9-10 所示,当开关 S 闭合的瞬间,毫伏表指针正偏,然后回零,则 L1 和 K1 同极性。

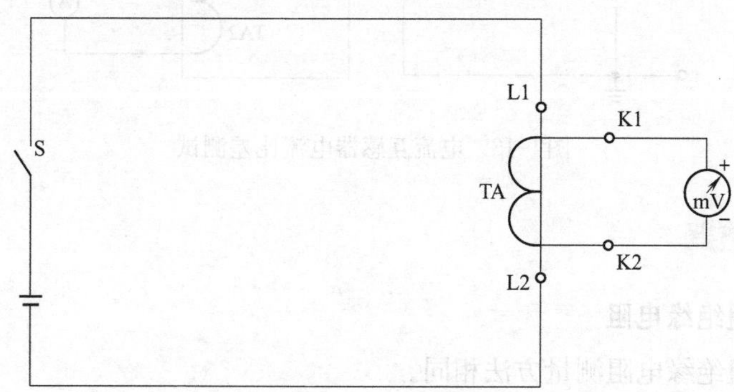

图 9-10　电流互感器极性测试

(二)励磁特性试验

试验接线如图 9-11 所示。试验时电压从零开始向上递升,以电流为基准,读取电压值,直至额定电流,绘制特性曲线图。

电流互感器励磁特性试验的目的是:可用此特性计算 10%误差曲线,可以校核用于继电保护的电流互感器的特性是否符合要求,并可以从励磁特性中发现一次绕组是否存在匝间短路情况。

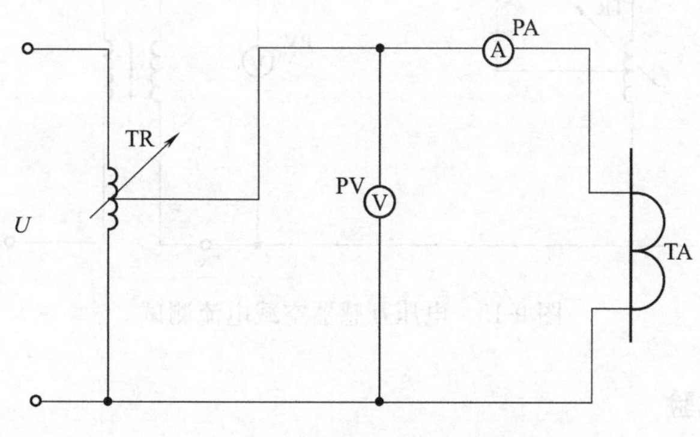

图 9-11　电流互感器励磁特性测试

(三)电流比差的测量

理想的电流互感器电流比应与匝数比成反比,但因励磁电流和铁损的存在,会出现电流比差。试验接线如图 9-12 所示。

被试的电流互感器 TA1 与标准的电流互感器 TA2 的一次端串接在升流器的回路中，被试的电流互感器电流比与标准的电流互感器电流比进行比对，计算出电流比的误差。注意接线图中所用仪器和标准电流互感器的仪表精度要高于被试品，否则失去比对意义。

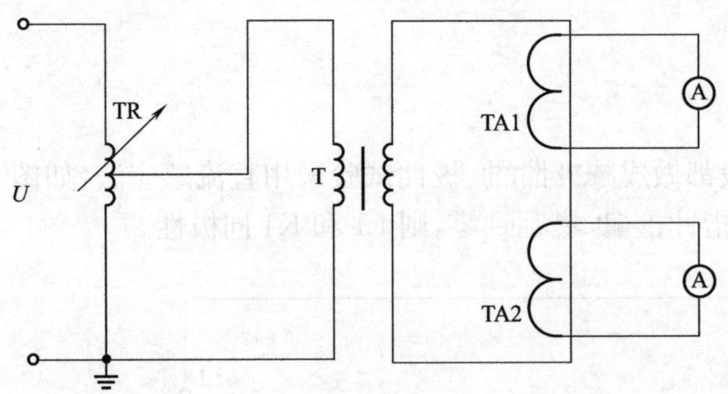

图 9-12　电流互感器电流比差测试

二、电压互感器

(一)测量绕组绝缘电阻

与变压器绕组绝缘电阻测量方法相同。

(二)测量一次绕组直流电阻

试验方法同变压器。

(三)测量空载电流

试验时从低压侧加压，逐渐升到额定电压，读取电流的数值，即为电压互感器额定电压下的空载电流，如图 9-13 所示。试验测得的空载电流与制造厂出厂时的数值应基本一致。

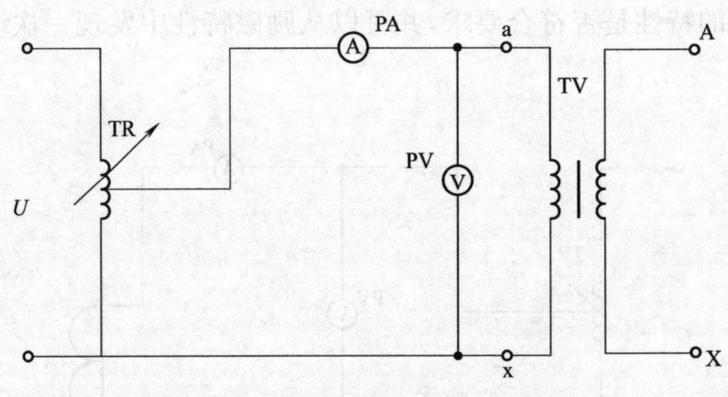

图 9-13　电压互感器空载电流测试

(四)交流耐压试验

试验方法同变压器，试验电压参阅相差标准。

(五)串级式电压互感器感应耐压试验

在互感器低压侧加上约为额定电压 3 倍的电压，在一次侧感应出相应的高电压来进行试验。为了防止铁芯过分饱和，应提高电源电压的频率，采用 150 Hz 电源进行试验。当频

率超过 100 Hz 时，为避免提高频率加重绝缘负担，所以相应减少耐压时间，耐压时间为

$$t=60\times100/f \tag{9-10}$$

(六)测量一次绕组对地的介损值

35 kV 及以上的电压互感器需要测量一次绕组对地的介损值，其试验方法同变压器。

(七)电压比差的测量

用标准的电压互感器 TV1 来校核被测电压互感器 TV2，如图 9-14 所示。

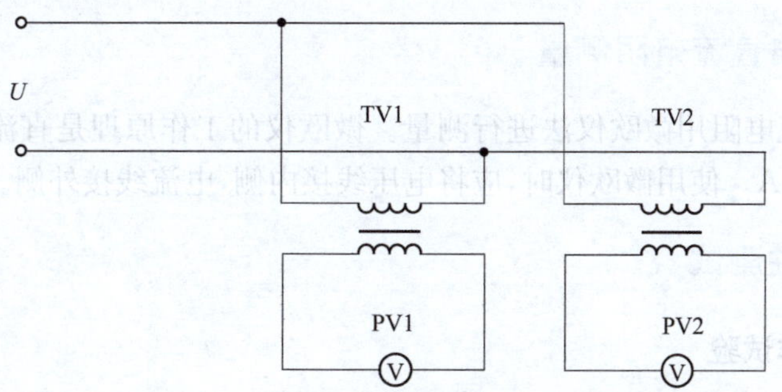

图 9-14　电压互感器电压比差测试

第四节　高压断路器试验

一、绝缘电阻测量

1. 合闸状态下测量主回路对地绝缘。通过绝缘测试能发现断路器主回路及其绝缘支柱、连杆、底座等有无受潮、裂纹、表面脏污等缺陷。

2. 分闸状态下测量断口间的绝缘。主要检查各断口之间的绝缘以及内部灭弧室是否受潮或灼伤。

3. 真空断路器、压缩空气断路器和 SF_6 气体断路器一般应用 2 500 V 兆欧表进行测量，其阻值应不小于 5 000 MΩ。

4. 辅助回路和控制回路绝缘测量，使用 1 000 V 兆欧表，其阻值不小于 2 MΩ。

二、泄漏电流测量

测量泄漏电流是 35 kV 及以上断路器重要测试项目之一，它能较灵敏地发现支持绝缘子及连接构件表面污秽、受潮、劣化、碳化等缺陷。

泄漏电流一般不大于 10 μA，试验中注意以下几点：

1. 适当采用较大线径的多股绝缘软线或屏蔽线作引线，应尽量短，以减少杂散电流的影响。

2. 引线连接处应选用光滑无棱角的导体(如小铜球)进行连接，以减少电晕损失带来的影响。

3. 高压直流输出端应并联不小于 0.01 μF 稳压电容，否则会引起测量值偏低。

三、交流耐压试验

交流耐压试验应分别在断路器合闸状态、分闸状态下进行，分别试验断路器整体对地和断口之间的交流耐压。对于电压等级在12～40.5 kV和三相共箱的断路器还应做相间耐压试验。耐压试验过程中，未发生闪络、击穿，耐压试验后无发热认为耐压试验通过。

对于辅助回路和控制回路的交流耐压试验，试验电压为2 kV，或用2 500 V兆欧表测试1 min代替。

四、导电回路直流电阻测量

导电回路直流电阻用微欧仪法进行测量。微欧仪的工作原理是直流电压降法，测量电源电流不低于100 A。使用微欧仪时，应将电压线接内侧，电流线接外侧。

五、机械特性测试

(一)机械操作试验

机械操作试验是断路器处于空载(主回路无压无流)的情况下，按照规定条件进行的各种操作，验证其机械性能及操作可靠性的试验。

断路器分合闸操作机构的控制电压和储能能量按照相关规定，需满足如下要求：

1. 储能用的电源电压为额定电压的85%～110%时应可靠储能。

2. 当操作控制电压为交流电压，数值为额定电压的85%～110%时，应能可靠合闸和分闸。当采用直流操作控制，操作控制电压为额定电压的80%～110%时，断路器应能可靠合闸；为额定电压的65%～120%时，断路器应可靠分闸。此外，当操作控制电压在额定电压的30%以下时，断路器应不能分闸。

3. 对于气动机构，当储能的气体压力为额定压力的85%～110%时，断路器应能可靠分合闸。

(二)机械特性试验

断路器机械特性试验，一般应测量分闸时间、合闸时间、分合闸操作的同期性，对具有重合闸的断路器，还应测量分-合时间和合-分时间。

参量的定义：

1. 分闸时间：从断路器分闸操作起始瞬间起到所有极的触头分离瞬间为止的时间间隔。

2. 合闸时间：处于分位置的断路器，从合闸回路通电起到所有极的触头都接触瞬间为止的间隔时间。

3. 分合闸操作的同期性：在断路器分闸和合闸操作时，三相分断和接触瞬间的时间差。

4. 分-合时间：在断路器自动重合时，从所有极的触头分离瞬间起至首先接触极的接触瞬间为止的时间间隔。

5. 合-分时间：在断路器重合不成功或单独合闸操作时，从首先接触极的接触瞬间起至随后分闸时所有极的触头均分离瞬间为止的时间间隔。

断路器机械特性试验广泛采用高压开关综合测试仪，它能够在测试过程中，将开关的时间、速度等多项特性参数同时进行测量，提高了工作效率。对于真空断路器，应注意其合闸弹跳时间不大于2 ms。

第五节 避雷器试验

避雷器是一种过电压保护装置，当电网电压升高到避雷器规定的动作电压时，避雷器动作，释放过电压负荷，将电网的电压升高幅值限制在一定的水平之下，从而保护设备绝缘不受损坏。

由于输电线路上有电压降落，因此线路的供电端和受电端电压不同。系统最高运行电压U_m和系统额定电压U_n的关系为

$$K=U_m/U_n \tag{9-11}$$

电气设备的绝缘应能在U_m下长期运行。按我国标准，220 kV 及以下系统$K=1.15$，330 kV及以上系统$K=1.1$。当电压超过U_m时称为过电压，讨论过电压倍数均以U_m的峰值为基准值。

电力系统过电压可分为三类：

1. 暂时过电压。这类过电压一般由单相接地、甩切负载和谐振等原因引起，且持续时间较长。避雷器的灭弧能力和热容量不允许避雷器限制暂时过电压，因而避雷器的灭弧电压应高于安装点的暂时过电压。

2. 操作过电压。正常操作或故障分合时，会使系统由一种稳定状态转为另一种稳定状态，因而产生了电磁暂态过程，引起过电压。

3. 雷电过电压。它分为以下三种：

(1)感应雷过电压。在输电线附近放电，对 35 kV 及以下电网才有危险。

(2)雷击输电线路导线。

(3)雷击避雷线或杆塔引起的反击。关键在于杆塔的接地电阻，一般要求杆塔接地电阻小于 10 Ω。

一、试验的目的和意义

1. 避雷器在制造过程中存在缺陷而未被检查出来，如装配时空气潮湿而预先带入潮气。

2. 在运输过程中受损，如内部瓷件破裂、并联电阻振断等。

3. 端部不平或垫圈老化而受潮。

4. 其他劣化现象。

上述缺陷均可通过试验来发现，以防止避雷器在运行中发生误动作或爆炸等事故。

二、阀式避雷器的试验及注意事项

1. 绝缘电阻试验

当阀式避雷器受潮后，如云母垫片吸潮或内壁附有水汽后，其绝缘阻值会明显下降。所以测量绝缘是判断避雷器是否受潮的有效方法。

测量前应检查有无外部损伤，用 2 500 V 兆欧表测量，其阻值不低于 2 500 MΩ。

当天气潮湿时，将其表面擦拭干净并接引屏蔽线以消除影响。

2. 工频放电电压试验

工频放电电压试验接线如图 9-15 所示。

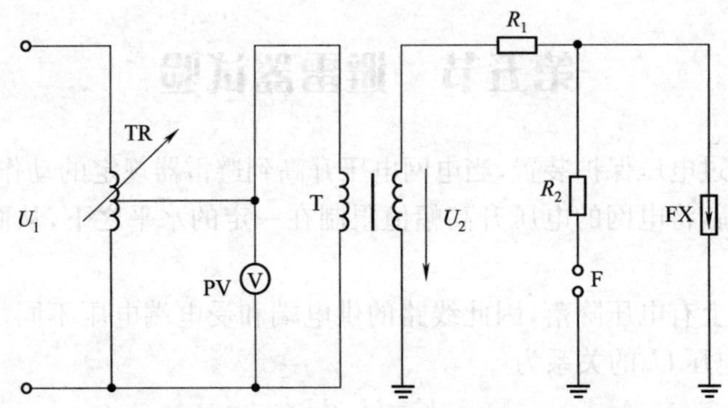

TR—调压器；T—试验变压器；
PV—低压侧电压表；R_1—保护电阻；F—放电间隙；FX—被试避雷器。
图 9-15　工频放电电压试验接线

阀式避雷器在击穿前泄漏电流很小，当保护电阻 R_1 的阻值不大时，试验变压器高压侧电压即为作用在避雷器上的电压，可通过低压侧电压表的显示折算避雷器的放电电压。

3. 注意事项

(1)R_1 的取值。考虑避雷器击穿后工频放电电流不大于 0.7 A 和为保护试验变压器，R_1 的值取小一些为好。同时，避雷器击穿后应在 0.5 s 内跳闸，以免烧坏间隙。

(2)升压速度。升压过快时，因表针的机械惯性和数显的滞后性会有 15%左右的测量偏差，以 3～5 kV/s 为宜。

(3)其他因素影响。避雷器表面污秽、周围附近有接地的金属物时，对测量结果也会有影响。

4. 对工频放电电压的要求

对阀式避雷器工频放电电压要求见表 9-3。

表 9-3　阀式避雷器工频放电电压要求

额定电压/kV		3	6	10
放电电压/kV	大修后	9～11	16～19	26～31
	运行中	8～12	15～21	23～33

如工频放电电压值高于表 9-3 的上限值，则冲击放电电压升高，对设备失去保护作用；而如工频放电电压值低于表 9-3 的下限值，则灭弧电压降低，避雷器可能在内部过电压下动作。

三、氧化锌避雷器试验

1. 绝缘电阻试验

(1)电压等级在 35 kV 以上用 5 000 V 兆欧表测试，绝缘电阻值不应小于 2 500 MΩ；

(2)电压等级在 35 kV 及以下用 2 500 V 兆欧表测试，绝缘电阻不应小于 1 000 MΩ；

(3)电压等级在 1 kV 以下用 500 V 兆欧表测试，绝缘电阻不应小于 2 MΩ。

2. 直流 1 mA 下电压及 75%该电压下的泄漏电流测量

试验接线如图 9-16 所示。

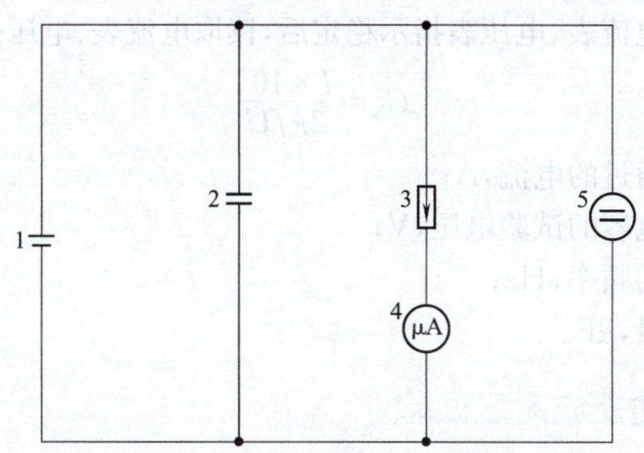

1—直流高压发生器；2—滤波电容；3—避雷器试品；4—直流微安表；5—高压静电电压表。

图 9-16　金属氧化物避雷器直流试验接线

试验方法：用直流电压进行升压，观察微安表监测泄漏电流值，使电流达到 1 mA。停止升压并记录此电压值，再降压到此电压的 75%，记录泄漏电流值，应在 50 μA 以下为合格。

3. 试验中注意的问题

(1)试验必须与地绝缘，外表面应加屏蔽，屏蔽线要封口。

(2)直流高压发生器要单独接地。

(3)现场测量应注意场地屏蔽。

4. 试验分析

(1)试验中如 $U_{1\,\mathrm{mA}}$ 比出厂值差距较大，应与厂家联系分析。

(2)通常在 $70\%U_{1\,\mathrm{mA}}$ 下的电流值偏大或电压加不上去，则避雷器有可能严重受潮，如泄漏电流>50 μA，则可能有受潮情况发生。

第六节　电容器试验

一、测量绝缘电阻

测量绝缘电阻一般用 2 500 V 兆欧表进行测量。对耦合电容器测量两极间的绝缘电阻；对并联电容器测量两极间对外壳的绝缘电阻(测量时两极应短接)，这主要是检查器身套管等对地的绝缘。一般要求并联电容器绝缘阻值不低于 2 000 MΩ，耦合电容器极间绝缘不低于5 000 MΩ。

测量时注意的是，在测量前后均应对电容充分放电；在测量过程中应先使测试线离开被试电容然后再停表，以免反冲电损坏兆欧表。

二、测量极间电容量

用电流电压表法进行测量，接线如图 9-17 所示。

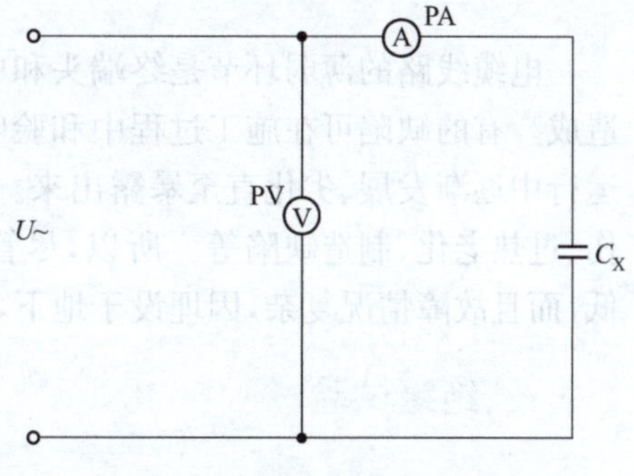

图 9-17　电流电压表法测量电容量接线

测量电容电压取 0.05～0.5 倍的额定电压 U_n，额定电压较低的电容取较大的系数。测量时要求电源频率稳定，并为正弦波。所用电流表、电压表不低于 0.5 级。

加上试验电源，待电流表、电压表指示稳定后，读取电流表、电压表指数。其被测电容为

$$C_X=\frac{I\times10^6}{2\pi fU} \tag{9-12}$$

式中 I——被试电容通过的电流，A；

U——加于被试电容的试验电压，V；

f——试验电源的频率，Hz；

C_X——被测电容量，μF。

三、并联电容器的交流耐压试验

并联电容器的极间一般不做交流耐压试验，只有出厂型式试验或返修后才进行。如果需要做极间交流耐压，而试验设备容量又不足时，可以采用补偿的办法解决。

当进行交流耐压有困难时，可用直流耐压代替，其试验标准如下：

极间交流耐压 2.15U_n，持续时间 10 s；

极间直流耐压 4.3U_n，持续时间 10 s。

其中 U_n 为电容器的额定电压。

并联电容器两极对外壳的交流耐压试验，与其他设备的交流耐压试验方法相同，标准见表 9-4。

表 9-4 并联电容器两级对外壳的交流耐压试验

额定电压/kV	<1	1	3	6	10	15	20	35
出厂试验电压/kV	3	5	18	25	35	45	55	85
交接试验电压/kV	2.2	3.8	14	19	26	34	41	63

四、并联电容器的冲击合闸试验

交接时，应在电网额定电压下，对并联电容器组进行三次冲击合闸试验。开关合闸时，熔断器不能熔断，电容器各相电流差不应大于 5%。

第七节 电力电缆试验

电缆线路的薄弱环节是终端头和中间接头，基本上都是由于工艺不当或材料本身缺陷造成。有的缺陷可在施工过程中和验收试验中能够检测出来，但更多的缺陷甚至故障是在运行中逐渐发展、劣化直至暴露出来。除电缆头外，电缆本身也会出现一些故障，如机械损伤、过热老化、制造缺陷等。所以，尽管电缆线路的可靠性比架空线路高，但是故障仍然不低，而且故障情况复杂，因埋设于地下，给查找和处置带来了很大困难。

一、绝缘试验

(一)测量绝缘电阻

从电缆的绝缘电阻数值上可以初步判断电缆绝缘是否受潮、老化，在耐压试验前后均应测量绝缘电阻。

电压等级在 1 kV 及以上的电力电缆采用 2 500 V 兆欧表测量;运行中的电缆要进行充分放电,从线路中将其拆除,并用清洁干燥的布擦净电缆终端,逐相测量。

由于电缆电容量很大,测量时兆欧表的摇动速度要均匀,测量完成后要先将测试线与电缆端子分离再停止摇动,以免电荷反冲烧毁兆欧表。

每次测量后要充分放电,放电操作时应用绝缘工具,以防止电击。

当电缆较长时,充电时间长,需要等到显示稳定后再进行读数。

运行中的电缆,其绝缘电阻应从各次试验的数值变化规律及相间的相互比较来综合判断,其相间不平衡系数一般不大于 2~2.5。

电缆绝缘的数值随电缆的温度和长度而有所变化,为便于比较应换算至 20 ℃时每千米的数值,即

$$R_{20}=R_{T}KL \tag{9-13}$$

式中　R_{20}——电缆在 20 ℃时的单位绝缘电阻,MΩ·km;

R_T——电缆在 T 温度下的绝缘电阻,MΩ;

K——温度系数(见表 9-5);

L——电缆长度,km。

表 9-5　温度系数

温度/℃	0	5	10	15	20	25	30	35	40
K	0.48	0.57	0.7	0.85	1	1.13	1.41	1.66	1.92

新的交联聚乙烯电缆绝缘阻值应符合以下规定:各相对外皮绝缘电阻(20 ℃时每千米的数值),额定电压 6 kV 的应不小于 1 000 MΩ;10 kV 的应不小于 1 200 MΩ;35 kV 的应不小于 3 000 MΩ。

对于橡塑绝缘电缆(主要指交联聚乙烯电缆),除测量芯线绝缘电阻外,还应测量钢铠对铜屏蔽和钢铠对地间的绝缘电阻。测量时采用 500 V 兆欧表进行,标准不低于 0.5 MΩ/km。

(二)直流耐压和泄漏电流试验

直流耐压试验是检查电缆抗电强度的常用方法,直流耐压试验对检查电缆中的气泡、机械损伤等局部缺陷比较有效。泄漏电流试验对反映电缆绝缘老化、受潮比较灵敏。

直流耐压和泄漏电流试验方法前文已有叙述,现仅说明电缆试验中的几个注意问题。

1.微安表要接在高压侧。绝缘良好的电缆泄漏电流很小,通常在 20 μA 以下,因而设备和引线的杂散电流相对影响较大,如将微安表接在低压侧误差很大。

2.两端头屏蔽。对于电压在 35 kV 及以上的电缆,由于试验电压高,通过试品表面及周围空气的泄漏电流相当大,所以两端的终端头均应屏蔽。

3.在高压侧直接测量电压。如电缆太长电容量较大时,杂散电流影响较大,在低压侧的表计将不能如实反映高压侧电压,故此时电压的测量应在高压侧直接进行。

由于交联聚乙烯电缆材质、结构的特点,业内人士认为对交联聚乙烯电缆不宜做直流耐压试验,其基本观点是:

1.直流耐压试验过程中在交联聚乙烯绝缘电缆及其附件中会形成空间电荷,对绝缘有累积效应,加速绝缘老化,缩短使用寿命。

2. 直流电压下绝缘电场分布与实际运行电压下不同，前者按电阻率分布而后者按介电常数分布。因此直流耐压试验合格的交联聚乙烯电缆在运行后也可能发生在正常电压下的绝缘事故。

国内外一些运行经验也表明，采用直流耐压试验不能有效检测出交联聚乙烯电缆及附件的缺陷。因此，建议除了对交联聚乙烯电缆金属外护套采用 10 kV、1 min 直流耐压试验外，对电缆的主绝缘采用交流耐压试验，如串联谐振法或 0.1 Hz 超低频法来进行试验。

二、故障探测

(一)故障性质的确定

电缆故障的探测方法取决于电缆故障的性质，因此故障探测的第一步就是判明故障的性质。电缆故障大致可分为两大类：一类是电缆芯线间或芯线对外皮绝缘损坏，形成短路、接地或闪络击穿；另一类是电缆芯线烧断，形成断路。通常第一类故障较多，其中短路或接地故障又有高阻和低阻之分。判断故障性质的方法可用兆欧表进行，先在一端测量芯线间和芯线对地之间的绝缘，再将另一端短接，测量判断有无断线。

(二)测量故障点的距离

电缆故障性质确定后，根据不同的故障，选择适当的方法测定从电缆一端到故障点的距离，这就是故障测距。由于测量仪器仪表的精度，加上敷设电缆时的路径和丈量路径的偏差，测距所标定的位置与实际位置会有一定的偏离，这种情况下只能判断大概位置，俗称“粗测”，还需要通过其他手段进行“定点”。

通常测距方法有两种：一是用直流电桥法，二是用脉冲法。

(三)故障定点

测距只是估计故障区段，但定点则需要精确的确定故障点而减少土方挖掘量。定点的方法有许多，如声测法、感应法、探针法和电流方向法等。

第八节　GIS 封闭设备试验

GIS(gas insulated switchgear)是指气体绝缘封闭开关设备(组合电器)，它是由断路器、隔离开关、接地开关、避雷器、电压互感器、电流互感器、套管和母线等元件直接连接在一起，并全部封闭在接地金属壳内，壳内充以一定压力的 SF_6 气体作为绝缘和灭弧介质。

一、主回路电阻测量

测量主回路的电阻，可以检查主回路中连接和触头接触情况，采用直流压降法进行测量，测量电流不小于 100 A。

基于直流压降法时，可采用直流电源、分流器和毫伏表测量回路电阻，也可用回路电阻测试仪来进行测量，二者原理一致。测量时，应注意接线方式带来的误差，电压测量线应在电流输出线的内侧，接线方式如图 9-18 所示。

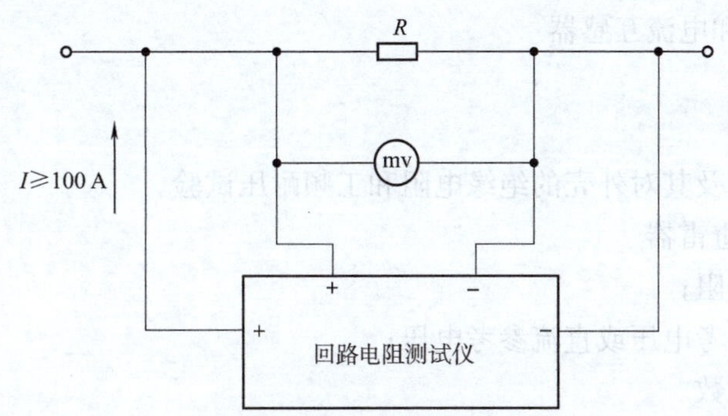

图 9-18 主回路电阻测量接线

在 GIS 母线较长间隔较多，且有多回路进出线的情况下，应分段测量，如图 9-19 所示。

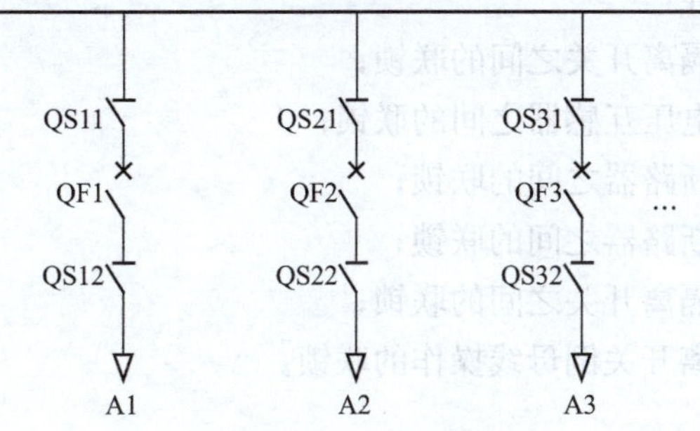

图 9-19 某所 GIS 柜主接线

将各回路开关、断路器均置于闭合位置，分别测量 A1-A2、A2-A3 等依次类推，若被测各项母线长度相同时，测得的数据应相同或接近。

二、GIS 元件试验和联锁试验

(一)GIS 元件试验

由于 GIS 柜各元件直接连接在一起，并全部封闭在接地金属壳中，测试信号可通过进出线套管加入。各元件在现场一般试验的项目如下：

1. 断路器

(1)测量断路器分-合时间和合-分时间，必要时测量分合闸速度；

(2)测量断路器分合闸同期性及配合时间；

(3)测量断路器分合闸线圈的绝缘电阻及直流电阻；

(4)进行断路器操作机构分合试验；

(5)检查断路器操作机构闭锁性能；

(6)断路器辅助回路及控制回路绝缘电阻和交流耐压试验。

2. 隔离开关和接地开关

(1)检查操作机构分合闸线圈的最低动作电压；

(2)操作机构分合闸试验；

(3)测量分合闸时间；

(4)辅助回路及控制回路绝缘电阻和交流耐压试验。

3. 电压互感器和电流互感器

(1)极性检查;

(2)变比测试;

(3)二次绕组间及其对外壳的绝缘电阻和工频耐压试验。

4. 金属氧化物避雷器

(1)测量绝缘电阻;

(2)测量工频参考电压或直流参考电压;

(3)检查放电次数。

(二)GIS 联锁试验

GIS 柜各元件之间设置的联锁关系应不少于 3 次试验,以检验其功能是否正确。现场应检验以下联锁功能特性:

1. 接地开关与有关隔离开关之间的联锁;
2. 接地开关与有关电压互感器之间的联锁;
3. 接地开关与有关断路器之间的联锁;
4. 隔离开关与有关断路器之间的联锁;
5. 隔离开关与有关隔离开关之间的联锁;
6. 双母线接线中隔离开关倒母线操作的联锁。

三、现场耐压试验

交流耐压试验方法与本章第六节的“并联电容器的交流耐压试验”部分相同。

四、SF_6 气体检测

1. 气体湿度测试(方法略)。
2. 泄漏检查。使用检漏仪检测有无漏点。

第九节　绝缘子试验

一、测量绝缘电阻

清洁干燥良好的绝缘子,其绝缘电阻值是很高的。即便绝缘子有裂纹时,其绝缘阻值也不会有明显降低。当裂纹处有湿气及灰尘、脏污入侵后,绝缘电阻将明显下降,可用兆欧表检测出来。

用 2 500 V 兆欧表测量支柱绝缘子或每片悬式绝缘子不应低于 300 MΩ。

二、交流耐压试验

交流耐压试验是判断绝缘子绝缘强度最直接有效的方法,交接试验必须做该项试验。

交流耐压试验时注意以下几点:

1. 按试验电压标准加压 1 min,在升压和试验过程中以不发生闪弧为合格。

2. 在升压和耐压试验过程中，发现有如下现象应立即停止试验，检查原因。

(1)电压表指针摆动很大；

(2)绝缘子闪络或拉弧；

(3)被试绝缘子发出较大或异常的放电声音。

第十节　接地装置试验

接地电阻用接地电阻仪进行测量，注意事项如下：

1. 接地电阻测试宜在每年的雷雨季节到来之前测量，因土壤湿度对接地电阻的影响很大，所以不宜在刚下过雨后进行。

2. 电压极、电流极的要求：电压极、电流极应用直径在 25～50 mm，长 0.7～2 m 的钢管或圆钢垂直钉入地中，端头露出地面 150～200 mm，以方便连接引线。电压极电阻应不大于 1 000～2 000 Ω，电流极的电阻应尽量小。

3. 测量发电厂、变电所接地网接地电阻时，应通入不小于 10 A 的电流；测量接地体的电阻时，通入的电流只要不小于 1 A 即可。

4. 注入接地电流测量接地电阻时，会在接地装置注入处和电流极周围产生较大的电压降，因此要采取安全措施，在 30 m 半径范围内不应有人或动物进入。

附表 1　工业用电设备的 K_{x}、$\cos\varphi$ 及 $\tan\varphi$

用电设备组名称	需要系数 K_{x}	$\cos\varphi$	$\tan\varphi$
小批生产的金属冷加工机床电动机	0.12～0.16	0.5	1.73
大批生产的金属冷加工机床电动机	0.17～0.20	0.5	1.73
小批生产的金属热加工机床电动机	0.20～0.25	0.55～0.6	1.33
大批生产的金属热加工机床电动机	0.25～0.28	0.65	1.17
锻锤、压床、剪床及其他锻工机械	0.25	0.60	1.33
液压机	0.30	0.60	1.33
生产用通风机	0.75～0.85	0.8～0.85	0.75～0.62
泵、活塞型压缩机、空调设备送风机、电动发电机组	0.75～0.85	0.80	0.75
冷冻机组	0.85～0.90	0.80～0.90	0.75～0.48
点焊机、缝焊机	0.35	0.6	1.33
对焊机	0.35	0.7	1.02
自动弧焊变压器	0.5	0.5	1.73
单头手动弧焊变压器	0.35	0.35	2.68
多头手动弧焊变压器	0.4	0.35	2.68

注：1. 如果用电设备组的设备总台数 $n<2x$ 时，则最大容量设备台数取 $x=n/2$，且按“四舍五入”修约规则取整数。

2. 这里的 $\cos\varphi$ 和 $\tan\varphi$ 值均为白炽灯照明数据，如为荧光灯照明，则 $\cos\varphi=0.9$，$\tan\varphi=1.73$。

附表 2　民用建筑用电设备的 K_X、$\cos\varphi$ 及 $\tan\varphi$

用电设备组名称		需要系数 K_x	$\cos\varphi$	$\tan\varphi$
通风和采暖用电	各种风机、空调器	0.70～0.80	0.80	0.75
	恒温空调箱	0.60～0.70	0.95	0.33
	集中式电热器	1.00	1.00	0
	分散式电热器	0.75～0.95	1.00	0
	小型电热设备	0.30～0.50	0.95	0.33
各种水泵		0.60～0.80	0.80	0.75
起重运输设备	电梯(交流)	0.18～0.50	0.50～0.60	1.73～1.33
	输送带	0.60～0.65	0.75	0.88
	起重机械	0.10～0.20	0.50	1.73
冷冻机		0.85～0.90	0.80～0.90	0.75～0.48
机修用电	修理间机械设备	0.15～0.20	0.50	1.73
	电焊机	0.35	0.35	2.68
	移动式电动工具	0.2	0.60	1.33
厨房及卫生用电	食品加工机械	0.50～0.70	0.80	0.75
	电饭锅、电烤箱	0.85	1.00	0
	电炒锅	0.70	1.00	0
	电冰箱	0.60～0.70	0.70	1.02
	热水器(淋浴用)	0.65	1.00	0
	除尘器	0.30	0.85	0.62

附表3 ΔU%=1时，铜、铝导线负荷力矩(kW·km)

线种	截面(mm²)	380 V		6 kV		10 kV		35 kV	
		功率因数0.7	功率因数0.8	功率因数0.8	功率因数0.9	功率因数0.8	功率因数0.9	功率因数0.8	功率因数0.9
铝绞线	16	0.616	0.642	154	166	429	462	—	—
	25	0.885	0.940	217	246	601	684	7 292	7 793
	35	1.142	1.230	320	326	889	906	10 652	11 756
	50	1.490	1.636	393	473	1 091	1 212	12 895	14 549
	70	1.852	2.082	501	558	1 392	1 550	16 118	18 788
	95	2.220	2.250	620	685	1 721	1 906	19 444	23 467
	120	2.524	2.940	699	794	1 941	2 200	21 491	26 515
	150	2.864	3.390	801	910	2 224	2 538	24 020	30 320
	185	3.160	3.790	889	1 020	2 470	2 824	26 060	33 840
	240	3.530	4.274	999	1 144	2 774	3 180	28 360	37 810
铜线	6	0.417	0.430	—	—	—	—	—	—
	10	0.648	0.679	—	—	—	—	—	—
	16	0.914	0.974	239	257	664	714	—	—
	25	1.290	1.407	343	380	952	1 054	11 481	13 622
	35	1.619	1.800	436	495	1 211	1 375	14 390	17 928
	50	2.011	2.288	550	645	1 529	1 792	17 816	23 575
	70	1.431	2.837	674	817	1 873	2 269	21 293	30 076
	95	2.820	3.358	793	989	2 202	2 748	24 344	36 545
	120	3.126	3.777	887	1 133	2 463	3 148	26 590	41 852

注：1. 若 $\Delta U\%\neq 1$ 时，应将表内数值乘以 $\Delta U\%$ 的倍数。例如 $\Delta U\%=3$ 时，就将表内数值乘以3。

2. 表内铝绞线数值适用于普通铝绞线和钢芯铝绞线。